U0358409

# 俞辛焞著作集

## 第五卷

## 躬耕集

俞辛焞　著

南开大学出版社

天　津

# 目　录

## 上　编

## 下　编

上　编

# 孙日关系研究方法论

　　孙中山是中国革命先行者，他的思想的形成及其领导的革命运动是与中国近代历史的发展紧密相连的。

　　孙中山为在中国建立一个共和国，贡献出了毕生的精力。他的共和思想，主要是受欧美的影响，在其三民主义中，包含着法国大革命时代的自由、平等、博爱思想。从思想来源方面讲，欧美列强理应同情和支持孙中山的革命运动。但是，历史事实恰好相反，孙中山先后在欧美停留五年，奔走呼号，寻求对中国革命的支持，结果仅得到康德黎、咸马里等少数人的帮助。

　　孙中山在其三十余年的革命生涯中，三分之一的岁月是在日本度过的，但他的思想却很少受日本影响。只是明治维新后日本吸收欧美文明，急速推进近代化并取得很大发展，在客观上鼓舞了他的革命运动。孙中山的共和思想是与日本的立宪君主制相矛盾的，但是孙中山与日本的关系却远较欧美密切。他把日本作为革命根据地，热切期望日本支援其革命。而日本也确曾"支持"过他的革命运动。孙中山以贵宾身份正式访问过的国家是日本，与一个国家首脑会谈过的国家亦是日本。他与日本民间人士及大陆浪人关系密切，得到了他们的支援。为什么会产生这种矛盾的现象呢？

　　孙中山从事革命运动的时代，中国已沦为日本和欧美列强的半殖民地。英国是打开中国门户并率先侵略中国的急先锋，它在

中国拥有最大的殖民权益。但是，甲午战争和日俄战争后，日本逐渐替代英国，成为侵略中国的急先锋和中国最危险的敌国。因此在中国形成了反对日本侵略的社会潮流，中国革命的反帝锋芒理应首先指向日本，可是孙中山却反而期望在日本的支援下推翻国内政敌，完成共和革命。这是与他反对帝国主义列强、废除不平等条约、建立独立自主国家的革命目标相矛盾的。

如何解释上述的矛盾现象？这是孙中山与日本关系研究中的重要课题。

在以往的孙日关系研究中，人们总是有意或无意地依据某种研究方法来考究这种矛盾现象，而因方法及角度相异，往往产生观点上的对立，从而引起争论。迄今，在孙日关系研究中，除个别问题（如满洲租借、中日盟约、致小池张造函、致大隈重信书简等的真伪）外，对一般历史事实基本没有大的分歧，但涉及其内在关系、性质、评价等问题时往往各执一端，莫衷一是。为在孙日关系的研究上力求取得接近乃至一致的观点，有必要重新探讨孙日关系研究的方法论。

本文试图根据具体的历史事实，重新探讨孙日关系研究的方法论，考察充满矛盾和对立的孙日关系。

## 一、孙中山的对日认识

研究孙日关系，首先要弄清孙中山对日本的认识。孙中山极其重视日本的明治维新，他最早谈到日本明治维新的文章是 1894 年 6 月的《上李鸿章书》。其中他写道："试观日本一国，与西人通商后于我，仿效西方亦后于我，其维新之政为日几何，而今日成效已大有可观。"[①]这里，孙中山对维新后的日本给予了较高的评价。此后，他又多次谈到明治维新，他还说："日本维新是中国

①《孙中山全集》第 1 卷，中华书局 1981 年版，第 15 页。

革命的第一步，中国革命是维新的第二步。中国革命同日本维新实在是一个意义。"①对于日本来说，明治维新是具有双重性质的社会变革，一方面实行近代化，建成一个近代资本主义国家；另一方面在富国强兵的口号下走上了军国主义道路，对外侵略朝鲜和中国。这种双重性自然会反映到孙中山的对日认识上，即他一方面主张向日本学习，另一方面批判其对外侵略行径。

在以往的孙日关系研究中，并不是全面研究孙中山对日认识的这两个方面，而是主要研究他对日本侵略中国是否有系统而明确的认识等问题。这当然是孙中山对日认识的重要组成部分，但却不是全部。因此，在论及孙中山对日本的期望与对日本侵略中国的认识之间的相互关系时，应该考虑到孙中山在期望中包含着学习和吸收维新后日本近代化经验的因素，并应将两者加以区别。

当时，日本社会在不断变化和发展，因此，孙中山的对日认识也是在不断丰富发展的。要真正认识一个国家，必须从这个国家的历史、政治、经济、外交、军事、教育、文化等多方面着手，对不谙日语的孙中山来说，全面而有系统地认识日本是不可能的。即使说1919年后孙中山对日本的认识已发生根本转变，其认识也仍然是不系统、不全面的。在这方面我们不能苛求于孙中山。

孙中山对日本侵略中国的认识也是如此。他不可能深刻地认识日本从1874年出兵台湾开始的一系列侵略战争，以及侵略政策的决定、执行过程与其国内政治、经济、舆论的关系等诸多问题，所以说孙中山对日本侵略中国的认识也是不系统、不全面的。

但是在日本是否属侵略国家，日本是否在侵略中国这一根本性问题上，孙中山的认识是明确和鲜明的。孙中山始终揭露和批判日本侵略中国并侵占中国领土的事实。孙中山1894年12月在檀香山创建第一个革命团体"兴中会"时，即在该会的章程中指

---

① 《孙中山全集》第11卷，第365页。

出："方今强邻环列，虎视鹰瞵，久垂涎于中华五金之富、物产之饶。蚕食鲸吞，已效尤于接踵；瓜分豆剖，实堪虑于目前。"①这里揭露了各列强尤其是日本在甲午战争中侵略和瓜分中国的罪行。其后，1903 年 9 月在《支那保全分割合论》中，他又揭露了日本对福建和浙江一带的侵略。②1904～1905 年日俄战争时期，孙中山又主张联合法国抵抗日本。1910 年 8 月日本侵吞朝鲜后，孙中山更提高了对日本侵略的警惕性。1911 年 2 月 3 日他在致宫崎滔天的信中尖锐地指出："恐贵国政策已变，既吞高丽，方欲并支那。"③同月 15 日的信中又指出："惟英美两国政策皆疑日本有大野心，欲并支那者也。弟……亦不能不疑贵国之政策实在如是。"④同年 8 月在致咸马里的信中也提出了日本对中国开战的可能性。⑤这些事实说明，孙中山不仅对日本侵华有明确的认识，而且对日本侵华的新动向亦抱有相当的警惕。因此，1911 年 10 月辛亥革命爆发后，孙中山担心日本出兵干涉⑥，故不立即回国，在美国和欧洲采取了牵制日本出兵的外交措施。1917 年 1 月他在《日支亲善之根本义》一文中，提出了日本追随欧美列强在中国扩大殖民权益的事实。⑦同年 5 月，他又在《中国存亡问题》一文中明确指出："日本占南满、东内蒙、山东、福建，均在〈中国全国幅员〉百分之五以上。"⑧这些事实清楚地说明，孙中山对日本的侵略尤其是对中国领土的侵占有明确的认识。

　　日本和欧美列强强加于中国的不平等条约是它们侵略中国的产物。辛亥革命后，孙中山即致力于废除这些不平等条约。1913

---

　　①《孙中山全集》第 1 卷，第 19～20 页。
　　②《孙中山全集》第 1 卷，第 218～224 页。
　　③《孙中山全集》第 1 卷，第 508 页。
　　④《孙中山全集》第 1 卷，第 512 页。
　　⑤《孙中山全集》第 1 卷，第 532～533 页。
　　⑥ 1913 年 2 月 8 日森恪致益田孝函，三井文库藏。
　　⑦《大阪朝日新闻》，1917 年 1 月 1 日。
　　⑧《孙中山全集》第 4 卷，第 45 页。

年春，孙中山访日时，便呼吁废除阻碍中国社会发展的不平等条约，并希望日本予以协助。[①]1917年1月1日孙中山在《日支亲善之根本义》中，再次希望日本协助中国废除不平等条约。[②]这表明孙中山对列强强加于中国的不平等条约也有明确的认识。

孙中山不仅对日本的侵略有明确的认识，而且就日本政府及军部对他和革命党的政策也有较为清醒的认识。1911年12月孙中山从欧美回到上海时，曾对宫崎滔天等日本大陆浪人谈到他在1907年和1910年两次被逐出日本之事，表示"我非常怨恨日本"，日本当"我们主动地要握手时缩回其手，对己有利时则要来握手"。[③]又称自己"常常受到其政府的苛酷待遇，对此并非没有不满"。[④]1912年2月3日，孙中山在南京与森恪谈到"满洲租借问题"时又说："日本是疏远我们，不接近我们的。起义爆发之初，我便提及赴日之事，但日本官宪不许我入境。因此，我以为日本政治家没有容纳我们的度量"。[⑤]孙对日本一时援助他的目的也有明确认识。他就1916年春反袁时援助他之事说，其目的是"图伸张日本在中国之势力，而又不欲中国民主主义者获得中国政权"[⑥]。这些不满和愤慨，说明孙中山对日本为侵华而利用他的策略是有正确认识的。

从上述三个方面来分析，孙中山虽未全面地、系统地揭露和批判日本侵略中国，但对日本侵略中国的事实是有明确认识的，这是孙中山认识日本的最本质的方面。

然而，孙中山对日本侵略中国的言论又是具有双重性的，尤其是1913年访日时的言论更是如此。孙中山说，日本与俄国不同，

---

① 《孙中山全集》第3卷，第18页。
② 《大阪朝日新闻》，1917年1月1日。
③ 在上海宗方小太郎之函，1911年12月30日到，日本外交史料馆藏。
④ 1911年12月27日在上海的本庄繁少校致参谋总长电，第155号。
⑤ 1912年2月8日森恪致益田孝函，三井文库藏。
⑥ 《孙中山全集》第5卷，第276页。

"与我国利害相关，绝无侵略东亚之野心。从历史上观察之，彼为岛国，我为陆国，绝对不相侵害。纵近年来不免有侵略之举动，亦出于万不得已，非其本心，是我们最要原谅日本的。"[①]孙中山在评价日本对维护东亚和平所起的作用时说："现在拥有维护东亚和平力量的只有日本……以日本的力量能维护东洋的和平。"[②]他接着又说，"所有日本人都诚恳地希望东洋的和平，爱我中国"[③]，日本"朝野上下，莫不表示真诚与我国联好之意"[④]。他呼吁中国人"对于日本人之心理，亦需要变愤恨而为亲爱"[⑤]。

孙中山还主张中国与日本提携和联合。他说："亚洲大局维持之应[责]任，〈应〉在我辈黄人。日本与中国唇齿之邦，同种同文，对于东亚大局维持之计划，必能补助进行。"[⑥]访日归国后他在致袁世凯的电文中也称："此次游日，向其朝野官民陈说中日联和之理，双方意见极为浃洽。"[⑦]

孙中山自1895年1月准备广州起义至1924年11月在神户发表《大亚洲主义》讲演，始终对日本抱着期待，希望日本政府、军部及民间人士支持其革命，要求日本提供贷款和武器，并以向日本提供小国的权益作为其代价。

孙中山对日本认识的双重性，有时在一篇文章中亦有体现，1917年的《中国存亡问题》和《日支亲善之根本义》这两篇文章就是如此。《中国存亡问题》是为阻止和反对北京政权参加第一次世界大战而写的。当时日本也是反对北京政权参加大战的。孙中山和日本在这个问题上具有一致的一面。因此，孙中山在文中称赞了日本反对英、法、俄等国劝北京政权参战的举动，并说"从

---

① 《孙中山全集》第3卷，第26～27页。
② 《论日中两国在东亚的关系》，《支那》第4卷第5号，第3页。
③ 《支那》第4卷第5号，第6页。
④ 《孙中山全集》第3卷，第52页。
⑤ 《孙中山全集》第3卷，第27页。
⑥ 《孙中山全集》第3卷，第26页。
⑦ 《孙中山全集》第3卷，第51页。

公平之观察，以批评日本当时之态度，可谓第一为中国谋其利害，而后计日本之利害（此时中日利害相同，自不待言）。以此友情，救中国之危，而措诸安定"①，"中国惟与日本同利同害，故日本不能不代计中国之利害，而进其忠言"②。孙中山在文中回忆和比较了"二十一条"交涉时期和第三次革命时期日本对袁的政策后说："以此二者比较而观，可以知日本于中国不必以侵略为目的，其行动常为中国计利而非以为害。"③但孙中山在文中也没有放过揭露日本对中国的侵略，在揭露英、法、俄对中国侵略的同时，又严正地指出了"日本占南满、东内蒙、山东、福建，均在〈中国全国幅员〉百分之五以上"④，并且说日本也如同英、法、俄，是非正义的国家。此种双重认识在《日支亲善之根本义》一文中也能看到。孙中山在此文中写道，在中国具有新思想的人们为改革中国政治，增强中国的国力，对先进的日本抱有很大的希望。⑤但另一方面又指出，日本追随欧美列强的利益均沾、机会均等政策，肆意扩大其在华权益，对此中国人非常不满，并畏惧和怀疑日本。⑥

如上所述，孙中山对日本的认识，有时严正揭露和批判日本的侵华行径，有时又说日本对中国没有侵略的意图，矛盾之处较多。我们应该如何分析和解释这种矛盾现象与这种对日认识及其对日的期望呢？

## 二、两种研究方法

分析和解释上述矛盾的研究方法有两种：一是思想认识论的

①《孙中山全集》第 4 卷，第 63 页。
②《孙中山全集》第 4 卷，第 55 页。
③《孙中山全集》第 4 卷，第 64 页。
④《孙中山全集》第 4 卷，第 45 页。
⑤《大阪朝日新闻》，1917 年 1 月 1 日。
⑥《大阪朝日新闻》，1917 年 1 月 1 日。

研究法，二是国际关系论的研究法。前者被学术界广泛采用，后者则较少被采用。

思想认识论认为，一个人的言论反映他对某一事物的认识。因此，思想认识论研究者认为，孙中山的对日言论反映了他对日本的认识，他对日的模棱两可的双重性言论正是反映了他对日本认识不清，如认识清楚则绝不会发生这种矛盾现象。这是思想认识论研究法的基本观点，以此观点来进一步说明认识与行动、认识与态度等诸问题。

国际关系论研究者认为，认识与言论有时一致，有时则要因国际环境和国内政局的变化，两者又不一致，甚至相反。这就是说，两者一致也好，不一致甚至相反也好，都需要一定的条件，在不同条件下会出现不同的情况。

国际关系中，国与国、国与某一个集团之间为达到各自的目的和利益，往往会超越对对方本质的认识，结成协作关系。孙中山代表中国革命党，他与日本之间的关系是革命党与日本之间的国际关系。既然孙日关系属国际关系范畴，那么应以国际关系论的研究法来研究孙中山对日认识的双重性。在双重性中，问题的症结在于孙中山对日本的称赞，尤其是 1913 年春访日时所说的话。此时的孙中山为什么会说那般话呢？究其原因，不外乎有以下几种：一是作为日本贵宾在正式访问日本的情况下，公然揭露和批判日本的侵略行径，从外交礼节上讲是不合时宜的，而且从外交礼仪上说，尽量赞美访问国是外交和国际关系的惯例。二是孙中山访日的主要目的之一是为振兴中国产业，建设中国铁路，在日本筹集巨额资金，因此压制留日青年学生和中国人的反日情绪，以便与日本结成"友好"关系。三是孙中山要和日本、德国联合起来，对外抗拒英国，对内与袁世凯抗衡。这个方针是孙中山和桂太郎在政治会谈中秘密商定的。此事虽因桂太郎之死而未能实现，但无疑影响了孙中山的对日言论。由此可见，孙中山赞

美日本是为了达到这一时期的政治、经济及外交上的目的。但是，如上所述，这时期孙中山对日本侵华依然有明确的认识。3 月 23 日离开长崎归国前夕，他说出了一句颇有分量的话："关于中国的将来，能够制中国于死命者必为日本，对此余确信无疑。"①

1917 年孙中山发表的《中国存亡问题》因称赞日本而著名。如上所述，孙中山写这篇文章的目的是与日本共同阻止北京政权参战。为达到这个目的，孙中山极力称赞日本反对北京政权的举动。尽管如此，文中还是指出了日本占据中国国土百分之五的侵略事实。

以上事实说明，孙中山对日本侵华有一贯明确的认识。他在 1913 年和 1917 年特定的时期和就特定的问题称赞日本，并不是由于对日认识不清，而是为达到当时政治、经济、外交目的的辞令，从国际关系论方面来说，这是一种外交手段，在国际关系的处理中屡见不鲜。

不过在这个问题上显示了孙中山的政治个性。孙中山坚信自己的革命理想一定会实现；为实现其理想，他采取了灵活的外交手段和方法。这一灵活性的限度，在对其理想的实现有利时，往往被大幅度地超越。正是由于他的对日言论有时大幅度地超越了灵活性的限度，便被采用思想认识论研究法的学者追究为对日的认识问题。

在历史和现实社会的现象中，往往是虚实混淆，在国际关系中尤其如此。孙中山为实现一时目的和最终的理想而称赞日本的外交辞令是虚，批判日本侵略是实，若不区分这种虚实，未免对政治家孙中山理解不足。政治家的一大特征是，既有政治原则又能随环境和政局的变化而采取随机应变的策略，以让步和妥协来达到自己或集团的政治目的。因此，政治家对一个问题或者对一

---

① 《孙中山全集》第 3 卷，第 50 页。

个事物的看法，有时说真心话，有时说违心话。孙中山对日言论的双重性正是反映了政治家的这一性格特征。采用国际关系论的研究方法能使我们准确地解释孙中山对日认识的双重性。

以下进一步探讨孙中山的对日认识与对日态度、政策及行动的相互关系。持思想认识论研究法的学者，认为孙中山对日本的认识决定了他的对日态度、政策和行动。于是断言孙中山对日本侵略中国的本质认识不清，而且不系统、不全面，只停留在感性认识的阶段，从而对日本的侵略本性认识不足，甚至糊涂。因此，孙中山对日本抱有幻想，力图获得日本的支援，以达到革命的目的。自 1919 年起，在十月革命和五四运动的影响以及过去对日关系的教训中，使他的对日认识发生了根本性变化，明确地认识到日本对中国的侵略本性。由于认识的变化，他的态度、政策和行动都发生了根本的转变。他放弃了幻想，不再期待日本，也不再要求日本支援，并开始严厉批判日本。这一观点，从思想认识论的角度来说，反映了孙中山的认识和行动一致的侧面。但不能完全说明其认识和行动矛盾的另一个侧面。如前所述，孙日关系既然在很大程度上是超越意识形态的国际关系，那么另外的一个侧面，则只能用国际关系论研究法来解释。

如上所述，笔者认为孙中山对日本侵华有明确认识，而且其认识是理性的。既然如此，孙中山为什么又要求日本援助呢？这种矛盾又做何解释？笔者在这里力图以国际关系论研究法来进行解释。孙中山与日本的关系是以孙中山为中心的革命集团——革命党与日本的关系，1912 年 1 月至 3 月是其革命政权——南京临时革命政府与日本的关系，在此关系中包含着孙中山个人的因素。革命领袖往往代表革命集团，所以讲，孙日关系实际上也就是南京临时政府与日本的关系。国与国、国与革命集团的国际关系是在国家间或国家与集团间的利害关系中产生的。这种利害关系通常又是由军事利益、经济利益、政治利益和世界秩序等诸因素组

成的。日本与以孙中山为代表的革命集团的利害关系也是其中之一种。日本谋求以军事的、政治的、经济的手段扩大在中国的经济和政治权益，这是日本对孙政策的前提。也就是说，日本为维护和扩大其殖民利益而利用孙中山及其革命集团和革命政权。因此，日本对孙中山的政策因时期而异，但始终未变的是日本帝国的"国家利益"。

那么，孙中山对日采取了何种政策？在 1912 年 1 月至 1913 年夏天二次革命爆发之前，由于南京临时政府成立和孙、袁妥协而成立南北统一政府，孙中山一时以中华民国的国家利益来处理对日关系。这里便有欲进行北伐的军事利益及铁路建设和产业振兴的经济利益。因此，在这一时期孙中山与日本的关系都是基于各自的国家利益。在其他时期，虽然日本依然推进其以"国家利益"为中心的对孙政策，而孙中山则作为革命团体的领袖，主要为了对抗国际上所承认的清政府及后来由袁世凯把持的北京政权。因此，孙中山这时是为了实现革命集团的目标而展开对日关系的。

制约国际关系的另一种因素是意识形态。孙日关系中存在着此种因素。孙中山的革命运动旨在推翻清朝的封建统治，建立共和制的新中国，这与日本的天皇制政治体制是相冲突的。它成为制约日本对孙政策的因素之一。但是日本推行的是实用主义外交政策，为追求"国家利益"在一般情况下超越了这一意识形态。如果日本在对华外交中以意识形态优先的话，日本应支持清政府和志在复辟的袁世凯，反对倡导共和制的孙中山，但事实则与此相反。这说明日本的对孙政策是以"国家利益"为先。而孙中山对日政策的最高目的是实现革命的理想和目标。这一理想和目标属于意识形态。意识形态一词，含义模糊，使用也较为广泛。雷蒙·阿隆说，意识形态一词在表达如下意思时使用：

1. 实现乌托邦的意识；
2. 实现社会变革的革命愿望；

3. 为未来不惜牺牲现代的意向；

4. 对其理想的最终胜利表示的热情；

5. 对社会价值之目标具体化抱有的信念体系。①

如把这几条与孙中山对日政策的最高目的加以对比，它正是意识形态，可是在国际关系中国家利益与意识形态往往纠缠在一起，孙中山与日本的关系也不例外。日本对孙政策的目的是以"国家利益"为中心，孙中山的对日政策的最高目的则以意识形态为中心。也就是说，孙中山为实现其共和制理想，力求变革中国社会，不惜牺牲国家利益的一部分，与日本展开了关系。而日本为"国家利益"、为扩大其在华权益，不顾在意识形态上的冲突，展开了与孙中山的关系。二者的关系从根本目的上讲是对立的。然而孙中山的对日政策从意识形态出发，说："日本维新是中国革命的第一步，中国革命是日本维新的第二步。中国革命同日本维新实在是一个意义。"②他之所以强调明治维新与中国革命的一致性，其用意在于争取日本的支援。在废除不平等条约问题上，日本也曾受过不平等条约之苦，后来在条约修改中才废除了治外法权等不平等的部分。因此孙中山认为，日本能理解中国人要废除不平等条约的心情，呼吁日本人协助中国废除不平等条约。孙中山的革命运动与日本维新之间虽有相同之处，但日本的对孙政策是以"国家利益"为中心的实用主义，故对孙中山从意识形态出发的呼吁置之不理。尽管如此，日本还是为孙中山和革命党人提供了活动的空间，1912 年南京政府成立后还提供过贷款和武器，1913年春让孙作为贵宾访问日本，1916 年上半年支持孙中山的反袁斗争。虽然日本在某一个历史时期支援过孙中山，但并非与孙中山在意识形态上发生了共鸣，而是为了扩大日本在中国的权益。这一事实再次说明日本与孙中山并不是意识形态一致的关系，而是

---

① 《如何进行国际外交》，中央公论社 1986 年版，第 37 页。

② 《孙中山全集》第 11 卷，第 365 页。

日本的"国家利益"与孙中山的革命集团的利益发生关系。这同时说明，孙中山的对日本的言论、政策和行动已超越了意识形态的认识范围，从其旨在实现革命理想、目标的动机来看，不妨说具有实用的策略性特点，因此不是认识问题。

孙中山为什么明确认识到日本侵华的本质，但又力求日本援助呢？持国际关系论研究法者认为，认识与行动的关系应当一致。但有时可以采取与认识完全相反的行动，这是国际关系论的一般原则。国际关系论研究法与思想认识论研究法不同。它把孙日关系中认识与行动的矛盾解释为：正是由于孙中山对日本侵略中国有明确的认识，所以才利用围绕侵华而产生的日本、欧美列强与中国三者之间的矛盾和对立来达到革命的目的。现具体分析如下：

（1）日本侵略中国，首先与清朝政府和袁世凯等北京政权发生冲突，这就激化了这些政权与日本的矛盾和对立。因此日本力图利用中国国内的反对势力，从背后牵制它们，进而从两面向它们施加政治和军事压力。为此日本外务省1897年派宫崎滔天、平山周等在中国国内寻找包括兴中会在内的秘密结社，利用它们从背后牵制清政府。1897年8月孙中山从英国来到日本时，日本政府允许他在日本居住并默认其在日的革命活动，其原因之一是害怕甲午战争后清政府对日本报复，从背后牵制清政府。1912年日本对南京临时政府提供财政和武器"援助"，从某种意义上说是为了反对北方的袁世凯。1916年上半年对孙的支援也是为了推翻袁世凯。1923年至1924年对孙中山的支持也是为了利用南方的广东政府和东北的张作霖政权从南北夹击北京的曹锟和吴佩孚政权。

对此，孙中山是采取何种态度和政策的呢？孙中山革命的任务是对内推翻袁世凯、段祺瑞等的北京政权，建立共和制的新国家；对外废除不平等条约，把半殖民地的中国变成完全独立的中国。在这两项革命任务中，孙中山优先对内，相信建立共和制新国家之后，则对外的革命任务就不难完成，只有完成国内革命才

能完成对外革命的任务。①因此，孙中山把推翻清朝和袁世凯等北京政权当作首要的革命任务。由此，相互对立的孙中山和日本之间产生从各自的目的出发，为打倒或牵制清朝和袁世凯，超越对对方的认识，暂时握手的可能性。这对日本来说是超越了对孙中山的共和思想及废除不平等条约主张的认识，对孙中山来说则是超越了他对日本侵略中国本质的认识，双方都从实用主义出发，采取了灵活的态度和政策。如上所述，孙中山这样做是有其策略和客观原因的。

（2）就孙中山在青少年时代所受的教育和革命思想形成中所受的影响而言，应该说接近欧美诸国，应先争取其援助。1895年广州起义失败后，孙中山先渡美后赴英，力图获得它们的支援；1907年3月和1910年6月两次被日本驱逐后，又再度赴法、英、美诸国活动，但只得到了咸马里等人的帮助。辛亥革命爆发后，孙中山没有立即回国，而是在欧美活动，企图得到政治和财政上的支持，但一无所获。二次和三次革命时期也是如此。在政治思想上与孙中山较为接近的欧美列强为何不愿支持孙中山？原因很多，其中最重要的是在侵华问题上存在着错综复杂的国际关系。日本和欧美列强在维护在华既得权益方面采取了一致行动，在扩大新权益方面又相互争夺并互相牵制。列强与中国是一种侵略与被侵略的关系，但中国可利用列强之间在侵略中国问题上的矛盾和对立进行抵抗，即所谓"以夷制夷"，或利用欧美列强抵抗日本，或利用日本牵制欧美列强。而欧美列强也时而借日本加紧侵华而激化的中日矛盾和对立，以"支持"中国来与日本争夺，时而利用日本来向中国施加压力，时而利用中国来牵制日本。这种错综复杂的多角国际关系决定了孙中山与日本、孙中山与欧美列强间的关系。欧美列强为牵制从甲午战争、义和团运动、日俄战争以

①《孙中山全集》第8卷，第115～116页。

来在中国急剧扩大新权益的日本，先利用因日本侵华而激化的北京政权与日本之间的矛盾和对立，支持北京政权的实权人物。清政府和北京政权的操有实权的人物袁世凯也欲利用或依靠欧美列强来抗御日本。于是，清政府、袁世凯与欧美列强之间便在共同对付日本这点上取得了协调，并加强了袁与欧美之间的关系。因此，旨在推翻政敌——清政府、袁世凯的孙中山自然得不到欧美列强的支持，这对孙中山影响颇大。在这种情况下，孙中山不得不把希望寄托于日本，力争其援助。这种情况并非出于孙中山的主观意志和对日本侵略本性认识不清，而是出于中国与列强间国际关系的两重性。这是解释孙中山既明确认识日本侵略本性又不得不依靠日本的相互矛盾心理的重要依据，也是孙中山采取哪种对日策略的客观原因之所在。孙中山本人也对此有清醒的认识。

　　在近代中国的对外关系中，此种两重性国际关系的基本框架是不会发生变化的，但是随着国际形势和中国政局的变化，这种多角的两重关系也会随之发生一些变化。例如在第一次世界大战后半期，因袁世凯之死和段祺瑞掌握北京政权而引起的中国国内政局变化以及欧美列强卷入大战无暇顾及中国的国际环境变化，使段祺瑞政权得以与日本勾结，北京政权从亲英美而成亲日。这一变化便促使孙中山对日的言论、态度和政策也发生了变化。下面采用比较研究法来进一步探讨一战后期因三角双重关系方面的变化而引起孙中山 1919 年前后对日本的认识、言论、态度、政策和行动变化的相互关系。

## 三、比较研究法

　　比较研究是历史研究的一种重要方法。运用这种方法来研究孙日关系，对于进一步阐明孙中山认识与行动间的内在关系非常重要。对孙日关系的比较研究，可以从纵横两方面进行。纵向的比较，是将孙中山三十年的革命生涯分成若干时期，按时期比较

其对日关系之变化，从其不断变化的现象中找出不变的内在规律
与原则。横向的比较，是比较孙中山和同一时期活跃在中国政治
舞台上的其他政治人物与日本的关系。通过这一比较，进一步认
识孙日关系的本质。同时还应将孙日关系同旨在实现社会变革与
民族独立的其他亚洲国家的政治家与日本的关系进行比较，找出
其异同，从而搞清孙日关系的特性，以及其他亚洲国家与日本的
关系的普遍性。

1. 纵向比较

孙中山对日本的认识、言论、态度和策略并不是一成不变的，
而是随着形势的变化而改变的。这种变化既有连续性又有阶段性。
持思想认识论研究法者认为，以 1919 年（一说 1917 年）为界，
孙中山对日本的认识发生了根本转变。以前孙对日本的侵略本质
认识模糊，1919 年以后孙已认清其侵略本质，对日本已不抱任何
希望，并严厉谴责日本的侵略行径。笔者认为，这一时期孙中山
对日本的认识、态度及其对策虽有变化，但并非根本性之转变。
因为从历史的发展进程来看，日本社会和日本的对华政策是不断
发展变化的，因此孙中山的对日认识也必然随之变化。1919 年以
前孙中山发表的对日言论中，既有批判也有期待；而 1919 年至
1922 年间，他对日本主要持批判态度，谴责日本在侵华方面比欧
美白色人种更危险，称日本是最危险的敌人。这表现在以下几个
方面：

（1）孙中山指出："近代日本对于东亚之政策，以武力的、资
本的侵略为骨干……对于中国，为达日本之目的，恒以扶植守旧
的反对的势力，压抑革命运动为事。"[①]同时又尖锐地指出，辛亥
革命以来，日本援助袁世凯，扰乱民国达四五年之久。袁死后，
又援助段祺瑞，支持张勋复辟，破坏国会，致使《临时约法》废

---

① 《孙中山全集》第 5 卷，第 276 页。

弃。其后又乘直皖战争之机，支持与直系军阀联手的张作霖并使之占领北京，"就此过去之种种事实论，则人之谓日本政府对于中国所持政策，专以援助反对党排除民主主义者为事"①，压制广东军政府及国民党。孙中山还指出，北洋军阀之所以能够维持北京政权，"正是日本明里暗里提供援助的结果"，但这都"加强了与日本斗争的意志"。②这些言论表明，孙中山对日本的认识有了新的发展，而这种新的认识，是基于看到袁死后日本支持段祺瑞、张作霖等军阀并与其沆瀣一气的新事实得出的。

（2）关于对"二十一条"的谴责。以前，孙中山回避正面谈及"二十一条"要求，但是1919年以后，"于此事默不一言"的孙中山公开表态，他说：这"二十一条"的签订，"差不多完全把中国主权让给日本了。在这种协定底下，中国就要成了日本的附属国，日本的陪臣国，恰如日本从前在高丽所用的方法一样"，按照这个"二十一条"，"日本把整个中国征服去了。……中国的大混乱，是二十一条款做成的，如果废除了它，就中国统一马上可以实现"。③他表示中华革命党决心为排除这些条款，战斗到最后一个人。

（3）在山东问题上，孙中山也发表了措辞激烈的谈话。他说："日本竟强行占据胶、青，无异强盗行为！日本可为强盗，吾国断不能与强盗交涉，更不能承认强盗有强夺吾国土地之权力。"④强烈要求日本归还山东。他还指出，作为解决山东问题的第一步，首先是废除1895年的《马关条约》，接着是排除"二十一条"，非此就不能解决山东问题。

（4）关于满洲问题。孙中山强调，日本在其租借期满后，应该撤出满洲。

---

① 《孙中山全集》第5卷，第276页。
② 《东京朝日新闻》，1920年6月12日。
③ 《孙中山全集》第5卷，第298、300页。
④ 《孙中山全集》第5卷，第206页。

（5）关于中国的参战问题。孙中山指出，日本劝诱中国参战的险恶目的，首先是通过劝诱中国参战，与列强一起缔结继承德国在山东权益的条约，坐收渔人之利，[①]再乘机加强对中国的军事统治，以征服中国。[②]并指出 1918 年 5 月缔结的中日军事协定是实现上述目的的具体步骤，进而强烈要求废除这一协定。

（6）这个时期的孙中山认为："日本为民国之敌"。[③] "白人外患，可以无忧。此后吾党之患，仍在日本之军阀政策。"[④]1921 年 4 月日本的外交家重光葵来访时，孙当面痛斥日本军阀，以激烈的言辞抨击了日本的侵华政策。

从以上孙中山对日本的批判可以看出，与 1919 年以前相比，确实有了很大变化。于是持思想认识论研究法者认为，这种变化是孙对日本的侵华本质从认识不清到有明确认识的根本性转变。正因为有了明确的认识，其后他才丢掉了对日本的幻想和期望，不再谋求日本的支援，从而孙中山对日本的态度也随之发生了根本转变。这里再次强调了认识与行动的一致性。

孙中山的对日认识及其对日态度果真发生了根本性转变了吗？

笔者认为，1919 年以后孙中山对日本侵略的认识确实加深了一步，其批判日本的次数、广度和深度也有变化。面对日本在一战中扩大对华侵略的事实，其认识上有如此发展是很自然的。但是，这种变化并不意味着他从对日本侵华本质认识不清到一下子全认识清楚了。如前所述，孙中山对日本侵略中国始终有明确认识，正因为如此，才有 1919 年以后对日的那些认识和批判。1920 年 9 月他会见来访的北海道大学农学部教授森本厚吉时，讲了如下一番话。他说，近来之所以公开反对日本的原因是"鉴于甲午、

①《孙中山全集》第 5 卷，第 72 页。
②《孙中山全集》第 5 卷，第 297 页。
③《孙中山全集》第 5 卷，第 277 页。
④《孙中山全集》第 5 卷，第 354 页。

日俄战争及其后日本的行动，不能不认为日本有领土野心"①。这段话说明，由于孙中山对日本自甲午、日俄战争以来的领土侵略早有明确认识，所以才在1919年后公开批判日本。这也表明，尽管这一时期孙中山的对日认识有了新的发展和变化，但在这种变化中，对日本侵略中国的根本性认识始终未变。既然根本性认识未变，又怎能说其认识发生了根本性变化呢？故只能说是对日认识的深入或发展。

　　在这里存在着一个问题，即对日本侵占胶州湾、胶济铁路及"二十一条"问题，孙中山当时并未公开发表反对的言论，1919以后才有前述的那些批判。这种现象又应如何解释？运用思想认识论研究法，也许可以解释为当时对那些问题认识不清，后来才明确了。但是，如果运用国际关系论研究法，则可以从当时孙中山所处的国际环境及其政治策略的角度来解释这种现象。胶州湾、胶济铁路及"二十一条"等问题，都发生在孙中山亡命日本并以日本为基地准备反袁的第三次革命时期，也是日本对孙的一举一动严密监视的时期。如果在这种国际环境下孙中山像1919年以后那样公开就上述问题批判日本，将势必被赶出日本，对革命事业不利。另一方面，一战爆发以来，由于日本加紧侵略中国，日本与袁世凯之间的矛盾和对立与日俱增。孙中山从战略上考虑，想利用日袁间的矛盾，为打倒革命的头号敌人袁世凯，努力争取日本支持。在这种情况下，抨击日本侵略是不合时宜的。如果当时孙中山就山东及"二十一条"问题公然批判日本，战略上必然陷入极为不利的地位。因此，当青年学生及民众明确认识到山东问题与"二十一条"的侵略实质并掀起轰轰烈烈的反日运动时，孙中山没有发表批判性言论，采取了克制的态度。作为一个革命领袖，孙中山与一般民众的区别也就在这里。随着五四运动的爆发，

① 《读卖新闻》，1920年9月17日。

孙回国并在广东建立第一、第二次军政府时，环境完全与亡命日本时不同，具备批判日本的客观条件。政治家对一个问题的态度和言论，可以随环境变迁而有所不同，这是政治家的一个共同特点。在这个问题上，与其说是政治家的认识问题，毋宁说是政治策略问题，孙中山亦不例外。

从自我克制到自我解放，取决于环境变化所提供的客观条件。第一次世界大战时期，围绕中国的国际关系发生了变化。欧美无力像以往那样"光顾"中国，这也是袁世凯洪宪帝制失败的原因之一。袁死后，段祺瑞掌握北京政权，在欧美列强支援无望的情况下，为达到以武力统一南北的目的，他不得不投靠日本。1920年直皖战争后，奉系军阀张作霖把持了北京政权，段、张与亲欧美的袁世凯不同，都是亲日的军阀势力。日本从财政上、军事上援助段、张，企图利用他们排斥孙中山领导的广东军政府，并通过武力或"议和"阴谋，建立以北京政权为中心的全国统一政府。这样，与袁世凯相反，北京的军阀政权与日本的关系十分密切，日本已公开支持孙中山的政敌，广东军政府在政治上军事上都受到很大压力。过去，为了倒袁，日本一度曾支持孙中山领导的革命党，但此时日本的对孙政策已转为镇压，孙日关系发生了变化。根据这种情况，孙中山也由对日期望转为对日批判，其对日政策也不得不转为抵抗。

这一时期孙中山对日本的这种批判和抵抗，正反映了孙中山与日本、日本与北京政权之间的国际关系的变化。这一变化促使了孙中山在对日态度上的变化。

这一时期，孙中山对欧美列强的态度也发生了新的变化。为了与日本对抗，孙中山对欧美列强寄予希望，努力争取其支持。孙中山认为，袁死后段、张亲日，北京政权与英美的关系一时中断，为了牵制业已控制了北京政权统治者的日本，英美有可能转向支持自己一方。这是一种策略，旨在利用列强在争夺中国上的

矛盾。从国际关系的角度来看，这种策略转变是正确的。

在对孙日关系进行纵向比较时，不仅要同 1919 年以前的时期相比较，还必须与其后的时期相比较。但以往的研究，只对前期进行了比较，对于后期未予涉及，这是不够全面的。这是因为关于后期即 1923 年、1924 年第三次广东军政府时期孙日关系研究尚不够深入。如果说 1919 年至 1922 年孙中山的对日认识和态度已发生根本性转变，那么 1923 年、1924 年他的对日态度应不会变化，仍然是严厉谴责日本，而不是把希望再寄托于日本的援助。然而，事实恰恰不是如此。第三次广东军政府时期的孙日关系，较之 1917 年至 1922 年第一、第二次军政府时期有很大变化，孙中山和日本在重新接近。其表现形式是：第一，1923 年 3 月，日本任命天羽英二为广东总领事，并表明与广东军政府改善关系的意向。5 月 13 日，天羽到广东赴任，三天后即拜访孙，其后再度拜访。孙经常向天羽"宣传大亚细亚主义"，说"日本虽为亚洲一国，然效仿欧美，推行帝国主义政策，岂不怪哉。日本应主动废除不平等条约，真正实行日华提携"。[1]这与 1924 年他渡日发表的《大亚细亚主义》演讲一样，表明了与日本合作的意向。第二，同 1919 年以前一样，要求日本提供贷款，从日本农商务省聘请技师赴矿山调查，与日本人签订广东造币厂接管合同等。第三，要求向日本派遣广东军政府特派员。第四，关东大地震时，向摄政裕仁亲王及犬养毅等日本政府重臣发送慰问信。[2]第五，当时广东军政府要人与天羽总领事相互招待，往来频繁。[3]上述事实表明孙中山与日本亲近，同时反映出孙中山对日态度的变化。

这种变化，从孙中山对民众及青年学生反日运动的态度上也

---

① 天羽英二日记资料刊行会编：《天羽英二日记·资料集》第 1 卷，该刊行会 1985 年版，第 1418～1422 页。

②《孙中山全集》第 8 卷，第 197～198 页；李廷江：《孙文与日本人》，载《日本历史》第 471 号，第 90 页。

③《天羽英二日记·资料集》第 1 卷，第 1325 页。

可窥见一斑。1923 年，东北、华北、华中和华南地区掀起以废除"二十一条"、归还辽东半岛为主要内容的反日运动，并波及广东军政府管辖下的广东、福建一带。在孙中山的故乡香山县，也发生了由青年学生组织的抵制日货运动。以前曾视日本为敌国的孙中山，理当支持青年学生及民众的反日运动，但恰恰相反，结果是以善意的劝告制止了这些运动。这也与孙中山的革命战略有关，是考虑到与日本的关系才表示"善意"的。而天羽总领事也将这种"善意"转告给内田外相。[①]

最能反映孙中山把希望寄托于日本政府的心情的是 1923 年 11 月 16 日致犬养毅的一封信。当时犬养就任第二次山本内阁的邮政大臣。借此机会，孙向他表露了期待日本的衷曲，希望通过这位旧友的活动，使日本政府支援广东军政府。孙中山在信中希望日本"将追随列强之政策打消，而另树一帜，以慰亚洲各民族喁喁之望"[②]。他还希望"日本政府此时当毅然决然以助支那之革命成功，俾对内可以统一，对外可以独立，一举而打破列强之束缚"[③]。

孙中山对日本的期望与他对日本的批判是同时并存的。在给犬养毅的信中，孙中山还说："日本对于支那之革命，十二年以来，皆出反对行动；反对失败，则假守中立以自文。从未有彻底之觉悟，毅然决然以助支那之革命，为日本立国于东亚之宏图者。"[④]翌年 2 月，孙中山在会见新闻记者松岛宗卫时又说："现下日本国民有轻蔑支那国民的倾向，谩骂支那人为病夫，动辄加以凌辱。"[⑤]还指出这只是日本得势时才有的暂时现象。

可见，这一时期孙中山的对日认识、言论和态度同 1919 年以前一样，是双重性的。对此，拜访过孙中山的松岛记者称孙好似

---

① 《日本外交文书》大正十二年第 2 册，第 259 页。
② 《孙中山全集》第 8 卷，第 401 页。
③ 《孙中山全集》第 8 卷，第 403 页。
④ 《孙中山全集》第 8 卷，第 404～405 页。
⑤ 松岛宗卫：《故孙文的坦率报告》，《日本及日本人》，1927 年 10 月 15 日，第 50 页。

个"无节操之女郎"，希望孙自省。孙中山则反驳说，批判日本和反日，"正是为了促使贵国反省"，"促使贵国朝野觉悟"。[①]这表明，孙中山对日本的批判并不意味着与日本决裂，而是实现其对日期望的一种手段。在其对日认识、言论和态度的双重性中，对日本的期望是主要的。

如上所述，1919 年至 1922 年间着力批判日本的孙中山，从1923 年起又转为对日的期待。这一史实说明，1919 年至 1922 年间孙中山对日本的认识和态度并未发生根本性转变。如果发生了根本性转变，就不会有 1923 年以后的这种情形了。

既然孙中山对日认识未发生根本性转变，为什么其对日态度又从批判转为期望？若采用强调认识与态度（行动）一致性的思想认识论研究法，恐怕无法解释，只有运用国际关系论研究法方能说明，即根据当时中国的形势与国际关系的变化来阐释这一变化。

1920 年的直皖战争使亲日的段祺瑞失势，尔后上台的奉系军阀势力在 1922 年的第一次直奉战争中又失败并被逐出北京政府，以曹锟、吴佩孚为首的直系军阀掌握了政权。而这个政权是亲英美的，得到了英美的支持。这意味着通过第一次世界大战后的《凡尔赛和约》和华盛顿会议，欧美列强已卷土重来，日本失去了对北京中央政府的控制。要想维持和扩大在中国的殖民权益，最重要的就是要控制北京政权，将其执政者牢牢掌握在自己手中。在这个问题上，日本与欧美列强之间一再发生冲突。面对直系掌权的局面，日本必须对北京的中央政权采取新的政策。这表现在1924 年 5 月清浦内阁制定的《对华政策纲领》中。该纲领的第三条写道："根据支那政局之现状，目前不宜只偏重中央政府，要尽量广泛地与地方实权者结成良好关系，以谋求我势力在各方面的

---

① 松岛宗卫：《故孙文的坦率报告》，《日本及日本人》，1927 年 10 月 15 日，第 50 页。

伸张。因此，应以公平之态度对待地方实权者，对其正当目的，给予好意的援助。但援助的程度和方法要根据帝国的利害关系加以适宜调节。"①这里所说的地方实权者，是指东北的张作霖和号召对北京政权进行北伐的广东的孙中山，也就是要利用上述南北两大势力夹击北京的曹、吴政权。日本更换广东总领事以及天羽总领事与广东军政府的频频接触，也是旨在实现这一目的的外交措施。因此，自 1923 年 5 月天羽就任广东总领事以后，日本的对孙政策便发生了变化。与此同时，孙中山的对日言论和态度也开始转变，对日本抱有期待，希望得到日本的援助。

这一时期，孙中山在 1923 年至 1924 年的关余问题上，要求日本支持；在 1924 年的商团事件中，要求日本提供武器和弹药。②1924 年 9 月第二次直奉战争爆发，10 月冯玉祥发动北京政变，亲英的吴佩孚和曹锟退出北京，亲日的张作霖和段祺瑞掌握了北京政权。张作霖和冯玉祥为了稳定中国政局，要求孙中山北上。第二次直奉战争爆发后的第二天（9 月 18 日），孙中山发表了《北伐宣言》，准备北伐。但因冯玉祥发动政变，北京形势骤变，遂停止北伐，同意北上。1922 年第一次直奉战争以后，为了推翻曹、吴统治的北京政权，孙中山已同其原来的劲敌段祺瑞、张作霖结成三角同盟，彼此秘密来往。正因有这种关系，他才同意北上，与段、张共商国家大计。但是，在与张、段协商之前，有必要得到日本的支持和协助。为此孙中山决定先走访日本。这是孙中山对日政策的重大转变。孙中山在 1917 年到 1920 年的直皖战争期间，反对亲日的段祺瑞，尔后反对亲日的张作霖，并严厉谴责支援段、张的日本。然而，随着中国内外形势的变化，日本对北京政权及对孙的政策也发生了变化。正是在这种条件下，孙中山的对日态度也开始变化。

① 日本外务省编：《日本外交年表及主要文书》下，第 61 页。
② 《天羽英二日记·资料集》第 1 卷，第 141 页。

　　由此可见，孙中山对日本的态度，先由 1919 年前的期望转变为愤慨和批判，后从 1923 年起重新转为期望。在这一变化中，他对日本侵略中国的认识始终没变。在 1924 年 1 月的《关于建立反帝联合宣言》中，孙中山称日本是和英、美、法、意一样的帝国主义，并呼吁世界上弱小民族联合起来。同年 2 月，他又在《三民主义》演说中，指责日本侵占朝鲜、台湾和澎湖列岛，和英、美、法一样，是企图灭亡中国的。①他说："日本近在东邻，他们的海陆军随时可以长驱直入。日本或者因为时期未至，暂不动手；如果要动手，便天天可以亡中国。……中国假如和日本绝交，日本在十天以内便可以亡中国。"②1924 年 11 月孙中山访日时，曾要求日本废除在华不平等条约，并将关税、治外法权和租界等归还给中国。③这反映了孙中山对日本侵略的认识和态度。当时孙中山对日本是抱着希望的，但上述事实表明，即使在这个时期，他对日本的侵华也是有明确认识的，这正是他不断变化的对日态度中始终不变的本质。也就是说，孙中山的对日态度及其对日政策，虽然随着客观形势的变化而改变，但对日本侵华本质的认识从未变过。同样，日本对孙政策时而支持或置之不理；时而支持孙的政敌，从政治上军事上给孙以压力。尽管变化无常，但侵略中国的根本方针始终不变。另一方面，孙对日本的侵略目的很清楚，日本也知道孙的共和革命及废除不平等条约的基本主张，但双方为了实现各自的目的，都不得不根据客观形势的变化调整自己的政策，即时而握手时而背离，展示出一种扑朔迷离的关系。不过上述现象并不是孙日关系所独有的，纵观近现代国际关系史，类似现象屡见不鲜。

----

① 《孙中山全集》第 9 卷，第 233 页。
② 《孙中山全集》第 9 卷，第 233 页。
③ 《孙中山全集》第 11 卷，第 379、436 页。

2. 横向比较

当时中国政治舞台上有影响的人物不只孙中山一人，袁世凯、段祺瑞、吴佩孚、张作霖、曹锟等都曾显赫一时。孙与这些人时而对立时而合作，甚至对立时往往还保持某种联系。在对外关系方面，他们为维护自己的利益，或依靠日本或追随英美，但不论其投靠哪一方，都必然与日本发生这样或那样的关系。若将其对日关系与孙中山的对日关系加以比较，不仅有助于加深孙日关系的研究，而且对于推进日本与欧美列强在侵华上的国际关系研究也不无裨益。

这里先就袁（世凯）日（本）关系与孙日关系进行一下比较。1900 年以前，袁因朝鲜问题与日本对立，但 1901 年出任直隶总督、北洋大臣并组织北洋军进行训练时，转而依靠日本；而日本也视其为亲日人物加倍重视，派遣军事顾问和教官协助训练北洋军。但是日俄战争以后，日本加紧侵略中国，袁日关系再度恶化。1907 年，袁就任军机大臣和外务部尚书。为利用日本与欧美列强的矛盾，他采取了"以夷制夷"的外交政策，企图联合俄、美、德等国对抗日本的侵略。这样，袁便成了日本侵华的障碍。1909 年，袁与清朝的满族皇族发生内讧，袁被赶出北京。对此日本不胜欣喜，予以支持；而欧美列强则表示遗憾。这两种态度反映出日本与欧美列强在中国问题上的争夺之烈。辛亥革命爆发后，清朝重新起用袁，任命他为内阁总理大臣，企图以此镇压孙中山等人领导的南方革命势力。欧美列强也支持袁上台，唯独日本大为不快。一些大陆浪人谋划在袁北上时杀死袁，结果未成。总的来看，1901 年至 1905 年间袁日关系比较和谐，其他时期双方对立。

辛亥革命爆发后，一度出现南孙北袁的对峙局面。1912 年通过南北议和及孙中山的妥协让步，袁迫使清帝退位，统一了中国而登上大总统的宝座。但是，1913 年 3 月宋教仁被暗杀，爆发二次革命。此后直至 1916 年 6 月袁死去，袁孙再次对立。当时支持

袁的是英美，而一度支持孙的是日本。这也是日本与欧美列强争夺中国的一种表现。

　　从上述袁日关系可以看出，袁世凯的对日态度及其政策与孙中山的做法不可同日而语。在中国近代史上，袁因接受"二十一条"要求被唾骂为"卖国贼"。袁在与日本进行除第五款外的"二十一条"谈判过程中，虽然尽可能抵抗，但最后还是让步妥协。在日本占领胶州湾和胶济铁路问题上，袁也尽力抵抗，但最后还是承认了日本军事行动所造成的既成事实。日本对袁的让步虽然感到满意，但却不满袁的抵抗，视其为侵华的障碍。推行大陆政策的急先锋陆军更认为是如此。1915 年 12 月袁破坏共和制，复辟帝制，当了皇帝。辛亥革命以来一直反对中国实行共和制的日本，从其意识形态上讲应该支持袁的帝制，反对和镇压旨在恢复共和制的孙中山及西南诸省的反袁运动。然而，日本却超越意识形态的界限，转而支持孙中山及西南诸省反袁反帝制的势力，成功地排除了袁世凯这个日本侵华的障碍。这就说明袁日关系也并非基于意识形态，而是基于一种旨在实现其各自目的的国际关系。袁除在 1901 年至 1905 年间依靠日本训练北洋军之外，其他时期是与日本对立的。与此相反，孙中山除 1919 年至 1922 年间批判日本之外，其他时期都对日本抱有期望，希望在日本支持下完成革命。客观地比较袁日与孙日关系，可以说孙更接近日本。在中国近代史上，孙中山是最伟大的爱国者，袁世凯被认为是最大的"卖国贼"，但是孙比袁更接近日本，实际上袁比孙更戒备日本并进行了抵抗。这种矛盾现象是怎样发生的呢？它并不在于两者对日本侵华本质的认识上的差异，而在于他们在中国国内所处的地位不同。袁是君临中国的最高统治者，日本侵华时首先将遇到他的抵抗，因此日袁关系恶化。孙中山则处于在野地位，视当政的袁世凯为最大政敌，为推翻袁世凯而利用袁日之间的对立，并希望日本援助。若两人的地位逆转，他们与日本的关系恐怕也会随

之骤变。

　　孙、袁两人的对日态度是成反比的，日本对孙、袁两人的政策也成反比。当日本改善对袁关系并与袁保持一定关系时，其对孙态度冷淡；当日本对袁态度暧昧时，对孙便若即若离；而当日本对袁采取牵制、排挤政策时，对孙的态度便转为支持和帮助。这种反比现象，在段祺瑞与张作霖、吴佩孚等掌握北京政权时也同样发生过。这便说明，日本的对孙政策是由其对孙中山的政敌袁、段、张、吴等的政策而决定的。君临中国、把持北京政权的人物，从维护其统治出发，都采取了"以夷制夷"的政策。但是依靠哪一个夷、制哪一个夷，只能根据中国与列强间存在的双重性国际关系来决定。袁世凯、吴佩孚选择了英美并得到其支持，段祺瑞、张作霖则选择了日本并得到其支持。这一时期，日本在袁、吴把持北京政权时，相对支持段、张和孙；而当段、张掌权时，又从政治上军事上压制孙，或促孙与段、张合作。在这种复杂的国际关系中，孙中山鉴于自己的革命势力和基础还很弱小，也想联合或利用可以利用的列强势力，时而联合日本，时而选择美、德、英等欧美列强。他的这些选择，不是基于对列强侵华本质认识的主动选择，而是根据日本的对孙政策所做出的被动选择，与认识无关。孙中山的革命战略，首先是推翻把持北京政权的统治者，因此他根据这些统治者与日本或与列强的关系来选择与其对立的列强。例如，1907年清政府要求日本驱逐孙中山，日本为调整日俄战争后日益恶化的中日关系，同年3月将孙赶出日本。此时，孙努力争取法、美、英等国的支持。1917年至1922年段祺瑞、张作霖等把持了北京政权，并与日本勾结甚密，孙中山则想联合美、德。1922年至1924年，掌握北京政权的吴佩孚、曹锟投靠美、英时，孙中山转而争取日本的支持。这是因为，日本和欧美列强在侵略问题上与孙中山是对立的，但日本和欧美列强在中国争夺而产生矛盾，又成为孙中山可利用或者联合的对象。

而对孙中山来说，他不仅对日本和欧美列强因侵华而产生的矛盾和对立有深刻认识，而且认识到了利用这一矛盾和对立，对达到革命目的之必要性和可能性。这一事实表明，孙中山对日本的期望及其政策，并不是由其对日本侵略的本质认识所决定的，而是由超越认识的、围绕侵略中国的国际关系来决定的。这似乎过分强调了外部因素，但正是因为孙中山对日本或欧美列强的侵略本质有深刻认识，才会有那些联日或联欧美的行动。这就是一个政治家与一般民众的区别所在。

其次，比较一下孙日关系与同时代亚洲其他国家政治家同日本之关系。当时日本和亚洲其他各国同处于由前近代社会向近代社会过渡的时期，都担负着摆脱列强侵略、实现民族独立的历史使命。这一使命使孙中山和其他亚洲国家的政治家与日本发生这样或那样的关系。这种关系依国情而异，孙中山和朝鲜金玉均的对日关系便是如此。孙、金与日本的关系是通过学习明治维新及其后来的近代化而结成的，而且他们都是在维新后日本对外侵略的促使下走上革命和改革之路的。他们的对日观也都是因维新后日本社会结构的双重性而具有双重性的。

他们两人都把推翻本国统治者视为革命和改革的第一步，都想借用日本的力量，而且同样都采用与其革命和改革相矛盾的手段来实现其目的。这并不是因他们对日本侵华、侵朝的本质认识不清所致，而是根据中朝所处的国际环境而做出的判断和选择。当时在中朝两国的国际关系中，日本是举足轻重的。在中国，有与日本对立的欧美列强势力；在朝鲜，存在着与日本对立的清朝的前近代势力。清朝支持朝鲜统治阶级中的守旧派，压制金玉均的开化党，这就与支持开化党以图扩大对朝侵略的日本势力发生对抗。尽管这与孙中山的革命运动所面临的欧美列强与日本的关系不同，但中朝两国同样都处于双重性国际关系之中。日本对孙中山的革命运动和金玉均的改革虽都曾一度"支持"过，但其目

的是为了扩大日本在中国和朝鲜的权益，而并非意识形态相近之故。日本的侵略与中国、朝鲜的独立是水火不相容的，中朝两国与日本结成的一定的关系，是超越意识形态和相互认识的国际关系的双重性所决定的。

出于同样的原因，孙中山的革命和金玉均改革失败之后都亡命日本，但因两人在日本的情况相异，他们所采取的政策也不一样。这是孙的革命党和金的开化党在其本国和日本的势力大小所致。也就是说，日本之所以区别对待，是与他们各自势力的大小和日本利用他们价值之高低成正比的。此外，孙、金两人从事革命和改革的时间相差 10～20 年，日本的对华、对朝政策也因之而有所差异。

如上所述，孙中山与金玉均的对日关系虽有差别，但共同点是主要的。而这一共性便反映了孙日关系在亚洲的普遍性，个性则说明了孙、日关系的特殊性。

## 四、实证性研究法

考证是历史学研究的重要方法。这种方法对于辨明史料真伪、澄清历史事件是必不可少的，孙日关系研究也离不开这种方法。目前在孙日关系的研究中，中国大陆、台湾及日本学者之间正围绕下述文件的真伪展开争论。包括 1912 年 2 月 5 日和 8 日森恪致益田孝的两封信[①]、1914 年 5 月 11 日孙中山致大隈重信首相的信[②]、1915 年 2 月 5 日的《中日盟约》[③]、同年 3 月 14 日孙中山致外务省政务局长小池张造的信与《盟约案》[④]等。一部分学者断定上述文件为真品，一部分学者则认为是伪物。还有一些学者认为下结论为时尚早，有待进一步研究。

---

① 三井文库藏。
②《孙中山全集》第 2 卷，第 84～89 页。
③ 早稻田大学名誉教授洞富雄藏。
④ 日本外交史料馆藏。

迄今为止有关上述问题的研究情况是，一些学者为弄清其真伪，运用各种资料进行考证；一部分学者在进行考证的同时，还从思想认识论及孙中山的人际关系出发，探究有关书信及盟约案的真伪。从考证和思想认识论及人际关系的角度进行分析和推理，对于辨明真伪是必不可少的。但这里存在一个以何为先或以何为前提的原则性问题。笔者认为，考证是前提，通过考证弄清真伪，然后用思想认识论研究法或者考察人际关系来再次确认其真伪。但是，有些学者不分次序，时而以思想认识论研究法为先，时而又以考察人际关系为先来论其真伪。由于孙日关系研究中存在着不同的研究方法，识别真伪问题上也产生了不同见解，引起了争论。例如，在有关《中日盟约》和《盟约案》真伪的争论中，就有人认为像孙中山那样的伟大人物是不会签订那种盟约的，或者认为孙中山对"二十一条"的认识不明确，所以推论他有可能缔结类似"二十一条"的盟约。这是观点对立而研究方法相同的一例。

在识别上述书信及盟约的真伪时，要先进行实证性考证，这是一种抛开思想认识论和人际关系的研究法。例如，在考证涉及满洲借款与割让问题的森恪致益田孝函时，首先应根据第一手材料，考证1911年12月下旬孙中山在上海向三井物产公司驻上海分店提出借款要求至1912年2月3日森恪在南京对孙提出割让满洲要求的全过程。其次在这个考证的基础上，应逐一考证森恪在两封信件中提出的各项问题。如2月2日和3日孙与森恪是否进行过会谈？黄兴是否给井上馨发过信件？3日孙、黄是否给井上发过电报？汉冶萍公司日华共同经营契约书的签字与招商局、铜官山矿山的有关问题是否存在？转告井上馨的四项内容到底有没有？有关割让满洲和借款的六封电报是否存在？以及关于满洲问题的孙、森恪会谈涉及的诸问题、内容等等。由于史料缺乏，不可能对所有问题进行彻底考证，不过只要尽最大努力进行考证，

就有可能对这两封书信的真伪提出新的看法，在此基础上进一步考证这两封书信的关键，即孙中山对满洲问题的态度。孙中山是否答应了日本割让满洲的要求？他表示过什么态度？尽管史料缺乏，但通过分析和推理，合理地弥补考证的不足是允许的。不过对关键问题必须依据第一手材料扎扎实实地考证。最后在上述各种考证的基础上提出结论性的看法，然后或从思想认识论或从国际关系论的角度进一步分析和评价。

据笔者考证，孙中山于1911年12月下旬在上海向三井物产提出了一千万至二千万日元的借款要求。为此，益田孝、井上馨、山县有朋等在东京提出了作为其代价割让或租借满洲的交换条件。森恪在南京将这一意思转告孙并迫使其接受，但孙的态度暧昧。由于缺乏孙明确表示同意割让的史料，现在下结论为时尚早。这并非否认孙有同意割让满洲的可能性。笔者所强调的是，在没有发现孙在这一问题上的确凿证据之前，不能轻易下结论。若根据孙前后之变化进行分析和推理并由此得出孙同意割让或者租借的结论，从考证学来说是不能成立的。正如法官对人命关天的重大案件做出最后判决一样，对事关中国国家主权的这一重大问题做出结论时，必须具备有关直证和旁证材料，但现在缺少孙中山的直证材料。同有关满洲租借的森恪信件一样，对《中日盟约》、致小池政务局长的书信及《盟约案》等问题，也必须进行周密而深入的考证。这三个文件实际上谈的是一个问题，并且均出自一人之手，因此只要弄清其中一件的真伪，其他两件则不言自明。

迄今人们采用了实证性考证、思想认识论和人际关系等研究法对这三个文件进行过研究。思想认识论研究法认为，从当时孙中山对"二十一条"的认识和言论来看，他有可能缔结与"二十一条"相似的《中日盟约》。人际关系研究法认为，从人际关系角度来看，孙中山与盟约上签名的山田纯三郎、犬冢信太郎及把信和盟约交给小池政务局长的王统一等人关系甚密，他有可能与山

田、犬冢缔结盟约，并由王统一代替孙中山将他已签名的信件和《盟约案》交给外务省政务局长小池。孙与山田、犬冢、王统一等关系确实密切，但由此就断定孙与前二者缔结盟约未免显得证据不足。即便孙就"二十一条"发表过认识模糊或"赞美"的言论（日本方面的史料有如此记载），但从思想认识论研究法推论他缔结了盟约也显得证据颇为不足。这样的推论，是否应该在经实证性考证辨明历史真相之后进行，而不应颠倒其考证的次序。

所谓实证性考证就是运用第一手资料甄别史料的真伪，在以往的研究中有过这样的尝试。例如，据外务省外交史料馆保存的《孙文动静》中记载，在缔结盟约的 2 月 5 日，孙中山在电话中让陈其美将印章带来，而陈其美正是在盟约上署名者之一。其后，孙中山、山田纯三郎和陈其美三人一起座谈了约两个小时，这就为考证盟约问题提供了重要线索。[①]对孙中山、陈其美、山田纯三郎和犬冢信太郎四人的署名及孙中山的印章进行考证，也是鉴别真伪的一项重要工作。当事人之一的山田纯三郎关于盟约的简单回忆也是考证这一问题的重要根据。此外，在致小池书信的右上角附着一张"王统一"的名片，上书"大正四年三月十四日王统一谨呈"，这也是考证这封书信及《盟约案》来源的一个重要线索。以上诸例，都属于考证《中日盟约》和《盟约案》的原始资料，而对这些原始资料的真伪亦需进一步考证。譬如，孙中山等四人的署名是亲笔还是他人模仿？四人的印章是否属实？山田纯三郎的回忆是否准确？王统一是否使用过那样的名片？这些都要进一步去考释。只有进行深入而细致的考证，才能辨清其真伪。在考证这三个文件的真伪中，最重要的是要搞清制订这些文件的经过、署名时的情况和送给小池的过程。《中日盟约》及《盟约案》比之于"满洲租借"问题，存在着更多的疑点。要解释这些疑点，只

---

① 《孙文动静》乙秘 300 号，1915 年 2 月 6 日，日本外交史料馆藏。

能有待于新史料的发掘。《中日盟约》的原本，经岸清一（1919年病故）的后裔之手，现为早稻田大学名誉教授洞富雄所保存。当时岸清一曾与犬冢信太郎一起在北越计划开发矿山，如通过对其家族进行有关调查，或许能发现新的史料。现在保存在爱知大学的《山田纯三郎文书》中，未发现这方面的任何史料。

如上所述，有关甄别《中日盟约》与《盟约案》真伪的史料虽然已发掘出一部分，但尚未达到下结论的阶段，还有待今后新史料的发掘，以进行新的考证。

此外，对孙中山的图片也应进行考证。例如所谓1914年中华革命党成立时的合影，同年孙中山与梅屋庄吉夫妇的合照，孙中山、宋庆龄与梅屋夫人的合照，孙中山、宋庆龄结婚照等，应对其合影、合照的日期、目的进行考证。[①]

## 五、研究方法与评价的关系

孙日关系的研究方法必须涉及孙日关系的评价。若从思想认识论研究法来研究孙日关系，则孙中山对日本的认识便决定了他与日本的关系，也就是说，孙中山对日本的主观认识起了决定性作用。这样看来，孙中山则要为其对日本侵略本性认识不清，把希望寄托于日本而负主观认识上的责任。若从国际关系论研究法来研究孙日关系，那么就会发现，围绕日本侵华的国际关系的双重性，孙中山有不得不期望于日本的客观原因。孙中山依靠日本并希望从日本那里得到支援，与他主观上的对日认识并无关系，其责任与当时的客观原因和国际环境有关。

革命是一个国家的内政问题，应由这个国家的人民自己来完成。中国的新民主主义革命是靠自己的力量来完成的典范。可是革命势力起初都很微弱，单靠自己的力量不能完成时，可以寻求

①《近代史研究》1992年第1期，第146～156页。

外国支援。例如，美国的独立战争曾得到过法国的大力支持。孙中山把希望寄托于日本支持的根本原因是革命势力的薄弱。反之若革命势力强大，自己能完成革命，即便是国际关系的两重性给他提供了依靠日本的客观条件，他也不会去依赖日本的。从此种意义上来说，孙中山期望日本支援是判断客观形势后选择的。这一选择不是靠对日认识如何而定，而是根据国内革命与反革命势力之间力量的大小来决定的，所以孙中山主观认识上的责任是轻的。

孙日关系研究方法的差异，必然带来不同的评价。持思想认识论研究法者认为，孙中山对日本侵略本性的认识是不足的，因此期望日本支援的结果也必然是错误的。这不仅不值得评价，反而会带来不良影响。持国际关系论研究法者则相反，从利用国内外敌人的矛盾来打击敌人的策略来说，尽管是短暂的，但对其革命任务的完成却起到了一定的作用。例如，辛亥革命时期日本提供的贷款及武器，在这次革命中起了作用；1916年在反对袁世凯的洪宪帝制及打倒政敌袁世凯的斗争中，日本的"支持"起了作用，这一点应予适当的评价。孙中山迫在眉睫的革命利益与依靠日本援助的手段和策略在短暂的历史时期内是可以统一起来的。

那么从长期利益来看，又做何评价呢？孙中山的革命最终理想与为达到目的而期望日本的手段和策略能否最终统一起来？孙中山认为两者可以统一，所以他才采取了与其革命最终理想相矛盾的手段和策略。可是统一需要一个条件，即在革命过程中借外援增强自身的力量以期革命成功，只有依靠不断增强的革命力量才能对内打倒政敌，对外废除不平等条约，抵御包括日本在内的列强的侵略，争取国家完全独立，进而实现革命的最终理想与手段、策略的统一。

但是，孙中山在三十余年的革命生涯中未能把两者统一起来，这与近代中国社会潮流有关系。因甲午战争以来日本侵略中国，

中国社会潮流之主流是反日的。孙中山的对日态度和政策，从某种意义上来说，是逆潮流而动的。譬如他反对抵制日货运动的态度，南京临时政府时期汉冶萍公司股东反对孙中山的中日合办该公司的举动，这些都反映了中国社会潮流与孙中山的策略是相对立的。这表明孙中山的资产阶级民主革命在一定程度上是在与中国民族资产阶级利益相对立的情况下推行的，是与民族资产阶级和广大民众的反日倾向相脱离的，从而削弱了自己所依存的阶级基础。这样，又反过来加强了他对日本的期望，这是一种恶性循环，对中国革命的进程极为不利。孙中山逝世后，国民党和南京政权从中吸收了教训，采取了与孙中山不同的对日政策，大致顺应了中国社会的反日潮流，从而推进了其革命运动。1937 年抗日战争爆发后，共产党和国民党结成抗日统一战线，与日军浴血奋战，战胜了侵略者，促进了中国的进步与发展。这一历史事实证明：中国人民不是像孙中山那样期待和依靠日本，而是以反日运动和抗日战争的手段来完成革命的最终理想。它从另一方面表明，孙中山依靠日本援助来达到革命目的的手段和策略终究未能统一于其革命的最终理想。孙中山在其《国事遗嘱》中说："现在革命尚未成功"。①其未成功的外在原因便在于此。

孙中山与日本的关系充满了矛盾。为了研究这一历史现象，本文采用思想认识论研究法、国际关系论研究法、比较研究法和实证性考证等各种研究法来探讨孙日关系。这四种研究法相互有联系，在研究中要把它们有机结合起来。思想认识论研究法和国际关系论研究法虽然研究角度不同，但在对日认识这一点上是有共同之处的。比较研究是史学研究的重要研究方法之一，在比较中既有以思想认识论研究法加以比较，又有以国际关系论研究法加以比较。本文在第三部分中就是这两种方法并用，通过比较，

---

① 《孙中山全集》第 11 卷，第 639 页。

说明国际关系论研究法更能合理而正确地解释孙日关系中的矛盾及变化。实证性考证是基础性研究，无论采用哪一种研究法都不能离开它。从这种意义上来说，实证性考证是所有研究法的基础。孙日关系是复杂的，错综的，应利用各种研究法进行综合研究。

　　自然现象也好，社会现象也好，都是相对存在的。本文所采用的各种研究法及以其展开的研究当然也是相对的，其结论也是如此。

　　（本文原载南开大学日本研究中心编：《日本研究论集（1）》，南开大学出版社，1996 年）

# 日本决定对孙中山政策诸因素探析

　　孙中山是中国民主革命的先驱，他领导的民主革命运动与近代日本有密不可分的关系。孙中山在 30 余年的革命生涯中，在国外度过了 17 年 6 个月。其中在日本 9 年 6 个月，占 54%；在欧美 5 年 6 个月，占 31.4%；在南洋 2 年 6 个月，占 14.28%。从这一统计数字中便可看出，孙中山在日本的时间最长，占在海外时间的一半以上，在此期间共进出日本 16 次。其中 8 次是在日本居留时期临时进出的，真正进出日本，可算为 8 次。这一次数远远超过美国、英国和南洋，居首位。

　　日本在孙中山的革命生涯中占有特殊的地位。将孙中山作为贵宾邀请访问的是日本，孙中山作为日本朝野的贵宾访日 39 天，这在孙中山的革命生涯中是唯一的一次，也是受到最隆重欢迎的一次，这在欧美和南洋是没有先例的。给孙中山提供过贷款和武器的也是日本，孙中山在辛亥革命和 1916 年的山东起义中利用了日本的贷款和武器。欧美各国从来未提供过任何援助，只有日本是提供过援助的唯一国家。日本的许多民间人士和大陆浪人曾协助孙中山的革命运动，孙中山也始终与他们保持友好的情谊。而在欧美只有康德黎、咸马里和布思等几个人协助过孙中山。孙中山革命运动中的骨干力量多半是留日学生，这些人与日本有千丝万缕的关系。他的革命运动的骨干中虽也有欧美留学生，但其数甚少，影响也不大。

　　日本与孙中山的上述关系，充满着矛盾。孙中山的共和思想，主要是受欧美的影响，在其三民主义思想中包含着法国大革命时代的自由、平等、博爱思想。从思想来源方面讲，欧美列强理应同情和支持孙中山的革命运动。但是，历史事实却恰好相反。孙中山在欧美停留五年半，奔走呼号，寻求对他的支持，结果仅得到康德黎等几个人的协助，欧美各国政府对孙中山根本置之不理。

　　与欧美相反，孙中山的思想很少受日本的影响。只是明治维新后日本取得的迅猛发展，在精神上鼓舞了他的革命运动。且日本的立宪君主制与孙中山的共和思想是相矛盾的，但是日本与孙中山的关系却远较欧美密切。

　　日本与孙中山的关系是在中国沦为日本和欧美列强的半殖民地的情况下形成的。英国是打开中国门户并率先侵略中国的急先锋，但是，甲午战争和日俄战争后，日本逐渐替代英国，成为侵略中国的急先锋和中国最危险的敌国。这样的头号敌国却支援孙中山是个矛盾的现象。而孙中山期望在日本的支援下推翻国内政敌，完成共和革命。这与他反对帝国主义列强、废除不平等条约、建立独立自主国家的革命目标也是矛盾的。

　　如此重重矛盾的日本与孙中山为什么能结成如上所述的关系？其原因在于日本和孙中山两个方面，但日方占主导地位，孙中山居于次要地位。这是因为在两者的矛盾中，日方是矛盾的主要方面，孙中山则是矛盾的次要方面。矛盾的主要方面决定矛盾的性质，并掌握解决矛盾的钥匙。这一钥匙便是日本对孙中山的政策。

　　孙中山对日的态度及政策，笔者已在《孙中山对日态度再认识》[①]和《孙日关系研究方法论》[②]中做了论述，因此在本文中采用宏观研究和理论性研究的方法，着重论述日本对孙中山的几种政策和日本在决定对孙中山的这种政策中起作用的几种因素，同时

---

　　① 参照《历史研究》1990年第3期，第142～156页。
　　② 参照拙著《孙中山与日本关系研究》，人民出版社1996年版，第287～334页。

在论述中还将日本对孙政策和孙中山的对日态度适当地加以比较。

日本对孙政策是日本对华政策的组成部分，随着日本对华政策的变化而变化。概括起来，有以下四种：

第一种政策是支持和援助。1912年1月南京临时政府成立后，日本应孙中山的要求，提供过沪杭铁路借款、招商局借款和汉冶萍公司借款，并提供了革命所需的武器。[①]1915年底至1916年5月，在孙中山的领导下，中华革命军东北军总司令居正在山东半岛举行起义，在日本政府和军部的支持下，财界的久原房之助提供了60万日元的贷款，驻山东的日军也直接或间接地援助过这次起义。[②]1913年2～3月，孙中山作为日本的贵宾访日，受到日本朝野的隆重欢迎。这是孙中山在其革命生涯中唯一的一次，显示了日本朝野对孙中山的声援，并以成立中国兴业公司来支持他的振兴产业的近代化计划。[③]

从总体来说，日本支持和援助孙中山的时期是短暂的，甚至是昙花一现的，但它毕竟是一种支持和援助，对孙中山的革命和中国近代化来说具有积极、有利的一面。

第二种是对孙中山不即不离、不冷不热的较为消极的政策。这一政策在日本的对孙政策中占主导地位，时期也较长。例如1897年至1903年、1905年至1907年、1913年至1916年，孙中山在日本领导国内革命运动，日本尽管给他提供了进行革命活动的社会空间，某种意义上保护了他的人身安全，但却没有提供积极的支持和援助。例如，1900年惠州起义时，孙中山希望日本提供武器，但日本没有提供。1914年8月第一次世界大战爆发后，孙中山借此东风发动反袁的革命运动，积极争取日本的支持，但日本没有支持他。

---

① 参照拙著《孙文的革命运动与日本》，六兴出版1989年版，第167、168、185～190页。

② 参照拙著《孙文的革命运动与日本》，第264～272页。

③ 参照拙著《孙文的革命运动与日本》，第210～222页。

第三种政策是劝他自动离日，不许他在日本从事革命活动。例如 1907 年 3 月[①]、1910 年 6 月[②]曾两次劝他离日。1907 年 3 月劝他离日时，给他提供 7000 日元。这种劝告形式上不粗鲁，但实质上与驱逐一样。

有时，孙中山希望赴日，日本政府不许或不希望他来日。这在形式上与劝他离日不同，但其实质是一样的。例如 1913 年 8 月二次革命失败后孙中山极力争取赴日，希望在日本继续领导国内的革命，但日本政府不欢迎他来日，再三劝他去美国。[③]孙中山不顾劝阻，经门司、下关抵神户港时，日本才勉强同意他上岸。但日本对孙中山在日的一举一动严加监视，没有给任何的援助。

第四种是压制孙中山的政策。1917 年至 1922 年正是如此，孙中山公然谴责日本，两者公开对立。1916 年袁世凯死后，段祺瑞于 1917 年上台执掌北京政权。段靠日本，力图以武力统一中国。日本则给他提供 1.45 亿日元的西原贷款，提供武器装备，支持他以武力压服孙中山、进而统一中国的政策，妄图靠段称霸全中国。孙中山则主张恢复 1912 年制定的《临时约法》和此年产生的旧国会，抵制和对抗段的武力统一政策。于是孙中山便成为日本和段以武力统一南北的阻碍。日本军部和外务省则采取调虎离山计，1918 年 6 月把孙中山"邀请"到日本，以此排除这一阻碍。[④]孙中山抵日后识破了他们的阴谋，数日后便回国。抵上海时，他严厉谴责寺内内阁的政策是"日本政府对南方的征伐"[⑤]。这时期孙中山猛烈抨击日本的侵华政策，指出："近代日本对于东亚之政策，以武力的、资本的侵略为骨干……对于中国，为达日本之目的，恒以扶植守旧的反对的势力，压抑革命运动的事"[⑥]，并称"日本

① 参照拙著《孙文的革命运动与日本》，第 113～115 页。
② 参照拙著《孙文的革命运动与日本》，第 127～132 页。
③ 参照拙著《孙文的革命运动与日本》，第 244～247 页。
④ 参照拙著《孙文的革命运动与日本》，第 294～300 页。
⑤《东京朝日新闻》，1918 年 6 月 28 日。
⑥《孙中山全集》第 5 卷，第 276 页。

为民国之敌"①，"白人外患，可以无忧。此后吾党之患，仍在日本之军阀政策"②。孙中山对日的这种抨击反过来又说明日本对孙中山施加的压力有多大。

日本对孙中山的这四种政策是交替使用，变化无常的。那么，决定日本这种对孙政策的诸因素是什么？什么样的内外形势及因素决定日本的对孙政策，其中起主导作用的因素是什么？本文主要分析这些因素。

孙中山与日本的关系是近代中日关系的组成部分，近代中日关系的主流是侵略与被侵略的关系。近代日本的对华政策是侵略性政策，其目的是在中国维护和扩大其殖民权益。日本的对孙政策是这一政策的组成部分，即为达到这一目的是否利用孙中山及其革命运动，如何加以利用的问题。这是日本决定对孙政策的原则，也是前提。在这一原则和前提下，日本政府和军部在决定对孙政策时则考虑以下几个因素：

第一个因素是日本同与孙对立的国内政敌即孙中山所反对的对立面的关系。这是因为孙中山在中国国内不是孤立的存在，而是与其政敌对立而存在的。辛亥革命前孙中山的政敌是他要推翻的清朝，日本的对华政策中存在着相互对立的清朝和孙中山。在这一对立的存在中，日本面临选择哪一方对自己的对华政策有利，从这一考虑出发决定对孙的政策。辛亥革命前，孙中山在中国政治舞台上的地位远不如辛亥革命后，日本对孙中山的期待也不大。相反，清朝在日本的对华政策中的地位远比孙重要，日本在中国业已取得的殖民权益和将来要取得的新权益都来自清朝，且改善甲午及日俄战争以来逐年恶化的日清关系要比与孙中山的关系更为重要。因此，1907 年 3 月和 1910 年 6 月，日本遵照清政府的要求，两次劝孙中山离日。1911 年 10 月武昌起义爆发后孙中山

---

① 《孙中山全集》第 5 卷，第 277 页。
② 《孙中山全集》第 5 卷，第 354 页。

一度要求去日本，但日本考虑其与清朝的关系，拒绝了孙的要求。尽管如此，孙中山对日本仍是个潜在的力量。日本的侵华政策，使日清关系恶化。日本为牵制清政府，则利用孙中山等反清势力。例如 1897 年 8 月孙中山从欧美抵达日本时，日本让他居住日本，并默认他在日从事反清的革命活动，其目的就在于此。这些史实说明，日本对清政府的政策反过来决定日本对孙中山的政策。

辛亥革命爆发后，清廷重用袁世凯，使他东山再起，执掌清廷的大权。1912 年 2 月清帝退位，孙中山把临时大总统的大权让给袁世凯，袁君临于民国。这样，袁世凯替代清廷，成为与孙中山对立的势力。日本与袁的关系在日俄战争前是修好的，但日俄战争后日本极力扩大在东三省的殖民权益，这便激化了当时任外务部尚书和军机大臣的袁与日本的矛盾。袁采取"以夷制夷"的政策，力图靠美、俄势力牵制日本。于是，袁便成为日本侵华政策的障碍。从此，日本便采取种种措施，想排除袁。1909 年袁因清廷内部的权力之争，解甲归田时，日本为此兴高采烈。1911 年武昌起义后袁东山再起时，日本设法阻挠他北上，甚至要暗杀他。1912 年给孙中山和南京临时政府提供的三次贷款和武器，从某种意义上来说，是抗衡袁的一种措施。1913 年 2～3 月，桂太郎首相等请孙中山访日之中也有反袁的因素。1913 年 7 月二次革命爆发，袁世凯和孙中山的关系公开破裂，两人成为死对头。二次革命失败后，孙中山来日，居日达 4 年 9 个月之久。袁世凯等数次要求引渡陈其美等革命党人，但日本没有同意。这时期日本一面力图改善与袁的关系，一面又将孙中山等革命党人当作反袁的潜在力量，默认他们在日本从事反袁的革命活动，但没有给予直接的支持。1915 年下半年袁称帝，中国国内掀起反袁反帝制的护国战争。日本认为反袁的时机到来，支持孙中山和革命党人反袁。[①]结果，

---

① 参照拙著《孙文的革命运动与日本》，第 164～272 页。

袁的帝制失败，袁暴死，日本达到了反袁的目的。上述史实说明，这一时期日本对孙政策是根据日本的对袁政策的变化来决定的。

　　袁死后段祺瑞登台执掌北京政权。日本给段提供西原借款，妄图靠段的武力统一中国东北，进而称霸全中国。1920年直皖战争后，亲日的奉系张作霖执掌北京政权，直到1922年第一次直奉战争。1922年第一次直奉战争中张作霖被亲英美的吴佩孚赶出北京，吴和曹锟掌握了北京政权。北京政权由亲日的段、张转到亲英美的吴、曹手中。这一变化便反映在日本的对孙政策上。段、张等亲日军阀执掌北京政权时，日本则支持他们来压孙中山；吴、曹亲英美军阀掌北京政权时，日本则支持孙和南方军阀势力来反亲英美的北京政权。随之，孙中山的对日态度也从批判日本转到接近日本。这反映在第三次广东军政府时期孙中山与日本的关系上。这一史实再次说明，日本对北京政权的态度决定了日本的对孙政策，孙中山的对日态度也随日本对孙政策的变化而变化。

　　1924年10月第二次直奉战争中亲日的张作霖趁冯玉祥搞北京政变战胜了吴佩孚，与段合作，重新执掌北京政权。段、张掌握北京政权后，改变了过去以武力压制孙中山和南方革命势力的政策，邀请孙中山北上共商时局。1923年以来孙中山一直想以北伐来完成统一大业，但力不从心。于是应段、张的邀请北上，欲以国民会议来收拾中国时局。日本当然支持段、张重新执掌北京政权，并促孙中山北上合流于段、张。此时日本的对孙政策，形式上虽与1917～1922年时期的压服政策不同，但实质上是让孙统一于亲日的北京政权。从统一于北京的亲日政权来说，是与1917～1922年时期完全相同的，但在方法上则采取了从压服到合流的不同形式。

　　综上所述，日本的对孙政策不是根据孙中山对日的希望和期待来决定的，而是根据日本对孙中山在中国政治舞台上的政敌的政策如何而决定的。孙中山的政敌在日本的对孙政策决定过程中

起主导作用，而孙中山对日的希望和期待处于次要地位。换句话说，孙中山所期望于日本对其革命的支持和援助，在日本对孙政策的决定中不起主要作用，而且日本对孙中山和他的政敌的政策是成反比的；孙中山和他的政敌的对日态度也成反比。以孙中山和袁世凯为例，当日本力图改善对袁关系并与袁保持一定关系时，其对孙的态度较为冷淡；当日本对袁态度暧昧时，对孙便若即若离；而当日本对袁采取牵制、排挤政策时，对孙的态度便转为支持和援助。这种反比现象，在段祺瑞、张作霖、吴佩孚等掌握北京政权时也同样发生过。例如当日本积极支持段祺瑞以武力统一南方时，其对孙的政策是压服，与支持段便形成了反比。这种反比关系的根源在于围绕中国和孙中山所形成的双重性国际关系。

第二个因素是围绕中国和孙中山所形成的国际关系。中国是列强的半殖民地，日本和欧美列强都在中国拥有既得殖民权益，并在争夺新的权益。在争夺殖民权益中，中国、日本及欧美列强之间形成了双重性国际关系。这种双重性关系表现在各个方面。日本和欧美列强在维护在华既得权益时采取一致行动，但在扩大新权益时又互相争夺、互相牵制。列强和中国是侵略与被侵略的对立关系，但中国则利用列强之间在中国扩大权益而产生的矛盾，采取"以夷制夷"的政策，或利用欧美列强抵抗日本，或利用日本牵制欧美列强。而欧美列强也时而借日本加紧侵华而激化的中日矛盾，以"支持"中国来与日本争夺，时而利用日本来向中国施加压力，时而利用中国来牵制日本。而日本也时而利用欧美列强来对中国施加压力，时而利用中国来牵制欧美列强。这种关系是既矛盾又统一，既对立又利用，既争夺又协作的双重性关系。这种双重性关系的根源在于帝国主义列强的侵略本质，一种本性表现在两种形式上。

孙中山的革命运动时期，中国分裂成两种势力，即孙中山的革命势力与清政府及北洋军阀。分裂成对立的这两种势力，为各

自的目的，都利用围绕中国形成的双重性国际关系。日本和欧美列强也为各自在华的目的，借双重性国际关系，巧妙地利用分裂对立的中国各势力。这种错综复杂的国际关系，不仅决定了孙中山对日本和欧美列强的态度，而且决定了日本及欧美列强对孙中山的政策。

国际关系是国与国、国与某一个集团为各自的目的和利益，超越对对方本质的认识而结成的相互间的关系，或多方的关系。孙中山代表中国的革命党，日本与他的关系便是日本与革命党之间的国际关系。这种关系是建立在孙中山为实现其革命理想与日本为维护和扩大在华殖民权益的基础上的。这是在相互矛盾的理想和目的的基础上结成的关系。按理说，相互矛盾的东西是相互对立，不可能结成协作关系的。但在国与国、国与某一个集团间关系中，为了各自的目的，可以超越这一矛盾和对立而结成协作关系。从某种意义上说，这是实用主义或是现实主义。如上所述，日本对孙政策的原则或前提是日本帝国的国家利益，孙中山对日的期待和希望是为实现共和国的政治理想和富强的近代化国家。两者都为实现各自的目的和目标，在对外政策上采取了灵活的实用主义和现实主义政策。

下面举例说明日本和孙中山采取实用主义政策的必然性。19世纪以来，日本通过甲午战争、义和团运动和日俄战争在中国急剧扩大新的殖民权益。这便直接威胁到清政府（后来是北洋军阀操纵的北京政府）和欧美列强的在华权益，激化了清政府（北京政府）与日本及欧美列强与日本的矛盾和对立。以英国为首的欧美列强为牵制日本，先利用因日本急剧侵华而激化的清政府（北京政府）与日本之间的矛盾和对立，支持清政府（北京政府）的实权人物。而清政府和北京政府中握有实权的人物，从维护其统治出发，都采取了"以夷制夷"的外交政策。但是选择哪一个"夷"来制哪一个"夷"是根据中国与列强间存在的双重国际关系来决

定的。这使清政府、袁世凯、吴佩孚选择了英美，欲利用或依靠欧美列强来抗御日本；段祺瑞和张作霖选择了日本，靠日本的势力来扩大其在中国的势力。前者和欧美列强之间便在共同对付日本这一点上取得了一致，并加强了它们之间的关系。后者和日本为了在中国扩大各自的势力，在排除欧美势力方面取得了一致，并加强了它们之间的关系。而孙中山及其革命党是夹在日本、欧美列强与清政府和北洋政府中间的势力，他们的首要任务是推翻清政府和北洋军阀操纵的北京政府，但他们的基础和力量有限，非利用列强势力不可。于是，他们根据清政府和北京政府的统治者与日本或欧美列强的关系选择与它们对立的列强。1907年3月孙中山被驱逐出日本后，努力争取法、美、英等国的支持；1917~1922年段祺瑞、张作霖把持北京政权并与日本勾结甚密时，孙中山则想联合美、德；1922~1924年掌握北京政权的吴佩孚、曹锟投靠美、英时，孙中山则转而争取日本的支持。这是因为日本和欧美列强为争夺中国而产生了矛盾，孙中山则利用这一矛盾来增强反对北京政权的力量。日本则与孙中山不同。孙中山始终反对清政府和北洋军阀的北京政权，但清政府和北京政权投靠英美时，日本则支持孙中山等反对清政府和北京政权的势力；而当清政府和北京政权投靠日本时，日本则反对孙中山等反抗清政府和北京政府的势力。这种现象产生的根源在于日本与欧美列强间在中国的争夺，这种争夺首先表现在对掌握北京政权的实权人物的争夺上。日本也好，欧美列强也好，在维护和扩大在华殖民权益中最重要的问题是把清政府和北京政府的实权人物掌握在其手中，因而它们之间的争夺首先围绕北京的中央政权而展开。因此，日本的对孙政策是根据日本对孙中山的政敌——清政府和北京政府的实权人物的政策如何而定的，故才出现日本对孙中山与其政敌——清政府及北京政府的实权人物之政策成反比的现象。

第三个因素是日本对孙中山能否君临中国的可能性的判断和

孙中山在中国政治舞台上的地位的变化。

如前所述，日本和欧美列强在中国的争夺，集中表现在统治中国的实权人物的身上。这是因为如把这一人物掌握在自己手中，则能按照自己的意志扩大在中国的殖民权益。辛亥革命前孙中山在日本的心目中是一股潜在的势力，不完全相信他能推翻清朝统治，但又不愿忽视这一势力的存在。因此日本的对孙政策较为消极，若即若离，不冷不热。辛亥革命爆发尤其是南京临时政府成立后，孙中山任临时大总统，控制中国的半个天下，表现出统一全中国的趋势。这时日本的对孙政策从消极转变为积极，提供了贷款和武器，但形式上却采用民间形式，由财界出面办理贷款，政府不敢公然出面支持孙中山和南京临时政府。1912 年 4 月孙中山将临时大总统的大权让给袁世凯后，日本对袁、对孙政策又发生了变化。1912 年 8 月，孙中山为实现实业计划，希望访日，但日本政府拒绝了。这反映出日本对孙政策从积极转为消极。但军部则较为积极，陆军大将桂太郎任内阁首相后改变对孙政策，同意孙访日。1913 年 2～3 月孙中山的访日是日本给他的最高礼仪，可谓日本的对孙政策达到最高峰。此时桂太郎等之所以如此对待孙是预测他总有一天可替代袁并君临中国。但孙中山访日回国之后，在二次革命中败于袁世凯，其在中国政治舞台上的地位一落千丈，在中国掌握政权的可能性变得渺茫。于是日本的对孙政策从积极又变为消极，对孙较为冷淡。这与孙访日时受到礼遇形成鲜明的对照。这时，日本将孙仅仅当作与袁进行山东及"二十一条"交涉时讨价还价的筹码。1915 年下半年袁世凯搞帝制，以西南为中心的反袁势力掀起反帝制的护国战争，袁的统治摇摇欲坠。此时日本政府和军部则支持孙反袁，但日本对孙的支持不如对岑春煊大，仅仅利用孙中山于一时。1916 年 6 月袁死后，日本转过来支持段祺瑞等北洋军阀，完全抛弃了孙中山。从此孙中山在日本的对华政策中的地位降到最低点，因为日本不仅对孙中山掌握

中国的政权不抱希望，而且希望把他和广东军政府以武力加以消灭。因此这个时期孙中山也严厉批判了日本，孙日关系到了最坏的时期。1922年第一次直奉战争中亲英美的吴佩孚、曹锟战胜亲日的奉系张作霖，掌握了北京政权。1923年2月孙中山在广东成立第三次广东军政府，准备北伐。孙中山经过几年的曲折，重新登上中国的政治舞台。这时日本采取了在北方支持张作霖，在南方支持孙中山，来夹击吴、曹北京政权的战略。日本重新估计孙中山在中国政治舞台上的地位和势力后，对孙政策也从压服转为有所支持。1923～1924年第三次广东军政府与日本的往来，足以证明日本对孙政策的变化。①但为时不长。1924年10月的第二次直奉战争和冯玉祥的北京政变中亲日的段祺瑞和张作霖重新执掌北京政权，日本的对华、对孙政策又显现出新的趋势。1924年孙中山北上途中访问神户，希望去东京会见日本的实权人物，但日本外务省拒绝了孙的这一要求。这说明这时期日本支持孙中山是有限度的。

从上述史实中可以得出：孙中山君临中国可能性的大小和孙中山在中国政治舞台上地位的高低与日本的对孙政策是成正比的。在可能性大和高时，日本的对孙政策是积极的；小和低时是消极的，不冷不热的。

第四个因素是意识形态。孙中山的共和思想、他的革命运动的内容及性质等等是属于意识形态的。这种意识形态制约了日本对孙中山的政策。②但是孙中山与日本的关系是国际关系，国际关系往往是超越意识形态，追求各自的国家利益或集团的利益的。由此可谓意识形态在国际关系中具有制约和超越两种功能。在两种功能中哪一种起更重要作用，在不同的条件和环境下各不相同，不能一概而论。但从总体上说，超越的功能占主导地位。

---

① 参照拙著《孙文的革命运动与日本》，第332～337页。
② 1912年1月南京临时政府成立时，任朝鲜总督的寺内正毅惊叹："清国共和论对我国人心的影响之大，从现在新闻界年轻这辈的论述可知其可怕"，要及早采取措施，以防其影响。

1897 年孙中山从欧美到达日本时，坦率地表明了其实现共和政体的理想和以暴力推翻封建皇帝的思想。而日本是君主立宪国家，存在着相似于皇帝的天皇制。这两者在政体上是相互对立的，应成为制约日本与孙中山关系的因素之一。在南北议和中，日本赞成君主立宪，反对孙的共和制主张。这也应是制约日本对孙政策的原因。如果日本对华外交中优先意识形态的话，应支持清政府和主张君主立宪的袁世凯，反对倡导共和的孙中山。但事实却与此相反。这是因为日本推行实用主义外交，为追求日本帝国的国家利益，超越意识形态上的不同和冲突，支持了反对皇帝和君主立宪的孙中山和革命势力。可见，日本以国家利益优先。

孙中山的对日政策的最高目的是实现共和革命的理想和目标，为实现其共和理想和完成革命目的，不惜牺牲国家权益的一部分，与日本结成了关系。而日本为其国家利益，为扩大其在华利益，不顾在意识形态上的冲突，发展了与孙中山的关系。两者的关系从根本上是对立的。然而孙中山从意识形态出发说："日本维新是中国革命的第一步，中国革命是日本维新的第二步。中国革命同日本维新实在是一个意义。"①他之所以强调日本维新与中国革命的一致性，其用意在于争取日本的支援。在废除不平等条约问题上，孙中山认为，日本曾受到欧美列强加给它的不平等条约之苦，因此日本能理解中国人要废除不平等条约的心情。他呼吁日本协助中国废除不平等条约，日本对孙中山从意识形态出发的呼吁却置之不理。日本在不同时期给孙中山提供了不同的支持和援助，这并非与孙中山在意识形态上发生了共鸣，而是为了扩大日本的在华权益。可是，当孙中山废除不平等条约的主张直接威胁日本的在华权益时，日本也不能不考虑孙中山这一威胁，从某种意义上制约了日本的对孙政策。

---

① 《孙中山全集》第 11 卷，第 365 页。

　　孙中山的共和政体主张也好，日本的君主立宪制也好，都属于资产阶级政体的范畴，两者之间虽有不同之点，但不会发生根本的对立。如果孙中山主张与日本一样的君主立宪，同时主张全面废除日本在华的既得权益的话，孙中山与日本的关系是不可能调和的。1915～1916年，袁世凯复辟帝制，实行君主立宪时，从意识形态的角度讲，日本理应支持袁，但日本对袁不抱好感，坚决反对。由此可见，意识形态虽然是一种制约的因素，但它在日本的对华、对袁及对孙政策的决定过程中不起重要的作用。

　　比意识形态起着更为重要作用的是主张意识形态的人的倾向，即这一人物倾向于日本或者倾向于欧美。倾向于欧美的人物即使主张与日本相同的君主立宪，日本也不会支持他；倾向于日本的人物即使主张共和制，日本也不会不支持他。当然，不同人物的不同倾向是由当时的双重性国际关系决定的。日本之所以采取这种政策，是因为支持倾向于日本的人物掌握着统治中国的大权，对维护和扩大其在中国的殖民权益有利，对日本帝国的国家利益有利。

　　至于孙中山的联俄、联共、扶助农工的新三民主义主张在日本的对孙政策决定过程中所起的作用，与前面所述的情况有所不同。前苏联、共产党在意识形态上，与资本主义是完全对立的。因此，日本把孙中山联俄、联共看作"赤化"，非常警戒孙中山与前苏联的关系。这从某种意义上制约了日本的对孙政策。可是，孙中山的联俄、联共并未改变他原来的政治信仰，他依然主张资产阶级共和制，变化的只是他的对内、对外政策。因此，1923～1924年第三次广东军政府时期孙中山与日本的关系比前一个时期大有改观，日本在关余、商团等事件中采取了与欧美列强有所不同的政策。①

①　参照拙著《孙文的革命运动与日本》，第340～354页。

综上所述，日本与孙中山的关系中存在着意识形态上的分歧，这一分歧在某种意义上制约着日本对孙中山的政策。但从整体来说，两者都为各自的目的而超越这一分歧，结成了一定的关系。这便说明，意识形态上的分歧虽然带有制约的要素，但不起主导作用。

第五个是经济因素。日本在中国的领土、政治及军事上的权益，归根结底是为了经济权益，即攫取中国的资源，剥削中国的劳动力，扩大日货在中国的市场。经济权益的扩大，反过来又提高日本在中国的政治权益，巩固其在华的军事地位。

日本在华的经济权益是由资本输出、贸易及经济特权等组成。对中国的资本输出是对中国的投资。甲午战争前，日本在华几乎没有投资，1897 年开始投资。1900 年日本在华投资只有 100 万美元，1914 年猛增到 19 亿美元，增加了 190 倍。[①]日本从第一次世界大战前后开始转入帝国主义阶段，这时期日本的财阀极为重视对华投资。1911 年春，日本最大财阀之一的三井财阀将尾崎敬义和松元势葳二人派往中国调查对华投资问题。12 月他们回国后便提出了由 15 章组成的《对华投资论》。该报告指出："从列强的立场来说，如果想在中国取得相当的势力发言权，除贷出资本之外，别无他法。换句话说，当前在中国的投资不单纯是其利息的储蓄。贷出资本是手段，其第一个目的是获得权利，第二个目的是扶植势力，第三也许有更大的目的。"[②]这一报告强调了对华投资在政治、经济上的重大意义，对日本财界产生了极大影响，并促进了日本的对华投资。辛亥革命时期日本对孙中山和南京临时政府的三笔贷款，既有经济目的又有政治目的，即以援助为名扩大日本在长江流域的政治、经济权益。这些贷款虽然是大仓组、日本邮船公司、日清汽船公司、横滨正金银行等出面办的，但其背后有

① 雷麦：《外人在华投资》，商务印书馆 1962 年版，第 313～318 页。
② 山浦贯一：《森恪》上卷，高山书院 1943 年版，第 197～200 页。

日本政府的积极支持。1916年春，久原财阀给孙中山的贷款背后也有军部的积极支持。这便说明，这些贷款表面上是民间财阀的行为，但实际上是日本政府和军部对孙政策的一种形式，是一种政治投资。这就是说，日本对孙政策的决定过程中经济因素服从于政治因素。

　　日本在华的一大权益是贸易。日本在华的投资虽有猛增的趋势，但与其他列强相比，不占重要地位。而贸易则不然。中国在日本的对外贸易中居第二位（美国居第一位），1910年日本对华贸易总额为1.58亿日元，占日本对外贸易的17%。①其中从中国进口6800万日元，居第三位；出口9000万日元，居第二位，进出口顺差2200万日元。②这些数字表明中国在日本的对外贸易中占有重要地位，对华贸易的如何直接影响日本的对外贸易和其国内经济形势。

　　在此，以辛亥革命为例，说明孙中山领导的革命对中日贸易产生的巨大影响。处于中部中国的长江流域在日本的对华贸易中占有重要地位。1910年日本对中部中国的出口5500万日元，占对华出口的64%；进口4800万日元，占从中国进口的70%。③在占有如此重要地位的中部中国爆发了武昌起义，并迅速波及长江流域。革命引起的动乱，不仅影响了中国经济，而且直接影响了日本的对华贸易。1911年10月前逐月增长的中日贸易，在11月至翌年2月的4个月中，与1910～1911年的同期相比，减少1121万日元，下降31%。中部地区则减少1270.6万日元，下降57%。从中国的进口则在同一个时期减少2320万日元，下降60%。中部地区则减少2183万日元，下降70%。④这一减少无疑是对日本对外贸易的沉重打击。

① 安木重治：《日本在对华贸易中的地位》，见《新日本》1911年12月号，第24页。
② 安木重治：《日本在对华贸易中的地位》，见《新日本》1911年12月号，第24页。
③ 安木重治：《日本在对华贸易中的地位》，见《新日本》1911年12月号，第26页。
④ 八木生：《对华贸易的恢复》，日本外务省通商局、日本外交史料馆藏。

日本对华贸易蒙受的经济损失，也直接或间接地反映到日本的对华和对孙政策上。日本为了早日恢复中国的安定和对华贸易的正常秩序，要么对作为对立双方之一的孙中山让步妥协（1924年孙中山北上时），要么压服孙中山屈服于与他对立的另一方（1917～1922年南北对峙时期），要么孙中山避开冲突（如 1913年二次革命时期）。这便说明，虽然在投资贷款中政治因素起重要作用，但在贸易领域里经济因素起更重要的作用，从某种意义上来说，政治因素服从于经济因素。

从上述事实中可以得出：日本在决定对孙政策的过程中，经济因素起作用，但有时服从于政治因素，通过政治因素发挥作用；但有时政治因素又服从于经济因素。总之，经济因素不是单纯的一个因素，而是与政治因素结成不解之缘。

综上所述，日本的对孙政策是在维护和扩大日本在华殖民权益的原则和大前提下，各种因素起复合性的多样的作用；有时其中的一两个因素起特别重要的作用，有时另一个因素起特别重要的作用。因此，在分析日本对孙中山的政策时，特别要注意一个政策中所包含的各种因素的相互关系及它们的复合性的综合作用，对具体政策要进行具体分析，绝不能一概而论。对日本决定对孙中山政策过程中起作用的诸因素的上述分析，不仅对日本的对孙政策的解剖有积极的意义，而且对孙中山的对日言论和态度的理解也有很大启迪，因此这两者是相互矛盾和统一的对立体。

（本文原载《世界历史》1997 年第 4 期）

# 辛亥革命时期日本的对华政策

　　辛亥革命是推翻清朝统治，建立民主共和国的一次革命。辛亥革命虽然没有明确提出反帝纲领，但它推翻了帝国主义在中国的统治工具——清朝，冲击了列强。

　　纪念辛亥革命五十周年时，史学界的前辈撰写论文，从总体上研究帝国主义列强与辛亥革命的关系，着重揭露帝国主义列强对辛亥革命的干涉、破坏及绞杀。在纪念辛亥革命七十周年时，我们应在继承前人的基础上，对这一命题做进一步的探讨。帝国主义列强是个整体，它是由好几个列强组成的。帝国主义列强虽有帝国主义共性，但由于政治、经济、历史、文化等各种因素的差别，各有不同的特点。而且它们在华的利益也各不相同，相互在争夺。因此在综合性研究的基础上，抓住列强的共性和特性，进一步研究具有典型性的日本、英国等几个列强的对华政策，然后进行比较和综合性研究，从中找出列强对华政策的共同点和不同点，最后总结概括辛亥革命时期列强的对华政策。

　　本文从这种目的出发，试图剖析辛亥革命时期日本想出兵而不敢出兵的原因及日本对袁世凯、南方革命党人和满蒙的政策，分析中适当地和英、美、俄等列强进行比较，从中找出列强对华政策的共同点即本质性的规律，同时说明列强对华政策的不同之点及其产生的具体原因。

　　在剖析列强对华政策时不难发现，各个列强对袁世凯和南方

革命党人的政策是很不相同的，甚至是针锋相对的。例如对袁世凯，英美是支持他上台掌权，而日本则加以反对。但这一不同的政策却恰恰说明它们都是为了一个目的，即维护和扩大其在华的殖民权益。这个一致的目的便是辛亥革命时期列强对华政策的基本点。至于干涉或者施加压力则是达到此目的的一种手段。本文力求以具体历史事实说明这一基本观点。

## 一、日本为什么想出兵而不敢出兵干涉？

辛亥革命时期和义和团时期不同，列强都没有出兵干涉。但分析列强没有出兵干涉的具体情况时则发现：没有出兵这一同一个现象背后却有相互相反的不同情况。在列强中，英、美等本就不想出兵干涉，而日本和俄国则想出兵干涉。英美不仅自己不想出兵，而且牵制想出兵的日本和俄国。结果，整个列强都未能出兵镇压辛亥革命。为何对同一个辛亥革命采取不同的政策？日本是如何想出兵而不敢出兵干涉？下面就此问题进行具体剖析。

革命初期，犹如义和团时期那样，日本是想采取武力手段镇压革命，威压清政府，以达到一箭双雕的目的。用武力进行侵略，这是日本帝国主义的特点所决定的。列宁说，日本是"军事封建性的帝国主义"，20 世纪初已跨入帝国主义阶段，但保留封建因素甚多，国内市场特别狭窄。这便给日本帝国主义赋予了强烈的对外侵略的军事特点。而且日本和俄国一样，"拥有军事上的垄断权，他们占有极广大的领土和掠夺异族人民如中国人等等的极便利的地位，这就部分地补充和代替了现代最新财政资本的垄断"。[①]这便更加促使日本帝国主义发动对邻近国家的侵略战争。所以一遇机会，就想用武力进行侵略。在日俄战争中，日本用武力割占辽东半岛，攫取南满铁路，占据侵略东北的桥头堡阵地。

---

① 列宁：《帝国主义和社会主义运动中的分裂》，《列宁全集》第 23 卷，第 114 页。

日俄战争后清政府采取"以夷制夷"政策，利用美英势力抑制日本在东北的侵略。这便引起日本的不满。于是日本陆军的鼻祖山县有朋于 1909 年 4 月提出《第二次对清政策》，"如清国依然不改变态度，我们不得不以武力威压它"①。1910 年日本陆军省早已预见中国革命运动的到来，并于同年 12 月拟定了《对清政策方案》。该方案写道，清国不久将发生变乱，列国会出兵干涉。那时日本应成为核心。鉴于义和团时期教训，这次把重点放在"获得战后利益"②上。这些事实说明，辛亥革命前日本已想动用武力。要动用武力，就要寻找机会。辛亥革命便给跃跃欲试的日本军国主义提供了这种机会。

　　1911 年 10 月 10 日，辛亥革命在武昌爆发，迅速席卷南方各地。日本陆相石本新六在 13 日的内阁会议上提出："当清国发生事变时，我国应安于现状？或者占领某地？如要占领，则占领何地？希望决定。"③

　　与此同时，陆军省和参谋本部相继拟定出兵计划。陆军省军务局局长特使田村大尉持有的《关于清国用兵问题》（1911 年 10 月 13 日），虽然来源不清，但清楚地写道，成都、武昌地区的暴动"便给列强予以干涉的机会，使它们不得不使用武力。当此之际，我国由于政略、国情、地势、交通及其他关系，犹如北清事变（指义和团——笔者）时那样，在列国中不得不占据主宰地位"。④该文件接着又写道："当对清国动武时，第一步要狠狠打击军事战略上的首脑部，同时鉴于战后事宜之考虑，必须占领政略上和经济上的要冲，以便保证（战后应获得的权益）"。⑤而且强调动武时一定要注意战后应攫取的殖民权益，并提出几种设想："我们以取

① 栗原健编著：《对满蒙政策史的一个侧面》，原书房 1981 年版，第 82 页。
② 北冈伸一：《日本陆军与大陆政策》，东京大学出版会 1978 年版，第 66 页。
③ 臼井胜美：《日本与中国——大正时代》，原书房 1972 年版，第 2 页。
④ 栗原健前揭书，第 289 页。
⑤ 栗原健前揭书，第 289 页。

得南满为满足？或者占据直隶、山西地区，获取清国中部资源？或者扼压长江河口，占领该江的利源及大冶矿山？或者要割让广东、福建省？"[1]该文件建议，先拟定政治战略，尔后再拟定和政治战略一致的军事战略，以期对清政策不致出错。[2]这一文件较集中地反映了扩大殖民权益是目的，武装干涉是达到其目的的手段，说明辛亥革命时期日本对华外交的重点是维护和攫取权益。

10 月 14 日，陆军省次官冈市之助在致参谋本部次长福岛安正的书简中也写道："尤其值得注意的是变乱波及华北。此时，我国一方面以保护满铁为名，单独加强该地的防备；另一方面，决心采取向华北共同出兵的措施，这是理所当然的。向华北及长江方面共同出兵时，应考虑战后事宜，必须抢先列国，占领白河口及长江口的要冲地带。鉴于过去经验，我们在那种情况下常落在列国之后，有失机宜之感。此次应预测事变，必须把海军主力部署在要害之地，使之在应急之时先采取行动，以便先发制人。"[3]

同一天，海军省也起草了《中清事变概况》。该文件写道："如有扩大我国权益之时机，则不应失误时机，同时既得权益也丝毫不应失掉。"并且从渤海到长江、南海各水域都做了具体军事部署。其第四条写道："大冶和我国关系极为密切，如有以武力加以保护之必要，则实行事实上的军事占领也可。为此，此时应火速向该地派一艘军舰。"[4]10 月 17 日，海相斋藤实向停泊在汉口的日本海军第三舰队司令川岛及上海的加藤定吉中佐发出和该文件大致相同的命令。其第五条还写道："对于长江咽喉重地之江阴，应予以充分注意，应做好一切准备，以期在必要之时不致落于他国之后。"[5]

---

① 栗原健前揭书，第 290 页。
② 栗原健前揭书，第 290 页。
③ 栗原健前揭书，第 290 页。
④ 栗原健前揭书，第 288 页。
⑤ 日本外务省编：《日本外交文书——清国事变（辛亥革命）》，第 48 页。

日本不仅草拟出兵计划，还暗中调兵遣将，增加在华陆军和海军舰艇。辛亥革命爆发时，日本在长江有四艘军舰，其中两艘停泊在汉口。10 月 14 日，日本海军省决定增派四艘，从旅顺、横须贺、濑户内海调遣。陆军参谋本部陆续向中国各地派出谍报人员，刺探情报，做出兵的准备。例如 10 月 14 日，参谋本部对陆军大尉高桥小藤治的训令中指示他：16 日由东京出发，火速赶往上海，为向汉口附近派遣军队，调查长江水运情况，并及时电告。到 11 月，从第三师抽调一个大队和机枪队派往华北地区。12 月下旬，从第十八师中抽出一个大队及机枪队派往汉口。

综上事实可说明：

一、日本很想出兵干涉辛亥革命，并做了各方面的准备工作。

二、日本出兵的目的不仅是镇压革命，而且在于用武力维护既得权益，进而攫取新的更大权益。

三、抢在其他列强之前，争取主动，以便掠取比其他列强更多的权益。

那么，日本为何不敢出兵干涉？

日本与英国之间有"想"和"不想"出兵之别，但两者之间也有未出兵的共同原因。因为各国未出兵的特殊原因中也包含着共性的因素。这一共性便是义和团运动时期出兵干涉而辛亥革命时期未出兵的共同一致的原因。辛亥革命和义和团运动虽然都是反帝反封建的革命运动，但义和团则"扶清灭洋"，把斗争的矛头主要指向帝国主义列强，直接打击帝国主义，力图把帝国主义赶出中国，采取民族战争的形式。而辛亥革命主要是反封建，反对和推翻清朝的统治。清朝是帝国主义列强侵略中国的工具，反对清朝就间接地反对帝国主义。因此辛亥革命采取国内战争的形式，把斗争的锋芒主要指向清朝，不仅没有直接打击帝国主义列强，而且再三声明维护列强在华的既得权益。如果辛亥革命像义和团那样，直接打击帝国主义列强，直接威胁列强在华权益，列强即

使有不能出兵的这样或那样的原因和相互牵制，但为了维护它们在华的共同权益，肯定会采取出兵干涉的一致行动。

辛亥革命为何没有直接反帝？这并不是偶然的，这是 20 世纪初帝国主义列强的侵华政策所决定的。义和团运动前，列强直接地、疯狂地侵略和瓜分中国，包括清朝统治阶级在内的中华民族与帝国主义间的矛盾为中国社会的主要矛盾。义和团运动后，在中国人民的沉重打击下，在清朝统治者完全被列强驯服的条件下，列强不采取直接瓜分中国的政策，而是打着"保全中国"的旗号，利用被驯服的工具——清朝来进行侵略。因此，"保全中国"的美名，一时掩盖了帝国主义侵略，中国人民与卖国的清朝之间的矛盾显得突出而尖锐，成为当时中国社会的主要矛盾。这便是辛亥革命和义和团不大相同之点。

可是，日本和英国等列强未出兵干涉的共同原因不能完全说明日本想出兵而未敢出兵的特殊原因。日本未敢出兵的特殊原因是什么？日本外相内田康哉在 1911 年 11 月 2 日致驻清公使伊集院彦吉的电文中较集中地论及日本不敢出兵的特殊原因。他说："关于军舰巡弋，姑且不论；此时若派出陆军，则所派部队不论是新增兵力或仅恢复到庚子当时之驻兵数目，都必构成重大事件而耸动各国耳目，清国政府是否欢迎，亦不得知；况且革命党人及其他徒辈亦必借题发挥，以为帝国政府立意以实力庇护满清朝廷，其结果非同等闲；如果采取此种措施，除帝国政府本身必须具有坚定决心外，至少还必须同英国政府进行充分磋商，不论发生何等重大后果，日、英两国政府必须事先下定决心共同负责处理。如前所述，目前帝国政府不仅认为尚未到达可以做出此种决定之地步，同时认为赖以做出此种决定之根据即对清国形势之判断，目前尚不明确。"①这就是说，一列强牵制，二考虑清朝的态度，

---

① 《日本外交文书——清国事变（辛亥革命）》，第 57～58 页。

三怕开罪革命党人，四摸不清形势发展，因此不敢下出兵干涉的最后决心。

我们首先分析一下英、美、俄等列强对日本出兵的牵制。日本侵略中国是在和列强的争夺中进行的，它对中国的军事行动曾都引起其他列强的轩然大波。因此，这次如日本要出兵，则不可避免地引起其他列强尤其是英国的关注。进入20世纪以来，日本同英国结成同盟，打败其劲敌俄国，排斥法、德阻挠，侵略中国东北，吞并朝鲜，因此，日英同盟成为日本外交的国际支柱。而英国是老牌殖民帝国，当时的世界霸主，且在中国拥有最多的殖民权益。它对辛亥革命的态度，不仅对日本，而且对其他列强也产生颇大影响。因此，日本在辛亥革命时期始终想和它采取共同行动。为此，曾数次以旁敲侧击的形式，探询英国对出兵干涉的态度。但英国一直不支持，英国报刊等社会舆论一再发出日本不许出兵干涉的警告。①

11月下旬，辛亥革命的形势发展迅猛，日本则认为有必要采取新行动。11月28日，日本内阁决定对华新政策：清国局势使"与该国有重大利害关系之各国已不能再袖手旁观，迅速采取适当措施以维护本国利益，已成为不可避免"，"终至使各国政府认为有增兵之必要"。②对此，英国外交大臣格雷当即加以拒绝。他说："关于清国局势，英国政府一向坚持听任官、革双方自行决定胜负之方针。因此，虽曾屡次有人要求派遣陆军，我政府总是一概加以拒绝，且经常注意避免一切可能挑起排外事端之行动发生。"③这便说明，英国不仅拒绝增兵，而且反对军事行动的发生。

英国为何不想出兵？其原因有四条：一、在辛亥革命的猛烈冲击下清朝摇摇欲坠，出兵干涉也不可能挽救它。英国外相格雷

---

① 彼得•洛：《一九一一年至一九一五年的英国与日本》，麦克米伦出版社1969年版，第63～64页。
② 《日本外交文书——清国事变（辛亥革命）》，第383～284页。
③ 《日本外交文书——清国事变（辛亥革命）》，第388页。

致英驻清公使朱尔典的训电中也说道："这个运动的广泛的性质，以及它到处成功的事实，已使一切用武力来挽救这个国家的企图失去了可能性。"[①]从战略观点来看，"清政府现在似已没有希望"[②]，因此不值得出兵扶植。二、欧战临近，以英国为首的协约国和以德国为首的同盟国在欧洲、北非、巴尔干、中东的争夺日趋激烈，这使英国无暇顾及中国。这时，英国早已把亚洲舰队的主力调回欧洲，在香港只有五千名士兵，且广东形势也极不稳定，不知何时爆发革命，因此英军也不敢离港北上。三、英国在清朝即将崩溃之际，已经找到了替代它的新走卒袁世凯，通过他能维护和扩大在华权益。四、英国在华权益的四分之三在南方，不敢贸然开罪南方革命党人。

可是，英国不想出兵的原因不能完全说明它牵制日本出兵的理由。英国为何牵制日本？当时日本的军事调动主要在南方。如出兵，就要向南方出兵。这对英国来说是引狼入室，把日本军国主义请到自己的势力范围。而且一旦出兵，犹如八国联军时期一样，日军占据出兵人数的一半以上，占据优势，并借军事优势，大力扩大在南方的势力范围和新权益。因此，英国千方百计地牵制日本出兵。辛亥革命前期，英国不大理会日本，日英关系较冷淡。但到12月初，英国积极表示和日本合作，拉日本一起搞停战和南北议和。这是因为停战和南北议和的破裂可能引起日本的武装干涉。所以英国对日本的这种政策，与其说是合作或改善关系，还不如说是牵制日本不许单独出兵干涉。

美国也牵制日本出兵。美国驻日代理大使斯凯勒认为，日本政府正等待清朝请它出兵干涉，如其他列强劝日本援助清朝，日本则将采取迅速有效措施，如叛乱波及东北，日本则在其他列强不谅解的情况下也会立即出兵。因此，他于10月15日会见外务

---

① 《英国蓝皮书》，中国第1号（1912年），第58页。
② 《英国蓝皮书》，中国第1号（1912年），第55页。

省次官石井菊次郎，提醒日本未经和美国磋商，不得采取行动。[①]
美国之所以牵制日本出兵，是因为它在远东兵力既不及英国，更
不及日本，鞭长莫及。如出兵干涉，日本必然借机扩大在华权益，
这对美不利。美国犹如英国，将希望寄托在袁世凯身上。美国驻
清代办威廉士曾入宫谒见，推荐起用袁世凯。他认为："如果袁世
凯能出来领导并能改组政府，将反叛的各省再争取过来，那么清
朝廷是可以得救的。"[②]

　　日本是在英、美的此种牵制下未能出兵的。11 月 18 日，伊
集院对袁的谈话中就谈及此点。他说："贵国之对外关系若仅限于
日本一国，帝国政府自可立即采取措施，援助贵国，镇压变乱，
但目前各国间之关系极为复杂，我国一举一动都有可能造成各国
干涉之端倪，故帝国政府严守中立。"[③]"严守中立"固然不是真
正中立，而是不出兵干涉之意。

　　当时英国牵制日本的"武器"是日英同盟和"各国协调一致"
的原则。1902 年日英订立同盟条约，1905 年又修订一次。第一次
同盟条约是英国为牵制俄国，支持日本对南满和朝鲜的侵略行动。
但第二次条约则不然，与其说是支持，还不如说是牵制日本的侵
略行径。因此日俄战争后，以中国为中心的东亚的态势是日本乘
日俄战争的胜利，步步扩大在满蒙的权益，进而威胁英国在华权
益。因此，英国便利用同盟条约关系牵制日本。辛亥革命时期英
国对日本的牵制便是这一牵制的继续。

　　其次是以"各国协调一致"的原则来牵制日本。列宁说："现
代资本主义时代表明各个资本家同盟在从经济上分割世界的基础
上形成了一定的关系，同时随之而来的是各个政治同盟、各个国
家在从领土上分割世界、争夺殖民地、'争夺经济领土'的基础上

---

① 美国国务院编：《美国对外关系》（1912 年），第 50 页。
② 美国国务院编：《美国对外关系》（1912 年），第 52 页。
③《日本外交文书——清国事变（辛亥革命）》，第 378 页。

也形成了一定的关系。"①"各国协调一致"的原则就是列宁所说的在经济瓜分的基础上形成的政治同盟关系，是《辛丑条约》之后形成的。甲午战争后，列强疯狂侵略和瓜分中国，大体划分了各自在华的势力范围，义和团运动后大体保持相对稳定。这时期为了保持稳定，相互牵制对方，自然形成互相制约的"各国协调一致"的关系。这种关系虽有列强联合起来共同行动的一面，但辛亥革命时期却起相互牵制的作用，尤其是牵制想出兵的日本和俄国。

当时唯一和日本一起想出兵干涉的是俄国。俄国也是军事封建帝国主义，和日本一样具有侵略中国的便利条件。因此，它对中国北部地区虎视眈眈。日俄两国曾经是争夺东北亚的劲敌，但日俄战争后，为共同抗衡渗透东北的美英势力，1907年却订立第一次日俄协约。这便为两者共同出兵提供了可能性。10月23日，俄国总理大臣召见日本驻俄大使本野一郎，刺探日本的态度，希图和日本采取共同行动。他说："日、俄两国所获得的特殊利益，全系取自现存的满清朝廷。与其坐视事态自然消长，何如援助现存的满清朝廷，或将有利于维护日、俄两国的利益。革命军的胜利，较之现政府的存在是否更为可惧？换言之，革命成功以后，日、俄两国在满洲、蒙古的利益是否将陷于危险之中？"②这就是说，俄国是想出兵干涉的。可是他又说："吾人所担心的是第三国的干涉。日本国已经早有准备，可以随时派出大军到清国去占领本国所需要的地方。俄国的情况则并非如此。俄国与清国的国境线非常之长，俄国若想占领北满和对俄国来说更为重要的蒙古，则需付出异常巨大的努力。日本在远东没有任何后顾之忧，俄国则必须经常顾虑来自西方的德国干涉。而且近来德国又每事必与俄国作对，陷俄国于困难的境地。况且，俄国的准备还不能说已

① 列宁：《帝国主义是资本主义的最高阶段》，《列宁全集》第22卷，第246页。
②《日本外交文书——清国事变（辛亥革命）》，第499～500页。

经完成。"①因此，不敢贸然出兵。这便说明，俄国是想出兵，但力不从心，且受德国的牵制。由此可见，日本和俄国想出兵的意愿是一致的，但不敢出兵的原因是有区别的。如果日本要想出兵则不可能单枪匹马，至少联合一两个国家。当时能和日本采取联合行动的只有俄国，日本也对它抱有希望。但由于上述原因，它不能出兵干涉。这不能不对日本产生牵制性影响。这种牵制虽然和英、美的牵制性质不同，但还是一种牵制。

日本不敢出兵的第二个原因是辛亥革命发展较快，南北双方势均力敌，一时不好判断南北双方谁胜谁负。辛亥革命伊始，日本向清朝提供二百七十三万多日元的军火，公然支持清廷。但随着革命的蓬勃发展，对南方采取暗中"援助"的态度，脚踩两只船，不敢贸然得罪任一方。这就是说，日本是举棋不定。11月2日内田外相给伊集院公使的训电中就谈及此点。他说道："关于清国现状及其未来发展趋势，据屡次来电观之，只能说目前尚处于未可预测之状态。此际，我国必须密切注视形势演变，并慎重决定态度，万不可过早作出结论，或贸然采取各种措施。"②因此对南北双方采取慎重的态度。革命初期，德国在汉口曾支持清军，因此遭到中国人民和革命军的反击。日本从中吸取了一定的教训。

第三个原因是日本国内原因。其原因有三条：

首先，日本经济承担不起新的军事行动。日本在日俄战争中耗费了十七亿一千六百万日元的军费。为此发行公债十五亿八千万日元，其中八亿是在国外发行的③，因而当时日本债台高筑。1907年，日本又陷入经济危机，1910年才开始慢慢复苏。可是，日本陆海军却乘日俄战争的胜利，大肆扩军。陆军计划把现有的十七个师增加到二十五个师；海军要建造三艘战列舰和四艘巡洋舰。

---

① 《日本外交文书——清国事变（辛亥革命）》，第501页。
② 《日本外交文书——清国事变（辛亥革命）》，第56～57页。
③ 守屋典郎：《日本经济史》，周锡卿译，生活·读书·新知三联书店1963年版，第162页。

日本内阁因财政困难，不同意一下子增加这么多军队和军舰。经双方的讨价还价，最后决定增加两个陆军师，建造一艘战列舰和四艘巡洋舰，两者合计大约耗费四亿两千六百万日元。这对日本经济已经造成沉重的负担。但军部依然不满内阁，甚至1912年陆相上原勇作以辞去陆军大臣的手段，推翻西园寺公望内阁。这说明当时日本财政困难达何等地步，也说明由此引起的军部与内阁的矛盾是何等激化。这一因素不能不牵制日本的新的大规模军事行动。

其次，这时期日本统治阶级内部结构正在发生新变化。明治维新以来，藩阀势力一直在统治日本。日本虽然1885年建立内阁，1889年公布宪法，1890年召开议会，名义上实行了所谓的君主立宪制，但掌权的是维新时期的元老和藩阀势力。对此已进入帝国主义阶段的大资产阶级表示不满。恰巧此时，即1912年7月明治天皇去世，12月便爆发了"打倒藩阀""拥护宪政"的大正政变即第一次护宪运动，推翻了桂太郎的藩阀内阁。在这种政治形势下，握有军事大权的山县、桂太郎、寺内正毅等藩阀势力不能像既往那样为所欲为，他们的举动便受到议会、内阁的牵制。1912年1月山县有朋公然要求派两个师占领东北时，因内阁、议会的反对，他的出兵计划未能实现。由此可见，反藩阀势力无疑牵制了藩阀的出兵企图。

再次，内田良平等大陆浪人，在客观上也起了一定的作用。大陆浪人内田良平等在1910年日本吞并朝鲜时，勾结朝奸组织一进会，起了第五纵队的作用。因此，他们深受日本统治阶级的重视。辛亥革命前，大陆浪人和孙中山及其革命党人有密切交往。辛亥革命伊始，内田良平通过杉山茂丸找山县有朋和桂太郎等陆军核心人物，说服他们不要出兵干涉。内田劝他们说，这次武昌起义将置清朝于死地，当此之际日本要采取的政策是"援助"南方，使革命成功，并且防止革命波及满蒙，使满蒙在日本领导下

获得"独立"。①换句话说，日本"援助"革命军推翻清朝，趁此割取满蒙。为此，内田良平和小川平吉、宫崎滔天、萱野长知等一起组织有邻会，动员社会舆论，对政府和军部施加压力。在他们的影响下，相继成立中国问题同志会、善邻同志会等组织，掀起"声援"中国革命的民众运动。同时，派北辉次郎、清藤幸七郎等浪人去上海、武昌、南京地区直接参与革命军的活动。

成立有邻会后，内田良平又渡海去朝鲜做对山县和桂系人物之一的寺内正毅（任朝鲜总督）的说服工作。接着又做朝鲜警察总监明石元二郎的工作。当时桂太郎和明石元二郎同意内田良平的主张，明石对内田说："如清朝灭亡，由日本保护宣统皇帝，建立满蒙帝国，以防俄国的侵略。"②但山县和寺内惧怕共和思想对日本的影响，没有同意内田的主张。内田通过桂和明石继续做了对他们的工作。

有些浪人则主张"南北两分论"，要求日本支持南北双方，不要出兵干涉。东亚同文会的小山秋作曾向陆军参谋长献策，建议把中国分为南北，日本"援助"双方，坐收渔人之利。该建议在陆军中产生一定影响。在辛亥革命时期，陆军中确有一部分军官一直主张"援助"南方革命党人。

不仅如此，内田良平还劝阻太平组向清朝提供军火。他给三井财阀的益田孝写信，说明南方革命一定成功的理由，说服他"援助"南方革命。结果，如后所述，日本政府不仅没有出兵压革命党人，而且以大陆浪人为桥梁，提供了武器和贷款。由此可见，大陆浪人虽然没有掌握实权，但他们向统治阶级献计献策，动员舆论，"援助"革命党人，为阻止日本出兵干涉，无疑起了作用。

日本虽然没出兵干涉，但辛亥革命时期，日本始终在侵略中国。

① 黑龙俱乐部编：《国士内田良平》，原书房1967年版，第506页。
② 黑龙俱乐部编：前揭书，第508～509页。

## 二、日本对袁世凯的政策

如上所述，以义和团运动为分界，帝国主义侵略中国的方式，前后有显著的区别。甲午战争到义和团运动的五六年间，列强疯狂宰割中国，直接瓜分中国。但义和团运动后，由于中国人民在这次民族战争中所表现的不屈不挠的反帝斗争和帝国主义直接瓜分中国而产生的尖锐矛盾，列强不得不放弃直接瓜分中国的方式，采取间接的方式，即在形式上保持清朝的"独立"地位，把它作为侵略工具，通过它攫取新权益。于是，一些人认为，列强的对华政策，从瓜分主义发展到"保全主义"。但列强"保全"的不是中国的独立，而是奉行媚外主义的清朝的统治。这既有利于列强侵略，又有助于欺骗中国人民，使中国人民认为中国尚未灭亡。这是一举两得的把戏。可是，辛亥革命的斗争风暴，猛烈冲击着清朝统治，它即将被中国资产阶级民主革命所推翻。于是，英美等列强认为，清朝前途惨淡，再也不能原封不动地维持其统治，必须换一个"强有力"的人来支撑局势，建立一个对内镇压革命、对外奉行媚外主义的新政府。那么，谁能支撑局势，建立列强所希望的新政府？清朝政府、立宪派和英美等列强认为是袁世凯。

过去，一般都认为列强都支持袁世凯；而袁世凯是以所有帝国主义列强为靠山，绞杀革命，窃取了辛亥革命的果实。这虽有一定的道理，但不完全符合史实。当时中国不是被一个列强统治的殖民地国家，而是由几个列强瓜分的半殖民地国家。各列强在华利益各不相同，相互进行争夺。这一争夺中，它们首先争夺中国统治者；而半殖民地中国的统治者，在列强的争夺面前，不可能满足所有列强的贪婪要求，而且常常采取"以夷制夷"的外交手腕。因此，同一个时期，各个列强对中国统治者的态度，虽有共同的一面，但它们从本身的具体利害出发，采取不同的态度。

辛亥革命时期，日本对袁采取了什么政策？这一政策与英美

有什么不同和共同点？我们从日本与英美对袁的政策的比较和列强不同时期对袁的不同政策中能得出什么结论？下面仅就袁上台掌权、南北议和及袁任临时大总统、二次革命、承认袁及其北洋政府等诸问题来具体剖析日本对袁世凯的政策。

当袁世凯东山再起，掌管清朝军政大权时，英美支持他上台，而日本是极力反对的。这是日本与英美在中国争夺的必然结果，是袁作为外务部尚书，在两者的争夺中采取"以夷制夷"的必然产物。

袁世凯是中国近代历史上的大人物。他在辛亥革命时期执掌了清朝的军政大权，并窃取了辛亥革命的果实，当了中华民国的大总统。

英美推荐和支持袁掌管清朝军政大权并非偶然。这是因为袁任军机大臣兼外务部尚书时，支持英国在长江流域的路权要求，支持英国向西藏扩张，镇压抵制美货运动。美国为讨好清政府和袁世凯，1908年决定退还庚子赔款；而袁世凯派唐绍仪赴美致谢，并且暗中搞和美德建立同盟条约的活动。此外，袁作为外务部尚书，支持美英的东北铁路中立计划，纵容它们在东北修筑和满铁并行的几条铁路。因此，美国和英国认定他是为英美利益效劳，是与日本抗衡的人物，支持他上台掌权。

而日本对袁世凯的态度，却和英美截然不同，反对他上台掌权。但不是一开始就反对的。日俄战争前，日本是极力吹捧他的。那时袁认为，日本近代化的做法比起西方列强的办法更切合中国实际，因此，他扩编的北洋军和举办的各项新政，主要模仿和依靠日本。他任署理直隶总督兼北洋大臣时期，聘请日本的教官和专家，依照日本的军制和操练法整顿军务，刷新教育，选拔人才派赴日本留学。日俄战争后，袁和奕劻代表清政府和日本签订《中日会议东三省事宜正约》，公然承认了俄国在《朴次茅斯条约》中让给日本的各项殖民权益。此时袁颇有亲日奴才之观感。因此，

当时"日本外交官和军人都把他视为独一无二的朋友","在当今中国则没有比袁更高明的人才，中国政府今后必定归他掌管，因此，现在如拥护他的立场，他则必定感恩戴德，更加采取亲日主义。如他丧失其地位，亲日精神就会消失，我们的对华外交将陷入长期的黑暗之中。"①可见日本曾对袁抱有极大的希望。可是日俄战争后，美英打着门户开放、机会均等的旗号渗透东北，日本与美英争夺我国东北的斗争日益尖锐。李鸿章死后继任外务部尚书的袁世凯继承李的衣钵，继续执行"以夷制夷"的对外政策。所不同的是，李是采取联俄制日，而袁则是联英美制日。袁世凯转身亲英美，公然向日本在东北的殖民权益进行挑战，处处刁难日本要修安奉铁路的要求。1907年6月改革东北行政机构时，袁派其亲信徐世昌为东三省总督，唐绍仪为奉天巡抚，指令唐伙同美驻奉天领事司戴德，希图由英美敷设和满铁并行的新民屯—法库门铁路、锦州—齐齐哈尔铁路、锦州—爱辉铁路。②到1909年，美国则悍然提出东北铁路中立计划，并要筹办三省银行借款团。这必将侵犯日本在东北的权益。于是，日本伙同昔日的劲敌俄国，联合抗衡英美对东北的渗透。这样，昔日的"独一无二的朋友"袁却变成日本的仇敌，成为日本巩固和扩大东北权益的最大障碍。

1908年11月，光绪皇帝死，清朝内部争权夺利。满族亲贵猜忌权势日增的袁，翌年借口袁有"足疾"，将其赶回河南。当袁解甲归田时，大陆浪人川岛浪速建议清朝大臣把他杀掉，以便铲除后患。但清朝大臣惧怕袁背后的英美，不敢动刀斩首。但袁的革职，对日本侵华外交创造了有利条件。日本趁机和清朝订立了迟迟拖延的有关东北问题的五六个问题的协定。对此英美颇为恼火。

上述历史事实说明，日本和英美对袁出山掌权的不同态度反

---

① 黑龙会编：《东亚先觉志士记传》中卷，原书房1966年版，第538页。
② 鹿岛守之助：《日美外交史》，鹿岛研究所出版会1958年版，第104～105页。

映了它们对东北的争夺和对中国的争霸。

　　1911 年 11 月，袁世凯奉命进京掌清朝的军政大权时，日本和列强就围绕袁世凯又展开一场新的斗争。大陆浪人川岛浪速为阻止袁北上掌权，采取了三次行动。袁将北上进京时，川岛煽动驻扎在石家庄的第六镇吴禄贞部布阵在京汉线，阻止袁北上。袁派周符麟潜赴石家庄，于 11 月 7 日刺杀吴。于是他又伙同日军军官要炸掉袁乘坐的火车，但又未遂。他又唆使日本公使馆武官多贺宗之袭击袁官邸，趁机他和肃亲王一起闯入宫中，胁迫宣统皇帝执行日本的既定方针。但计划又落空。日本杀袁计划破产了，但这说明对袁的仇恨达到何种程度。而袁世凯也自然对日本抱有敌对情绪，他曾说川岛"是危险的家伙，炸弹式的人物"①。并劝肃亲王不要和他交游。

　　袁世凯冲破日人设置的重重障碍，10 月 30 日安然抵京，11 月 1 日被任命为内阁总理大臣，这对日本的侵华政策是个不祥之兆。日本《国民新闻》11 月 7 日发表文章哀叹："袁内阁成立后，我们对清朝的关系，肯定比对清朝政府的关系更坏。"②

　　尽管如此，在袁上台掌权的情况下，日本又不能不和英美争夺这一马前卒，妄图把亲英美的袁世凯变成亲日的袁世凯。袁任总理大臣的第三天即 11 月 3 日，内田外相训电伊集院公使："政府认为此时应尽量与袁世凯一派保持密切关系"，"务必同袁世凯保持密切关系"。③但袁上台后就依靠英美，让英美牵着他的鼻子走。关于南北停战协定、废黜摄政王等一系列重大问题，他都和英国公使朱尔典商议决定，对日本连信息也不传递。这便引起日本的极大愤慨。12 月 12 日袁召见伊集院公使时，他当着袁世凯

---

　　① 黑龙会编：前揭书中卷，第 551 页。
　　② 臼井胜美：前揭书，第 5 页。
　　③《日本外交文书——清国事变（辛亥革命）》，第 58 页。

的面提出：“对于此种情况，帝国政府亦不免有遗憾之情。”<sup>①</sup>而袁也不客气地答道：“中国人对于日本，感情并不十分融洽。”<sup>②</sup>这便是袁世凯上台后他与日本的关系。

我们从袁上台掌权的历史过程中看出，英美支持他上台也好，日本反对他上台也好，都是为了维护和扩大各自的殖民权益；而日本开始反对他和上台后又拉他也都是为了维护和扩大日本的殖民权益：这便是不同的历史现象所反映的共同的内在规律。

袁上台后，施展了纵横捭阖的手法。他用一只拳头打倒清朝政府，一只拳头对付革命派，他用来打倒清政府的武器是“革命”，用来对付革命派的武器是“统一”。南北议和是袁施展这反革命两手的政治舞台，是窃取革命果实的手段。英美和袁世凯为保存封建帝制，反对建立共和，通过南北议和搞了“君主共和立宪”的阴谋。这既能保存对列强侵略有利的封建帝制，又能给这一封建专制披上一件“立宪”的外衣，从而欺骗人民。对袁世凯来说，这也是建立自己独裁统治的好形式。

在政体问题上，日本始终坚持君主立宪，反对共和。伊集院公使曾劝袁实行君主立宪时说道：“按贵国近三百年来之历史以及各地实情观之，以君主立宪统一全国，实为万全之策。至若实行共和制或联邦制等类主张，俱与当前之民智程度不相适应，其后果，难保不招致灭亡之结局。”<sup>③</sup>为什么日本主张君主立宪，反对共和？这除与列强共同之原因以外，有它本身的特殊原因。伊集院公使 12 月 22 日和袁世凯会谈时道出了其原因。他说：“日本国与贵国之关系，与欧美各国单纯着眼于物质利害者不同，万一贵国变成共和国体，我国国民在思想上必受到不少影响。仅从此点出发，我国也要支持贵国实行君主立宪，并尽可能促其实

① 《日本外交文书——清国事变（辛亥革命）》，第 406～407 页。
② 《日本外交文书——清国事变（辛亥革命）》，第 406～407 页。
③ 《日本外交文书——清国事变（辛亥革命）》，第 379 页。

现。"①如前所述，辛亥革命就是爆发在日本大正政变——第一次护宪运动的前夕。这一运动是日本大资产阶级所领导的资产阶级民主运动，反对藩阀统治，要建立立宪政治。辛亥革命要建立的共和国是亚洲大地上的第一个共和国，对日本护宪运动不能不起推波助澜的作用。中野正刚在辛亥革命的影响下，自12月18日起在《大阪朝日》上连载的《对岸的火灾》一文中谈到辛亥革命对日本的影响。他写道："邻邦的革命如果对我国的影响，即非革天下之命的革命，而是打破政界现状的革新运动。具体说，只有打破藩阀，改造腐败的政党，这恐怕就是我们欣快地欢迎的事情。"②稻垣伸太郎在《中国革命与我国藩阀官僚政治》一文中甚至说道："大正维新（即大正政变——笔者）在一种意义上是第二次中国革命。"③不仅如此，日本的舆论还谴责日本政府对中国政体的干涉。和田三郎在《国际上的社会政策》一文中指责道："由于他人不戴和自己一样的帽子而殴打他的头部是野蛮的、粗暴的行为"，"我国人民虽说愚昧，但眼前出现比我们更先进的国家，并实行自治政治时，不会不觉醒。如觉醒则打倒官僚……现在的政治官僚就怕这个，因此借皇室的安危，干涉中国的共和制。"④

因此，日本统治阶级非常恐惧辛亥革命的共和，唯恐它传到日本。德富苏峰11月12日在刊于《国民新闻》上的《对岸的火》一文中写道："黑死病是有形的病，共和制是无形的病"⑤，忧虑辛亥革命的共和制影响日本。1912年1月中国历史上的第一个共和政体的政权——南京临时政府成立后，寺内正毅也惊叹："清国共和论对我国人心的影响之大，从现在新闻界年轻之辈的论述中

---

① 《日本外交文书——清国事变（辛亥革命）》，第451页。
② 野泽丰：《辛亥革命与大正政变》，见《论集日本历史第12卷·大正民主》，有精堂1977年版，第55页。
③ 野泽丰：前揭论文，见《论集日本历史第12卷·大正民主》，第65页。
④ 臼井胜美：前揭书，第10页。
⑤ 野泽丰：前揭论文，见《论集日本历史第12卷·大正民主》，第54～55页。

可知其可怕"①，要及早采取措施，以防其影响。

　　当日本由于上述原因，坚持君主立宪时，袁表面上拥戴清朝皇帝，口口声声称实行君主立宪，但暗中却盘算当总统。袁的此种盘算除他个人的野心之外，还有以下几个方面的因素：

　　第一来自南方革命势力的软弱妥协。袁东山再起后，对南方革命势力采取武力攻打和"和平"攻势的两手政策，在督促清军攻克汉口、汉阳的同时，对南方革命军施展"和平"攻势，进行试探。武昌的黎元洪答复说，如袁世凯表示赞同共和，当推为"第一任之中华共和总统"。12月20日南北双方举行谈判时，南方代表伍廷芳暗示北方代表唐绍仪，只要袁逼迫清廷退位，南方愿以大总统的宝座作为报答。这给袁吃了想当总统的定心丸。

　　第二个因素来自英国。英国开始时支持君主立宪。但11月下旬南方革命势力发展迅猛，民主共和已是人心所向，大势所趋。于是英国见风使舵，放弃君主立宪，赞成共和，赞成的条件是袁参加这一政权。英国主张君主立宪时也主张袁参加。这便说明，对英国来说，君主立宪也好，共和也好，只要袁掌权就可。在南北议和会议即将召开的12月16日，英国便提出："当前官、革双方在保存满洲朝廷基础上达成协议，迨已全无可能"，因此，探询日本"作为此时之解决方案，册立当代孔子后裔，拥为皇帝，未悉是否可行？"②这不是英国的真意，而是试探日本对废黜清朝皇帝、推举袁当总统的态度的一种气球。事实果然如此。时过五天，即12月21日，英国公使朱尔典就对伊集院公使提出废黜宣统皇帝，推举袁当总统的建议。他说："此次和谈（指南北议和——笔者），如欲以保全满洲朝廷为基础达成协议，看来已全无希望。对此局面，究应采取何种措施？可否按莫理循所说，推袁世凯为大

---

① 山本四郎：《辛亥革命与日本的动向》，《史林》1966年第49卷第1期，第43页。
② 《日本外交文书——清国事变（辛亥革命）》，第419页。

总统，以求稳定于一时？"①

英国为何此时改变态度？这时，南方的革命正以排山倒海之势席卷南方各省，这使英国不能不重视南方革命势力。英国殖民权益的四分之三在南方，英国财界和宗教界人士此时一再呼吁"声援"南方革命党人。因此，英国政府不能不考虑和南方革命党人的关系。朱尔典也说："英国在华中、华南地区拥有贸易上的重大利害关系，故英国政府不能无视南方人的思想感情，甘冒遭受攻击的风险而轻易采取措施，以强行贯彻君主立宪。"②而且，此时南方方面也暗示，如袁同意共和，愿选他为总统。因此，共和对英国来说是一举两得：既推举袁当总统，又不得罪南方，反而得到南方革命党人的好感。因此英国放弃君主立宪制，以袁当总统的假共和来维护其在南方的殖民权益。

这两种因素结合起来，促使袁伪装赞成共和，逼迫皇帝退位，同时要挟革命党人让出政权，进而建立假共和的北洋政府。

可是，日本坚持己见，既反对共和，又反对袁当总统。12月22日内田外相在致驻英临时代理大使山座的训电中指出："推袁为总统以求稳定一时之方策，不仅颇难实行，亦非为清国谋长治久安之策。直至今日，帝国政府仍认为君主立宪制度为匡济清国时局之最良方策，切望英国政府同意此种制度并为其确立而充分尽力。"③可见日本的态度颇为强硬。

袁世凯忧虑日本的反对态度，认为日本是他搞假共和及当总统的一个障碍。于是他开始要扫除这一障碍。12月20日下午，袁紧急召见日本公使馆的翻译官高尾。他特意出示唐绍仪自上海来电，电文写道："革命党坚决主张共和……在正式会议上双方若公开坚持各自主张，谈判必至破裂；且各国领事之外交方针似亦

---

①《日本外交文书——清国事变（辛亥革命）》，第438页。
②《日本外交文书——清国事变（辛亥革命）》，第438~439页。
③《日本外交文书——清国事变（辛亥革命）》，第441页。

有新变化，未必仍旧支持君主立宪。"①袁是赫赫有名的大人物，但他不召见伊集院公使，而找翻译官并出示此种内容的电报，其存心何在？不外乎是：一面进一步刺探此时此刻日本的真实想法究竟如何，一方面通过高尾这样小小的翻译官，再次暗示袁本人虽不赞成共和，但南方革命党的态度异常坚决，且各国也倾向共和，故本人也不得已，希望日本也放弃君主立宪，赞成共和。可是日本没有领会袁的真意。内田外相依然认为："袁世凯究竟能否抛弃其一向标榜之君主主张，甘冒不韪，允就大总统职，现尚不得而知。"②更为可笑的是伊集院公使把袁的这一举动视为他对日友好的表示，建议内田外相："袁世凯似亦期待我国之善意援助能够收到实际效果，故此时我国能否考虑通过某种途径，从背后向革命军方面讲求缓和策略？"③这就是通过和南方有联系的大陆浪人，对革命党人施加压力。这便说明日本外交手腕的笨拙。

可是，在对袁世凯和南北议和问题上一直掌握主动权的英国，又施出老奸巨猾的外交本领。要建立共和，必须召开国民大会，制定宪法，选举总统。来自南方十七个省的代表，这时云集在南京准备选举大总统，建立共和国。于是英国公使朱尔典便提出将计就计、顺水推舟的解决办法。他向袁世凯提出召开国民大会的建议："目前革命党方面拟议召开之国会只能代表局部地区，尚不能真正代表全国人民。我方何妨乘此机提议将此局部性机构改变为确能普遍反映全民意志之全国代表机关，然后讨论国体问题。"④唐绍仪在南下议和时曾说："开国会之后，必为民主，而又和平解决，使清廷易于下台，袁氏易于转移，军队易于收束。窃以为和平解决之法，无途于此也。"⑤可见，朱尔典的召开国民

---

① 《日本外交文书——清国事变（辛亥革命）》，第436页。
② 《日本外交文书——清国事变（辛亥革命）》，第441页。
③ 《日本外交文书——清国事变（辛亥革命）》，第437页。
④ 《日本外交文书——清国事变（辛亥革命）》，第451页。
⑤ 杨度：《上资政院陈情书》，第79页。

会议的建议是既能迫使清帝下台，又把南方统一于北方，使袁窃夺总统宝座的一举多得的伎俩。袁举双手同意此建议，并立刻转告伊集院公使道，"英公使所言，固不失为一种方案"①，望日本赞成。但伊集院却顽固坚持己见，说日本政府"自必始终支持君主立宪，并援助其实现"。日本之所以反对这一建议，正如内田外相 25 日致驻英临时代理大使山座的训电中所说："如将政体问题由国民会议讨论，最后必然采用共和政体，几已显而易见"②，最后必定由袁世凯当总统。

　　日本的反对阻挡不住袁和朱尔典的奸诈行径。24 日袁和朱尔典就磋商决定："在三个月内由各省公举代表，按照双方先行商议的办法而组成的国民会议来决定将来的政体问题"③，并电告唐绍仪。

　　事到如此境地，日本还在坚持君主立宪。同一天，庆亲王在袁官邸召见英、日两国公使，征求他们对国民会议的意见。朱尔典公使立即回答："英国政府当不致有何异议"。④而日本公使伊集院却称："此种手段过于危险"⑤，望稍缓两日复电唐。但袁不听伊集院的劝告，也不等候日本政府的正式答复，断然发出致唐电。伊集院恼羞成怒，26 日向袁言称"按帝国政府之希望，断不能同意此举"，并警告他"由此产生之一切后果以及会后事态如何发展，应由阁下负完全责任"。⑥

　　日本仍不甘心，想和英国采取联合行动。26 日驻英临时代理大使山座遵照内田外相的指令，向英国建议：日英两国共同"采取某些措施，例如向革命军晓以利害，仔细说明采取君主立宪制

　　①《日本外交文书——清国事变（辛亥革命）》，第 451 页。
　　②《日本外交文书——清国事变（辛亥革命）》，第 458 页。
　　③《英国蓝皮书》，中国第 1 号（1912 年），第 120 页。
　　④《日本外交文书——清国事变（辛亥革命）》，第 458 页。
　　⑤《日本外交文书——清国事变（辛亥革命）》，第 461 页。
　　⑥《日本外交文书——清国事变（辛亥革命）》，第 469 页。

度为收拾时局之最良方策，劝诱彼等在此基础上继续商谈"。[①]英国不仅不接受日本的建议，而且说这是"极为危险"的"重大冒险行动"。英国外交部还郑重地发表声明："关于日、英两国正在采取协同行动支持清国实施君主立宪政体，必要时甚至不惜使用武力等等报道，全与事实不符。"[②]这无疑是对日本君主立宪外交的沉重打击。在这种形势下，内田外相也不得不承认日本外交的失败。他哀叹："事态既已如此，则帝国政府单独继续拥护君主立宪之理由可谓业已丧失"。"关于本问题，帝国政府只能暂时任事态之自然发展"。[③]

这时，南北议和经唇枪舌剑，达成了一个协议：召开国民大会，就君主和共和问题付诸公决。袁对此十分满意，以诱骗和逼宫的手法，迫使清廷公布退位诏书。清政府于 2 月 12 日发布《清帝退位授袁世凯全权组织临时共和政府谕》："是用外观大势，内审舆情，特率皇帝，将统治权公诸全国，定为共和立宪国体。……袁世凯前经资政院选举为总理大臣，当兹新旧代谢之际，宜有南北统一之方，即由袁世凯以全权组织临时共和政府与民军协商统一办法。"[④]宣统皇帝退位后，13 日袁致电南京政府索取大总统职位，14 日孙中山提出辞呈，15 日南京参议院选袁为第二任临时大总统。

综上所述，支持共和反对君主立宪，或反对共和支持君主立宪，这在中国国内是个革命的原则性问题，是区别革命派和立宪派的试金石，但从列强的角度来说，这不是实质性问题。辛亥革命是资产阶级民主革命，是属于资产阶级范畴的。辛亥革命的共和政权如不直接反对帝国主义，维护其在华权益，和帝国主义列

① 《日本外交文书——清国事变（辛亥革命）》，第 458～459 页。
② 《日本外交文书——清国事变（辛亥革命）》，第 465 页。
③ 《日本外交文书——清国事变（辛亥革命）》，第 468 页。
④ 中国第二历史档案馆编：《中华民国史档案资料汇编》，江苏人民出版社 1979 年版，第 217 页。

强不一定产生不可调和的矛盾。因此，共和政体本身不是和列强产生矛盾的所在。支持或反对共和不是问题的实质，而是日本和英国等列强争夺殖民权益的一种手段，如果说政体是实质，那么日本为何"支援"南方革命党人？实质不在于政体，而在于拥立效忠于自己的新走卒，即拥护或反对袁世凯的问题。后来的事实也证明如此。1915 年袁世凯称帝时，日本并不那么热心支持，而且劝告袁不要操之过急。主张君主立宪的核心人物山县有朋也于1916 年 1 月直言不讳地道出："我是希望和袁世凯携手，攫取日本必须占有的权益的人。不论中国成为共和或帝制，这无须过问。无论如何，袁死前和他携手……如袁死后第二个人起来掌权，则和他图谋共事，以便确保日本的权益，这是紧要的。"①山县有朋的这一自白供出了政体问题的实质所在。

　　袁世凯窃国掌权后，日本对他又采取什么政策？

　　袁登临时总统宝座后面临的一大困难是财政问题。他当时至少需要银一百一十八万两，但国库却仅有十七万两。袁进一步投靠英美来应对这一财政危机。而英、美、德、法组成的四国银行团，为了豢养袁，极力给他输血打气，以便趁袁之危，攫取新的权益。袁 2 月 28 日提出向四国银行团借二百万两贷款；3 月 9 日又提出借一百一十万两。于是，四国银行团 3 月 19 日在伦敦开会，决定给袁提供贷款。据统计，仅 1912 年上半年四国银行团给袁贷款五次，总计银一千二百余万两。

　　日本也不甘心落在列强之后。内田外相获悉四国银行团的这笔借款活动后，立即电训驻华公使伊集院："凡属政治性借款，帝国政府必须参加"，并指令他探询英国公使对日本参加银行团的意向。②1910 年 11 月四国银行团成立时，日本因怕银行团侵犯其在东北的权益，就加以抵制而未参加。可是这时为何要求参加？四

---

　　① 北冈伸一：前揭书，第 92 页。
　　②《日本外交文书——清国事变（辛亥革命）》，第 230 页。

国银行团掌握着袁世凯的财政命脉，并操纵北洋政府的经济。日本的对袁政策一再夭折，对华外交远远落在其他列强之后。因此，日本想参加四国银行团，获取和四国平起平坐的地位，进而获得控制袁的一份权利。所以日本参加四国银行团，与其说是为扶植袁，还不如说是为攫取权益。这时俄国也要求参加。四国则认为，日、俄接近中国，对袁需要施加军事压力时，便能利用日、俄，因此同意日、俄参加。1912 年 3 月日、俄接到参加该银行团的邀请，6 月成为银行团的正式成员。于是四国银行团变成六国银行团。

银行团是以贷款形式瓜分中国的组织，其内部由于各国拿出的贷款多少而发生了瓜分新权益的斗争。在这一斗争中，美国、英国等凭借其雄厚的经济实力，占据主导地位；而日本由于拿不出更多的贷款，处于小伙计的地位。因此，日本在银行团中未能达到预期的目的。由于这些争夺，美国于 1913 年 3 月退出银行团，六国变为五国。五国银行团于 4 月贷给袁世凯二千五百万英镑。

袁世凯以此贷款为资本，一面暗杀宋教仁等南方革命党人，一面积极准备反革命内战。这便加剧了南北双方的矛盾。

在南方，革命失败的血的教训，惊醒了孙中山和革命党人，使他们逐步认清袁的反革命本性。孙中山举起反袁旗帜，毅然提出"非去袁不可"，力主"武力讨袁"，于 1913 年 7 月发动了二次革命。

二次革命时期，日本对袁世凯又采取什么政策？

这时期，日本社会舆论与财界主张"援助"南方革命党人，反对日本参加银行团"援助"袁世凯。《东京日日新闻》6 月上旬发表一篇社论，谴责日本政府"援助"袁世凯。政界的尾崎行雄在 6 月上旬的宪政会晚餐会上鼓动财界说："袁过去就对我国抱有敌意，即使援助他也对我国毫无有益之处。与此相反，南方革命党首领与我国有较深的关系，他们笼络南方派民心对我国是最有

益的。"①会上犬养毅也也发表了同样内容的演讲。他和头山满组织日华国民会，大井宪太郎组织日华实业协会，鼓动财界反对"援助"袁世凯。犬养毅、尾崎行雄、头山满、中野武营（东京商工会议所的负责人）等还成立对华外交反对协会，并决定：政府对南北纠纷严守中立，延期交付五国银行团的款项，监督已付贷款的使用，等等。②

从辛亥革命爆发到二次革命，日本更换了三次内阁，即西园寺内阁（1911 年 8 月至 1912 年 12 月）、桂内阁（1912 年 12 月至 1913 年 2 月）、山本内阁（1913 年 2 月至 1914 年 4 月）。但三届内阁都没有"诚心诚意"地支持过袁世凯，甚至阻挠和牵制他上台执政。因此，当英美等在清朝崩溃后豢养扶植了效忠于它们的新的侵华走卒——袁世凯时，日本尚未找到替它效劳的代理人。

在此种情况下，元老山县严厉批评内阁，说对华政策未获得预期效果的原因在于对袁世凯没有采取一贯"友好"的态度。他批评山本内阁没有和袁的北洋政府建立"信赖"的"提携"关系。这时袁急需的是钱，谁给他提供巨款，他就对谁效忠。于是，后藤新平在山县和井上馨的授意下，提出了和袁合办东洋银行的设想，由日本和袁各出五千万元，共计一亿元。但历来缺少资金的日本一下子拿不出这笔款项，且即使"援助"袁世凯，能否把亲英美的袁变成亲日的袁也有疑虑。因此，山县和后藤的这一计划变成纸上谈兵。

1913 年 9 月 1 日袁军攻克南京，二次革命也宣告失败。在二次革命中日本对袁的政策由于上述原因毫无进展。

恰巧在二次革命中先后发生了汉口、南京、兖州等三事件。袁军在汉口、兖州逮捕了日军军官各一人，在南京攻占都督府时打死日人三名。这便给黔驴技穷的日本创造了对袁采取强硬政策

---

① 曾村保信：《近代史研究——日本与中国人》，小峰书店 1952 年版，第 145 页。
② 曾村保信：前揭书，第 146 页。

的新机会。

日本政府为了对袁采取强硬政策，首先唤起国内舆论。这时由于辛亥革命的失败，大部分浪人回到国内。这些浪人在唤起国内舆论中首当其冲。他们以浪人会为中心，联合十二个团体，成立对华同志联合会。该会于 9 月 5 日召开评议会，通过了出兵占领中国的决议，决议写道：一、占领蒙古的东部、南满的要冲；二、"出兵扬子江一带要冲之地"，"占领将北京政府置于死地的地点，并且向保护我国国民的地区出兵"。[1]9 月 7 日，该会在东京日比谷公园举行对华国民大会，通过了"国民希望政府出兵"的决议。会后举行示威，包围外务省，施加压力。9 月 5 日，在浪人岩田爱之助的唆使下，两名青年刺死负责中国事务的外务省政务局局长阿部守太郎，以"抗议"对中国的"软弱"政策，反对"援袁"政策。这些浪人的主要目的是借此武力解决满蒙问题。对华同志联合会 9 月 7 日散发《趣旨书与章程、满蒙问题理由书》的小册子，公然要吞并满蒙。该小册子写道："相信现在是解决满蒙问题的时机，力图统一国家舆论，促进政府的决心和行动"[2]，接着又写道，日本缺乏经济资本，因此要依靠政治力量即军事力量来解决满蒙问题。这些浪人如此猖狂活动，是与陆军在背后的支持有关的。当时陆军为加强对满蒙侵略，要求增加两个师，但山本内阁由于财政困难未能积极支持，因此，陆军便利用浪人制造舆论，对内阁施加压力。[3]

浪人煽动起来的社会舆论，为日本政府对袁提出强烈要求创造了良好条件。山本内阁 9 月 2 日和 9 日分别开会，向袁提出兖州事件的三项要求和南京事件的五项要求及汉口事件的三项要求。其大致内容是：一、严惩肇事者，二、袁政府赔礼道歉，三、

① 曾村保信：前揭书，第 148 页。
② 野泽丰：前揭论文，见《论集日本历史第 12 卷·大正民主》，第 72 页。
③ 内阁首相山本权兵卫是海军大将，这也反映了陆军和海军的矛盾。

肇事者所属部队官兵到南京领事馆前举枪谢罪。[①]9月7日山座驻华公使向袁世凯转达日本政府的诸项要求时，附加了他自己的两个新条件：一、革职张勋，二、大总统发布对日友好的指令。[②]袁世凯卑躬屈膝地接受了日本的条件，但革职攻克南京有功的张勋，对袁世凯来说犹如割自己的肉，不敢执行。于是牧野伸显外相便提出，如不革张之职，就将辽东半岛的租借权延长九十九年，允诺日本在东北的修路权（四平至洮南线，洮南至热河线，开源至海龙线等）。[③]可是山座驻华公使认为，这一要求过分刺激袁，且会引起英美等列强的反对，因此劝牧野暂时收回这项要求。两年后日本便在"二十一条"中重新提出这一要求。这便说明，日本1915年向袁世凯提出的"二十一条"，实际上从辛亥革命时期起便逐步形成，乘列强无暇东顾之机，全盘端出来实现了在辛亥革命中未能达到的预期目的。

辛亥革命失败了，袁世凯窃夺了革命果实。他1912年3月10日在北京就任临时大总统，1913年10月6日又被选为正式总统，建立了假共和国的北洋政府。于是承认袁的总统地位及其政权的问题提到了列强的议事日程上。

在承认袁及其政权问题上，曾经支持他出山窃国的英美也好，曾经反对他登台的日本也好，都想借承认袁及其政权之机，迫使袁许下维护帝国主义在华既得权益和提供新的更大殖民权益的诺言。维护和扩大殖民权益，这是承认袁及其政权时各列强共同的目标，是帝国主义侵略本性所决定的。但在承认的具体方法和步骤上，因各列强争夺袁世凯、瓜分中国而引起了分歧。

在这一致而分歧的复杂斗争中，日本采取什么态度？因为日本对袁的政策一直落在英美之后，所以在承认问题上抢在列强前，

---

① 栗原健：前揭书，第103～113页。

② 臼井胜美：前揭书，第39页。

③《日本外交文书》大正二年第2册，第504页。

争取了主动。日本之所以争取主动，除维护和扩大自己的权益之外，以承认时的"统一步调"来限制英、美、俄等其他列强借此扩大新权益的行动。而英美等因怕"得罪"袁，在承认袁的问题上不打头阵，让日本站在自己前面，向袁提出较为苛刻的条件，从而让日本"得罪"袁，而自己坐享其利。因此执袁之牛耳的英国等在此问题上容认日本的主动。于是，早在1912年2月21日即袁还没有就任临时大总统时，日本向列强发出了关于承认袁政权的《日本政府备忘录》，作为承认的条件。该备忘录指出："新政府能显示出具有履行该国所承担之各项国际义务的意志和实力时，各国即应对此新政府予以承认"，并且须对列强在华的"权利、特权及豁免权等明确表示正式承认"。[①]至于承认的步骤与方法，日本则主张"各国政府应完全保持统一步调"[②]。这一建议，相继得到英、法、德等国的支持和同意。

可是侵略成性的俄国却提出不同意见。2月26日俄国外交大臣对日驻俄大使本野说："考虑到目前清国形势与日俄两国在中国所享有之特殊地位，认为无论如何必须乘此时机迫使中国特别承认日俄两国所享有之特殊权益"，如袁政权不予承认，日俄两国也不予承认袁政权，"只要日俄两国政府能显示出强硬态度，对中国共和政府不予承认，其他列强恐亦不会急于承认"。[③]俄国的主要目的是借此扩大新权益。俄国于1911年10月25日曾向清朝提出修订1881年中俄《伊犁条约》的要求[④]，同时要扩大在中东铁路及俄租借地内的行政权以及在中国西部的特权。日本看出俄国的这一勃勃野心，想和俄联合行动。但和俄国的联合，势必影响日本在承认问题上的主动权。因此，牧野外相29日电训本野大使，

① 《日本外交文书——清国事变（辛亥革命）》，第609～610页。
② 《日本外交文书——清国事变（辛亥革命）》，第609～610页。
③ 《日本外交文书——清国事变（辛亥革命）》，第612～613页。
④ 入江启四郎：《辛亥革命与新政府的承认》，见植田捷雄编：《近代日本外交史研究》，有斐阁1956年版，第242页。

"此时帝国政府在立场上碍难响应俄国政府提议"①，拒绝了俄国的建议。

接着，日本政府于 3 月 23 日向英、美、俄、法、德、奥、意等国发出《关于承认中国新政府之条件细目》（草案）。这一草案，要求袁政权承认和承担如下条件：

（一）新政府确认旧政府与各国所订之一切现存条约、协定以及为履行此等条约、协定而颁布之一切现存规章、条例（包括上谕），同时约定，非经有关各国政府同意，对此等规章、条例一概不做任何改变或废除。

（二）关于旧政府或事实上曾经存在之临时政府以及各地方政府所借之外债，其中现实存在者，新政府一律继续承担其完全之责任与义务，并约定诚实履行上列政府为负担此等外债而缔结之各项契约及合同。

（三）凡各届旧政府或地方政府与外国政府、团体或个人间缔结或签订之上列债务以外的一切契约、合同、义务、特惠与转让等之现实有效者，新政府一律继续履行。

（四）各国在中国已被公众所理解且正在实行的治外法权或领事裁判权制度，以及外国政府、团体或个人在中国所现实享有的权利、特权及豁免权等，新政府一律继续承认。②这就是说，袁世凯及其北洋政府承认和承担 1842 年《南京条约》以来，列强强加给中国的一切不平等条约、特权、债务、治外法权等，使袁及其政权替代清朝继续充当帝国主义侵略中国的工具。这一条件反映了列强的共同要求。

可是，在承认的具体步骤和方法以及予以承认的时机问题上发生了分歧。到 7 月，美国要率先承认袁政权。7 月 24 日，美国驻华公使嘉乐恒向伊集院公使说，"此时予以承认，对促进新民国

① 《日本外交文书——清国事变（辛亥革命）》，第 615 页。
② 《日本外交文书》第 45 卷第 2 册，第 12 页。

之安定能产生良好影响"①，并探询日本的意向。德国也倾向予以承认。但日本、英国、法国等"尚不能认为承认中国新政府之时机业已成熟"②，反对予以承认。

到 1913 年，日、美间的矛盾更加激化。4 月 2 日即民国第一次国会开幕前夕美国要承认袁政权，并向各国发出备忘录："（美国）总统拟于 4 月 8 日中国国会开幕之际承认中国新政府。总统热切希望并恳请日本国政府通力合作，亦于同时采取同样行动。"③德国也于 4 月初电告日本政府："德国政府很可能不顾其他国家意向如何而独自贯彻其本国主张。"④日本依然坚持己见，反对美、德的意见。英、法、俄也同样反对。

它们之间的这种矛盾和分歧反映了列强之间的新的争夺和利害关系的差异。美国侵略中国较晚，在中国的权益也远不及英、日、俄。因此美国迫使袁政权承认在华既得权益的迫切性不如日、英、俄那么大。因此，日、英对袁施加压力时，美国率先承认袁，必将换取袁对它的好感。美国 3 月 18 日退出六国银行团时也同样采取这种态度，说银行团提出的贷款条件过于苛刻，侵犯了中国的主权。1913 年春，威尔逊任总统后，急剧改变对华政策，摆出"友好"的架势。这一态度必然得到袁的"赞赏"。3 月 25 日袁世凯通过驻美公使向威尔逊总统致谢。

至于德国，其殖民权益在山东半岛，该地区依然控制在袁政权之下，因此不敢开罪袁。而且德国国王威廉二世 1906 年曾提出中美德缔结联盟的建议，袁也支持过。因此，德国和袁之间有过密切关系，故德国采取早日承认袁及其政权的政策。

日、英、俄则不然。它们既要维护既得权益，又要扩大新权益。如英国 1912 年 8 月 17 日向袁世凯提出关于西藏的照会，要

①《日本外交文书》第 45 卷第 2 册，第 16 页。
②《日本外交文书》第 45 卷第 2 册，第 18 页。
③《日本外交文书》大正二年第 2 册，第 8 页。
④《日本外交文书》大正二年第 2 册，第 14 页。

求袁放弃在西藏的主权，承认西藏的所谓"自治权"和英国在西藏的新权益。[①]而袁世凯1913年春向朱尔典表示，他没有重建对西藏统治的意图，希望英国帮助中国军队退出西藏。[②]俄国也要修订1881年订立的条约。日本也同样要扩大在华权益。本野驻俄大使曾建议内田外相："英、俄两国政府为保护其本国利益既如此肆无忌惮，分别施行手段，帝国政府即不应再袖手旁观。……诸如延长辽东半岛租借年限以及南满洲铁路条约年限等，作为承认中国政府之先决条件，以求乘机一举作出决定，实为避免将来发生困难之最有利的措施。"[③]这些扩大权益的想法，使日、英、俄在承认袁政权的问题上采取一致行动。

其次，列强的这种分歧和矛盾也反映了它们在南方的不同利益和对南方革命党人的不同态度。1913年春，南北矛盾日趋激化，二次革命即将爆发。因此，在南方有殖民权益的英、日不能不考虑承认袁政权对南方革命党人带来的影响。4月4日牧野外相在答复美国意见时说道："当此时刻，若遽然承认北京政府，即等于援助袁世凯，与南方孙、黄作对。"美国则不然，在南方没有多大权益，无须顾及对革命党人的影响。因此，4月4日美国国务卿召见日本驻美大使珍田时就说："时至今日，若顾虑南方一派之活动而遽然改变预定步骤，反而可能招致袒护南方一派之嫌……若过分拘泥于南北纷争，恐亦难免引起偏袒一方之责难。"[④]

美国要率先承认袁政权，对袁造成了有利的形势。袁便利用美国，对日本施加压力。4月6日他派外交总长陆徵祥到日本公使馆通知：美国即将承认新政府，希望日本也早日承认。[⑤]在这一形势下，日本如不承认，就失去主动权。于是4月19日日本向有

① 入江启四郎：前引论文，见植田捷雄编：前引书，第261～262页。
② 彼得·洛：前揭书，第93页。
③《日本外交文书》第45卷第2册，第22页。
④《日本外交文书》大正二年第2册，第10页。
⑤ 入江启四郎：前引论文，见植田捷雄编：前引书，第269～270页。

关国家发出《日本政府关于承认中国新政府之第二次倡议》，认为："如果过于推迟对新政权之承认，将使与中国具有重大利害关系之各国蒙受甚大不便。因此，帝国政府认为应在可能范围内尽早宣告承认。"①这是日本以退为进的伎俩，妄图制止美国单独承认的行径，以便自己争取主动。但事与愿违，5月2日美国承认袁政权，日本在这一竞争中又败给美国。

10月初，民国国会开会，将选袁世凯为正式总统。在这一形势下，英国如不承认袁政权，它苦心扶植上台的袁则会翻脸不认主人，将失去袁这一新走卒。于是英国政府于9月19日通知日本政府："当此有关列强正在准备承认中国大总统之际，女王陛下政府无法推延承认日期。因为此种行动将会带来严重的不利和不便。"②在众叛亲离的形势下，日本也无可奈何，不得不承认袁及其临时政府与各国所订条约、协议及特权。而袁6日就职宣言中特别声明："所有前清政府及中华民国临时政府与外国政府所订条约、协约、合约，必应恪守，及前政府与外国公司、人民所订之正当契约亦当恪守"，对于外国人在中国"已享之权利并特权豁免各事，亦切实承认，以联交谊"。③不仅如此，他在当选正式总统前夕，还特地给帝国主义以新的权益。例如，10月5日，日本政府和袁世凯政府交换《满蒙五路借款修筑预约办法大纲》（五条铁路是：四平至洮南，长春至洮南，开源至洮南，洮南至承德，吉林至海龙）。日本攫取了五路修筑权，把势力范围从南满扩大到热河。这样，日、俄、法、英等十三国同一天承认了袁及其政府。

我们从辛亥革命时期列强对袁的不同政策和其政策的演变中看出始终不变的一种目的，即维护和扩大殖民权益。日本一直反对袁上台，因此承认袁时对他施加种种压力是必然的。可是曾经

---

① 《日本外交文书》大正二年第2册，第25～26页。
② 《日本外交文书》大正二年第2册，第59页。
③ 《政府公报》第615号，1913年10月11日。

一直扶植袁的英国在承认自己培植上台的袁政权时，却和日本伙同在一起，对他施加压力，迫使他不仅承认列强既得权益，而且要允诺新权益。这便说明，英国扶植他是一种手段，扶植的目的则在于维护和扩大其权益。同样，日本反对袁上台也是一种手段，反对的目的也在于维护和扩大权益。由此可见，反对的也好，支持的也好，手段虽然不同，但目的皆为殖民权益的维护和扩大。这便说明，列强对袁的政策虽然不同，但不同的政策却反映了它们的共同目的，说明了帝国主义对袁的政策在不同时期虽有变化，但其维护和扩大殖民权益的本质却不变。

还有一个问题是，日本在帝国主义列强通过袁世凯对辛亥革命施加压力中所处的地位和作用问题。如上所述，日本在袁上台执政到承认他的总统地位的过程中，基本上是反对或牵制他，没有一次积极支持过他的。日本只是在南北议和时想通过他实现君主立宪制，维护清朝皇帝，参加五国银行团，借给袁一笔贷款。相比之下，这在日本对袁的政策中占次要地位。因此，如果说帝国主义列强通过袁之手绞杀辛亥革命，那应该主要是英、美，不应该笼统地说包括日本在内的所有帝国主义列强。

### 三、日本对南方革命党人的政策

对袁世凯的政策和对南方革命党人的政策是辛亥革命时期日本对华政策的两翼。我们只有具体地考察和比较对两者的政策时，才能全面地看清辛亥革命时期日本的对华政策。

辛亥革命时期，日本对南方的目标是什么？1911年10月24日日本内阁通过的《关于对清政策问题的内阁会议决议》写道："调转视线，再看看帝国与清国本土（指满蒙之外的地区，包括南方——笔者）的关系。我国侨民之多，我国通商贸易额之大，以及与我国有关的企业之日益增多，所有这些都明显地显示出一种趋势，即我国在该地区逐渐占有优势地位"，"今后应着重致力于

在清国本土培植势力，并努力设法使其他各国承认帝国在该地区之优势地位"。①这就是说，借辛亥革命之机，向中国南方进行侵略，扩大权益，建立在该地区的优势地位。南方是中国资产阶级革命的摇篮，是革命政权的管辖地区。日本要扩大在该地区的权益，势必牵涉到南方革命势力。那么，日本对南方革命党人究竟采取了什么政策？下面仅就提供贷款和武器、对北伐军的态度、二次革命及大陆浪人与辛亥革命的关系等诸问题来具体剖析日本对南方革命党人的政策。

如前所述，辛亥革命伊始，日本统治阶级尤其是军部想出兵干涉，以武力镇压革命，进而扩大在中国南方的权益。但动武的企图未能如愿以偿。

武昌起义得手后，各省革命党人便纷纷起事。到11月下旬，已有十四省脱离清廷独立，其他各省的反清斗争也风起云涌，清王朝的瓦解已成定局。于是，日本和其他列强不得不重视南方革命力量，不仅不敢动用武力，而且"极力避免采取徒伤革命军感情之措施"②并和它进行交往。于是，日本同南方革命党人之间形成了既不承认它为合法，又和它往来的微妙关系。

可是在民间，如前所述，大陆浪人却"声援"南方革命党人，要求承认它建立的共和国。但其目的是吞并东北和内蒙古。

一些外交官和军人，作为个人意见，也想把中国分为两国，要承认革命党及其政权。驻华公使伊集院10月28日建议内田外相，承认南方为一国家，"在华中、华南建立两个独立国家，而使满清朝廷偏安华北，继续维持其统治"。③他认为："人心所向与东亚大势业已不可阻挡。民意已完全背离清朝廷，乃属确凿无疑。现今朝廷完全丧失昔日统治四百余州的威势与实力，不论采取何

---

① 《日本外交文书——清国事变（辛亥革命）》，第50~51页。
② 《日本外交文书——清国事变（辛亥革命）》，第112页。
③ 《日本外交文书——清国事变（辛亥革命）》，第277页。

种怀柔妥协办法，恐已无法平定目前局势。"[①]伊集院对中国时局的判断是正确的，但承认南方为一国是使清朝苟延残喘的伎俩，是分而治之的毒计。

参谋本部第二部部长宇都宫太郎也提出《对中国的个人意见》。他认为，"保全"中国是困难的，应分为满汉两个国家，日本对清廷也适当予以援助，对南方也秘密地予以"援助"，并把其中的一国作为保护国，另一国为同盟国，而日本作为调解南北双方的"报酬"，攫取满蒙。

可见，对革命党及其政权的承认也好，"援助"也好，其目的都是为日本的侵略扩张，尤其是为吞并满蒙。

在辛亥革命时期，日本对革命党人提供了武器和贷款。那时，大陆浪人居中引线，政府出钱，财阀供贷款，军部拿武器，三者结为一体，扩大日本在中国南方的权益。那么，这三者是怎样结合起来的呢？内田良平从朝鲜回来后，伙同大江卓、小美田隆义等人，继续说服政府"援助"南方。同时又动员三井财阀向革命党人提供贷款。如前所述，三井财阀的益田孝接到内田良平的信后，便认为，这是三井向南方扩张的良机。他携带这封信找三井的政治后台井上馨，说明向南方扩张的欲望。井上不仅同意益田孝的意见，而且替他出主意。他说："其内容和内田谈的一样，我也完全同感。三井的方针，按你的想法执行，但决定政府方针是先决条件，因此先找桂（太郎）商量，然后和桂一道去找西园寺（首相）。"[②]内田良平从大江卓和小美田那里得知这一消息后，喜出望外，立即电告在上海的宫崎滔天，叫孙中山和黄兴立即给西园寺首相和桂太郎、井上馨打电报，以便换取他们对革命党人的"援助"。事过不久，西园寺内阁便同意三井财阀对南方革命党人的"援助"。

---

① 《日本外交文书——清国事变（辛亥革命）》，第277页。
② 黑龙会编：前引书中卷，第441页。

　　于是，内田良平派去的北辉次郎和清藤幸七郎在南方同宋教仁商谈武器供应问题。南京临时政府于 1912 年 1 月派文梅村等三人东渡日本。他们经内田良平和小美田隆义的介绍，和三井进行借贷款购军火的交涉，于 1 月 24 日订立借款三十万日元的合同，以此购买日本的三一年式速射野炮六门，三一年式速射山炮六门、重机枪三挺及炮弹、子弹等。此外，通过各种渠道购买的武器也陆续运到南方。1911 年 12 月 8 日，日本云海丸把步枪一万枝和带剑短枪三百支运到上海；1912 年 1 月 8 日，日本巴丸把步枪一万两千枝、子弹两千万粒及机关炮六门、山炮六门、炮弹六千发运到南京；1 月 28 日，御代丸把一万九千四百支步枪运到广东；2 月 22 日，荣城丸把三万支步枪和八万粒子弹运到广东。购买这些武器的贷款由大仓洋行和三井物产公司提供，而三井物产公司的贷款是由政府提供的。这些武器来自陆军的军火库，有的大炮是从要塞中卸下来的。这些武器从各地集中到门司，从门司未经海关即运往中国南部。当然日本在这一批武器供应中必然获取暴利。因为这些武器不是新式的，而是日本陆海军更新装备后不用的陈旧兵器。即使如此，这些武器对革命军来说却不可缺少。

　　日本向南方革命党人提供贷款。贷款和供应武器是往往联系在一起的。当时提供贷款的名目虽不是为购兵器，但实际上却是用于购买武器。在借款中，大陆浪人往往起桥梁作用。1911 年 12 月孙中山从欧美回国时，宫崎滔天专程从上海到香港迎接孙中山，并陪同孙中山抵达上海。随同宫崎去的还有三井物产公司的山田纯三郎、高田商社的郡岛忠次郎等五人。在从香港到上海的途中，宫崎可能与孙中山谈到借款问题。因此他抵沪后立即通过山田向三井物产公司上海支店长藤濑政次郎传达孙中山借款之事。

　　当时南京临时政府的最大困难之一是财政问题，因此不得不借外债。英、美等明显地支持袁世凯，所以南京临时政府向日本借款。1912 年 1 月招商局董事会决定要借款一千万两。日本闻讯

后，指派日本邮船公司和日清汽船公司出面和南京革命党人交涉。结果，2月5日由日本邮船公司上海支店长伊东和孙中山、黄兴草签借款合同，并先付一百万两。这笔借款名义上是招商局借，但事实上是南京政府应付财政困难和购买军火的。而日本方面虽由邮船公司提供贷款，但款是由日本政府提供给邮船公司的。由此可见，当时日本政府与南京临时政府的内在关系，即日本不敢公开提供，但暗中往来。

　　日本的此种贷款活动都是在英国的势力范围内进行的。因此，各项贷款必定和英国权益发生冲突。就这次贷款来说，招商局是先与英国交涉的，后来日本从中插手。因此，英国政府2月5日向日本政府提出抗议，说这笔借款"无疑将提供革命军作为军事费使用，希望贵国政府加以制止"[①]。法国政府也对这笔借款表示不满。2月17日法国外长塞尔弗斯召见日本驻法临时代理大使，提出"日本现在单独行动，实与上述共同行动准则不合，令人深为遗憾"[②]。这是日本和英、法在这一地区争夺的表现。这时英国的汇丰银行、太古银行等暗中和财政总长陈锦涛进行借款活动。当时，《每日新闻》也于2月13日发出一则消息说，英国某商为阻止日本在长江航运中无限扩张其势力，已对此借款展开竞争。[③]2月28日，英国伙同四国银行团，和招商局订立七百万元的借款合同。通过香港的银行向南方临时政府先付二百万元。[④]由于英国的这一争夺，日本不能不放弃对招商局的借款。

　　其次是沪杭铁路借款。该借款早在1898年英国就与清廷进行过交涉，1908年正式签订借款合同。这次江苏财政总长朱葆三先和英国汇丰银行商谈。后来日本大仓洋行插手，1月18日大仓洋行的川野和王子亭草签二百五十万两的借款合同，并于27日正式

　　① 《日本外交文书——清国事变（辛亥革命）》，第26、36号文书，第211页。
　　② 《日本外交文书——清国事变（辛亥革命）》，第26、36号文书，第214页。
　　③ 《日本外交文书——清国事变（辛亥革命）》，第26、36号文书，第223页。
　　④ 鹿岛守之助：《日英外交史》，鹿岛研究所出版会1959年版，第472页。

签署，当即付款。大仓洋行的这笔借款，受到日本政府的幕后支持。外相内田 1 月 11 日就这笔贷款问题电训上海总领事有吉："希我总领事就近向该支店长（指大仓洋行上海支店长——笔者）询明详情，予以必要关切，尽力促其实现。"[①]他接着指示有吉："不容否认，此项借款之用途必与革命军具有密切关联，如果向外界露出帝国政府或帝国官员对于此项借款曾经暗中援助或加以干涉等等形迹，殊多不便，故望我总领事对此点深加注意。"[②]这便说明日本政府对南方革命政权的两重性政策：既不公开支持，暗中又提供借款与军火。

英国获悉此消息后，令朱尔典驻华公使向伊集院公使提出"严重抗议"，"英国方面断然不能承认"，"希望日本方面罢手"。但伊集院公使佯装不知，回敬朱尔典道："此次大仓洋行提供借款，纯属该企业之独自行动，日本政府并不知悉，亦未参与"，当面顶回。这便说明日、英在长江流域的激烈争夺和日本外交的虚伪性。

在辛亥革命期间，日本对南京政府最大一笔贷款是对汉冶萍公司的贷款。日本对汉冶萍垂涎三尺，由来已久。这是因为汉冶萍是日本钢铁工业不可缺少的原料供应基地，主要供应日本最大的钢厂八幡制铁所。1908 年至 1912 年日本从该公司掠取铁矿石七百多万吨，占该制铁所铁矿石用量的 52.5%。为保证这一掠夺，1904 年至 1911 年，日本正金银行和兴业银行曾向该公司投资贷款一千五百三十万元和银一百万两。[③]

辛亥革命时期，日本想方设法将该公司攫为己有，曾和清廷、南京政府、北洋政府进行三次交涉。

辛亥革命爆发后，革命军占领了汉冶萍地区。于是该公司副经理李维格，希望日本驻华公使和驻汉口总领事出面与革命军交

①《日本外交文书——清国事变（辛亥革命）》，第 185 页。
②《日本外交文书——清国事变（辛亥革命）》，第 185 页。
③ 臼井胜美：《日本与辛亥革命——其侧面》，见《历史学研究》1957 年第 207 号。

涉，以便加以"保护"。十来天后，该公司总经理盛宣怀向日本正金银行借款六百万元。接着他又提出由邮传部出面，以湖南萍乡至株洲的铁路为抵押，再借一百万两。伊集院公使认为，盛乞求贷款是日本在南方扩张权益的良机。他于 24 日、25 日向内田外相建议：汉冶萍贷款"会有助于我方向汉冶萍伸展势力和确保权益。故望不逸时机，设法促其实现"①。至于萍乡至株洲铁路借款，"不论时局发展结果如何，均足以成为我国向湖南省扶植势力、权利之确实依据"，和前借款一起"均请极力设法促其早日实现"。②恰巧，盛宣怀 10 月下旬被革职，避居大连。伊集院认为，"盛宣怀避居大连，将为我方关于汉冶萍问题之策划带来甚大便宜"。③当时日人高木陆郎跟随盛。盛抵大连后，正金银行指派小田切万寿之助和盛继续谈判借款事宜。这一借款谈判是日本支持清朝政府的组成部分。当时盛借款的目的，犹如伊集院公使所猜测："不外乎想借此获得我方对保护汉阳铁政局作出确实保证；同时想乘此清廷急于筹措军费而穷极无策之际，通过此次借款，以维系摄政王等对其本人之信赖。"④可见，这笔借款不是提供给革命党人的。

可是，到 1912 年情况就发生了变化。孙中山抵沪后，通过宫崎滔天向三井借款。日本政府早已同意三井财阀对南方革命党人的"援助"。三井财阀指派常务理事山本条太郎，和内田外相、西园寺首相及八幡制铁所所长中村等商议拟定如下计划：借革命党人急需军火和借款之机，由日中合办汉冶萍公司，公司总资本为三千万日元，日中各出一半，但日方已贷款投资一千多万元，故只出五百万日元。其中一部分以现款贷给南京政府，其余由三井物产提供军火。这一计划反映了日本吞并汉冶萍公司的贪婪野心。此时，南京政府财政极为困难。黄兴于 1 月 26 日致电盛宣怀："兹

① 《日本外交文书——清国事变（辛亥革命）》，第 142~143 页。
② 《日本外交文书——清国事变（辛亥革命）》，第 143 页。
③ 《日本外交文书——清国事变（辛亥革命）》，第 146 页。
④ 《日本外交文书——清国事变（辛亥革命）》，第 142 页。

已电授全权于三井洋行直接与执事交涉，请勿观望，即日将借款办妥，庶公私两益，否则民国政府对于执事之财产将发没收命令也。"[1]在黄兴的催促之下，1月29日盛宣怀、李维格和正金银行的小田切万寿之助在神户草签《汉冶萍公司中日"合办"草约》。其第一条规定："改汉冶萍煤铁厂矿有限公司之组织为华日合办有限公司。"[2]可是该公司股董会3月22日投票否决这一合同。于是盛宣怀第二天致函小田切万寿之助，通知"该草合同自应取消"[3]。日本吞并汉冶萍的野心，由于股东的反对而未能实现。

但日本窥伺时机，1913年12月和袁世凯的北洋政府签订了一千五百万元的贷款协定，其条件是该公司聘请日人为最高技术顾问和财政顾问。这样，日本终于攫取了控制汉冶萍技术和财政的大权。

变中不变的、反复出现的便是本质，是规律性的东西。我们从日本对汉冶萍公司的贷款活动中看出，虽然跟它交涉的对象有变化，但贯串始终的是扩大在该公司中的权益，甚至要吞并它。这便说明，日本在辛亥革命时期，不管是清廷、南京政府，还是北洋政府，只要能扩大权益，扩大侵略，就跟它打交道，就向它提供借款。这再次说明，辛亥革命时期日本对华政策的根本目的是维护和扩大权益。

列宁说："自由竞争占完全的统治地位的旧资本主义的特征是商品输出。垄断占统治地位的现代资本主义的特征是资本输出。"[4]日本三井财阀等对南方临时政府的贷款，实质上是垄断资本的资本输出。资本输出的目的是剥削中国人民的血汗，扩大在

---

[1] 陈旭麓等主编：《盛宣怀档案资料选辑之一——辛亥革命前后》，上海人民出版社1979年版，第235页。

[2] 陈旭麓等主编：《盛宣怀档案资料选辑之一——辛亥革命前后》，上海人民出版社1979年版，第240页。

[3] 陈旭麓等主编：《盛宣怀档案资料选辑之一——辛亥革命前后》，上海人民出版社1979年版，第261页。

[4] 列宁：《帝国主义是资本主义的最高阶段》，《列宁全集》第22卷，第232页。

中国的权益。在对南方的贷款活动中最活跃的是三井财阀。这有其原因。三井财阀 1910 年派尾崎敬义和松元势藏到中国考察一年。尾崎回国后写了《对华投资论》。他在书中献策说："从列强的立场来说，如想在中国获得相当的势力和发言权，除贷款之外绝没有其他手段。换句话说，对当前的中国予以贷款，不是拿钱储蓄的单纯目的，贷款是手段，其首要目的在于获得利权。"[①]尾崎的这一献策，成为辛亥革命时期三井财阀向南方贷款扩张的理论基础。益田孝也公然地鼓噪："如果（辛亥）革命获得成功，三井即日本则一手攫取扬子江沿岸一带的利权。"[②]这不打自招了日本提供贷款的目的是在南方攫取和扩大权益。

日本对以蓝天蔚为首的北伐军的态度又是怎样？

南京政府成立后，组织北伐军，拟从陆海两路攻打清廷。1912年 1 月 16 日，以蓝天蔚为首的北伐军乘船驶抵山东半岛的芝罘。这支部队将配合南京方面的军事活动，拟在渤海湾登陆，从清廷的背后猛击摇摇欲坠的清朝统治。这是推翻清朝统治的一项重要军事措施，日本陆军的太田大佐等六名军官直接参加了此次行动。

蓝天蔚抵达芝罘的第二天，以关外民军都督的名义，照会大岛关东都督，说明北伐军的来意，并称："切望贵国确保南满铁路之中立，对于民军及清军均应一律同等对待。"[③]对此，大岛都督曾表示同感。但内田外相数次电训大岛都督和落合奉天总领事："不能允许革命军在中立地带以内登陆"[④]，"北伐军在租借地及中立地带以外之其他地带登陆时，我方可采取旁观之态度"[⑤]。日本采取此种态度的目的是维护其在辽东半岛和满铁沿线地带的既得利益。这虽然限制了该军在渤海湾的军事行动，但毕竟不是赤裸

---

① 曾村保信：前揭书，第 146 页。
② 山本四郎：前揭论文，见《史林》1966 年第 49 卷第 1 期，第 48 页。
③《日本外交文书——清国事变（辛亥革命）》，第 294 页。
④《日本外交文书——清国事变（辛亥革命）》，第 301~302 页。
⑤《日本外交文书——清国事变（辛亥革命）》，第 301 页。

裸的武装干涉。

　　2月1日至4日，北伐军果然在关东租借地北端的高丽城和碧流河地带登陆，并和清军发生武装冲突。清政府外务部的曹汝霖前来日本公使馆要求：一、阻止该军登陆；二、如已登陆，利用日本管辖之铁路运送清军增援该地。对此，伊集院公使答道，北伐军未在中立地带登陆，传言有误，并且表示"如果为对抗革命军而经我铁路运送军队，则无论如何不能承诺"[①]，当即拒绝了曹运兵的要求。这对北伐军是有利的。但内田外相和大岛都督数次要求北伐军尽速退出中立地带。于是，北伐军退到辽西。3月9日，外务省次官石井菊次郎又训电："蓝天蔚在我国势力范围以外之辽西地区登陆时，我国方针是不加干涉。"[②]

　　日本为什么此时对北伐军采取这种限制但不压制的微妙政策？是仅仅为维护其在关东州和满铁的既得权益吗？不是的。此时正是清王朝即将崩溃的前夜，东北局势也将发生新的变化。此刻北伐军在辽宁一带的军事活动势必促进这一变化。因此，日本是想从这一局势的变化中，浑水摸鱼，从中渔利。2月2日内田外相致落合奉天总领事的训电就说明此点。他指令落合："近来满洲形势已经发生变化……尤其满洲朝廷之让步，已成为大势之所必然；且今后赵总督等人态度如何变化，一时亦难预料。基于上述情况，此际，对革命党施加压力，究应保持何种分寸，亦须慎重考虑。如果革命党势力日益壮大，即使满洲秩序一时发生紊乱，亦未尝不可能因此而造成我国对满洲政策待以向前推进一步之契机。"[③]日本是从这种目的出发，根据形势的发展，见风使舵，对革命党和北伐军采取灵活的、微妙的政策，以便利用北伐军的力量来推进它的满蒙政策。

①《日本外交文书——清国事变（辛亥革命）》，第398页。
②《日本外交文书——清国事变（辛亥革命）》，第213页。
③《日本外交文书——清国事变（辛亥革命）》，第312页。

从以上所述中看出，日本对北伐军的政策是：一、不许它"侵犯"其在辽东半岛和南满的权益；二、不公然镇压；三、妄图借北伐军推进其满蒙政策。

1913 年由于袁的反攻倒算，又爆发了二次革命。那时南方革命党人为筹集二次革命的资金，暗中争取日本的贷款。5 月 17 日，黄兴在上海会见日本东亚兴业公司的白岩龙乎，探询日方对南方革命党人的意向。当时黄兴以南昌—萍乡铁路贷款之名，向他借一千万日元贷款。白岩把此意报告大仓洋行的门野重九郎。门野也倾向借这笔款。他们借款的目的，依然是扩大在江南的权益，白岩就在致门野的报告中写道："此时对孙逸仙、黄兴等多少表示同情，以便促进我们对南方的经济政策，同时确立我国政府大方针——在江西建立根本政策的难得机会。"[1]当时，涩泽荣一希图建立日中合营的中国兴业公司，和孙中山进行交涉。三井物产公司的森恪趁革命党人急需贷款和军火之机，以一两千万日元和两个师的武器装备为交换，妄图割让中国东北。[2]

二次革命时期陆军的一些军官也主张"支持"南方。日本驻华公使馆武官青木宣纯建议陆军大臣上原勇作："从我国将来的立场"来考虑，"把同情寄于南方为上策"。[3]关东都督府参谋长福田雅太郎也主张"声援"南方。他们之所以"支持"南方，正如日本华中派遣军司令官与仓喜平大佐所说，"北军（指北洋军队——笔者）之胜利，今后必定对日本政策带来坏影响"。[4]陆军的这些人从反袁的目的出发主张"援助"南方，以"援助"南方革命党人来牵制亲英、美的袁政权。

可是，日本政府没有采纳他们的意见。其原因是：第一，二次革命不到两个月就被袁军镇压，革命被镇压后再"援助"南方

---

① 白井胜美：前揭书，第 33 页。
② 山浦贯一编：《森恪》，森恪传记编辑委员会 1940 年版，第 402～406 页。
③ 北冈伸一：前揭书，第 99 页。
④ 北冈伸一：前揭书，第 99 页。

不会有什么希望。第二，英、美等主要列强表面上虽然采取静观态度，但暗中支持袁讨南，而且怀疑日本在南方挑动革命党人挑起二次革命。因此英国驻华代理公使阿尔斯顿要求发表以五国银行团名义谴责革命党人的共同声明，以便捆住日本手脚。第三，北洋政府极力反对日本"援助"南方，5月4日总统府秘书长梁士诒提醒伊集院公使叫日本浪人不要参与革命党人的活动。而且日本也不敢公然开罪袁世凯。因此，二次革命失败后，日本政府设法阻挠孙中山、黄兴等到日本继续从事革命活动。

二次革命时期日本对南方革命党人的政策，和1912年前后时期相比发生了新的变化。日本政府虽然没有"支持"南方，但也没有压南方革命党人。可是，对袁世凯，如前所述，却采取了强硬政策，迫使他向日本低头"认罪"。相比之下，日本对南北双方的政策确实不一样。

日本对南方革命党人的态度和英、美相比较有何区别？英、美全力支持北方的袁世凯，因此对南方的态度非常冷淡，甚至通过袁世凯绞杀南方革命。英国在南方的权益，占其在华权益的四分之三，而日本只占其在华权益的十分之三。按经济基础来说，英理应"支持"南方，以便维护南方权益。可是英国却没有那样做。其原因，除袁是"最强大的人"之外，英认为孙与大陆浪人关系密切，是亲日的，因此对他无好感，甚至认为他是"没用的政治家"。[①]因此，10月下旬，孙中山从美国回国途中经由伦敦，要求英政府向南方革命党人提供一百万英镑贷款时，英国断然拒绝了孙中山的要求。[②]12月下旬，孙中山抵香港时，英国政府虽然解除了不许孙中山进港的禁令，但只许他经由香港，不准停留。因此，孙中山本人也对英国没有好感。

美国对南方革命党人的态度，和英国大致相同。美国对孙中

---

① 彼得·洛：前揭书，第59页。
② 彼得·洛：前揭书，第68页。

山和革命党人颇有看法。美国驻华公使在 1912 年 1 月 16 日致国务卿的电报中谈道，孙中山不具有代表性，不能控制局势，不能支配清朝被推翻后崛起的相互矛盾的各种势力①，因此，不主张支持孙中山和南方革命党人。

英、美虽然不像日本那样，一开始就不想出兵压南方革命党人，但对南方的总的态度显然和日本不相同。此种不同态度，一是来自于对袁的不同态度，二是日、英、美在中国的争夺。由于争夺，两者对南方革命党人不可能采取完全相同的政策。不同政策的实质是争夺，争夺的不外乎是权益。可见，日、英、美对南方革命党人的不同态度和不同政策的实质依然在于权益，这是两者的不同政策所反映的共同之点。这就是说，政策即手段虽不同，但目的却是一样的。

在辛亥革命中，革命党人和日本大陆浪人交往密切，不少浪人亲身参加革命活动。孙中山和革命党人曾经把他们看作热心赞助中国革命的日本志士。他们人数虽不多，但活动能量很大。

如前所述，头山满、内田良平、小川平吉等发起组织有邻会，在东京曲町区内的旭馆设办公室，一面与在北京的平山周、武汉的末永节取得联系，搜集革命情报，一面派北辉次郎、新藤幸七郎、宫崎滔天等来中国参加革命活动。

当时，日人寺尾亨、副岛义一应黎元洪的邀请，在革命政府中任法律顾问，内田良平任南京政府的外交顾问，直接参与了辛亥革命的政治、外交活动。

民间人士梅屋庄吉等人，筹集巨款，供给革命党人，并替南京政府印刷纸币。在武汉地区，萱野长知等二十余人，直接参与革命军对清军的战斗，有的甚至流血牺牲。牛丸友佐等带领医疗队，在战场上做战地救护。

---

① 《美国对外关系文件》1912 年，第 62 页。

　　萱野长知为牵制清军的南下，派一些浪人北上，和北京的平山周等一起，以天津租借地为据点，协助北方革命党人白逾桓，搞刺袁的恐怖活动，和川岛浪速一起准备了一支武装。

　　在山东芝罘，浪人末永节和三菱的上海支店长中岛久万吉联系，以提供山东渔业权为条件，借一笔贷款给以蓝天蔚为首的北伐军，这些浪人，从表面上看都是声援辛亥革命，在革命中的表现也似乎都是一样。但是同一个现象中却包含着两种不同的动机。因此，我们把日本大陆浪人大致可分为两种：第一种是民权派浪人，第二种是玄洋社、黑龙会系统的浪人。

　　民权派浪人人数较少，其代表人物是宫崎滔天。他是在其兄宫崎民藏的自由民权思想影响下，要在中国的大地上实现在日本未能实现的自由民权理想。他希望以革命胜利的中国为据点，变革"弱肉强食的现状"，进而实现世界革命。他认为，"人类皆为同胞"，"世界是一家"，"使中国成为理想的国家，以其力量号召宇内，道化万邦"。[①]宫崎是希图实现大同世界的浪漫主义思想家，富有政治理想。他的民权主义思想与孙中山和革命党人争取资产阶级民主自由的理想是一致的。因此，宫崎滔天等民权派浪人是革命党人的战友，诚心赞助中国资产阶级革命，是中国人民的朋友。此种浪人和后一种浪人的明显区别是不提满蒙问题。宫崎滔天虽然在革命党人和财阀间起过穿针引线的作用，但他和内田良平等不同，不是为吞并满蒙，而是解决革命党人的困难。后来，他也不参与财阀的贷款活动，和内田良平等人的关系也逐渐疏远。在纪念辛亥革命七十周年之际，我们怀念曾为中国革命献身的这些浪人，衷心感谢他们的声援和支持。

　　头山满、内田良平等是属于玄洋社、黑龙会系统的第二种浪人，是以"帮助"革命为代价，妄图吞并满蒙。这些浪人曾反对

---

① 宫崎龙介、小野川秀美编：《宫崎滔天全集》第3卷，平凡社1972年版，第253页。

南北议和，反对迁都北京，反对孙中山北上，似乎比革命党人更为"革命"。这是因为他们反对袁世凯，反对袁世凯背后的英美。他们即使"赞助"革命，但其目的是鲸吞满蒙。1912年春天，头山满路经东北回日本时，他看到东北平原，情不自禁地喊出："多么辽阔啊！这儿应由日本掌握治理，中国是治理不好的。"[①]一语道破他对东北的贪婪心理。

他们不仅要鲸吞满蒙，还鼓动财阀侵入中国南方。内田良平1912年2月在《太阳》杂志上的一篇文章中鼓噪："日本吞并满洲，将给我国带来多大利益，这点暂且不提，满洲的山间荒芜之地较多，人民几乎都是忘恩负义之徒……中国幅员辽阔，我们不必固定在满洲这一局部地区。如放眼南方，那里则有无限的天然资源和事业"[②]，大肆渲染侵入南方的重要性。过去日本财阀注重东北，对南方的关心不如北方。浪人的这一宣传鼓动使财阀把经济侵略的矛头从北方又转向南方。这便是这些浪人在辛亥革命中所起的又一种作用。

曾在孙中山身边任秘书的池亨吉，何许人也？他是亲中义会（也叫振中义会）的成员。该会成员中有好几名陆军和海军的预备役军官，还有东京赤坂警察署长本堂平四郎。该会从政府领取活动经费，向外务省政务局提供情报，如今在外务省的档案中还能找到他们所提供的情报材料。日本的一些学者甚至怀疑本堂警察署长亲自到南方搜集过情报。该会还委派太田陆军大佐等七名军官参加北伐军，妄图掌握北伐军的实权。该会成员曾在革命党内部挑拨离间，进行阴谋活动。由此可想池亨吉是什么人。[③]

我们对大陆浪人不能一概而论，对具体人应做具体分析。如前所述，曾经"声援"革命，反对出兵干涉的一部分浪人，在二

---

① 宫崎龙介、小野川秀美编：前揭书第2卷，第650页。
② 曾村保信：前揭书，第141～142页。
③ 宫崎龙介、小野川秀美编：前揭书第2卷，第639页。

次革命尤其是在汉口、兖州、南京事件之后，猖狂主张出兵占领中国，显现出他们的本来面目。其中尤为突出的是内田良平。他在 1913 年 6 月写的《对支那案》中，完全否认中国民主革命的可能性，大肆攻击和诬蔑革命党人，把希望寄托于宗社党人。7 月26 日，他建议山本首相，如果政府私下默许，他们就和宗社党人协作，实现满蒙独立。他在 10 月 1 日写成的《支那观》一文中，诬称汉族"是彻底的利己主义民族"，把中国人比喻为犹太人。[①]更为可憎的是，他认为："中国国民事实上都是欺软怕硬的，一旦遇到强者，就说'没法子'，屈服于（强者），因此应以强硬手段压服他们。"[②]

孙中山和革命党人由于时代、阶级、革命战略的局限，未能认清他们的本性，认他们为友，和他们共事。这无疑是革命党人的弱点，也是孙中山的革命战略。

## 四、日本对满蒙的政策

辛亥革命时期日本的对华政策是 19 世纪 90 年代以来其大陆政策的继续和发展。通过中日甲午战争和日俄战争，日攫取辽东半岛，建立了以"满铁"为中心的殖民权益。尔后以此作为跳板，继续扩大侵略，进一步推进其大陆政策。20 世纪前期日本大陆政策的核心是满蒙，先要割取满蒙，然后想吞并整个中国。

日俄战争后，日本对满蒙的政策是维护和扩大在《朴次茅斯条约》和《中日会议东三省事宜正约》中攫取的殖民权益，进而吞并满蒙。1911 年 10 月 24 日，日本政府《关于对清政策问题的内阁会议决议》就清楚地道出了日本对满蒙的这一野心："在满洲，延长租借地之租借期限，决定有关铁路之诸问题。进而确立帝国在该地区之地位，以求满洲问题之根本解决。为此，帝国政府必

---

① 黑龙俱乐部编：前揭书，第 538 页。
② 黑龙俱乐部编：前揭书，第 544 页。

须经常策划，不遗余力；一旦有机可乘，自应加以利用，采取果断手段，实现上述目的。"[1]该决议接着又写道："至于满洲问题之根本解决，要俟其机会最有利于我，且条件充分之时，方始而实施，此为得策。"[2]因此，辛亥革命初期，日本静观形势，维护满蒙的现状，等待时机。到1912年初，中国局势发生急剧变化，统治中国两千余年的封建王朝即将崩溃。日本认为，这是"最为有利""且条件充分之时"，要动手解决满蒙问题。

辛亥革命时期日本的满蒙政策由三个方面组成：一是武力占领；二是掀起"满蒙独立运动"；三是勾结沙俄，进一步瓜分满蒙。这三个方面相互促进，成为一个政策的三个方面。下面就此三个方面，分别进行论述。

如前所述，满蒙政策与日本的反袁是有密切关系的。日本一直反对袁上台执政。但经南北议和，袁即将窃取革命果实，当上民国临时大总统。袁的上台必将进一步限制日本在满蒙的扩张。于是日本在袁上台之前，想用武力解决满蒙问题。山县有朋于1912年1月14日向陆军大臣石本新六建议：派遣一至两个师占领满蒙。他认为"现在是出兵满洲的适当时机"[3]。根据此建议，陆军省军务局局长田中义一拟派第十二师出师。但这一计划，如前所述，在国内遭到内阁、议会的反对，在国外受到列强的牵制。德国代理外交大臣亚米兹曼于1月31日对日本驻德大使杉村暗示："倘若日本国政府在此时对清国采取单独行动，德国政府则万难同意。"[4]美国《纽约时报》也在2月4日发表《中国与列强》一文，警告日本不许单独出兵。日本在众目睽睽之下，不敢出兵占领。对此，山县极为恼火，说："失去千载一遇之机会，实为国

---

① 《日本外交文书——清国事变（辛亥革命）》，第50页。
② 《日本外交文书——清国事变（辛亥革命）》，第51页。
③ 内田康哉传记编纂委员会、鹿岛研究所出版会编：《内田康哉》，第181页。
④ 《日本外交文书——清国事变（辛亥革命）》，第530页。

痛愤不堪。"①

在武力占领满蒙的阴谋未能得逞后，日本采取双管齐下的政策，即一面唆使大陆浪人掀起第一次"满蒙独立运动"，一面勾结沙俄进一步瓜分满蒙。

第一次"满蒙独立运动"是在清朝政府即将崩溃之际，日本大陆浪人川岛浪速等人在陆军参谋本部和政府的支持下，要挟满蒙亲贵以"独立"为名出卖满蒙，而日本借机吞并为己有。这一运动与日本的反袁有密切关系。1911年10月袁出山掌管清廷军政大权时，日本利用满蒙亲贵反对袁。当时，驻清公使伊集院和公使馆武官青木少将以及浪人川岛浪速暗中支持和鼓励陆军大臣铁良和良弼，推翻袁的责任内阁，妄图建立以铁良为中心的君主立宪内阁。因此，当时在社会上也流传袁将辞去总理大臣之职的流言。1912年1月26日，汪精卫等在北京唆使彭家珍炸死坚决主张君主立宪的良弼。恰巧此时正是袁为当总统逼宫退位之际。这两件事的巧合，使满蒙亲贵胆战心惊，感到大势已去，清廷难保，只好丢掉王冠，四处逃命。趁此机会，大陆浪人川岛浪速等人在日本政府、陆军参谋本部及朝鲜总督寺内正毅等人的纵容和支持下，掀起第一次"满蒙独立运动"。

川岛浪速是大陆浪人，曾被清朝政府任命为北京警务厅总监督，终日与清廷亲贵交游，和肃亲王善耆结拜为把兄弟。肃亲王曾主张黄种人同盟论，迎合了大陆浪人的大亚细亚主义。因此，他便成为日本拉拢的对象。川岛于2月2日在北京守备队队长菊池武夫的掩护下，唆使陆军军官宫内少佐等五人劫持肃亲王逃出北京城，路经秦皇岛，抵达旅顺。抵达旅顺后，日本外务省和陆军、海军省分别指示关东都督大岛对他严加保护，并予以优厚的待遇。

---

① 山本四郎：《辛亥革命与日本的动向》，《史林》1966年第49卷第1期，第45～46页。

日本搞"满蒙独立运动"的目的是在"独立"的美名下独吞它为日本的殖民地。日本和肃亲王7月23日订立的《誓盟书》就说明此点。《誓盟书》共有六条："第一条，南满铁路、安奉铁路、抚顺煤矿、关东州、旅顺、大连一带，日本所得权利等件，以后展为长期，以至永久。第二条，吉长铁路、吉会铁路，其他将来于满蒙布设一切铁路，均俟独立之复兴，经与大日本国政府协商，可从其如何办法。第三条，鸭绿江森林，其他森林、渔业、开垦、畜牧、盐务、矿山之事业，均协商以为两国合办。第四条，于满蒙地方，应允日本人之杂居事宜及一切起业。第五条，外交、财政、军事、警察、交通及其他一切行政皆求大日本国政府之指导。第六条，以上所订之外，如大日本国政府有如协商之件，统求指示，定当竭诚办理。"[①]

另外，川岛又唆使松井清助大尉和木村直人大尉等陆军军官，把内蒙古喀喇沁王贡桑诺尔布和巴林王带出北京，在内蒙古举事闹"独立"。喀喇沁王以卓索图盟五旗内所有矿山为抵押，向川岛借二十万日元，以便筹集举兵闹"独立"之经费。和川岛一起搞"满蒙独立运动"的高山公通大佐立即致电福岛参谋次长，希望陆军和政府予以帮助。他在电文中写道："目前，在蒙古掌握各种权利之时机已到，故谓余上述二十万元外另寄五万元来备用。此次所贷款，大部分将使其用于举兵。"[②]内田外相接到高山大佐的电报后，喜出望外。2月2日训电伊集院公使："帝国政府鉴于内蒙古东部与南满洲之间的密切关联，若能在该地区建立某种利权关系，在万一时可能对我国有利。"[③]17日他又训电伊集院公使："我方所以提供此项借款，目的在于为将来留下地步，故利息不必过

①　曾村保信：《辛亥革命与日本》，日本国际政治学会编：《日本外交史研究——日中关系之展开》，有斐阁1961年版，第50～51页。
②《日本外交文书——清国事变（辛亥革命）》，第367页。
③《日本外交文书——清国事变（辛亥革命）》，第367页。

重，而以延长期限以收羁縻之效力为上。"①并指示他多加过问此事。结果，由大仓洋行出面，和喀喇沁王订立了借款九万日元的合同。但其全部款项"由政府支付，其发生之权利、义务亦均由政府承担"②。他们以此贷款购买日本军火，通过大连、公主岭，运往内蒙古境内，但途中被东北当局截获，发生了武装冲突。这样，暗中搞的"满蒙独立运动"，败露在光天化日之下。于是外务省和陆军参谋本部相继指令川岛浪速及高山公通停止活动。

　　在内蒙古举兵的阴谋虽然未能得逞，可是川岛浪速和喀喇沁王于 1912 年 1 月 29 日订立的十条契约却表明了日本吞并内蒙古为殖民地的野心。该契约写道：联合内蒙古成立统一团体；川岛推举喀喇沁王为首领，而喀喇沁王任川岛为总顾问，一切文武事宜都与川岛商量决定；未经日本允准，不得与俄国往来。③

　　以上事实说明，第一次"满蒙独立运动"是日本建立伪满洲国的第一次尝试，妄图在辛亥革命时期建立伪满政权。同时，"满蒙独立运动"以具体事实揭露了大陆浪人和政府、军部的内在关系。后来，内田良平等也勾结宗社党人，妄图掀起新的"满蒙独立运动"。这便显现了他们为日本帝国主义侵略充当别动队的原形。

　　日本在搞"满蒙独立运动"的同时，通过外交途径，勾结沙俄，进一步瓜分满蒙。满蒙历来是日俄两国的角逐之地。在日俄战争中，日本打败俄国，从俄国手中掠取了辽东半岛和南满铁路，迈出独吞满蒙的第一步。日俄战争后，由于美英的争夺，1907 年 7 月和 1910 年 7 月，日俄两国前后订立两次秘密协约，划分在满蒙的势力范围。辛亥革命爆发后，两国都以为这是扩大在满蒙权益的良机。10 月 23 日，俄国外交大臣沙查诺夫召见日本驻俄大使本野一郎，探询日本对进一步瓜分满蒙的意向。他说："根据

①《日本外交文书——清国事变（辛亥革命）》，第 269 页。
②《日本外交文书——清国事变（辛亥革命）》，第 372 页。
③ 黑龙会编：前揭书中卷，第 326～328 页。

1907 年及 1910 年两次秘密协约，日俄两国关于分割满洲和蒙古问题已经有设想。只要时机一到，两国即可根据 1907 年协约中规定的分界线分割满洲，并可进一步商谈如何分割蒙古的问题。"①俄国首先对外蒙虎视眈眈，唆使活佛哲布尊丹 12 月 1 日在库伦宣布外蒙的"独立"。接着，1912 年 1 月 11 日便发表公报："俄国对于蒙古具有重大利害关系，故不能无视事实上业已成立之蒙古政府；倘若蒙古与清国断绝关系，俄国政府即不得不同蒙古政府开展事务关系。"②不仅如此，俄国以外蒙为跳板，向内蒙古渗透。这样，俄国在进一步瓜分满蒙中占据了有利地位。

历来和俄国争夺满蒙的日本，不甘心落在俄国之后，立即采取行动。日本政府于 1 月 16 日拟定《关于缔结第三次日俄协约问题》之决议。决议写道："在当前清国因此次事变而使蒙古问题即将展现一新局面之际，日俄两国就内蒙古问题签订某种协定，实为最佳机宜。"③日本政府当日训电本野驻俄大使就此探询俄国之意向。18 日，本野大使面晤俄国外交大臣，转达本国训令。该大臣立即答称，对两国就此进行交涉不持异议，"随时均可接受商谈"④。这样，日本转被动为主动，并于 1 月 22 日急忙提出具体瓜分方案：

"第一，明治四十年七月三十日《日俄秘密协约》附加条款所定分界线应该加以延长。从托罗河与本初子午线东经一百二十二度交叉点以西地区起，分界线应沿乌珑楚尔河与木什画河至木什画河与哈尔达台河之分水点之处，由此地点起，再沿黑龙江省与内蒙古境界线以至于内、外蒙古境界线。

第二，以张家口至库伦间之大道为界，划内蒙古为东、西两部。以此为界，日本国政府承认俄国对该分界线以西部分之内蒙

① 《日本外交文书——清国事变（辛亥革命）》，第 501 页。
② 《日本外交文书——清国事变（辛亥革命）》，第 526 页。
③ 《日本外交文书——清国事变（辛亥革命）》，第 287 页。
④ 《日本外交文书》第 45 卷第 1 册，第 50 页。

古享有特殊利益；俄国政府承认日本国对该分界线以东部分之内蒙古享有特殊利益。两缔约国约定，互不进行任何可能损伤对方特殊利益之干涉行动。"①

由此提案中看出，关于延长瓜分东北分界线的第一条，使日俄两国都能从中获得同等权益，双方没有多大矛盾。但第二条却触犯了俄国在内蒙古的权益。以张家口到库伦间之大道为界瓜分内蒙古，其东西面积虽然大体相同，但经济价值却大不相同。因此，俄国外交大臣说："属于俄国势力范围之地域，概系不毛之地，对于俄国毫无实际价值，而连接北京至库伦间交通要道沿线地域，对于俄国最为重要。故以此通道为界划分两国势力范围，俄国方面无论如何不能同意。"②接着2月20日，俄国外交大臣向本野大使提交一份备忘录，驳回日本的提案。备忘录写道："日本国所提协约草案，对于俄国来说，实际上切断了俄国向两个世纪以来即保有最重要利益的直隶省方面连接的途径。其结果，将使内蒙古境内俄国与日本国至少应享有同等程度之利害关系的部分，编入日本国的势力范围。"③因此，俄国拒不接受日本的提案，要求日本退让。

在俄国的强硬态度面前，日本不能不退让。4月2日，日本政府答复俄国政府："将内蒙古分界线设定于上述通商要路以东之地。"④俄国借此就提出："以通过北京之经度作为日、俄两国势力范围分界线最为公平。如此划界，则内蒙古境内与南满铁路关系较深的部分将全部归入日本国势力范围，而连接库伦—张家口间的几条通路将归入俄国势力范围"，并且趁机要求日本承认俄国在中国西部享有特权。⑤这是趁火打劫，妄图在清朝崩溃之际，进一

---

① 《日本外交文书》第45卷第1册，第56～57页。
② 《日本外交文书》第45卷第1册，第70页。
③ 《日本外交文书》第45卷第1册，第72页。
④ 《日本外交文书》第45卷第1册，第74页。
⑤ 《日本外交文书》第45卷第1册，第78页。

步扩大在中国西部的权益。对此，内田外相于 5 月 10 日答复俄国：
"在协约条文内公然承认俄国在西部中国享有特殊利益，则帝国政
府无论如何不能同意。"①俄国外交大臣依然坚持己见，只是改变
手法，妄图"以交换秘密文件形式加以规定"②。但日方不仅不同
意，而且以恫吓的口吻说："如果俄国政府坚持此种主张，帝国政
府即不得不中止此项协约谈判。"③于是俄国不得不收回要求日本
承认其在中国西部享有特权的提议。这一过程说明了日俄在瓜分
内蒙古中的激烈争夺。

日俄瞒着其他列强秘密瓜分了满蒙。但纸包不住火，消息泄
露在外。美国、德国等 5 月中旬分别向日本提出警告，反对日俄
对满蒙的进一步瓜分。可是，日俄两国不顾其他列强的反对，1912
年 7 月 8 日签订第三次《日俄秘密协约》，进一步瓜分了满蒙。这
是日俄又一次宰割中国的一桩罪状，在帝国主义侵华史上写上了
罪恶的一页。

上述满蒙政策在辛亥革命时期日本的对华政策中占据什么地
位，起什么作用？满蒙政策不仅在日本的大陆政策中占据重要地
位，而且在辛亥革命时期的对华政策中占第一位。如前所述，在
10 月 24 日内阁决议中满蒙问题尤为突出，南方问题占第二位。
日本政府、军部和大陆浪人向南方革命党人提供武器和贷款虽有
在南方扩大权益的一面，但在另一方面依然是以"援助"为代价，
割取满蒙。内田良平等大陆浪人曾直言不讳地谈过此点。因此，
辛亥革命时期日本对南方的政策，在某种意义上是其满蒙政策的
组成部分，从另一个方面补充了满蒙政策。

满蒙政策较为突出、较为集中地说明：辛亥革命时期日本的
对华政策的根本目的是维护和扩大其在华权益。满蒙政策虽有干

---

① 《日本外交文书》第 45 卷第 1 册，第 81 页。
② 《日本外交文书》第 45 卷第 1 册，第 82 页。
③ 《日本外交文书》第 45 卷第 1 册，第 82 页。

涉、破坏辛亥革命的一面，但这是次要的，而且干涉、破坏的目的依然在于扩大在满蒙的权益。

满蒙政策在日本的反袁外交中也占据一定地位。满蒙政策和日本向革命党人提供贷款、武器大体都是袁任临时大总统前后开始的。这在外交态势上自然形成对袁世凯的南北夹攻，牵制了亲英美的袁世凯。

（本文原载《纪念辛亥革命七十周年学术讨论会文集》，中华书局，1983 年）

# 南京临时政府时期的中日外交

南京临时政府是近代中国民主运动的必然产物。近代中国民主运动在历史上与日本有密不可分之关系。因此，南京临时政府也作为其运动的产物，必然与日本发生种种的关系。纪念辛亥革命七十周年时，笔者曾在《辛亥革命时期日本的对华政策》[①]一文中就此阐述过南方革命党人与日本之关系。时过十年后，又发现了若干有关的新史料。本文即是利用这些新史料，就南京临时政府的承认和南北议和问题，对南京临时政府与日本的关系做进一步之探讨。

## 一、南京临时政府的承认与日本

南京临时政府的一大课题是争取日本与欧美列强的承认。下面就以此为中心，结合各省军政府与日本关系等其他问题，阐述南京临时政府与日本政府、军部及民间的相互关系。

南京临时政府是在南方诸省军政府的基础上成立的。因此，在论及南京临时政府之前，应当先考察南方诸省军政府与日本的关系。这是后来南京临时政府与日本发生关系的序曲，南京临时政府与日本的关系是这一关系的继续和发展。

武昌起义后建立的第一个革命政权是湖北军政府。湖北军政

---

① 中华书局编辑部编：《纪念辛亥革命七十周年学术讨论会文集》，中华书局 1983 年版，第 1410～1425 页。

府筹划成立统一的中央临时政府时，希望日本承认这一政权。11月13日，湖北省都督黎元洪作为中华民国中央政府的代表向驻汉口总领事松村提出："今后与贵国交涉的事件中，凡与中华民国全局有关之事，必须都与本都督协议"，并对即将成立的统一的中央政府希望"贵国政府予以承认"①，作为承认的代价，黎元洪认可武昌起义前清朝政府与各国缔结的不平等条约及一切借款契约继续生效；但起义后各国与清政府的借款和条约，无论任何一个国家，都一概不予承认。②黎对日的这一要求和希望，一是想得到日本对新政权的支持，二是牵制日本对清政府的援助，进而在外交上孤立清政府。

以湖北省为首的南方诸省相继独立后，日本应该先承认其为交战团体，但日本却没有这样做。日本只是默认其存在，与其进行有条件的往来和交涉。11月25日，内田外相就黎的要求指示松村："在革命军事实上行使权力的情况下，与它不得不进行各种交涉；今后有必要时，与革命军进行适当交涉也可"，"如革命军主张作为交战者所拥有的权利……则我方由此不受实质性损失情况下可以默认其权利"。③默认交战者的权利，就意味着默认其为交战团体。但默认和承认则不同。按国际法，日本应该承认其为交战团体，以此保护其管辖地域内的日本权益。但日本为了维护革命军占领区内的日本权益，只是默认其存在，外交上与其往来。

内田外相25日的指示，不仅对湖北，而且在军政府成立的上海、广东等各省亦同样行之有效。在上海，王正廷、李青平等上海军政府成员与有吉明总领事往来频繁，并向其提供了筹建临时政府等内部消息及孙中山归国途中的情况。④在上海的池亨吉等日

---

① 《日本外交文书——清国事变（辛亥革命）》，第109～110页。
② 《日本外交文书——清国事变（辛亥革命）》，第109～110页。
③ 《日本外交文书——清国事变（辛亥革命）》，第111～112页。
④ 1911年12月7日驻上海总领事有吉明致内田外相电，机密第104号，日本外交史料馆藏。

人也从中联络，沪军政府与日本关系较为密切。

孙中山归国前，黄兴主持南方革命军的工作。黄兴为了加强与日本的联络，12月5日派何天炯为其代表，前往日本。[①]何抵日后，先到横滨。12月12日他到达东京，通过有邻会拜访犬养毅等几位日方要人，希望日本提供军费、武器、防寒用具等。[②]翌年1月9日，何经和田三郎介绍拜会板垣退助伯爵。何在事前，与原大藏大臣坂谷芳郎筹划成立中日合资的中华中央银行。上海等各省军政府也相继派人东渡日本，筹集资金和武器。上海都督陈其美派文梅村、吴偶赴日，与三井商议贷款和武器供应等问题。据日方记载，当时在日本有十几位南方军政府代表。为了统一行动，他们于1912年1月14日成立了相当于临时政府驻日公使馆的组织——俱乐部。[③]

黄兴等为争取日本对各军政府的支持和支援，请求曾经支持民主革命的日本老友的帮助。神户的三上丰夷是孙、黄的老友，曾帮助过他们。黄兴托他做日本上层领导人的工作。三上受黄兴的委托，12月24日特意拜访当时西园寺内阁中举足轻重的内相原敬，传达了希望支持军政府的意愿。原敬历来对革命党持与其他官员不同的态度。他说："我政府并非想排斥革命党，北京政府尚存在时与此政府交往是理所当然的，但为此而忌革命党是个误解。"[④]原敬以"非想排斥""忌革命党"等措辞来表达他对革命党、军政府的微妙态度。

那么，黄兴等南方革命党人和军政府为什么加强与日的联络，期待日方的支持和声援？武昌起义爆发后，孙中山、黄兴等革命党领导人鉴于义和团运动时以日本为首的八国联军的武力干涉及

---

① 小川平吉文书研究会编：《小川平吉关系文书》（二），三铃书房1973年版，第431页。

② 1911年12月13日《清国革命党员渡来之事》乙秘第1917号，日本外交史料馆藏。

③ 《清国革命党员关系者谈话》乙秘第1938号，日本外交史料馆藏。

④ 原奎一郎编：《原敬日记》第3卷，福村出版1965年版，第202页。

日本政府和军部对革命党人的粗暴态度，担心日本借起义之机出兵干涉。武昌起义爆发后，孙中山在欧美数次提到日本出兵干涉革命之可能性。11月初黄兴在武汉前线对日人波多野（翻译官）说："甚为担心日本对革命军之态度。"①黄兴还表示："如外国干涉，一是在湖南，一是在广东，继续抗战到底。"②这表明起义初期孙、黄并不期待于日本，相反却甚为警戒日本。但汉阳被清军攻陷后，黄对日态度发生了新的变化。清军攻打汉阳时，德国在其背后支持它，清军的新式武器多半来自德国，而且德国军事顾问在汉阳前线直接指挥清军，甚至到起义军不知道是与清军打还是与德人打的程度。这对指挥汉阳战役的黄兴刺激很大。他从汉阳退到上海后就说，"革命军的失败的最大原因是兵器不良"，极力主张"从日本购进新式兵器"。③他要求日本提供步枪2万支、野炮54门、机关枪70余挺及与其有关的弹药。④黄兴还致函日本元老井上馨，希望日本提供财政援助。⑤从此，黄兴对日态度发生变化，而这一变化又促使孙中山的对日态度也随之转变。据在上海的本庄繁少佐对陆军参谋总长的报告中说，孙中山回国后在黄兴等人的主张和热心说服下认识到：实际上不依靠日本，无论如何也没有成功的希望。⑥

　　除这一原因外，孙、黄和军政府的领导人中不少是留日学生，与日本有这样和那样的传统关系。而且武昌起义爆发后，英国等欧美列强在政治思想上虽然评价了这次革命和革命军的活动，对革命的意义也有一定的了解，但在行动上则期待于袁世凯，对革命党人和军政府毫无支持之意。但日本的军部、财界和民间的一

---

　　① 1911年11月16日驻汉口川岛第三舰队司令致斋藤海军大臣《关于清国事变警备报告要领》第18次，日本外交史料馆藏。

　　②《南京特派员情报》（甲），1911年12月23日，日本外交史料馆藏。

　　③ 1912年1月17日参谋本部《清国事变特报附录》第28号，日本外交史料馆藏。

　　④ 1912年1月17日参谋本部《清国事变特报附录》第28号，日本外交史料馆藏。

　　⑤《原敬日记》第3卷，第21页。

　　⑥ 1912年1月8日驻上海本庄繁少佐致参谋总长电，第172号，日本外交史料馆藏。

些人，为扩大在中国的权益直接和间接地支持了革命和军政府。这是孙、黄及各省军政府期待于日本的客观条件和原因。南京临时政府与日本之关系是这一主观愿望和客观条件相结合的产物，也就是说，是主客观目的矛盾的产物。两者关系的特点也即在于此。

1912 年 1 月 1 日，南京临时政府成立。这一政府对外的一大任务就是获得日本和欧美列强的承认。按国际法，承认南京临时政府是承认新政府问题，而不是承认国家问题。对新政府的承认与对新国家的承认有时是一致的，但有时又是不尽相同的。对南京临时政府的承认则是后一种情况。这是由于辛亥革命导致了政权的更迭和社会制度的变化，然而中国这一国家在国际法上的主体资格不受其影响，因此发生政府的承认而不引起国家的承认问题。

南京临时政府在争取承认问题上，在争取各列强承认的同时，尤为重视日本的态度，想把日本的承认作为突破口。正如前文所述，南京临时政府成立前，已与日本有着这样或那样的关系。因此，首先争取日本的承认，并以此来带动其他列强。

辛亥革命时期日本的对华政策，由内阁首相西园寺公望和外相内田康哉所决定，但在幕后掌握实权的是元老，尤其是山县有朋。他是这一时期推进满蒙政策的主要后台，在对华政策中起重大作用。孙、黄也认识到，想要得到日本的支持和承认，首先就要得到山县有朋的支持和承认。于是孙、黄于 1 月联名致电山县，"欲保东亚的和平，想得日本对民国的赞成"。①山县对此有何反应？因目前缺乏这方面的史料，尚不清楚。

南京临时政府设有外交部，第一任外交总长为王宠惠。外交部的首要任务也是取得列强对新政府的承认。1 月 17 日，王宠惠总长致电日本的内田外相："民国政府业已成立，为外国与我国国交的便利，为顺利履行国际间的义务，速承认我政府为上策，为

---

① 《山县有朋关系文书》，见《日本历史》1987 年 8 月号，第 88 页。

此切望予以考虑。"①这是作为临时政府外交总长正式向日本提出承认的要求。

南京临时政府还通过在临时政府工作的日本民间人士做有关承认问题的对日工作。池亨吉当时任孙中山秘书，处理与日有关的事宜，孙中山派他去日本驻南京领事馆，先向日本政府转达"对最先承认新政府的强国想提供某种重大的利权"②的意向，以便争取日本率先承认新政府。孙中山还向他表示，为了争取各国的承认，准备发表如下的宣言：

第一，在政府所在地，允许外国人经商，外国人及其公司可租借土地。

第二，将不征收阻碍商业发展的所有税收，对进口货，除规定之外，不再课税。

第三，外国商人及其公司要在其营业地登记，共和国政府对不交纳二万五千两银者不提供第一项的特权。

第四，共和国政府努力铺设铁道，尤为希望外国资本经营铁路。

第五，共和国政府努力改善货币制度。

第六，改革法律和审判制度，努力提高为废除治外法权所需的条件。

第七，对外国人也扩大同中国人一样的内地航行权。③

日本和欧美列强在华的最终目的是扩大经济权益。孙中山和临时政府抓住列强的这一心理，给它们提供一定经济特权，并创造它们在华经商有利的内部条件，来吸引它们承认共和国的新政府。

孙中山在起草这一宣言时征求副岛义一的意见，并托他调查

① 1912 年 1 月 17 日南京临时政府外交总长致内田外相电，日本防卫研究所藏。
②《日本外交文书——清国事变（辛亥革命）》，第 172 页。
③ 1912 年 1 月 21 日驻南京领事铃木致内田外相电，第 10 号，日本防卫研究所藏。

有关的情况。副岛对此宣言草案也提过忠告。[①]

　　但日本驻南京领事铃木则不然。他是想利用孙中山和临时政府要求承认的时机，扩大日本在华权益。铃木领事在立即向内田外相报告上述情况的同时还建议："此际采取何种方法来获得优先权，将会带来不少便利"，"此际想采取什么方法扩大帝国的权益，这并非全然不可能之事"。[②]铃木领事如此强调扩大日本在华权益，是与其他列强借此机会扩大在华权益进行争夺分不开的。据铃木领事致内田外相之电，英、法、美各国都以竞争的姿态争夺权益，综观当地的外国人活动，最近都在接近孙中山，这是值得注意的。[③]这就是说，各列强都想借孙中山对承认新政府者予以特殊权益的机会接近孙中山，力图扩大各自的在华权益。武昌起义以来一直支持清政府的德国也不甘落后。驻南京的德领事于1月22日访孙，并问"应该如何扫除革命军过去对德国的恶感"[④]，力图改善与革命军和南京政府的关系。孙回答道："当然为承认共和国"。[⑤]这是说承认新政府是改善关系的最好方法。铃木领事唯恐落在德国之后，再次建议内田外相"有必要对孙采取何种积极的手段"。[⑥]

　　在南京的铃木领事虽然积极，但外务省对此没有做具体的回复。当时日本基本上与英国采取协调一致的外交政策。1月11日英国驻日大使与石井外务次官会谈承认问题时，向石井转达了英国外相格雷"对承认等问题不准备予以任何答复"[⑦]的意见，并希望两国政府采取同一政策。因此，日本也不敢贸然率先承认南京

　　① 副岛义一：《我参加中国革命的抱负与经历》，见《早稻田大学讲演》1912年5月改卷纪念号，第56页。

　　②《日本外交文书——清国事变（辛亥革命）》，第128页。

　　③ 1912年1月22日驻南京领事铃木致内田外相电，第13号，日本外交史料馆藏。

　　④ 1912年1月23日驻南京领事铃木致内田外相电，第14号，日本防卫研究所藏。

　　⑤ 1912年1月23日驻南京领事铃木致内田外相电，第14号，日本防卫研究所藏。

　　⑥ 1912年1月23日驻南京领事铃木致内田外相电，第14号，日本防卫研究所藏。

　　⑦《日本外交文书——清国事变（辛亥革命）》，第545页。

临时政府。

　　但是，南京临时政府依然对日抱有希望，希望它先承认。临时政府副总统黎元洪2月3日派特使，向驻汉口的松村总领事表示，希望"鉴于过去的亲密交往，日本此际率先承认中华民国"①。松村本人是想承认的，他就此向内田外相建议："希望帝国政府在适当时机对此问题采取主动措施。"②孙中山也亲自出马，想争取日本的承认。2月中旬，孙中山直接与驻南京铃木领事会谈此事。在日本尚未承认南京临时政府的情况下，作为大总统与外国领事直接会谈是破格的行动。这便表明了孙对日的莫大期待。孙问铃木："内田对承认共和国的意向如何？"铃木避而不答，反问道："阁下对此究竟有何期望？"孙说，"现在共和国政府在南方掌握实权，但各国尚不承认。我认为这是由于各自相互观察对方态度的结果"，各国不应该互相猜疑。孙为打破这种局面，对铃木说美国舰队司令来访表示要承认新政府，以此促日本早日承认。③

　　南京参议院也配合孙中山和临时政府做争取承认的外交努力。2月上旬，参议院决定派宋教仁东渡日本，做日本朝野的工作。而且想通过日本做其他列强的工作。④在日本，内田良平等黑龙会系统的浪人和有邻会负责人小川平吉（政友会议员）等对宋教仁访日颇为关注。其原因之一是他们对宋的评价较高。小川认为，宋是"第一次革命（指辛亥革命——笔者）中极为重要的功臣……国民党中第一位的人物"，并于2月2日在上海两人彻夜畅谈天下大势，还约定今后缔结中日同盟。他回国后致电宋："承认时期到来之前来日，便于疏通双方对各种问题的意见。政友会

---

① 1912年2月4日驻汉口总领事松村致内田外相电，第38号，日本防卫研究所藏。
② 1912年2月4日驻汉口总领事松村致内田外相电，第38号，日本防卫研究所藏。
③ 以上引文均见1912年2月14日驻南京领事铃木致内田外相电，机密第13号，日本外交史料馆藏。
④ 1912年2月4日驻南京领事铃木致内田外相电，第38号，日本外交史料馆藏。

自不待言，各方面诸君也欢迎你来日。"①内田、小川等在日本朝野如何开展承认南京临时政府的活动情况，因现缺具体史料，亦无法详知。此后，他们曾数次请宋早日访日。请宋访日的目的，除了承认问题外，还有阻止孙与袁妥协，把临时大总统让给袁的意图。

日本政府虽然不承认南京临时政府，但民间的有志之士，开展了承认运动。当时属于有邻会的梅屋庄吉等，致电祝贺孙中山当选临时大总统，并决心"为贵国共和国的早日承认而努力奋斗"②。他们在东京成立"中国共和国公认期成同盟会"，1月28日在东京筑地精养轩召开共72人参加的大会，通过了促政府早日承认中华民国临时政府的决议。③在大阪，石崎酉之丞、永易三千彦等7人于1月29日发起成立中国革命政府承认期成同盟会，开展承认革命政府的运动；后通过了"希望我国政府早日承认中华民国政府"的决议。④这些运动虽然规模不大，影响也不大，但反映了日本人民对新的共和国的声援和对共和体制的向往，在近代中日关系史上是颇有其意义的。

日本民间的有志之士不仅要求承认南京临时政府，而且亲自来南京，支持和参加该政府的工作。南京临时政府1月6日宣布聘请犬养毅为政治顾问，寺尾亨、副岛义一为法律顾问，坂谷芳郎、原口要为财政顾问。此外，池亨吉作为孙中山的秘书，萱野长知作为黄兴的秘书，北一辉和北丰次郎作为宋教仁的秘书，在南京政府任职。他们主要处理对日关系问题。聘请日本人任这些要职本身即说明南京临时政府与日本关系之密切，而他们的任职又进一步促进了该政府与日本的往来。

更有意思的是早稻田大学法学博士副岛义一作为法律顾问，

---

① 《小川平吉关系文书》（二），第443页。
② 《梅屋庄吉关系文书》，小坂哲琅、主和子藏。
③ 车田让治：《国父孙文与梅屋庄吉》，六兴出版1975年版，第234页。
④ 日本辛亥革命研究会编：《辛亥革命研究》第8号，第78页。

直接参加了《中华民国临时约法》的制定工作。起草和讨论该法时，各省的一些代表主张联邦制，但他与黄兴始终坚持单一国家制，并把它规定在该法中。在国家的名称问题上，副岛主张"大汉国"或者"中国共和国"，其理由是辛亥革命是以"排满兴汉"的旗帜来进行的。但这意见未被采纳。在是否设置内阁总理大臣的问题上，副岛则倾向于法兰西共和国的政体，主张大总统下设内阁总理大臣，但参议院最后采取了美国式的总统制，设国务院。副岛虽然在一些问题上与参议院有不同的意见，但在制定《临时约法》的工作中起了一定的作用。①

南京政府的军事机关也聘请日本军人当顾问或教习。孙中山归国时说，"从英、法、美等国招聘军人"，但其后改变了这一方针，提出"军事指导将来全然必以日本为师"。在南京等各军事学堂里，不少日军官充任教习。黎元洪继续聘请寺西中佐当其军事顾问。相反，其他国家的顾问和教习则甚少。在海军中，英、法留学生较多，但南京临时政府海军部副总长汤芗铭（留法生）和参谋王时泽访问驻南京的日本领事馆，表示"临时政府将从日、英两国各聘一位顾问，根本改革海军组织"②之意，希望日方大力协助。对此海军省次长财部彪表示，"到适当时期可应允这一希望"。但海军省提出了与此相关的条件：（一）"此际让革命军充分依赖我方，并预先约定完全服从于我方指导"；（二）"在革命军海军部的要害部门配备相当数目的我方武官，万事都咨询于这一武官"；（三）"已招聘的英国武官不必排斥……但将来不再招聘他国武官"，"如不能全部实行这一条件时，不妨实施其一部分也可"。③这说明，日本海军要借机加强对南京海军的控制。

这时期南京临时政府管辖的南方各省军政府与日本的民间关

---

① 副岛义一：《我参加中国革命的抱负与经历》，见《早稻田讲演》1912 年 5 月改卷纪念号，第 46～52 页。

② 1912 年 1 月 3 日新高舰长致斋藤海军大臣电，日本防卫研究所藏。

③ 1912 年 1 月 8 日口述照会《革命军招聘我海军武官之事》，日本防卫研究所藏。

系也较密切。例如，在广东省，都督胡汉民等军政府不少要人是留日学生，因此与日本的关系比清政府时期更为密切。而且1911年12月21日孙中山归国途中在香港会见宫崎滔天等日本友人之消息传出后，这一关系得到了进一步发展。就此种情况，驻粤日本总领事濑川报告外务省说，在当地居留的日人与军政府领导人的交往比旧政府时代更密切，在商业和其他关系上当地日人比其他外国人占有更便利的地位，因此，居留在当地的日人一般都同情军政府，暗中期待其成功。[1]广东政府外交司长陈少白，1895年广州起义失败后曾流亡日本。他和留日的军务司长与广东三井洋行关系密切，粤军的武器都是经三井洋行从日本进口的。广东政府财政司也与台湾银行往来密切。广东革命军与日本的关系也颇密切。该军的师长、旅长、参谋长等都是留日学生。广东讲武学堂教习细野中佐"与广东军事当局者间现在还保持着颇为密切的关系"[2]。但日本驻粤总领事馆与广东军政府没有直接的来往，有事则派官员交涉而已。濑川总领事把双方的关系限制在"不过分亲密，但又不过分疏远的程度上"[3]。湖北、湖南等省军政府也与日本保持着这样或那样的关系。

综上所述，南京临时政府在对外政策上把日本当作头一号国家，希望它从经济和军事上援助新政府，期待它首先承认新政府。而日本政府、军部和财界以各种形式提供了一些贷款和武器。与欧美列强相较，日本支持和援助了南京临时政府。但在承认的问题上，尽管孙中山和南京临时政府如此殷切希望它率先承认，但最终日本也未承认它在国际上的合法地位。其原因何在？

---

① 1912年2月5日驻粤总领事濑川浅之进致内田外相电，机密第7号，日本防卫研究所藏。

② 1912年2月5日驻粤总领事濑川浅之进致内田外相电，机密第7号，日本防卫研究所藏。

③ 1912年2月5日驻粤总领事濑川浅之进致内田外相电，机密第7号，日本防卫研究所藏。

在国际法上，一个新的政府获得其他国家的承认，应具备两个条件。一是新成立的政府有遵守国际法、国际条约的意识和能力。南京临时政府是具备了该条件的。孙中山在《对外宣言书》中承认清政府与外国缔结的不平等条约的重要原因是以此来表示南京临时政府有遵守国际条约和国际法的能力。孙中山的此种思想是一以贯之的。1906 年制定的《中国同盟会革命方略》中的"对外宣言"即表达了此种思想。1912 年的《对外宣言书》是这一思想的具体体现。孙中山为获得承认付出如此巨大的牺牲和代价，是欲以这一牺牲和代价来换取承认，从而在外交上阻止列强的出兵和干涉，保住新生的共和国。而列国如承认了南京临时政府，就意味着在国际上孤立清政府和袁世凯，阻止列强对它们的支持和援助。孙中山和南京临时政府是想以承认以往的不平等条约来求得这两个益处，即一举两得。这在当时的客观条件下也许是可能的。

承认新政府的第二个条件是"有效统治原则"，即必须在本国领土内有实际上的控制权，有效地行使政权，能行使国际法所规定的国家权利和义务。从这一条件来说，南京临时政府尚未俱全。它所管辖的地区是南方诸省，是中国领土的三分之一的地域。因此，它所行使的国家权利和义务也局限在一定的区域内，不能遍布全中国。与此相反，清政府所管辖和控制的地区要大得多，而且清政府从国际法上依然是代表中国的政权，尚未被推翻。因此，日本和欧美列强也继续保持与清政府的外交关系，不想先承认新政府。如果承认新政府就等于断绝了与清朝的外交关系，至少在时机上说承认新政府为时尚早。

新政府要获得承认的话，一定要具备和表现出政府的稳定性。但这一新政府刚刚建立，不仅其内部尚不稳，而且与清政府和袁世凯正在议和，想把总统让给袁，新政府前途未卜。这都表明这一政权尚不稳定。后来的事实也证明，由于其不稳定，只存在了

很短时间。这一不稳定因素是其未能获得承认的又一因素。因此，即使孙中山提供特殊权益，日本也不想和不会正式承认他的统治地位。

而这一时期日本的对华外交是以日英协调一致为基础的。英国始终支持北方的袁，对南京临时政府和孙中山根本不放在眼里。这有形或无形地牵制了日本对南京临时政府的外交政策。同时，袁也在英国的支持下牵制了日本对南京临时政府的承认及二者关系的进一步发展。

日本民间人士和大陆浪人虽然主张承认南京临时政府，并开展承认运动，但其规模和影响都不大，对日本政府未构成强大的外部压力。因此，都没有发挥其作用，只是表达了民意。

在承认问题上，驻在中国南方的总领事和领事多倾向于承认南京方面，想通过承认，从政治、经济上获得一些实惠。这是日本的实用主义外交思想的反映，但这时期其未占主导地位。

## 二、南北议和与日本

南京临时政府的成立，与 1911 年 12 月南北议和破裂有关。但该政府的成立，又促使破裂的南北议和以不同的形式继续进行。因此，南京临时政府的另一大课题即是南北议和问题。

孙中山归国后反对南北议和。在上海的宗方小太郎当时为日本海军军令部（指参谋部）收集孙的动向，并及时上报。据他的报告，"孙的意见是绝对排斥（南北）议和，如果列强进行武装干涉，其结果即使中国四分五裂，也在君主政体的名义下不讲和。最后达不到共和国的目的，如十年达不到，则二十年、三十年也要争取它"。[①]但孙的此种想法遭到南京方面的反对。因此，他也不得不赞成议和，并于 1 月 2 日复电袁世凯，"文不忍南北战争，

---

① 宗方小太郎自上海致海军军令部函，日本外交史料馆藏。

生灵涂炭，故于议和之举，并不反对"，"倘由君之力，不劳战争，达国民之志愿，保民族之调和，清室亦得安乐，一举数善，推功让能，自是公论"。①同日，孙又通过伍廷芳向袁表示，如袁迫使清帝退位，孙则把大总统之职位让给袁。②

对袁世凯来说，南京临时政府的成立既是对他的威胁，又是利用它来迫使清帝退位的有力武器。因此，袁对它采取了既想消灭又想利用的两面手法。袁通过梁士诒、唐绍仪、伍廷芳与孙中山秘密进行南北议和。

那么，日本对这次南北议和与孙中山让位采取了什么态度？为了说明日本就此的态度，不能不涉及英国对此问题的态度和日英的相互关系。因此，以孙与袁、日与英这四者就此问题所开展的外交活动为中心，来考察日本对此问题所采取的态度。

袁在此问题上也想得到英国的支持。袁接到孙的电报和内传消息后，于1月11日派梁士诒询问朱尔典公使：各方意见都认为目前情况下皇帝应退位，由他建立临时政府，如建临时政府列国是否予以承认？③朱尔典虽然没正面回答，但暗示支持和承认。当时日本坚持君主立宪，反对共和政体，且反对袁上台执政。因此，袁、梁和朱尔典都担心日本。12日朱尔典与日本公使伊集院密谈此事，并问了日本的意见。④伊集院没有直接表示意见。同一天，袁又找其日人军事顾问坂西利八郎，探测日本的态度。袁说，英国不再支持君主立宪，其他列国也持旁观的态度，如果这样下去清廷只好瓦解；日本声言赞成君主立宪，但在南方有影响的日人相继参与革命军的谋议；据新闻报道，日本官民似乎都赞成共和，日本国政府究竟对时局持有何想法？⑤这实际上是希望日本放弃

① 《孙中山全集》第2卷，第5页。
② 骆惠敏编：《清末民初政情内幕》（上），知识出版社1986年版，第850页。
③ 胡滨译：《英国蓝皮书有关辛亥革命资料选译》（上），中华书局1984年版，第241页。
④ 《日本外交文书——清国事变（辛亥革命）》，第543页。
⑤ 《日本外交文书——清国事变（辛亥革命）》，第543～544页。

君主立宪，支持共和制。对此，伊集院公使通过坂西对袁说："如满清朝廷瓦解则产生重大的后果，应认清此点。"①言外之意是不赞成清帝退位。但伊集院公使在对内田外相的报告中说，清帝退位是大势所趋，只是时间问题，如要抗衡这一大趋势，让清廷和袁世凯维持现状，则须有从外部用实力援助它到底的决心。②伊集院为何如此坚持君主立宪，维护清廷呢？其理由有二。一是从政治上坚持君主立宪的政体。作为君主立宪的日本，从主义上不赞成共和，赞成共和等于否定了自己万世一系的天皇体制。因此，伊集院顽固坚持己见。二是从经济上共和制对日本和列强非常不利。伊集院认为，清帝退位后中国必然失去中心，导致四分五裂，这会对日本和列国的对华贸易与经济活动带来严重的后果，而且有可能招来各列强瓜分蒙古、西藏等的争夺战。③

　　这正值南京临时政府希望日本承认该政权的时候，承认与和议的外交交涉是同步并行的。在此种情况下，如此顽固地支持君主立宪的日本，不承认南京临时政府是理所当然的。这便是日本未承认新政府的原因之一。英国是支持袁，支持共和制的。因此，英国出面做对日说服工作。1月16日，英国外交部通过驻日英国大使向内田外相传达了梁士诒和朱尔典11日会谈的内容。英大使对内田外相说，"知道日本何等强硬地反对共和政府的成立，如要建立那种政府，最为忧虑的就是这一问题。"④这就是说，日本是建立南北统一的共和政府的最大障碍，希望日本让步。对此，内田表示了何种态度尚不清楚，但驻日英大使在致格雷外相的电报中推测，"当共和国政府成立并遇到承认这一政府的问题时，日本政府脱离我国政府采取特殊态度的意向是不会有的"。⑤莫理循也

①《日本外交文书——清国事变（辛亥革命）》，第544页。
②《日本外交文书——清国事变（辛亥革命）》，第544页。
③《日本外交文书——清国事变（辛亥革命）》，第544页。
④《日本外交文书——清国事变（辛亥革命）》，第545页。
⑤《日本外交文书——清国事变（辛亥革命）》，第545页。

认为，日本为支持帝制进行干涉的可能性是没有的。①后来的事实也证明他们的此种推测是正确的。

那么，大陆浪人等民间人士对此采取了什么态度？日本政府和伊集院公使为坚持君主立宪反对共和，进而反对南北议和，但大陆浪人等民间人士则反对孙让位于袁，因此，他们也反对南北议和。两者虽然都是反对，但反对的内容则不同。孙没有将议和、让位等问题告诉在上海的头山满等日人。因此，头山满等都不知道南北议和的具体情况，更不知道孙让位问题。可是在日本的内田良平探知了此消息。他认为，如果现在把政权让给袁，则不知道老奸巨猾的袁会干些什么事情，其结果是革命的目的变成泡影，因此，此际决不应妥协②，并明确表示不赞成孙让位。这是站在南方一面的日人的共同态度和主张。内田立即派葛生能久去南京，向头山等人传达这一消息和意见。头山开始不信有此事，但事实终究是事实。头山偕宫崎滔天、萱野长知、寺尾亨从上海亲自赴宁总统府说服孙不要让位，叫袁来南京，让袁明白孙是革命的主人，然后北上。③葛生也赴宁说服宋教仁不要妥协，但宋固执己见。如前所述，内田良平等就承认南京临时政府之事请宋东渡日本的背后还有这一目的。因此，宋也未去日本。

可是，在朱尔典的支持下，袁积极推进了清帝退位、建立新政权的计划。但伊集院公使却被完全排斥在这一计划之外，消息也非常不灵。朱尔典为说服伊集院曾给他透露过袁的这一计划。但伊集院不仅仍然反对，且还认为，南北妥协而成立的"新政府自然提出强迫收回权益、修改关税、废除治外法权等问题，不难想其排外倾向，尤其排日倾向"④。因此，他依然反对经南北议和

①骆惠敏编：《清末民初政情内幕》（上），第 832 页。
②黑龙会：《东亚先觉志士记传》中卷，原书房 1966 年版，第 446 页。
③头山满翁正传编纂委员会编：《头山满翁正传》（未定稿），苇书房 1981 年版，第 247～248 页。
④《日本外交文书——清国事变（辛亥革命）》，第 602 页。

成立的新政府。伊集院建议内田外相："帝国应站稳独立的地位，以便让其他国家明白顾忌日本国之必要，并让它们感觉到抛开日本国不可能收拾时局。这会对俄国将来的行动带来好处的。"①此时日本与俄国关系较密切。伊集院是想联合俄国抗衡袁和英国所策划的南北议和及新政府的成立。两国公使经密谈一致认为："如果成立革命党所主张的那种政府，它们则采取突发性的排外措施，惹起麻烦的外交问题。当此之际，列国预先牵制此种行动，收拾时局为好。"②俄国公使甚至建议在清帝退位之际，让清朝廷退到热河，然后从其王公中另立一位，由日俄两国加以利用。③

　　1月20日前后，孙在让位问题上附加了种种条件，其对袁的态度明显地强硬起来。④如前所述，头山满等就孙中山让位的问题劝过孙，让他以南京为中心建立新政权。因此，袁和莫理循等都认为这是日人在背后唆使孙的结果。⑤而且还认为铁良、良弼等在京的反袁活动也与日本有关，因为他们都是日本陆军士官学校毕业的，袁和朱尔典认为，伊集院公使和公使馆武官青木宣纯少将在幕后指挥他们反袁。⑥因此，袁于21日召见伊集院，再次说明放弃君主立宪的理由，力图说服他，但伊集院固执己见，毫不退让。⑦

　　袁世凯在南北的反袁势力夹攻形势下，故作姿态，一时放出辞职下野之风声。这对英国是个冲击。因此，23日莫理循找日本公使馆二秘松冈洋右谈日人唆使铁良等反袁势力迫使袁下台之事，并希望英日合作，劝袁不要辞职。⑧朱尔典也于同日访伊集院

　　①《日本外交文书——清国事变（辛亥革命）》，第602页。
　　②《日本外交文书——清国事变（辛亥革命）》，第603页。
　　③《日本外交文书——清国事变（辛亥革命）》，第603页。
　　④《孙中山全集》第2卷，第26～27、30、38页。
　　⑤骆惠敏编：《清末民初政情内幕》（上），第842页。
　　⑥《日本外交文书——清国事变（辛亥革命）》，第553页。
　　⑦《日本外交文书——清国事变（辛亥革命）》，第547～551页。
　　⑧《日本外交文书——清国事变（辛亥革命）》，第553页。

谈及此事，但伊集院拒绝这一要求，说袁耍手段，力图得到外国的支持，如列国采取阻止他辞职赴津的措施，则正中他的诡计。[①]伊集院建议内田外相，此时帝国政府采取旁观态度，任其自然发展，这样也许促进帝国活动良机的到来。[②]弦外之音是袁的下台可能给日本的对华政策带来新的机会。

日本的大陆浪人非常恨袁。袁下台赴津的消息传出后，革命党人白逾桓和大陆浪人平山周、小幡虎太郎等在袁于天津站下车时想暗杀他。他们在天津站袭击了下车的"袁"，但他不是袁，而是天津道台张怀芝。这一计划未实现后，他们在中国驻屯军司令部司令官阿部贞次郎的支持下，于1月30日袭击了天津镇台衙门，但遭失败。此次袭击中，一名大陆浪人被击毙，两名被捕。

在反袁势力的夹击下，袁也不甘示弱，1月下旬，袁在反击北京王公的反袁势力，迫使清帝早日退位的同时，力图切断日本与南京临时政府的关系。2月6日，外务部的曹汝霖对伊集院公使提出：日本政府停止对南京临时政府的借款，对南北双方维持严正中立。能否得到日本的借款是孙和南京临时政府能否进行北伐，以武力完成革命的关键问题之一。有关招商局借款、沪杭铁路借款、汉冶萍公司借款、东三省借款等问题，不少论著中都有阐述，在此不再复述。这里仅谈东三省借款与南北议和的关系。

2月初，孙中山和南京临时政府面临新的抉择。一是从日本借款，继续进行北伐，武力解决清帝退位，建立共和国；二是与袁妥协，让位于袁。孙中山力争第一种选择。据2月8日森恪致益田孝之函，2月3日孙中山与森恪会谈以东三省租借换取一千万日元贷款之时，森恪问道："五日内即至八日夜钱未弄到手，就决定和议吗？"孙答："然。"森恪又问："和谈方案已完成否？"孙答："和议条件已经决定，唯发表前送参议院披露即可。"孙中

---

① 《日本外交文书——清国事变（辛亥革命）》，第555页。
② 《日本外交文书——清国事变（辛亥革命）》，第556页。

山和南京临时政府在与清廷和袁继续进行和谈的同时，又与日本交涉借款问题。据森恪2月8日致益田孝之函及2月6日下午孙致森恪电中有"与袁世凯和议延至九日为止，故此确复一千万贷款之事"之文，这就是说，9日前拿不到日本的一千万日元贷款就与袁妥协让位。但日本方面由于种种原因，未答应这笔贷款。其中一个原因是北方的袁无形中牵制了日本。在此种情况下，孙中山不得不做出了第二种选择。于是南北议和达成协议，12日清帝退位，13日孙向临时参议院辞去临时大总统之职，并推荐袁以代之。①由此推理，如日提供一千万日元贷款，孙也许不会让位。

　　孙辞职让位后，南北统一的新政府理应建在南京，袁也答应来南京就任临时大总统。对此日本和英国采取了何种态度？孙让位时袁虽答应南下就职，但他不能离开北洋军阀的巢穴北京。袁认为，孙要求他南下就职的背后有日本的唆使。2月29日他派曹汝霖去日本公使馆刺探伊集院的意见。伊集院是既反袁又反主张和的孙。因此他回答道："孙的要求在道理上甚为无理，皇帝退位后按过去的秩序，应南方派委员到北方才是合为顺序的。"②但这话也并非意味着就支持袁。他报告内田外相，袁陷入进退维谷之境地，又如往常一样，袁求列国之帮助。③

　　英国则反对袁南下，从侧面支持袁。要支持袁，又得做对日的说服工作。2月24日朱尔典对伊集院说，我已对外务部首领胡德惟说过"从已退位的南方北上是顺序"④，希望日本也支持这一意见。但伊集院没有直接回答，伊集院不支持这一意见的理由之一是，如南方人知道为实现袁的主张而别国干涉，则南方因袁乞求于别国援助而心中对袁更加不快，使他们更加反感袁，使事态

---

① 以上引文均见1912年2月8日森恪致益田孝函，三井文库藏。
② 《日本外交文书——清国事变（辛亥革命）》，第570页。
③ 《日本外交文书——清国事变（辛亥革命）》，第570页。
④ 《日本外交文书——清国事变（辛亥革命）》，第571页。

更恶化。<sup>①</sup>这似乎是为了袁，但实质上是不支持袁的一种托词。在北京，莫理循与袁的心腹蔡廷干策划了对付孙的措施。<sup>②</sup>在南京，英驻宁领事访南京临时政府外交总长王宠惠鼓吹北京首都说。<sup>③</sup>

　　南京政府继续坚持袁南下就职。2 月下旬派蔡元培、宋教仁、汪兆铭等迎袁专使北上，劝袁南下。蔡廷干预料蔡元培一行定拜访莫理循，先对莫理循做工作，让他对蔡一行说迁都南京的危险性和各国公使反对迁都之意。<sup>④</sup>而日本大陆浪人反对蔡等北上。内田良平等从回国的葛生那里听到这一消息后，又立即派葛生再赴南京，阻止他们。但葛生抵宁时，他们已北上。葛生跟踪而去，到北京见宋教仁，劝宋赴日研究对付时局的新措施。<sup>⑤</sup>3 月 1 日政友会议员小川平吉致电孙、黄和宋教仁，称日本政府业已开展了承认中华民国的运动。<sup>⑥</sup>这是阻止南方与袁妥协的一种措施。但这些都未能阻止南京临时政府与袁的妥协。

　　2 月 29 日至 3 月初，袁指使第三镇统制曹锟在北京制造所谓的"兵变"，纵火抢劫，造成混乱。紧接着通州、保定、天津也发生同类事件。其目的是阻止袁南下。那么，日本和英国对此采取了什么态度呢？从袁制造此次"兵变"的目的来看，袁是希望列强介入。3 月 2 日唐绍仪对朱尔典说："希望外交团立即开会决定采取制止北京的掠夺、杀戮的手段"。<sup>⑦</sup>朱尔典对此心领神会，认为此为"希望外国军队战领"北京。<sup>⑧</sup>当日驻京的各国公使开外交团会议，决定驻京的外国军队只在白天巡逻，并把驻京军队的人数增加到一千人。<sup>⑨</sup>3 月 3 日，八国驻京官兵七百人整队行军在北

①《日本外交文书——清国事变（辛亥革命）》，第 571 页。
②骆惠敏编：《清末民初政情内幕》（上），第 887～888 页。
③胡滨译：《英国蓝皮书有关辛亥革命资料选译》（下），第 485～487 页。
④骆惠敏编：《清末民初政情内幕》（上），第 899 页。
⑤《东亚先觉志士记传》中卷，第 450～452 页。
⑥《小川平吉关系文书》（二），第 452 页。
⑦《日本外交文书——清国事变（辛亥革命）》，第 588 页。
⑧《日本外交文书——清国事变（辛亥革命）》，第 588 页。
⑨《日本外交文书——清国事变（辛亥革命）》，第 589 页。

京主要街道，以示列强的军事威力。这并不是要用武力干涉"兵变"，而是为维护北京、华北的外国既得利益的一次军事示威。但这却给中国人，尤其给南京以八国联军卷土重来之感。当时孙中山和南京临时政府最担心外国出兵干涉。因此蔡元培等迎袁专使见到此种情形立即致电南京临时政府，"北京兵变，外人极为激昂"，"余尽可迁就，以定大局"。①其结果，南京参议院于6日允许袁在北京就职。这是对北京尤其是对列强动静的判断错误而致的。当时列强并无出兵干涉之意。

在北京的伊集院公使力图把这一兵变利用在反袁、反共和制之上，他报告内田外相说，"革命动乱后实行共和政治，如武汉事件发生以来屡次电禀的那样，在中国早晚要爆发大动乱，这是本使当初之意见。可是此次北京事变意料之外地早爆发"，而且"明确地证明和自白袁世凯没有收拾时局的实力"。②伊集院还沾沾自喜地说，"曾赞美袁世凯或讴歌共和政治的某国公使和莫理循之类现在似乎变得颇为软弱"③，以此来证明自己反袁、反共和是正确的。

伊集院想借此机大肆伸手，以武力干涉来扭转武昌起义以来处于被动地位的日本对华外交。他所采取的方针是先不出兵干涉，以便使"兵变"继续扩大，而"兵变"扩大后，再出兵干涉。为此，他建议内田外相："此际迅速干涉而过早地收拾时局，对日本的对华政策来说并非上策。宁肯牺牲一点，也把骚乱更加扩大为好。"④他希望北京"兵变"蔓延到全国，各地都发生大骚乱。因此，他在外交团会议上发表反对把外国军队重新部署在城内干涉"兵变"的意见，主张仅仅保护外国人的安全。他又建议内田外相：中国重新动乱时"就是（日本）帝国当然出动强大军队之时，从

---

① 中国史学会主编：《辛亥革命》（8），上海人民出版社1959年版，第525页。
② 《日本外交文书——清国事变（辛亥革命）》，第590页。
③ 《日本外交文书——清国事变（辛亥革命）》，第590页。
④ 《日本外交文书——清国事变（辛亥革命）》，第590页。

现在起事先做好其准备"①。可是内田外相立即与陆军商议，决定先向京津地区增派一千二百名陆军，其先遣队于 4 日抵达北京，10 日一千二百名军队从关东州调遣到天津。但此种迅速增兵却与伊集院公使的愿望相反，牵制了骚乱的扩大。因此，他又电告内田外相："在刻下微妙的时机把单纯增加军队看作为国威、国权的伸张，恐怕不能说是适合于今日机宜的见解。"②其意是不要急于派大批军队，骚乱更加扩大后再派军队干涉，以此扩大和提高日本在中国时局中的发言权和地位。但事与愿违，南京参议院于 6 日允许袁在北京就职之后，骚乱也迅速平息了下来，伊集院和内田外相所盼望的大动乱时局并未到来。这样，日本想借 3 月北京"兵变"大显身手，扭转对华外交被动局面的希望也遂成泡影。此后，伊集院公使在北京外交界更为孤立，后不得不调离回国。

　　如上所述，在北方的伊集院公使和在南方的头山满等大陆浪人都反对南北议和，但反对的内容有所侧重。前者反对的是议和后成立的统一的共和体制的政府，而后者反对的是孙让位于袁。他们反对的都是袁当权。在北方，英国和袁世凯结合成一体，积极推动以袁为中心的南北统一政权的成立，以便袁篡夺辛亥革命的成果，统治全中国。因此，双方都用种种手段做对日工作。而日本虽然反对议和、反对袁，但对与它鼎立的南京临时政府和孙中山，没有给予积极的支持和援助，以此来抗衡北方。如果日本积极地支持南京临时政府和孙中山，南北议和的结局也许发生新的变化，孙中山也不会把总统的职位让给袁。这便是辛亥革命时期日本对华外交未能取得成功的重要原因之一。而这一原因也正好反映了作为二流帝国主义的日本，不敢违背英国的意旨公然支持南方的客观现实。由此可谓南北议和不仅是孙与袁、南京与北京清政府间的谈判，也不仅是二者力量的较量，而是其背后日、

---

① 《日本外交文书——清国事变（辛亥革命）》，第 590 页。
② 《日本外交文书——清国事变（辛亥革命）》，第 594 页。

英力量的较量，而后者在一定意义上起更大的作用。袁世凯就靠英国的力量牵制日本对南京的外交，从而窃取了辛亥革命的果实。

综观这时期中日外交，具有如下的几个特点：

这时期中国分裂为北袁和南孙，而围绕分裂的中国的国际环境分裂为日本和英国。这四者既在相互对立、相互牵制，又在相互协商、相互妥协。这时期中日外交是在此种国内外关系中开展的。而这种国内外关系则决定了这时期中日外交的态势、内容及外交交涉进程和结局。

从外交态势来看，南京临时政府和孙中山、黄兴等对日外交是积极主动的，自始至终期待于日本，把日本作为头等的外交对象国，其希望日本提供支持和援助。对此，日本是消极的，甚至持反对的态度。日本虽然如此，但与英国等其他列强相比，相对来说，还是有所倾向于南京，暗中提供贷款和武器，大陆浪人和民间有识之士直接参与南京临时政府和革命军的工作。其目的，除极少数之外，都是为日本帝国在华的权益。两者的期待和支持的目的虽不相同，但客观上，可以说对南京临时政府是有好处的。而且日本大陆浪人等反对孙让位于袁，事实上是正确的。

袁与日本的外交态势是与前者完全相反。袁对日有戒心，处处防备日本，不期待、不希望于日本，而日本对袁耿耿于怀，怀恨在心，积极反对袁，甚至想暗杀袁。这两者基本上是对立，甚至敌对的态势。

孙与日、袁与日的外交态势如此不同，其原因何在？孙、袁与日本的关系，在辛亥革命前就不同，其结果必然如此。再者，这时期中日外交关系不仅仅是中日两国关系，其背后还有英国。在主义上英国对南方的共和制表示理解，甚至赞赏。但对南京临时政府和孙中山不抱有任何好感，没有提供任何支持。而日本，如上所述，与此相反。如何解释日英的此种矛盾现象？这与英国和日本在中国的争夺有关。日英在中国具有两重性的外交关系，

即一面为维护在华的殖民权益相互协同一致，共同侵略中国；但另一方面为扩大殖民权益又相互争夺。其争夺的第一个焦点即是争夺中国的握有实权的领导人。日英都认为，孙中山不具备统治中国的实力，而袁是中国唯一的强人，把希望寄托在他身上。但袁在辛亥革命前与后都倾向于英国或美国，而与日关系日益疏远。日俄战争后日本逐渐代替英国，成为侵略中国的主要国家。因此，当时当权的袁与日的矛盾加剧，袁"以夷制夷"，靠英美来与日本抗衡。这一争夺战中英国明显地处于优势，英国在辛亥革命中的外交成功也在于此。因此，英国即使政治上赞赏共和制，但外交上却支持独裁者袁；而日本政治上反对共和，但外交上却暗中支援孙中山和南京临时政府，其目的是抗衡英国，与英国争夺。日英两国间的此种相互争夺所产生的矛盾现象，又反过来影响和促进了上述的孙与日、袁与日的相互关系，并决定了两者与日本相互间的外交态势。而这种态势又进一步影响和决定了这时期中日外交的内容和外交交涉的进程及结果。

（本文原载《纪念辛亥革命八十周年国际学术讨论会文集》，中华书局，1994年）

# 二次革命时期孙中山的反袁策略与日本的关系

　　二次革命时期，孙中山所采取的反袁策略和方法，前后有过多次变化，而这一变化与日本官方的态度有着密切的关系。笔者拟根据最近在日本档案中查到的有关史料，对这一问题进行具体考察。

　　1913 年 3 月 20 日，宋教仁在上海被暗杀。袁世凯暗杀宋教仁，是反革命势力对共和制度的挑战。如何把反革命势力的总代表袁世凯从临时大总统的宝座上拉下马，便成为维护共和制度的首要任务和二次革命的直接目标，而这一时期孙中山与日本的关系也始终是围绕这个问题展开的。宋教仁被暗杀时，孙中山正在日本访问。惊悉噩耗后，孙中山于 25 日上午返抵上海，当晚便在黄兴寓所召集各省主要同志商讨对策。据周震鳞、李景城回忆，孙中山在会上指出：先发制人，非用武力解决不可。① 这就是说，孙中山一开始就是主张用武力讨袁的。据笔者考察，周、李的回忆并不准确。孙中山武力讨袁的思想是经过多次曲折的变化而形成的，这个变化过程以 7 月 12 日二次革命爆发为界可分成两个时期、六个阶段。

---

① 《辛亥革命回忆录》第 1 集，中华书局 1961 年版，第 206、338 页。

## 一、宋教仁被暗杀之后

第一个阶段（3 月 25 日至 3 月 31 日），孙中山想通过国会解决袁世凯辞职问题，他对日本并未提出更多希望和要求。

当时国民党在国会中占据多数席位，因此孙中山认为国会有力量弹劾袁世凯。3 月 26 日，即孙中山返抵上海的第二天，他首次会见日本驻上海总领事有吉明，谈了自己的上述想法。他对袁世凯暗杀宋教仁非常愤慨，表示不能熟视无睹。但他没有说到武力讨袁，而是主张"用正当的手段，诉诸世界公议，以此排斥他"[1]。

孙中山的这种说法是符合他当时的思想实际的。当时，广大民众经过辛亥革命的动乱，渴望安定和平的生活。作为一个革命的政治家，孙中山在政治解决尚有希望的情况下，是不愿轻易动用武力的。由于孙中山在这一时期主要是想依靠自己的力量，即通过国会解决袁问题，因此没有向日本提出具体要求，仅希望日本对中国南北局势"予以充分注意和警戒"[2]。有吉总领事当天即把会见情况电告外相牧野伸显，内称："这不仅成为南北分裂的原因，而且北方也难免陷于混乱局势。"[3]他认为，弹劾袁世凯将引起中国南北分裂，中国政局将再次动乱。这个判断，成为日本政府制定对孙中山和二次革命政策的依据。27 日，驻北京公使馆武官青木宣纯少将向军部报告，称上海国民党的一些人欲派刺客暗杀袁世凯和赵秉钧。

牧野外相接到有吉和青木的电报后，27 日电令有吉总领事，速向孙中山转告青木报告的情况，请孙"叫党员切勿轻举妄动"，"现在中国是最需要避免动乱、保持平静的时候，南北权威人士如

---

① 1913 年 3 月 26 日驻上海总领事有吉明致牧野外相电，第 30 号，日本外交史料馆藏。
② 1913 年 3 月 26 日驻上海总领事有吉明致牧野外相电，第 30 号，日本外交史料馆藏。
③ 1913 年 3 月 26 日驻上海总领事有吉明致牧野外相电，第 30 号，日本外交史料馆藏。

诉诸引起相互猜疑的谣传的手段，则局势立即混乱，局面难以维持"。①有吉总领事于 28 日走访孙中山，转达了牧野外相的意见。对此，孙中山否认国民党党员进行暗杀活动，表示"坚决采取光明正大的手段，在议会上弹劾袁世凯"，如果袁世凯用武力对付议员，则"我方也用武力与之对抗，南方已有这一决心"。②可以看到，孙中山思想上有些变化，但出发点是对袁的武力防备，而不是主动以武力讨袁。有吉还与黄兴面谈过，黄兴的看法和孙中山大体相同。

但是，当时的国会能否弹劾袁世凯？孙中山对此产生了怀疑，进而有避开南北冲突去日本的想法，并在 30 日③会见有吉时谈了这一想法。据有吉明报告，孙中山当时对时局表示忧虑，对有吉明说，如有可能，自己则站在南北双方的中间，用和平的方法收拾局势；但当地情况，如你所知，热衷于同北京的对抗，如被卷进这一旋涡，从大局来说甚为不妙，因此希望暂时离开此地，旁观南北双方的局势，予以注意和忠告，尽可能谋求用和平手段解决的方案。④当时孙夫人因车祸负伤，在东京筑地的圣·路加医院住院治疗。孙拟借看望或接回夫人的名义，于 4 月 4 日再赴日本，在东京逗留几日，然后偕夫人前往箱根或轻井泽，在那里将来自南北双方的情报及自己的看法转告日本当局。他赴日时准备隐姓埋名，秘密旅行。他还说，如不能赴日，便改赴其他地方。据有吉电，孙中山于 29 日从正金银行取出 3 万元，汇往香港和日本等地。⑤孙中山赴日的目的是在 4 月 8 日召开国会后的两周避开中国。此外有无其他目的，尚无材料可证。据现有史料分析，这次赴日目的是消极的，是想避开南北斗争。

---

① 1913 年 3 月 27 日牧野外相致上海总领事有吉明电，第 21 号，日本防卫研究所藏。
② 1913 年 3 月 29 日驻上海总领事有吉明致牧野外相电，第 33 号，日本外交史料馆藏。
③ 原档记为 26 日，此电是 30 日 0 时 30 分从上海发的，据此分析，26 日为 30 日之误。
④ 1913 年 3 月 30 日驻上海总领事有吉明致牧野外相电，第 37 号，日本外交史料馆藏。
⑤ 1913 年 3 月 30 日驻上海总领事有吉明致牧野外相电，第 37 号，日本外交史料馆藏。

　　有吉总领事对孙中山的要求表示理解，并于当日电告牧野外相。他认为，孙赴日目的是暂时摆脱政治旋涡，以求公平解决，对我方也不抱什么期待，故无必要阻止他赴日。[①]至于公开或秘密赴日问题，请牧野外相电示。有吉未深谈同意孙中山赴日的原因，但驻华公使伊集院彦吉在致有吉总领事的电报中说得很清楚。他认为，"孙若不能赴日，则避到其他地方。毋宁将其引至日本国：此不失为基于帝国方针利用孙之又一策，在帝国政策应用上，也为得策。"[②]他认为，孙即使隐姓埋名秘密赴日，也不可能阻止他在日本抛头露面。反而会引起国内外猜疑，因此不如借看望其妻子的名义公开赴日。

　　但是，牧野外相不同意孙中山赴日，31日电训有吉总领事说：孙再来日是不得策的，应阻止他来。理由是：孙中山访日期间及回国后曾鼓吹"亲日"，这样的人在宋教仁被暗杀而上海为世界所瞩目的时候再次来日，"不可避免地引起内外的误解和猜疑"。[③]言外之意是怕孙来日会引起袁世凯和欧美列强的猜疑，进而累及日本。可见，牧野外相拒绝孙中山赴日也是从维护日本帝国的利益出发的。日本帝国的利益是日本对孙政策的核心，是制定对孙政策的基础，是否同意孙中山赴日，完全视是否有利于日本帝国的利益而定。牧野外相拒绝孙中山赴日，并不是他个人的意愿，而是日本政府的方针。同一天，即3月31日，日本内阁在首相官邸研究了中国形势及对孙政策，并决定：帝国政府对中国南北纠纷"全然采取中立不偏的方针，且无意乘此争端谋求何等特殊利益"[④]。这是日本政府对二次革命和孙中山所采取的基本方针，并根据这一方针，对孙中山采取了不予援助的政策。

　　① 1913年3月30日驻上海总领事有吉明致牧野外相电，第37号，日本外交史料馆藏。
　　② 1913年3月31日驻华公使伊集院彦吉致上海总领事有吉电，第16号。3月31日，有吉将此电转致牧野外相，其电为39号，日本防卫研究所藏。
　　③ 1913年3月31日牧野外相致上海总领事有吉明电，第881号，日本外交史料馆藏。
　　④ 1913年3月31日牧野外相致上海总领事有吉明电，第23号，日本外交史料馆藏。

日本政府采取这一政策的原因，首先是与日本国内政局变动有关。1913 年 2 月 11 日，日本发生大正政变，曾支持孙中山的桂太郎内阁下台，新的山本内阁执政，内阁的更迭直接影响了日本的对孙政策。其次，它与日本政府对中国南北力量的估计有关。日本一开始便估计到，如南北发生武装冲突，南方革命党人敌不过北方的袁世凯，肯定遭到失败而逃亡国外。牧野外相在 3 月 31 日对有吉总领事的电训中就指出，如孙中山遇险，要到日本避难的话，予以协助。[①]因此，日本不会支持即将在南北冲突中失败的孙中山。再次，它与辛亥革命时期日本的对华政策有关。当时，日本虽打着中立旗号，暗中却"支持"和"支援"了南方革命党人，结果得罪了辛亥革命后君临中国的袁世凯。革命后，日本设法调整与袁世凯的关系，因而不愿支持与袁对立的孙中山。最后，它与日本的对华贸易有关。辛亥革命期间，因中国政局动乱，日本对华贸易锐减，影响达半年之久。因此，日本希望中国避免武装冲突，保持平静。

根据日本帝国的对孙政策和牧野外相 3 月 31 日的电训，有吉总领事于 31 日拜访孙中山，转达了日本政府不同意孙赴日的意见。对此，孙中山表示理解。并且说，同志们也劝自己暂留此地，"即使赴他地，也暂时推迟。如不能赴日，则赴广东或香港"[②]。孙中山暂时未离开上海，与他对日本及列强持有新的希望和要求有关。随之，他的反袁策略也有了变化。

第二个阶段（3 月 31 日至 4 月上旬），孙中山希望依靠日本和列强对袁的劝告和压力，迫使袁辞职。

3 月 31 日，孙中山对有吉总领事说，此时能否和平解决时局，要看列国的态度如何。有吉问其意，孙答："由列国对袁世凯施加压力，让他辞职"。有吉反问道，如列国对袁施加压力，不等于希

① 1913 年 3 月 31 日牧野外相致上海总领事有吉明电，第 881 号，日本外交史料馆藏。
② 1913 年 4 月 1 日驻上海总领事有吉明致牧野外相电，第 42 号，日本防卫研究所藏。

望列国干涉中国内政之意吗？孙回答，即使不施加压力，由列国对他予以"启发"也可以，如怯懦的袁有意表示立即辞职，则给袁以充分的名誉让他退下来，圆满解决之。[①]当时黄兴也持同样想法。

这个时期孙中山仍然想用和平方法解决袁辞职问题，但在策略上却由依靠自己的力量——国会，转变到依靠外来力量——列强方面，并且是从弹劾袁转变为让袁以体面的形式辞职。孙中山还设想在万不得已时，利用选举排除袁世凯而另选他人充任总统。[②]这不能不说是孙中山的妥协和退让。但鉴于当时情况，也不无一定合理性。孙中山对有吉说，据来自北京的消息，袁正积极备战，国会召开前肯定施行暴力，有可能暗杀准备提出弹劾案的议员，因此不能提出弹劾案，即使提出也不会成立，所以从国会得不出满意的结果。孙中山依靠日本和列强的压力来解决反袁问题的设想，显然与上述情况有直接关系。

依靠列强的压力迫使袁世凯下台，实际上是行不通的，日本和欧美列强是不会听从孙中山的这一意见的。英国自辛亥革命以来一直支持袁，美国也急于承认袁的北京政权。日本虽自辛亥革命以来对袁存有戒心，但因袁掌握北京政权，是中国最强力的人物，因而把统一中国的希望寄托在袁身上，不愿对袁施加压力。再者，由于英美的牵制，日本也不敢公开反袁。在这种情况下，即用和平方法不能解决反袁问题之后，孙中山的思想不得不转变到武力反袁上来。

第三个阶段（4月上旬至6月下旬），孙中山准备武力讨袁，并希望日本从经济和军事上给予支持。

孙中山武力讨袁的决心并不是凭空得来的，而是对客观形势

---

① 1913年4月1日驻上海总领事有吉明致牧野外相电，第43号，日本防卫研究所藏。《日本外交文书》大正二年第2册，第335～336页。

②《孙中山全集》第3卷，第54页。

和敌我双方力量进行一番权衡的结果，他认为：1. 如在国会上得不到满意结果，则南方的都督立即举兵对抗，直至袁辞职。2. 除北京的一部分军队外，其他军队都不依服于袁，容易讨伐，一年内可制服北方。3. 南方的军费比北方充足。4. 在南方建立巩固的新政府，采用日本币制，促进两国贸易和亲善，日本将会迅速承认新政府。黄兴对形势也持乐观态度，认为黎元洪也可能成为南方的友军。①孙、黄甚至想，迫使袁下台后，让黎元洪当总统。显然，他们对形势和南北双方力量的估计过于乐观。

孙中山虽然对形势乐观，但也感到自己力量不足，希望得到日本的经济援助。4 月 7 日，孙会见横滨正金银行上海支店长，希望正金银行提供贷款。②作为条件，孙提出中日合办日华银行。4 月 25 日，孙会见有吉总领事时，再次提出这一希望。③但日方没有满足孙中山的要求，除前述的原因外，还在于袁世凯从背后牵制了日本。袁通过外交部照会日本政府，声称只有北京中央政府有权向外国贷款，弦外之音是不许日本向孙中山贷款。黄兴也想争取日本军部的支持，4 月 5 日，派部下杨廷溥赴日，向日本军部的宇都宫少将等说明自己对南北问题的立场和态度，力图争取日本军部的援助。④杨在日本陆军参谋本部的熊中大尉陪同下，乘山城九号日轮赴日，但军部没有予以援助。

日本军部在对华政策上有时与政府、外务省有分歧，步调不一致。但在二次革命时期，它们却采取了一致的所谓中立政策。4 月 1 日，陆军省次官本乡房太郎向汉口驻屯军司令与仓发出指令："帝国政府此际取不偏不党的态度和方针，贵官也遵照此方针行动。"⑤这是军部对二次革命采取的始终一贯的政策。

① 《日本外交文书》大正二年第 2 册，第 337 页。
② 1913 年 4 月 7 日驻上海总领事有吉明致牧野外相电，第 48 号，日本防卫研究所藏。
③ 1913 年 4 月 25 日驻上海总领事有吉明致牧野外相电，第 67 号，日本防卫研究所藏。
④ 1913 年 4 月 5 日驻上海总领事有吉明致牧野外相电，第 46 号，日本防卫研究所藏。
⑤ 1913 年 4 月 1 日陆军省次官本乡致汉口驻屯军司令与仓电，日本防卫研究所藏。

牧野外相收到孙黄武力讨袁的电报后，4 月 9 日又电训上海的有吉总领事，命其速劝孙黄二人，尽力避免南北冲突。①牧野提示的理由之一是外蒙问题，当时沙俄和袁准备签订有关外蒙独立的条约，牧野企图把孙中山的注意力引到对外问题上，即先解决对外问题。这是因为，沙俄对外蒙的侵略，直接威胁了日本在满蒙的利益，先解决外蒙问题有利于日本。早在 3 月 31 日，有吉总领事与孙中山会晤，提醒孙注意在面临涉外问题时引起内争将对国家的未来产生不良影响。孙承认外蒙问题也很重要，但认为暂时只能搁置起来。②孙中山未听从牧野的劝告，依然准备武力讨袁。

4 月 27 日，五国银行团正式向袁世凯贷款 2500 万英镑，这是日本伙同欧美列强支持袁世凯武力镇压南方革命党人的行动。28 日，孙中山致电日本外务省，请日本勿援助袁世凯。③4 月下旬，又致电各国政府和人民，揭露袁制造宋案及借款阴谋。④4 月下旬，日本政府起草了为参加此项贷款辩解的声明，但未敢发表。

5 月，南北双方矛盾更趋激化，各自加紧备战。孙黄在得不到日本援助的情况下，将徐州一带的兵力撤回江南，拟用海军阻止袁军渡江，准备采取持久战略，以待日本军械到来。⑤当时，黄兴为争取日本支持和援助而要求访日，并于 5 月上旬通过日本陆军参谋本部的斋藤少佐转告日本当局和元老。他向斋藤流露了对日本的不满情绪，认为日本当局把袁当作东亚大局所不可缺少的人物，对袁为保其地位而把列强引入中国，进而危害东亚尚无觉察，而且怀疑我们的决心，这是令人遗憾的。黄兴希望日本当局了解孙黄方面的真意，缔结解决两国间悬案的密约，以便从内部

---

① 1913 年 4 月 9 日牧野外相致上海总领事有吉明电，第 28 号，日本防卫研究所藏。
② 1913 年 4 月 1 日驻上海总领事有吉明致牧野外相电，第 43 号，日本防卫研究所藏。《日本外交文书》大正二年第 2 册，第 336 页。
③ 郭廷以编：《中华民国史事日志》，"中央研究院"近代史研究所 1979 年版，第 90 页。
④《孙中山全集》第 3 卷，第 56～57 页。
⑤ 1913 年 5 月 6 日斋藤少佐致宇都宫少将电，日本外交史料馆藏。

得到日本政府的有力支持，实现两国合作。①对此，陆军参谋本部次长大岛曾会访陆军省次官松井，征求对黄兴访日问题的意见。这说明日本军部研究过黄兴访日问题，因未查到有关史料，不知其内容。据后来史实推测，日本军部不同意黄访日，也不给黄兴以任何援助。

　　5月中旬，唐绍仪来沪，力图调解南北双方。日本对此也抱有希望，5月15日，有吉总领事访问孙中山，谈了南北融合、收拾时局的好处。孙中山表示，"自己也希望圆满地加以解决，南北融合的必要条件是袁世凯下台"，但袁不肯，我们"不能坐以待毙，除决一雌雄外别无他法"，"现在动干戈是时间问题，是立即举事还是暂时忍耐，正在考虑之中"。②这便表明了孙中山以武力讨袁的决心。5月17日，孙中山致函日本元老之一井上馨，揭露袁世凯的罪行，希望他支持自己的事业。③同日和22日，黄兴在上海两次会见日本东亚兴业公司的白岩龙子，以南昌至萍乡铁路贷款之名，希望对方向自己贷款一千万日元。李烈钧也和该公司交涉了贷款之事。白岩向大仓组的门野重九郎报告了此事，门野同意放贷。6月2日，白岩与孙黄及江西李烈钧的代表在黄兴寓所再次商议贷款一事，决定贷款一千万日元。白岩等给孙中山贷款的目的，正如他给大仓组的报告所说的那样，"此际多少要对孙逸仙、黄兴等人表示同情，以有助我对南方的经济政策，同时这是确立我国政府之大方针——在江西确立根本政策之难得机会"。④但这次贷款因政府干涉未能兑现。有吉总领事继5月15日访问孙中山后，19日又访问黄兴，进行了同样的劝告。黄兴与孙中山一样，坚决主张袁辞去大总统。但据有吉的印象，他注重于和平解决。黄说，"不到非自卫不可的地步，尽量用和平手段解决的想法至今

---

① 1913年5月6日斋藤少佐致宇都宫少将电，日本外交史料馆藏。
② 1913年5月15日驻上海总领事有吉致牧野外相电，第86号，日本外交史料馆藏。
③《孙中山全集》第3卷，第60～61页。
④ 臼井胜美：《日本与中国——大正时代》，原书房1972年版，第33页。

没有变"，"在议会存在的情况下，在议会上决一雌雄。袁虽然采取卑劣手段，但难于取得以和平的方法成为正式大总统的绝对多数。最后他除诉诸武力之外别无他法，我们只是准备万一"。他希望以和平的方法加以解决。据有吉当天致牧野外相的电报，黄兴大体持稳妥意见，对孙中山的"猛进论"采取"慎重论"，切实希望和平地加以解决。①

　　人们过去认为孙黄在讨袁的策略上自始就有分歧。据上海总领事有吉的外务报告和孙中山在这一时期的思想演变来分析，这种分歧大约是从 5 月中旬开始的。日方也较为重视孙黄二人的分歧，加强了对他们的劝诱工作。宫崎滔天是孙黄最信赖的日本友人，日本政府因此派宫崎做孙黄的工作。按照日本政府的方针，宫崎于 5 月 19 日到上海，劝孙黄以和平方法解决中国时局。此时孙黄都坚持不妥协，并在联名发往日方的电报中说："宫崎传言，不胜感激。恨无妥协之余地。即使我不举事，彼必施加压力，危机迫在眉睫。若得日本援助，将取积极行动；倘无外援，只能背水一战。恳请援助。"②电报表明了孙武力讨袁的态度和切望日本援助的心情。但日本依然不予以援助。日驻华公使馆参赞山座圆次郎表示："如南北不幸分裂，虽然遗憾，却无理由予以援助"，希望孙黄忍耐和妥协。③5 月 20 日，牧野外相再次电训有吉总领事，让黄兴提醒江西都督李烈钧劝其部下，预防事端发生。翌日，有吉向黄兴转达了此意。④ 24 日，有吉又访问孙黄，进行劝诱。孙黄都说，我方不会先动干戈，但孙更强调除动干戈外别无其他有效方法。通过此次谈话，有吉依然认为，两人主义虽然相同，具体计划却有分歧。⑤

---

① 1913 年 5 月 19 日驻上海总领事有吉明致牧野外相电，第 90 号，日本外交史料馆藏。
② 1913 年 5 月 24 日牧野外相致上海总领事有吉明电，第 39 号，日本外交史料馆藏。
③ 1913 年 5 月 24 日牧野外相致上海总领事有吉明电，第 39 号，日本外交史料馆藏。
④ 1913 年 5 月 22 日驻上海总领事有吉致牧野外相电，第 94 号，日本防卫研究所藏。
⑤ 1913 年 5 月 25 日驻上海总领事有吉明致牧野外相电，第 83 号，日本防卫研究所藏。

5月25日或26日，将接替伊集院任驻华公使的山座圆次郎专程来沪，劝孙中山不要以武力抵抗袁。孙坚决表示，反袁不是私怨，而是破坏与保卫共和制的问题，如有不排斥他而能保持共和政权的妥协方法，请赐教。孙认为，和平方法终究不能抵抗袁，同时也看出日本不会援助他，他对山座说："虽不能求得日本之援助，但倘能尽力阻止他国援助袁即可"，希望日本牵制列强。①这样，孙中山对日本的希望和要求也就降了一格。当时，有吉总领事劝黄兴不要武力解决南北问题，但言辞笼统，没有具体内容，甚至是无原则的。对此，黄兴提出了下述和平解决的具体方案：

1. 继续维护共和政体，不干涉国会；

2. 宋案交法庭公平裁决；

3. 五国借款交国会审议；

4. 撤回北方南遣的军队，同时南方也解除军备，一切恢复正常状态。②

黄兴的方案是合情合理的。黄希望日公使同美公使一起劝袁接受，但日本未敢承诺。这时，日本前外相加藤高明来华访问，6月1日在上海会见了孙黄，也是劝他们"要十分忍耐，和平解决时局，谋求长远之策"③。孙反问，如南方发生革命，日本采取什么态度？加藤回答说，作为个人同情革命派，但政府一贯和列国协调，为确保袁政府的安定而努力④，一语道出日本劝和的目的就是确保袁的统治地位。

到6月，南北双方剑拔弩张，武装冲突一触即发。6月9日，袁罢免李烈钧江西都督职务，这是二次革命爆发的导火线。

李烈钧被罢免立即在日本引起反响。李曾留学日本，与日本

---

① 1913年5月27日驻上海总领事有吉明致牧野外相电，第99号，日本防卫研究所藏。
② 1913年5月27日驻上海总领事有吉明致牧野外相电，第99号，日本防卫研究所藏。
③ 1913年6月1日驻上海总领事有吉明致牧野外相电，第105号，《日本外交文书》大正二年第2册，第359页。
④ 臼井胜美：前揭书，第32页。

军人和大陆浪人来往较多，有十几位日本现役和退役军人参与了李的军事活动，致使袁和列强误以为日本支持李挑起南北武装冲突。这时李的一举一动都会影响日本，而日本则生怕李的举动连累自己。6 月 10 日，驻汉口总领事芳泽把李被罢免的情况电告牧野外相，并说李可能在南昌举事或赴日，如此则会影响日本。芳泽一面派人向黎元洪询问关于李免职的善后对策，一面电训该总领事馆派往湖口的八木及在那里的日人谨慎从事，并请求牧野外相指示。①6 月 11 日，牧野复电称："如李烈钧有来本邦就其将来计划期待我方援助之意，则以直接或间接方法通告他，此际（日本）政府不参与中国内争，断然不予以何种援助。"②结果，当 6 月 16 日李在汉口会见八木并提出赴日要求时，八木转达了牧野的指示，断然予以拒绝。但是，李烈钧周围的日本军人，不顾政府和军部的指令，对李的行动提供方便，李乘坐日舰，来往于南昌、汉口、上海等地。这些军人参与李的军事活动，纯系出于个人意志，但这却引起袁世凯和英国等列强的误解，认为日本支持李烈钧和南方革命党人挑起武装冲突。对此，日本向袁和列强进行了反复的解释。

日本在李被革职后，非常关注孙中山和黄兴的动态。6 月 11 日，有吉拜访孙黄，探询他们的反应和对策。据有吉观察，孙黄两人持不同态度，黄表示坚决采取和平主义，昨日已派特使赴江西，劝李圆满处理此事。孙中山则主张一举排除袁，但对袁用五国贷款收买李部下表示担忧，说推翻袁比推翻清朝更难。③12 日，孙中山交给黄兴 5 万元，部署讨袁军事。④ 这再次表明孙中山武力讨袁的决心。

---

① 1913 年 6 月 10 日驻汉口总领事芳泽致牧野外相电，第 116 号，日本外交史料馆藏。
② 1913 年 6 月 11 日牧野外相致汉口总领事芳泽电，第 43 号，日本外交史料馆藏。
③ 1913 年 6 月 11 日驻上海总领事有吉明致牧野外相电，第 114 号，《日本外交文书》大正二年第 2 册，第 361～363 页。
④ 罗家伦主编：《黄克强先生书翰墨迹》，"中央文物供应社"1973 年版，第 272 页。

　　袁世凯步步进逼，6 月 14 日又革除胡汉民广东都督职务。形势紧急。6 月 17 日，孙中山乘毕约号汽船赴港澳，与胡汉民和新任广东都督陈炯明商讨武力讨袁，但回来后思想有所波动。

　　第四个阶段（6 月下旬至 7 月上旬），孙中山又考虑利用国会多数倒袁的问题。

　　孙中山的港澳之行是极为秘密的，但日本驻上海和香港的总领事还是掌握了其行踪，并及时报告给外务省。孙中山于 20 日抵港，驻港总领事今井即派人与孙约会。但孙立即转赴澳门，派马君武向今井谈了来港澳的目的。21 日，孙中山在澳门海面的军舰上与胡汉民、陈炯明共商武力讨袁问题。据马君武对今井的谈话，孙主张打，而陈鉴于商人不愿意"乱"的情况，不大赞成打；胡汉民也不大愿意打。①孙回香港后，和胡汉民一起会见了今井总领事。6 月 29 日，孙乘巴拿马号船返回上海后，又会晤了李烈钧。当时李也在观望形势，不敢孤军在江西举事。

　　经过港澳之行，孙中山的思想发生了波动和变化。30 日，上海总领事有吉访问孙中山，孙谈了自己的想法。据有吉给牧野外相的报告，孙的情绪较南下前大不相同，对本派势力感到悲观。孙说，陈炯明虽然强硬，但其部下中有势力的两三人被袁收买；而且去年以来自己提倡的袁中心主义深入人心，今天很难一下子改过来；加之多数人希望和平，因此目前举事有困难。孙认为，目前除观望形势、等待时机、在国会上对峙外，别无其他办法，并准备让张继等在国会中有影响的议员回到北京。②当时汪兆铭也持和孙中山一样的思想。③靠国会倒袁，不需要日本和外来势力的援助，所以当时孙中山没有向日本提出任何希望和要求。

　　如上所述，当时孙中山重新考虑利用国会解决反袁问题，而

---

　　① 1913 年 6 月 24 日驻香港总领事今井致牧野外相电，日本防卫研究所藏。
　　② 1913 年 6 月 30 日驻上海总领事有吉明致牧野外相电，第 128 号，《日本外交文书》大正二年第 2 册，第 362～363 页。
　　③ 1913 年 7 月 6 日驻香港总领事今井致牧野外相电，第 38 号，日本防卫研究所藏。

陈其美等少壮派则积极主张武力讨袁。7 月 6 日返回江西的李烈钧也主张武力讨袁。国民党内部在反袁问题上明显地分裂为两种意见。鉴于此种情况，有吉总领事 7 月 7 日或 8 日访问黄兴和陈其美，劝他们不要轻举妄动。但陈其美坚决主张武力对抗，认为舍此只能自我毁灭，国民将继续受革命前那样恶劣的政治压迫。他说，我党现在分为温和、过激两派，前者只靠国会，但这几乎没有成功的希望。他批评孙、黄，认为前年的革命也由我们计划，孙黄是中途归来的，他们长期流浪于国外，不通晓国内形势，因两三位旅长被袁收买而气馁失望。黄兴说，对李、胡两位都督的革职没有进行反抗，证明我党采取了和平手段，而袁却在江西等地一再施加压力，这就难免不发生反抗，各地的小纠纷也许发展到大事，暗中默认了少壮派的主张。有吉总领事根据孙、黄和陈其美等人的言论分析认为，孙黄因无成功的把握而不主动举事，陈其美、李烈钧等少壮派则欲抓住任何机会举事。[①]

## 二、二次革命爆发之后

第五个阶段（7 月中旬至 7 月底），孙中山主张武力讨袁，并关注日本和列强对二次革命的反响。

7 月 12 日，李烈钧在江西举兵讨袁，宣布独立，二次革命爆发。14 日，孙中山召见有吉总领事，谈了自己的想法。他说："江西是试金石，只有坚决奋斗"；黄兴赴南京，今日可能宣布独立，广东、福建也不日独立；如按预期进展，将在南京成立临时政府，如长江一带形势不利，则把它设在广东。孙把江苏、江西、浙江、福建、广东、湖南、山西、陕西都算在自己的势力之内，认为南北力量大体上相等。孙中山对军费问题有些悲观，想在近期内设法解决，但没有乞求日本提供资金或军械，只顾虑日本的意向和

---

① 1913 年 7 月 8 日驻上海总领事有吉明致牧野外相电，第 132 号，《日本外交文书》大正二年第 2 册，第 363～364 页。

外国人对二次革命的反应，一再问及此事。对此，有吉答道，日本的意向尚不清楚，但如保持外人居留地的安宁，则不会招致外人反感；至于对占领江南制造局的北军，应慎重行事。这也是孙中山所苦恼的问题，但有吉没有就是否由列国领事团劝北军撤回表态。据有吉致牧野电，当时孙中山尚无十足信心，对时局甚为忧虑。①

　　但是几天以后，孙中山信心大增，对日态度也有了变化。7月21日，孙中山与有吉面谈，当时南京、安徽、广东、上海已相继宣布独立，革命形势发展迅猛。有吉在致牧野的电报中说，孙中山"意气昂扬，非常得意"，谈了各省相继独立的大好形势。②孙断言，如果袁不辞职，则不能期望和平；他致电袁，促他辞职③，如其不从就向全体国民发出促令袁辞职的宣言。④这次谈话表明了孙中山与袁世凯斗争到底的决心。

　　孙中山的这种决心，使他公然批评日本和欧美列强。他说："在五国借款成立之际，我向各方预言此项借款必成为内乱的原因，但哪个国家也不听，假借中立之名，都采取了对己有利的政策，即暗中援袁的方针。"他还说："南方上下都信赖日本，对日本抱很大希望，但日本却和列国一起，依然采取利己的中立态度，使日本失去了大家的信赖和希望。"这是孙中山访日归来后对日本的第一次批评。但这个批评不是要与日本决裂，意在得到日本的协助，他"希望日本，劝诱一两个国家，率先给袁以辞职的友好劝告，如其他国家狐疑，可由日本单独劝诱他"。孙中山断言："袁仰赖于外国，如外国进行此种劝告，袁将格外迅速地服从，立即实现和平。"⑤这说明，孙中山虽然主张武力讨袁，但未完全放弃

　　① 1913年7月15日驻上海总领事有吉明致牧野外相电，第135号，日本外交史料馆藏。《日本外交文书》大正二年第2册，第366～367页。
　　② 1913年7月21日驻上海总领事有吉明致牧野外相电，第152号，日本外交史料馆藏。
　　③《孙中山全集》第3卷，第68～69页。
　　④《孙中山全集》第3卷，第66页。
　　⑤ 1913年7月21日驻上海总领事有吉明致牧野外相电，第152号，日本外交史料馆藏。

通过列强劝告解决反袁问题的希望。有吉在与孙中山的这次谈话中，再次说明了日本政府的方针，并以个人身份发表看法说，如进行那种劝告就开了外国干涉中国内政的先例，劝孙不靠外援，从内部解决问题。但是，孙中山坚持己见，他说："袁始终以外援为生命，终于以蒙古为诱饵，依靠俄国。外国的插手和干涉，鉴于现状，事实上难免。在我们希望的时候，不如由日本掌握主动是有利的。"①有吉没有明确拒绝孙中山的这一要求，遂将这一情况电告日本政府要人。但牧野立即于22日电训有吉，断然拒绝孙中山的要求，还批评有吉与孙谈话时留了余地。②

日本不支持孙中山和二次革命的态度是坚决的。二次革命爆发后，胡汉民为把广东的军队迅速运往长江流域，曾向香港总领事今井提出借用日本商船，但遭今井拒绝。③7月25日湖南宣布独立后，为筹集军费而向长沙的三井物产公司支店提出借款二百万日元。④但汉口总领事芳泽和牧野外相不许三井公司提供借款，理由有三点：1.此次冲突可能以袁的中央政府胜利告终，2.袁中央政府不承认和南方订立的借款契约，3.此款等于向南方提供军费。此外，此款的交涉还受到了黎元洪的牵制。7月31日，黎质问芳泽总领事是否由三井公司向湖南提供了贷款。⑤结果这项贷款终未成立。

与此同时，日本当局严厉限制一些军人和浪人在江西参与李烈钧的军事活动。7月18日，外务省致电汉口、上海、广东等地的驻华领事馆，重申对二次革命的所谓中立方针，指令："不允许日本文武官员参与中国内乱。如居留该地的日人参与，则毫不犹

---

① 1913年7月21日驻上海总领事有吉明致牧野外相电，第152号，日本外交史料馆藏。
② 1913年7月22日牧野外相致上海总领事有吉明电，第41号，日本外交史料馆藏。
③ 1913年7月19日驻香港总领事今井致牧野外相电，第41号，日本防卫研究所藏。
④ 1913年7月26日驻汉口总领事芳泽致牧野外相电，第212号，日本外交史料馆藏。
⑤ 1913年8月1日牧野外相致汉口总领事芳泽电，第223号，日本外交史料馆藏。

豫地采取不许继续居留该地的措施。"①军部也采取了同样措施，同一天，陆军参谋总长致电驻北京公使馆武官坂西大佐和汉口驻屯军司令与仓以及上海、江西等地的日本军人，要求不许参与南北"内乱"，因侦察去南北军驻地的人员也不许久留该地。②不过一些日本军人不顾政府、军部的指令，继续参与李的军事活动，7月27日的沙河镇战斗中，曾有日人平山某阵亡。

日本口称中立，实际却为袁世凯提供了方便。7月23日，日本日清汽船公司派船将袁军两门大炮和三百支枪从沙市运到汉口。③这是驻汉口总领事芳泽同意实施的。在此之前的7月3日，芳泽曾致电牧野外相，表示了应该支持袁世凯的看法。他说："鉴于中国现状，支持和利用中央政府对扩大我权益是有利的，实际情况也是朝这一方向发展的。"④日本此时支持袁世凯并不是偶然的。日本先已估计到袁胜孙败，因此南北紧张乃至双方发生武装冲突时，便自然地远孙近袁。二次革命时期日本对孙中山的政策不是孤立的，而是和对袁政策相对存在而实施的。

第六个阶段（7月底至8月）。二次革命失败后，孙中山先想离沪赴粤，再图举兵，但广东都督陈炯明无意欢迎。孙遂改赴日本，希望日本政府允许他以日本为基地进行新的革命活动，并希望得到日本政府和军部的经济、军事协助。对此，日本当局采取了什么态度呢？

这里先谈谈日本对黄兴的态度。黄兴在南京情况危急时打算离宁赴粤，再图举兵。7月27日，黄通过第八师旅长王考缜向南京大和商会的野村提出，希望当晚乘日舰或日商船赴粤。⑤但牧野

---

① 1913年7月18日日本外务省致汉口总领事芳泽等驻华领事电，日本防卫研究所藏。
② 1913年7月18日长谷川参谋总长致与仓华中派遣队司令官电，日本外交史料馆藏。
③ 1913年7月23日驻汉口总领事芳泽致牧野外相电，第208号，日本防卫厅藏。
④ 1913年7月3日驻汉口总领事芳泽致牧野外相电，第502号，日本外交史料馆藏。
⑤ 1913年7月28日驻南京领事船津致牧野外相电，第64号，日本外交史料馆藏。《日本外交文书》大正二年第2册，第376~377页。

外相翌日电告南京领事船津，拒绝了黄的要求。[①]日海军采取了灵活的政策，7 月 29 日，海军省次官指令游弋在长江和东海的第三舰队司令官，如南方领袖要求避难时，虽不采取主动保护措施，但根据外交惯例，不能不收容，并把他们转移到他们要去的地方。[②]7 月 28 日，黄兴和他的参谋长黄恺元潜入泊于南京的日舰龙田号，29 日乘日舰嵯峨号赴沪。为防止此事泄露，海军大臣斋藤实指令第三舰队司令官，可根据具体情况采取如下对策：1. 尽可能否认收容黄兴的事实；2. 如情况不能完全否认时，则言明黄兴为脱险曾来龙田舰要求保护，但当时情况不算危险紧迫，帝国军舰遵照以往采取的公平态度，拒绝了这一要求；3. 如收容之事已泄露，采取第二项措施不利时，则言明：黄兴为脱险投奔龙田舰要求保护，我舰队从人道主义出发，一时加以保护，时隔不久他便离开该舰。[③]日本海军的做法，一方面是为自己解脱，一方面也有保护黄兴之意。当时，牧野外相曾就黄兴问题与海军大臣商议，态度有些不同。29 日和 30 日，牧野接连致电南京领事船津和上海总领事有吉，命其阻止黄兴来日，但可请他去香港或其他安全地方，万不得已时可暂时潜往冲绳。[④]牧野阻止黄兴赴日的原因是怕外界产生日本援黄的误解，进而影响日本与袁及列强的关系。

在上海，有吉总领事和第三舰队司令按照牧野外相和斋藤海军大臣的指令，具体安排孙中山和黄兴转赴香港和广东。7 月 30日，黄兴乘嵯峨号舰抵沪，翌日转乘日商船静冈丸赴香港。8 月 1日，牧野外相又电训香港总领事今井，命其设法避开黄兴赴日。[⑤]8

---

① 1913 年 7 月 28 日牧野外相致南京领事船津电，第 10 号，见《日本外交文书》大正二年第 2 册，第 377 页。

② 1913 年 7 月 29 日日本海军省次官致第三舰队司令官电，日本外交史料馆藏。

③ 1913 年 7 月 31 日牧野外相致上海总领事有吉明电，第 69 号，见《日本外交文书》大正二年第 2 册，第 385～386 页。

④ 1913 年 7 月 30 日牧野外相致上海总领事有吉明电，第 67 号，见《日本外交文书》大正二年第 2 册，第 379 页。

⑤ 1913 年 8 月 1 日牧野外相致香港总领事今井电，第 41 号，见《日本外交文书》大正二年第 2 册，第 387 页。

月 2 日，孙中山也乘德国约克号船离沪赴港，准备在广东再次举兵。他和黄兴都相信广东都督陈炯明。但是，在战局逆转的形势下，陈以孙黄来广东会使士气沮丧为由，反对孙黄来粤，劝二人转赴日本，同时还请日本驻广东总领事赤冢协助。[①]赤冢和今井总领事请陈派炮舰到香港接走孙黄，但陈未派。8 月 3 日，黄兴抵港，同日孙中山也到达马尾。两人原拟在香港会晤。但孙中山在马尾获悉广东形势逆转后，4 日转赴台湾基隆港。3 日晚 11 时，黄兴与香港总领事今井面谈，今井劝黄去新加坡，黄未同意，最后决定由日本赴美国。今井总领事拟用日人名义为黄办理赴美护照，但被牧野外相否决。4 日，黄兴乘三井物产公司的第四云海丸船离香港，9 日抵下关，27 日到东京。8 日，孙中山抵门司，经神户，18 日到达东京。

二次革命前后，孙中山对日本的希望和要求随着反袁策略的变化而改变，当他觉得自己力量不足时，曾经希望得到日本协助。为什么孙中山对日本有所期待呢？原因主要有以下三点。一是 1897 年以来他和日本的传统关系，以及他在 1913 年 2～3 月访日时曾受到日本朝野隆重欢迎；二是日本和袁世凯之间的微妙矛盾；三是日本同支持袁世凯的欧美列强有矛盾。

但是，孙中山对日本的期待最终变成了泡影，原因在于他和日本之间存在着三个根本分歧和矛盾。其一，日本不相信孙中山能战胜袁世凯而统一中国，也不指望通过孙获取在华利益。其二，孙中山是为维护共和制而争取日本的支持；而日本是君主立宪国家，深恐中国的共和思想及体制影响日本，因而采取戒备态度。其三，日本从维护在华利益考虑，与袁保持着微妙关系。二次革命时期日本的对孙中山政策是日本对外总政策的一部分，是服从于总政策，并受其制约的。当时日本的对外政策是由对华、对孙、对

---

① 1913 年 8 月 1 日驻香港总领事今井致牧野外相电，第 52 号，日本防卫研究所藏。

袁、对欧美列强等政策组成的。对华政策是制定对孙政策的前提和基础。支持和援助孙中山，对日本的对华政策是否有利，这是决定对孙政策的前提和基础，还受到对袁、对欧美列强政策的牵制。

辛亥革命以来，英美等列强支持袁世凯，袁也是靠他们的援助窃取辛亥革命成果的。因此，与列强争夺在华权益的日本，曾经对袁世凯存有很大戒心，一些日本浪人甚至要暗杀他。但在辛亥革命之后，袁世凯君临中国，而且在南北对立中占有军事上的优势。因此，日本也从对华政策的利益出发，不得不调整和改善与袁的关系。而且日本和欧美列强一样，认为袁世凯是安定和统一中国所不可缺少的"强人"，因此不得不讨好袁。鉴于以上原因，日本在孙袁对立中不敢公然支持孙中山。而袁也为阻止日本支持孙中山，采取了种种牵制性措施。另一方面，欧美列强对袁世凯的支持反过来也牵制了日本，因为日本如果支持孙中山，就将开罪于欧美列强。当时日本是二流帝国主义国家，它的对外政策还不能不依赖英美而与其协调。因此，二次革命时期日本的对孙政策，是在这种错综复杂的矛盾中形成的。

（本文原载《历史研究》1988 年第 3 期）

# 1913 年至 1916 年
# 孙中山在日革命活动与日本的对策

1913 年 8 月至 1916 年 4 月，孙中山在日本准备了第三次革命。对这一时期孙中山的革命活动，中外学者已有不少研究，笔者只是根据从日本外务省史料馆查到的档案，即《有关各国内政之杂纂（中国部）——流亡者在内的革命党问题》（以下简称《各国内政关系杂纂》）和日本外务省编的《日本外交文书》，就一些事实做补充说明，并对孙中山对日的期待和态度以及日本政府、军部和大陆浪人对孙中山和革命党的对策做些叙述和分析。

## 一、孙中山赴日与日本的对策

二次革命失败后，孙中山为何东渡日本？日本政府对他采取什么态度？这是在研究这一时期孙中山革命活动中碰到的第一个问题。

孙中山于 1913 年 8 月 1 日夜（或者 2 日凌晨）乘德国轮船约克号离沪南下，8 月 3 日抵福州马尾。在马尾，孙拟和胡汉民赴广州，继续领导革命。此时孙尚不知广州形势逆转。

辛亥革命以来，孙中山和日本有种种关系。孙抵马尾时，日本驻福州领事馆已知道广州形势有变化，派官员饭田和武官多贺少佐登船说明广州形势，劝他改赴他地。孙对此半信半疑，最后决定去台湾基隆港。8 月 4 日上午 10 时，孙和胡汉民及其随员二

人搭日本抚顺丸起航去基隆，转赴日本，拟和在神户东方饭店的宋嘉树联系后确定将来的去向。①

　　孙中山一行于 8 月 5 日晨 6 时抵达基隆港，日本驻台湾总督派员接待。但是日本外务大臣牧野伸显电训台湾总督："鉴于国内外形势，帝国政府认为，以防止与此次中国骚乱有关之领袖来本国为上策，并执行此项方针，望照此精神依适当方法，劝告孙改赴日本以外之其他地方。"②

　　日本政府虽然采取这种态度，但孙中山于 5 日下午 4 时偕两位随员换乘日本邮船会社的信浓丸，直奔日本。③8 日晨 3 时，孙一行至门司前的六连岛，办理手续，9 时到门司港。孙在船上会见了记者，并发表简明谈话。中午 12 时，孙一行继续乘信浓丸往神户。孙离马尾时，曾给神户的革命党人、原实业司司长李恢修打过电报。在台湾附近的海上，给东京的萱野长知打电报，请他协助在日本上岸。和神户的三上丰夷④也有过无线电联系。因有此种联系，孙才直奔神户。孙一行往神户时，牧野外交大臣又电训兵库县（神户是兵库县首府）知事服部一三，令他劝孙改赴美国。牧野称："孙逸仙抵达贵地后，在其未与他人接触产生种种麻烦之前，望贵官采取适当方法，将如下意旨作为政府意向，恳切对孙面示，让其充分谅解我立场，尽快决定照原计划赴美，并注意设法不使其动摇该决心。"⑤

　　孙于 8 月 9 日晨 7 时抵达神户港。川崎造船所所长松方幸次郎和三上丰夷登船迎接。萱野长知、古岛一雄、寺尾亨等从东京

---

　　① 详情见 1913 年 8 月 5 日驻福州代理领事土谷久末藏致牧野外务大臣电，机密第 18 号，《关于孙逸仙一行流亡之事》，《各国内政关系杂纂》第 6 卷。

　　②《日本外交文书》大正二年第 2 册，第 392 页。

　　③ 胡汉民留在基隆。8 月 9 日廖仲恺、许崇智离基隆港，8 月 12 日抵门司，是晚 7 时 10 分在下关上车去东京。

　　④ 三上丰夷是三上合资公司的经理，经营海运业，1907 年 5 月，孙中山委托宫崎寅藏和萱野长知在日购买一批军火，准备运往中国，用于许雪秋发动的潮州黄冈之役。当时三上丰夷负责雇船，并承担了因日军警扣留该军火而蒙受的损失。

　　⑤《日本外交文书》大正二年第 2 册，第 396～397 页。

赶来，登船拜访。傍晚，从东京、大阪、神户来的记者登船采访，孙只寒暄几句，并未回答记者的提问。为了保证孙的安全，萱野长知等嘱记者不要见报，尽量保密。晚9时，孙由松方和三上陪同，从信浓丸换乘小船，在大阪的海面转一圈后，回到神户，由川崎造船所上岸。后经其后门，步行到诹访山温泉境内的常盘花坛别墅留宿。此时已至晚11时。到别墅后，孙立即打电话请宋嘉树来，和他谈到午夜1时。

此次孙中山在日本登岸，是与犬养毅和大陆浪人头山满、寺尾亨、萱野长知等人的协助分不开的。如前所述，孙在台湾附近的海上给萱野长知打过电报。电文是："远游他地对我党前途实多影响，故务必滞留日本，望来神户在船上密会商议。"①接此电报后，萱野把此事告诉头山。头山遣寺尾亨三次向山本权兵卫首相进言，允许孙中山等人居留日本。但山本依然固执己见。于是头山满打电报请在伊豆长冈静养的犬养毅速回东京，就此事和山本首相进行交涉。结果，山本同意孙上岸。②萱野等到神户码头即将登船时接到电报："山本同意，转告孙"。③

虽然日本政府同意孙上岸，便仍然劝他离日本去美国。8月14日晚，兵库县知事访孙，照牧野外务大臣的旨意，"说明久留日本并非上策之意"。④对此孙回答说："中国南方形势目前尚有恢复之希望，故暂留在日本观察形势，然后决定自己的进退。"⑤服部最后说明："如你将日本作为敌视邻国之策源地，则自然招来

① 萱野长知：《中华民国革命秘笈》，第198页。

② 头山满翁正传编纂委员会编：《头山满翁正传》(未定稿)，苇书房1981年版，第251～254页。

③ 车田让治：《国父孙文与梅屋庄吉》，六兴出版1975年版，第268页。

④ 1913年8月15日，兵库县知事致牧野外务大臣电，第4234号(密)，《各国内政关系杂纂》第6卷。

⑤ 1913年8月15日，兵库县知事致牧野外务大臣电，第4234号(密)，《各国内政关系杂纂》第6卷。

困难，请充分注意。"①

此时，日本政府虽然劝孙改赴他地，但对他的政策发生了一些变化。8月12日，牧野外务大臣致电驻华公使山座圆次郎，内称："若他们不听劝告，强行驱逐亦非上策，故或许万一会留在日本，亦尚难意料。在此情况下，一则对其严加监督，以免使日本成为邻国动乱之策源地，同时亦不得不对其人身安全予以适当保护。"②驻华公使把此意通过陆军参谋本部驻北京的代表坂西利八郎转告袁世凯。对此袁称："对日本国政府对其严加监督之举亦充分谅解。……但只要他们留在日本，日中国民间误解的种子便不会全然消除，所以要设法令其离开日本。"③

孙中山于8月16日晨4时在菊池良一的陪同下离开常盘花坛别墅，到和田海角秘密搭上路过神户的大阪商船会社的襟裳丸，上午9时离神户赴东京。神户的一名警察跟随。

8月15日，古岛一雄先回东京，和头山满等大陆浪人及政界的前川虎造（立宪国民党干事长）、美和作次郎等商议接孙之事。东京和神奈川县的警察也做了接孙的一切戒备工作。据载，警方出动一批警察，采取了严密监视、保护、保密的措施。

17日晚9时许，襟裳丸到达神奈川县观音海角海面。神奈川县警察部长、水上警察署署长及前川虎造、美和作次郎等四人乘水上警察署的小汽艇在那里迎候。孙下大船，换乘小船快进丸，在富冈海岸一带登陆。登岸后，马上乘在那里等候的小汽车，驶向东京。于18日0时48分抵达东京的住地。④

孙中山在东京的住处是赤坂区西灵二十七号海妻猪勇彦宅，

---

① 1913年8月15日，兵库县知事致牧野外务大臣电，第4234号（密），《各国内政关系杂纂》第6卷。

②《日本外交文书》大正二年第2册，第400、401、396～397页。

③《日本外交文书》大正二年第2册，第400、401、396～397页。

④ 孙中山抵东京之详情，见1913年8月18日神奈川县知事大岛久满次致外务大臣牧野伸显电，秘号外《流亡者孙逸仙到东京之事》，《各国内政关系杂纂》第7卷。

和头山满宅紧挨着，两家后院可通。孙在这里一直住到 1915 年 8 月，是月底搬到多摩郡千驮谷町原宿一〇八号。[①]这样，孙中山在东京居住了两年九个月。

日本政府为什么开始不许孙中山登岸？为什么不许其久留日本？我们可以从牧野外务大臣的训电中找到原因。牧野说，"此际前来日本居住，鉴于内外种种关系，于帝国不利"；"政府为国内安宁及东洋和平，不得不加以干涉，乃至采取高压手段"。[②]这就是说有内外的原因。归纳起来有三个：

一、对日本国内政局不利。孙中山是革命党人，主张共和，反对帝制。辛亥革命时期，日本政府非常惧怕辛亥革命的共和风暴波及日本。辛亥革命后，即 1913 年日本国内爆发大正政变——第一次护宪运动。这一运动是大资产阶级领导的资产阶级民主运动，反对藩阀统治，要建立立宪政治。辛亥革命作为亚洲第一次共和革命，无疑对此运动起了推波助澜的作用。因此，护宪运动激荡的时期，日本统治阶级惧怕孙中山等革命党人来日本，会直接影响日本国内政局。

二、怕开罪袁世凯。日俄战争后，袁世凯从亲日转向亲英、俄、法、美。因此，辛亥革命时期日本怕亲欧美的袁上台掌权，一直在抵制他上台。从 1911 年到 1913 年，日本更迭三次内阁，但这三届内阁都没有积极支持过袁。但袁毕竟是中国的最高统治者，日本又不能不靠他来维护和扩大在华的权益。因此，日本政府通过驻华公使向袁表示了禁止孙中山等革命党人来日的决心，以便向他表示献媚。

三、国际上受英国等欧美列强的牵制。辛亥革命以来，英国等欧美列强支持袁世凯而不支持孙中山等革命党。它们认为，革

---

① 据《头山满翁正传》（未定稿）第 254 页，孙中山在东京的费用，由安川敬一郎每月提供一万日元。

②《日本外交文书》大正二年第 2 册，第 400、401、396～397 页。

命党不可靠，其背后有日本。列强对袁世凯和革命党的不同态度，反映了它们在中国的争夺。在这一争夺中，日本一直处于被动。因此，在二次革命失败的情况下，若支持孙中山等革命党人来日，必然开罪英国等欧美列强，使日本在国际上更处于被动地位。

基于这三种原因，日本采取了禁止孙中山上岸的政策。

那么，为何又同意孙中山上岸久留日本？数天内何以发生此种变化？

首先是辛亥革命时期，日本政府、军部、财界和大陆浪人，为了维护和扩大其在华的权益，曾在资金和武器方面"支持"过革命党人。1913 年 2～3 月孙中山访日的目的之一便是向日本有关人士表示对这一"支持"的"谢意"；日本也将孙中山作为国宾相待。这一事实说明，日本曾对孙中山有过很大希望。二次革命虽然失败了，但孙中山和革命党人依然是不可忽视的力量。因此，又不愿完全抛弃孙中山和革命党人。这当然不是他们的善意，而是维护和扩大其帝国主义利益的一种表现。

既不完全抛弃孙中山和革命党人，又不开罪袁世凯，这是互相矛盾的。按理，两者必居其一。但日本没有采取绝对的方法，而是力图平衡两者的关系，从中找出统一这一矛盾的方法。这就是"保护"和"监视"的方法。"保护"就是让孙中山和革命党人久留日本，"保护"其人身安全；"监视"就是力图把他们的一举一动置于日本的严密控制之下。这是一箭双雕的伎俩，日后对日本颇有好处。

事实上，日本政府把孙中山等革命党人当作和袁世凯讨价还价的筹码，甚至是威迫袁的"王牌"。例如，日本在侵占青岛、强加"二十一条"、支持和反对袁称帝时，就把革命党人当作和袁交易的筹码和"王牌"。日本侵占青岛时，将不支持甚至压制革命党人作为和袁打交道的筹码。这时，孙中山积极准备第三次革命，借日军占青岛之际发动革命。但日本政府不仅不支持，而且镇压

了东北地区的革命斗争。而袁世凯在划山东为中立区，拱手让出山东半岛时日本又把驱逐和镇压革命党人作为交换条件。1914 年 9 月 9 日驻日公使陆宗舆就向日方手交了取缔革命党人的三项条件。[①]日本向袁提"二十一条"时，驻华公使日置对加藤外相建议，利用革命党和宗社党，对袁软硬兼施。他建议，煽动革命党和宗社党，以颠覆袁政府之势威迫袁全盘接受"二十一条"；或者严厉取缔革命党和宗社党以及留学生，以便引诱袁接受"二十一条"。[②]袁在欲称帝时，日本如支持他称帝，则压制革命党人借机掀起革命；如反对他称帝，则"支持"革命党进行反袁运动。以上事实说明，对己有利，为我所用，这便是日本政府对待孙中山和革命党人的原则和目的。至于"支持""不支持"或者镇压是达到这一原则和目的的手段。原则和目的是不变的，但手段却常变。

其次，日本政府希望孙中山改赴美国，但又怕美国、英国等欧美列强把孙掌握在它们的手中。因此，最后还是不让他赴美。大陆浪人头山满和川崎造船所所长松方幸次郎等之所以让孙在日本居留的主要原因就是不让把孙交给美国人。头山听到孙来日的消息后，就对萱野说："不能交给美国，你速去神户。"[③]萱野到神户，和松方商议孙在神户上岸之事。松方也说："一定要在日本上岸"。[④]当时川崎造船所正在建造袁政府订的两艘船。如若袁政府知道此事，则会采取报复性措施，川崎造船所将在经济上蒙受较大损失，但松方不顾这一切，毫不犹豫地采取了"盗窃孙"（松方语）的行动。这一史实说明，孙中山居留何地已成为列强争夺中国的问题。列强争夺中国，先要争夺中国的当权者。当权者的倾

---

① 三项条件是：一、日本政府宣布逐放孙中山、黄兴、陈其美等革命党人；二、对于在日本做反袁行为者，日本政府按律惩办，如有犯刑事证据，应即引渡给中国；三、迁居日本租界及租借地之革命党人，日本政府即应交出。

② 《日本外交文书》大正四年第 3 册上，第 592～593 页。

③ 《头山满翁正传》（未定稿），第 253 页。

④ 《头山满翁正传》（未定稿），第 253 页。

向，对列强的争夺产生极大的影响。这是因为列强维护和扩大权益都要依靠中国的当权者。日本认为，孙虽然一时下台，但在风云莫测的中国政治舞台上仍是不可忽视的伟人。因此，日本预测未来，让孙久留日本，以便有朝一日使他成为对己有利的存在。但事与愿违，孙在五四运动的影响下，于 1919 年 6 月 24 日会见《朝日新闻》记者时，抨击了日本，对日本帝国主义的本性有了进一步的认识。

## 二、孙中山与日本财界和军部的关系

孙中山为获取进行第三次革命的资金和军械，接触了日本财界和军部。

孙中山首先接触的是三井财团。[①]这是有渊源的。1912 年 1 月三井财阀给革命党人贷款三十万日元，革命党人以此资金购买了革命急需的军火。然后，革命党人就借款三百万日元和中日合办汉冶萍公司问题，曾通过盛宣怀和三井进行过交涉。1913 年 2～3 月孙中山访日也和三井财阀有关。当时孙中山热心于铁路事业，为筹集一笔资金，拟赴美。三井物产公司知道此情况后，通过其上海分店店长藤濑政次郎和森恪请孙先来日访问。三井请孙的主要目的是想和中国合办一个投资公司。孙经门司、神户于 2 月 14 日至东京。三井物产公司的奠基人益田孝、金融界巨头涩泽荣一、三井物产公司常务董事山本条太郎等出面，借孙来日之机成立中日合办的投资公司——中国兴业股份公司。2 月 20 日，在东京三井物产公司召开发起人大会（8 月 1 日正式成立），孙中山也出席。该公司资本五百万日元，中日各出一半。总裁为孙中山，副总裁是仓知铁吉，涩泽、山本、中野武营等为顾问。益田孝、山本为发起人，森恪为董事。入股的是三井、三菱财阀各两

---

① 黄兴抵日后也和三井财团有接触，其生活也是由三井安排的。

千股，涩泽为五百股。据载，孙也作为中方代表入股七万日元。①

　　由于此种关系，孙中山必然先和三井物产公司来往。孙抵东京不久，森恪于 8 月 22、26、28 日接连来访。森恪是三井物产公司的"外交官"，辛亥革命和二次革命时他就在上海分店担任三井物产公司和革命党人的联络工作。经三次访问，8 月 29 日晚上森恪乘小汽车接孙至御殿山，访问益田。孙和益田会谈时，山本条太郎也赶来参加会谈。

　　其次是涩泽荣一。涩泽是财界元老，曾办过五百余所企业，在金融界颇有影响。孙访涩泽五次。第一次是 1913 年 9 月 17 日晚上，孙秘密地到西原，访问涩泽，和他及中野武营等四五人议事。第二次是 10 月 6 日下午，孙偕戴天仇访问他，谈到晚 11 时 30 分。第三次是 10 月 30 日，孙应涩泽邀请，偕戴天仇、陈其美、何天炯到日本桥区兜町事务所拜访他，在座的有山本、中野等五人。第四次是 1915 年 3 月 21 日偕陈其美、戴天仇，又到涩泽事务所，共进晚餐。第五次是 1915 年 8 月 3 日在温泉疗养地箱根见面。在这五次会谈中，只有第二次即 10 月 6 日的会谈留下了简明的记录。会谈中孙反复强调："现今清国之衰盛，直接关系到贵国的沉浮，即东洋问题，贵国也不能隔岸观火。"②他又说："吾党同志准备卧薪尝胆，倘能筹集军资，计划再举讨袁。今晚来访，意在希望借助阁下力，劝说贵国政府，尤其是陆海军省，给此再举（讨袁）以一援助。"③但涩泽不仅不支持，而且劝阻再起兵举事。涩泽说："本人不赞成阁下目前计划再举讨袁军。……贵国目前虽然不完备，但形式上已是立宪国。如议会机关完备，则不战自胜之日不久就会到来。这就是再举兵不合时宜，我不表赞成之所在。在此之前，要先隐忍持重为上策。……如若一定举兵，我亦决不

---

① 有关中国兴业公司之详情，请见山本条太郎翁传记编纂会编：《山本条太郎传记》，原书房 1982 年版，第 279～282 页。
②《孙文动静》乙秘第 1415 号，1913 年 10 月 7 日，《各国内政关系杂纂》第 8 卷。
③《孙文动静》乙秘第 1415 号，1913 年 10 月 7 日，《各国内政关系杂纂》第 8 卷。

再劝阻，那时将大加鼓励阁下目前之意气。"①财界是按政府的政策和旨意行动的。涩泽的这一番话，就反映了日本政府对孙中山和革命党人的政策。

　　再次是山本条太郎。他是三井物产公司的常务董事，是实权派。孙中山除在益田和涩泽宅和他谈过两次之外，还和他单独接触两次。第一次是 1913 年 10 月 5 日上午，山本来访。第二次是 1914 年 3 月 21 日下午，孙乘人力车至赤坂区新坂町访问他。和孙中山接触后，山本于 1914 年 8 月下旬发表谈话："关于孙文借款之事，去年曾打算与涩泽男爵、安川敬一郎等富豪一起承诺予以贷款，唯因外务、陆军当局议论纷纷，莫衷一是，遂中途而废。之后本人与孙文、涩泽男爵、中野武勇等有过数次来往，但外间所传本人和孙文有某种密切关系之说，实为极大误解。"②接着，他进一步谈了对中国革命问题的看法。他说："就中国革命问题，本人一向同情南方，并就此同大隈首相、加藤外相进行过亲切会谈。我等均对袁政府感到不悦，但时局变化将对日本的对华政策产生何等影响殊难预料，故政府不能轻率明确方针。本人切望利用此次机会③援助革命派，一举推翻袁世凯政府，早日建立民国政府。"④这说明，三井等财界是想"支持"孙等革命党人推翻袁政权，但外务省和陆军不同意，并限制他们的活动。

　　资本家是唯利是图的。随着政治风云，见风转舵。因此，二次革命失败后，中国兴业公司也随之发生变化。袁镇压二次革命后，把中国兴业股份公司窃为己有，进而切断了日本财界和孙中山的关系。1913 年 11 月，袁邀请涩泽光临北京。涩泽派副总裁

①《孙文动静》乙秘第 1415 号，1913 年 10 月 7 日，《各国内政关系杂纂》第 8 卷。
②《山本条太郎谈中国革命》乙秘第 1655 号，1914 年 8 月 27 日，《各国内政关系杂纂》第 13 卷。
③"此次机会"是指第一次世界大战的爆发。
④《山本条太郎谈中国革命》乙秘第 1655 号，1914 年 8 月 27 日，《各国内政关系杂纂》第 13 卷。

仓知铁吉到京，和袁商谈中国兴业公司问题。结果，1914年4月25日在东京召开股董会议，把孙中山排斥在外，让袁的亲信杨士琦任总裁，仓知继任副总裁，并且把中国兴业公司改称中日实业公司。[①]这样，孙中山和三井及财界的关系一时被切断。后来孙中山从入股的七万日元中取出四万日元（也有三万六千之说），充当革命经费。

　　此后，孙中山虽然和益田、涩泽、山本等没有来往，但和三井与中国兴业股份公司有关的人继续有来往。如山田纯三郎是三井物产公司上海分店的职员，1911年12月孙中山从欧洲归来路过香港时，他和宫崎滔天专程去香港见孙，孙还托他向三井物产公司借款。孙此次赴日后，山田作为孙的得力助手，一直在其身边。孙曾两次派他去东北执行革命党的任务。其次是大仓喜八郎。他是中国兴业股份公司的发起人之一，该公司的顾问。1914年5月11日下午，孙偕胡汉民、王统一、萱野长知访问他，一直谈到晚11时15分。谈的问题是购买军用物资问题。再次是犬冢信太郎。他是三井物产公司的。他作为该公司的代表参加满铁，任其理事。据载，仅1916年1～4月他访孙即达二十五六次，并有电函来往，关系较为密切。

　　除三井和中国兴业公司外，孙中山还接触过日本矿业株式会社的董事浅野土太郎和丰田利三郎。1913年11月8日上午9时，他们二人在朱超的陪同下访孙。同年12月7日上午，孙又接待过大井宪太郎。大井不是财阀，是日本自由民权主义者，领导过工人、农民运动。他此次谈的不是运动问题，而是成立日中实业协会，兴办实业问题。他希望孙协助。孙表示可以考虑，并给上海的实业家写了介绍信。

　　1915年底，中国国内形势发生了变化。继云南宣布独立后，

---

① 山浦贯一：《森恪》上卷，高山书院1943年版，第213～219页。

贵州、广西也相继独立。全国掀起了反袁的新高潮，袁的反动统治也迅速瓦解。孙中山为推进革命，再次筹集革命资金，这次主要和久原矿业株式会社社长久原房之助进行了借款交涉。据日方记载，孙从久原借款六十万日元。[①]据孙 1916 年 2 月 22 日致久原房之助函，孙接到久原的二十万日元。这说明，1916 年孙确实借过久原一笔款。

那么，这笔款是怎么借的呢？据档案记载，是日俄贸易商社（也有会社之说）社长松岛重太郎从中斡旋的。松岛于 1916 年 1 月 25 日下午在王统一的陪同下第一次访问孙中山。第二次是 3 月 5 日下午。3 月 7 日，孙偕王统一、金佐治（疑为廖仲恺的化名）回访松岛。此时在座的还有日人山中某。翌日下午松岛来访，6 时 50 分离去。晚 7 时 20 分他又来访，和王统一陪同孙乘车至芝区白金今里町十八号，访问久原房之助。这是孙和久原的第一次会面，谈到晚 11 时 30 分。据档案记载，3 月 10 日在松岛宅签署了借款合同。中方签字的是孙中山和戴天仇，日方保证人是松岛和山中某。此后松岛于 3 月 15、16 日连续来访。3 月 19 日上午孙中山和戴天仇第二次访问久原。此时秋山定辅议员在座。孙借多少款，没有确实的数字。孙于 2、3、4 月向上海、汉口、山东、汕头等地汇款数次，其中一定有久原借款。久原是财阀，他借款就是为了获取在中国的权益。作为借款的代价，孙给久原提供了四川省的权益。[②]

此外，孙中山还通过其他渠道筹款。据 1916 年 4 月 20 日孙致居正电，孙托朗西（头山满）交涉过借款。1916 年 1 月 18 日，孙中山偕王统一、王子衡乘车至京桥区筑地明石町七号，访问矢野庄三郎，交涉了借款六万日元之事。此次交涉是通过萱野长知

---

① 八角三郎：《回想的几件事》，第 113 页。转引自栗原健：《对满蒙政策史的一个侧面》，原书房 1981 年版，第 147～148 页。久原房之助还借给岑春煊一百万日元、黄兴十万日元、陈其美十万日元。

② 《孙文动静》乙秘第 375 号，1916 年 3 月 11 日，《各国内政关系杂纂》第 18 卷。

进行的。

上述事实说明，1916 年日本财界对孙中山和革命党人的态度有了变化。

孙中山在和财界接触的同时，为获取军械，和军部也有来往。孙筹措资金的目的之一是为购买军械，因此，孙接触财界和军部是一项工作的两个方面。

孙中山抵日后，先和陆军省经理局局长辻村取得了联系。孙中山通过池亨吉、铃木宗言①、饭野吉三郎、会见辻村。池亨吉在辛亥革命时曾任孙中山秘书。他不常来孙处，而是在铃木宗言宅和孙见面。1913 年 8 月 26 日晚，孙偕宋嘉树，至小石川区杂司谷町九十八号，先访铃木宗言，然后又去多摩郡千驮谷町二十五号，访问饭野吉三郎。9 月 2 日下午，孙又去铃木宅，宿一夜，打开中国地图，和他密议。此后，孙去铃木宅十余次，和在那里的池亨吉议事。或者经铃木宅去访饭野吉三郎。据铃木说，孙有避开大陆浪人谈的秘密，他想借一处房子避开他们，但没钱，因此他给孙提供了作为秘密碰头的场所。据此说，铃木宅是孙和池亨吉碰头的地点，又是孙和饭野联络的中转站。

这里重要的人物是饭野吉三郎。他是日本精神团总裁，和军部要人有密切关系。据他称，他岳父是贵族院议员，曾任陆军省经理局局长，固然和军部有密切联系。此外，故陆军大将儿玉源太郎提拔过饭野。因此，饭野和现任陆军参谋本部次长大岛健一关系颇密。同时他与陆军省经理局局长辻村楠造也是同乡。因此，他各方有知己。饭野也自称："自己在各方都有知己，故能听到各种消息，其中我认为重大的，均已报告大岛健一次长及现内阁的

①　铃木宗言（1863—1927），东京帝国大学法学毕业，曾任横滨法院、东京检察院、台湾总督府法院的法官和名古屋法院院长以及大审院检查官。退休后任旭药品工业会社社长。此时他已退休。

要人。"①

　　孙经过和饭野的几次交涉，于 9 月 13 日向饭野立约，保证："完全信赖贵团，以永远图求日中两国间之深交与和平，决不许外国擅自损伤中日两国之国交。若在政治上或经济上不得已与他国提携时，则事先通告贵团或贵团之指定代表人，应在征得其同意后方实行之"。②孙为何向他立这种誓约呢？据载，孙并不相信饭野，但为了获得军械不得不立这种誓约。孙立誓言后，于 9 月 21 日晚在饭野宅和陆军省经理局局长辻村会谈。孙对辻村说："日本对中国南北的舆论，民间和政府虽然相反，但据闻，政府也不全然无视民间舆论，只认为不合时宜"。③孙再问："日本陆军和民间舆论相一致的时机在不久将来是否到来？"④对此辻村没有做任何回答。这次会谈约两个小时，谈的内容不可能这样简单，但没有留下更多记录。

　　但到 1914 年初，情况则发生了变化。1 月 4 日上午，孙乘车至饭野宅，和饭野、池亨吉密谈。孙对饭野说："我想今年改变方针，贵意如何？"饭野问："阁下所说的改变方针是指革命吗？"孙答道："是的"。⑤于是饭野说明革命的不利，劝孙目前暂隐忍持重，等待时机。孙下午告辞而返寓。1 月 6 日上午 11 时 10 分，孙经铃木宅，和池亨吉同往饭野宅，和一名四十二三岁军人体格的人（是否辻村？）及其他四五人在饭野宅的二楼谈话。此日孙寡言，只是对其他人的谈话插了几句。孙说，自己违背贵谕示，虽并非本意，但在不得不牺牲同志之情况下，特在短则一二周，长则两个月内离开贵地，故对阁下之誓言（指 1913 年 9 月 13 日

　　①《受观察人的谈话片断》秘收第 6639 号，1913 年 12 月 23 日，《各国内政关系杂纂》第 9 卷。

　　②《誓约书》，《各国内政关系杂纂》第 11 卷。

　　③《孙文动静》乙秘第 1348 号，1913 年 9 月 26 日，《各国内政关系杂纂》第 8 卷。

　　④《孙文动静》乙秘第 1348 号，1913 年 9 月 26 日，《各国内政关系杂纂》第 8 卷。

　　⑤《孙文动静》乙秘第 23 号，1914 年 1 月 8 日，《各国内政关系杂纂》第 9 卷。

之《誓言书》）不过是孙的个人誓约，亦不得不取消。①说完就离去。此后，孙和饭野、辻村无来往。其原因何在？据孙的秘书某某（疑为池亨吉）谈，"孙未能得到购买军械之资金，饭野也未积极活动，故与饭野分手，退回当初交换之誓约书"。②

1915～1916年，孙和日本军部没有直接的来往，军部也不"支持"孙中山和革命党人的第三次革命。但到1916年，如同财界一样，军部对孙中山和革命党人的政策也发生了新的变化。孙也为迎接新的反袁运动的高潮，接触军部要人，搞到一批武器。

据档案记载，1916年3月29日晚上，孙偕戴天仇，至千驮谷町原宿一四八号，访问陆军参谋本部第二部（情报部）部长福田雅太郎少将，一直谈到10时40分。4月2日晚又偕戴访福田，谈到次日早1时许。第三次是4月26日，即孙离开东京的前一天，此日晨孙偕戴天仇走访福田，谈到9时。是日下午又去一次。福田在辛亥革命时期任关东都督府参谋长，主张支持南方的革命党人。此时，他也主张"支持"孙中山和革命党人，推翻袁世凯。

其次，是陆军参谋本部次长田中义一。4月份一天的晚上，孙偕戴天仇在议员秋山定辅宅会见了田中义一，谈到晚11时5分。翌日晚，又偕戴在秋山宅和似如田中的人谈到午夜。

再次，是参谋本部的本庄繁中佐（九一八事变时期关东军司令官）。4月26日，本庄繁中佐给福田打电话，说找戴天仇有急事。福田把此意转告孙。戴未在孙处，因此孙至福田宅给本庄打电话。另一次是是日晚本庄访孙，并和戴天仇离去。

孙在和军部的接触中是否搞到武器？虽然没有确实的记载，但此时孙准备向山东的居正和汕头地区运送武器。这正说明，此时孙确实搞到一批武器。而且孙也筹集了一笔款，有条件购买武器。这批武器只能是从日本军部得来的。

①《孙文动静》乙秘第23号，1914年1月8日，《各国内政关系杂纂》第9卷。
②《孙的秘书某某人谈》，（此件无档案号和日期），《各国内政关系杂纂》第9卷。

何以财界同意借贷款、军部同意供武器？这与日本政府对袁的政策发生变化有关。袁接受"二十一条"后，又要称帝，这便火上浇油，使中国国内的反袁情绪更为高涨。在这一新形势下，日本对袁可采取两种政策。一是乘袁之危，扶持袁渡过难关，以便加强对他的控制。二是利用中国国内的反袁情绪，"支持"反袁的力量，进而推翻袁。①日本至少在 1915 年 10 月前采取的是第一种政策。大隈首相于 9 月发表谈话，公然支持袁称帝，军部也同样支持，并且为此取缔包括革命党人在内的反袁势力。可是到了10 月，日本对袁的政策逐渐地从第一种政策转到第二种政策。10月 14 日，日本内阁决定了劝袁延期实施帝制的议案。这一决定具有两重性，既保驾袁，又牵制袁。这一两重性便是从第一种政策过渡到第二种政策的过渡性政策。基于这种政策，10 月 28 日日本联合英国和俄国，正式向袁提出劝告。跟着法国、美国也提出同样的劝阻。通过这一政策，日本一时掌握了对袁外交的主动权。但日本的这一举动不仅牵制了袁，而且抨击了其背后的英国等欧美列强。于是英国等列强便反击日本。11 月 11 日，英国外交大臣通知日本希望中国参加协约国，对德宣战的意见。英国让中国对德宣战的目的是在加强袁的力量的同时，使袁更加靠近英国等欧美列强。日本是不希望中国对德宣战的。在此种情况下，日本统治阶级也意识到，将袁控制在自己手中是不易的。此时恰巧云南宣布独立，反袁的护国运动波及华南地区，袁的统治也开始瓦解。这便促使日本从第一种政策完全转变到第二种政策。日本内阁于 1916 年 3 月 7 日通过了《帝国对目前中国时局应采取的政策》，决定反袁："袁氏掌握中国之权力，不能不成为帝国完成上述目的（即日本在华权益——笔者）之障碍。为完成帝国的上述方针，要袁氏退出中国权力圈是适宜的"。②该决策同时支持包括

---

① 北冈伸一：《日本陆军与大陆政策》，东京大学出版会 1978 年版，第 182～183 页。
②《日本外交文书》大正五年第 2 册，第 45、46 页。

革命党人在内的反袁势力："帝国民间有志之士同情以排斥袁为目的的支那人的活动，并提供资金和物品之举。对此，政府虽不负公开奖励之责任，但默许它是符合于上述政策的。"[①]

对华政策的转变，陆军参谋本部起了推动作用。大隈内阁非常强调外交的一元化。任外相的加藤高明也有权势，外务省一时控制军部，掌握了日本对华外交的主导权。但加藤于 1915 年 8 月下台，从此对华外交的主导权又转到军部。恰巧田中义一于 10 月任参谋本部次长，积极推行陆军的对华政策。1916 年 1 月，田中召集第二部部长福田雅太郎少将、外务省政务局局长小池张造，每星期开一次会，研究对华政策。2 月 21 日，田中致函陆相冈市之助，建议"现在采取让袁完全退出（政权）之手段，同时采取扶植我政治势力之手段为有利"[②]。这一势力便是包括革命党在内的反袁势力。在军部的推动下，2 月 19 日日本内阁决定"注视南方动乱的发展"[③]。实际上是，陆军和外务省扶持反袁势力的活动已在 1915 年 12 月开始。它们的战略是南北夹击袁。在北方，参谋本部派遣土井市之进大佐和小矶国昭少佐到旅顺，和关东都督府一起，唆使肃亲王等宗社党人进行所谓的满蒙独立运动；外务省指令前吉林领事森田宽藏到东北各地领事馆，传达扶植宗社党等反袁势力的旨意。[④]在南方，1915 年 12 月参谋本部将旅顺要塞司令青木宣纯和松井石根中佐派往上海，支持南方的反袁运动。据 1916 年 4 月 26 日孙中山致上海革命党人电，上海革命党人通过山田纯三郎，与青木发生联系。由此可见，田中和福田接触孙中山就是南北夹击袁的政策的一部分。

日本政府和军部虽然对中国南北双管齐下，但北方的宗社党活动进展快，准备 4 月举事；南方的进展不像北方，武器等未能

① 《日本外交文书》大正五年第 2 册，第 45、46 页。
② 田崎末松：《评传田中义一》上卷，和平战略综合研究所 1981 年版，第 546 页。
③ 北冈伸一：《日本陆军与大陆政策》，第 186 页。
④ 栗原健：《对满蒙政策史的一个侧面》，第 150 页。

按时运到。恰巧此时，日本对满蒙的政策从"支持"宗社党和蒙人巴布扎布转到扶持张作霖。这时张将要取代段芝贵，窃取东三省的统治权。日本认为扶持张比支持宗社党更为合适，更有把握。因此，4 月中旬下令宗社党等中止举事，极力拉拢张作霖。①

　　袁世凯于 1916 年 6 月 6 日死去。袁死后，北洋军阀嫡系分裂为皖系和直系，中国进入军阀混战的时代。在日本，大隈内阁下台，1916 年 10 月 9 日寺内[正毅]内阁上台。寺内内阁扶植皖系段祺瑞。这样，日本政府和军部"支持"孙中山和革命党人也成为昙花一现。

### 三、有关中华革命党的几个问题

　　二次革命失败后，孙中山深感国民党涣散，没有战斗力。因此，1914 年在东京成立了中华革命党。这里根据《中国革命党问题》中发现的材料，就中华革命党的一些具体问题做补充和更正。

　　（一）中华革命党第一次党员大会和选举干部的日期问题

　　一般认为，中华革命党于 1914 年 6 月 22 日在东京召开第一次党员大会，孙中山被选为总理。笔者认为，不是 22 日，而是 21 日。据档案记载，中华革命党召开第一次党员大会的前后情况是这样的：

　　6 月 15 日下午 2 时 40 分，陈其美访孙中山讨论中华革命党总部的成立、组织机构、干部选举、党员大会等事宜。是日下午向旧金山、新加坡、夏威夷、槟榔屿等地邮寄《中华革命党总章》。②

　　6 月 16 日上午 9 时，孙中山步行至民国社，和在场的陈其美、田桐、胡汉民、周应时及其他三人议事。此时，徐苏中、伊仲栈、何海鸣等来民国社，但没参加议事。11 时 50 分，孙和胡汉民一

---

① 参见栗原健：《对满蒙政策史的一个侧面》，第 150～152 页。
② 《孙文动静》乙秘第 1119 号，1914 年 6 月 16 日，《各国内政关系杂纂》第 12 卷。

起离开民国社，中午 12 时 10 分回寓。这是 17 日的报告。①18 日的报告在追记此事时写道："16 日，[孙]在民国社会见陈其美、田桐、胡汉民、周应时、刘承烈、柏文蔚、居正等，协商中华革命党干部人选。设总理、协理、各部长，推举孙文为总理，黄兴为协理。但黄兴目前投资一万日元，在目白台盖房，似另有打算，因此尚未定。此日初步决定的干部如下：

　　总务部长　陈其美

　　党务部长　田　桐

　　财政部长　张人杰（现在法国巴黎）

　　军事部长　柏文蔚

　　政事部长　胡汉民"②

　　据档案记载，中华革命党党员大会是 6 月 21 日下午 1 时在民国社召开的。据《关于中华革命党之事》的记载，"昨天即 21 日下午 1 时起，中华革命党党员约四十七八人在芝区南佐久间町一丁目三号的民国社聚会议事。议事内容素来是保密的，因此尚未详细得知。据闻，陈其美作为总理孙文的代理，对中华革命党总章逐条详细说明，并给各位介绍了初选中当选的各部部长。各部长也讲了话。陈其美唤起大会注意：今后各位的报告，交给有关的专任部长。此外，似乎没有其他特别的决定"。③

　　据此记载，孙中山没有出席 21 日的党员大会④，也不是这一天被推举为总理的。孙中山是 16 日被推举为中华革命党总理的。

　　那么，6 月 22 日有何活动？据《孙文动静》，上、下午来客较分散，没有党的主要干部来访，孙中山也没有外出参加会议。晚 7 时 20 分后来访者较集中："晚 7 时 25 分，胡汉民、白逾桓、

---

①《孙文动静》乙秘第 1135 号，1914 年 6 月 17 日，《各国内政关系杂纂》第 12 卷。

②《孙文动静》乙秘第 1152 号，1914 年 6 月 18 日，《各国内政关系杂纂》第 12 卷。

③《关于中华革命党之事》乙秘第 1213 号，1914 年 6 月 22 日，《各国内政关系杂纂》第 12 卷。

④ 21 日的《孙文动静》也没有孙去民国社参加大会的记载。

张百麟、周应时、周雷鳞、杨庶堪六人来访议事。他们似为议事特意聚会。孙先发言一个小时，后各抒己见，似乎进行了激烈的争论。10 时 10 分均离去。晚 7 时 25 分，徐忍茹、丁健南二人来访，没参加议事。7 时 35 分离去。晚 8 时 10 分，邓家彦来访，参加议事，10 时 10 分离去。晚 8 时 30 分，陆惠生来访，参加议事，10 时 10 分离去。"[①]由此记载分析，22 日晚上的会是一次讨论会，研究或者争论些问题，而不是党员大会。

（二）中华革命党的成立大会

中华革命党的成立大会是 1914 年 7 月 8 日下午 3 时至 6 时半在筑地精养轩召开的。这次大会原定在民国社召开，但出席者越来越多，临时改在精养轩。据日警侦察，出席者有 205 人。其中查明姓名的有：徐苏中、徐忍茹、王统一、田桐、苏无涯、夏重民、陆扬镐、阎崇义、陆惠生、夏之麒、刘恢宇、徐郎西、张百麟、蔡锐霆、王介凡、胡仰、安健、凌钺、陈阶、潘敬贤、周应时、雷霆、唐天成、金佐治（疑为廖仲恺）、陈其美、叶夏声、居正、陈家鼎、熊尚文。出席的不仅是党员，党外人士也出席。田桐、夏重民、徐苏中、周应时、王统一负责接待，会员（？）胸前戴一徽章。孙中山于下午 2 时 30 分离开住宅，到精养轩参加大会。下午 3 时成立大会开始，居正起身说明成立中华革命党总部的理由和今天召开"恳亲会"的宗旨。[②]然后，孙中山做了大约一个半小时的演说。接着陈家鼎、蔡锐霆、田桐、熊尚文等演讲。演讲结束后，招待茶点。6 时 30 分散会。孙中山没有参加茶点招待会，6 时 10 分回寓。

孙中山在成立大会上的演说大意如下：

"我们同志目下虽流亡于日本，但追慕母国之念一时也未离开

---

① 《孙文动静》乙秘第 921 号，1914 年 6 月 23 日，《各国内政关系杂纂》第 12 卷。
② 据《中华革命党党员之聚会》乙秘第 1318 号，1914 年 7 月 8 日，由叶家（夏）声致词，但第二天的《中华革命党党员聚会一事补报》（乙秘第 1320 号）称致词的是居正。

脑际。将来如何使我民国得屹立于世界，此乃与诸君共谋之大事。唯今目睹民国国内之状况，土匪、流寇、白狼（朗）等草贼之辈各地蜂起，专事掠夺，民无宁日，且外交、财政亦以因循姑息为事，目不忍睹。如若此迁延下去，必至亡国之境地。故吾等民国之人，必须设法救其于未倒之时，为国尽力。吾等同志发挥爱国之心，舍弃私心私利，专心为国为民谋取福利，继而为维护东亚和平而努力。将来世界战争，必是黄白人种之争，我希望不要只谈中国或日本一国之和平，要谋求东亚之和平。然后，当我民国应时代之要求发起第三次革命时，我同志不问平素属何团体，志同道合之士都必须协作一致，诚心诚意，取同一步调，以国家百年大计为重，努力奋争。然而事情只宜等待而不得苛求。功宜自然形成而不得力争，要循其自身之规律，等待时机之到来，务望依此本分而行事。若只为事业而孜孜以求功，则必失之轻举妄动，故要隐忍负重，以待时机。总之，务望我同志共进退，各自审慎行事，决不可轻举妄动。再者，近日看到有关革命党之种种报道，均为谗诬中伤之流言，无一事实。望诸君纵知晓此事亦不可为此类流言所惑。"①

据载，这次大会不仅是中华革命党的成立大会，而且是一次动员大会，号召大家做好第三次革命的准备。同时也是增进和党外人士团结的恳亲会。

（三）中华革命党各省支部

成立大会后，孙中山于8月2日指示各省党员选出省支部干部，来自云南省的党员于8月3日在神田区三崎町三丁目一号吉田屋选举了云南省支部干部。

中华革命党于1915年4月27日，经孙中山修改批准，发布

---

① 《中华革命党党员聚会一事补报》乙秘第1320号，1914年7月9日，《各国内政关系杂纂》第12卷。

了《中华革命党各省支部通则》。①该通则共有三十一条，规定了省支部的任务及组织机构。各省支部设支部长一人、参议四人、书记长一人、科长四人（总务科、党务科、会计科、调查科）及干事、书记若干人；支部长由党员推荐，由总理委任。支部其他干部由各支部推荐，由总理委任。

各省支部可设分部。分部设分部长一人、参议二人、会计一人、书记一人、调查员若干人。分部长由支部长推荐，由总理委任。参议由分部长推荐支部长委任。其他干部均由分部长委任。

（四）《中华革命党总章》

《中华革命党总章》何时起草、印刷、散发、讨论等问题，是中华革命党研究中值得重视的问题。总章起草时间一时查不清，印刷和散发的日期是 6 月 15 日。15 日下午陈其美来访孙中山研究中华革命党总部的成立及干部人选等问题时谈及总章问题。下午 3 时 15 分，夏重民给孙送来了印好的总章五十来份。夏离去时，孙令他向旧金山、新加坡、夏威夷、槟榔屿等地邮寄十来份。3 时 30 分来访的刘玉和刘屹也带走二十来份。总章和党员正式见面的时间是 6 月 21 日，即第一次党员大会。到 10 月，又重新讨论和修改总章。据现有记载，至少讨论了三次。第一次是 10 月 10 日下午 2 时 30 分至 5 时 25 分，于孙住处，在其主持下，陈其美、居正、丁仁杰、杨庶堪、王统一、王静一（谢持化名）、田桐、胡汉民、金佐治、许崇智、戴天仇十一人讨论了总章。他们各自带来印好的总章，由戴天仇读完后，各抒己见，加以修改。第二次是 14 日上午 10 时 20 分至中午，除王统一外，以上十人均出席。第三次是 21 日上午 10 时许至中午 12 时 50 分，除王统一以外的十人出席。

---

① 《各国内政关系杂纂》第 17 卷。

（五）《革命方略》

《革命方略》是孙中山在日时期起草的文献。这一文献又是何时起草、散发、讨论的呢？孙于 1914 年 2 月 4 日的书简中曾写道："刻正编刊方略，不日脱稿，一俟出版，即行寄上"。这说明，此时已写了不少。到 4 月 5 日左右，孙给来访者中的重要人物秘密散发复写的《革命方略》（小版美浓纸二十来张），并逐条加以说明。①这说明，此时已经写完。过去一般认为，1914 年 9 月 20 日在东京召开《革命方略》的第一次讨论会。这次是否为第一次？值得怀疑。按常理，从印发到讨论不可能相隔半年之久，且孙在逐条解释时必然引起讨论。因此即使 9 月 20 日讨论，也不是第一次。至于 9 月 20 日确实在孙处有过会。是日下午来客较集中，且离去的时间也大体一致。来访的时间如下："1 时 25 分，金佐之（有时写作金佐治）来访面谈，5 时 10 分离去。2 时 25 分，胡汉民来访，一起交谈，5 时 10 分离去。2 时 38 分杨庶堪、2 时 45 分田桐、2 时 50 分许崇智等相继来访，5 时 20 分左右离去。3 时，王静一、居正、丁仁杰等三人来访，一起交谈，5 时 25 分离去。3 时 8 分，戴天仇来访，一起交谈，5 时 30 分离去。4 时 30 分，王统一来访，一起交谈，5 时 15 分离去。杨庶堪以后的来访者坐在孙文前似在议事。"②参加讨论者计有上述十人。到 11 月中旬，在孙住处和陈其美办事处（芝区南佐久间一丁目一号）又开了《革命方略》的讨论会数次。

此外，孙中山等革命党人还制定了《军律规定》。该规定有三十八条，由周应时起草。1914 年 11 月 28 日上午 10 时到中午 12 时 30 分在孙住处讨论修改该规定。参加讨论的有孙中山、王统一、王静一、周应时、居正、胡汉民、丁仁杰、戴天仇、金佐治九人。11 月 21 日，在孙住处还讨论了革命成功后所需的法律。出席的

①《孙文动静》乙秘第 1879 号，1914 年 9 月 21 日，《各国内政关系杂纂》第 14 卷。
②《孙文动静》乙秘第 1879 号，1914 年 9 月 21 日，《各国内政关系杂纂》第 14 卷。

有王统一、丁仁杰、胡汉民、居正、王静一、周应时、金佐治、戴天仇、田桐、杨庶堪十人。据载，这时期，中华革命党的干部每逢星期三和星期六讨论这些法律。

孙中山、黄兴等革命党人，在日本办了三所学校，即浩然庐、政法学校、航空学校。现将三所学校介绍如下：

浩然庐①是培养军事干部的学校，成立于1913年12月1日。起初为西本愿寺僧侣水野晓梅为了收留和教养流亡到日本的革命党人的子弟而设立的私塾。后来发展成为军事干部学校。主持浩然庐的是日本陆军预备役大尉青柳胜敏，教官有预备役骑兵大尉一濑斧太郎、预备役步兵大尉中村又雄，预备役步兵中尉杉山良哉及预备役曹长五人。中国人教官是蒋介石、吴仲常、陈勇、周哲谋等人。在校学生53人②，其中三分之一是曾参加过革命的，其他为革命党人的子弟或者留学生。学生分为甲乙两个班。授课科日有战术学、应用战术学、野外要务令、兵器学、筑城学、地形学、交通学、体操、柔道、剑道及日语、经济学、武术等。学生每月交学杂费十元，均住宿舍。孙中山和黄兴资助其经费。1914年6月下旬，在制造炸弹时发生了爆炸事件。日本警宪借机压制，把此事起诉于法院。于是，6月30日青柳一时解散浩然庐，一周后青柳以私塾形式继续办了这一学校。此时，日人教官照旧，中方由周应时、吴藻任教官兼翻译，丁某任职员。当时，日本政府压制浩然庐得到袁政府的赞赏。

政法学校③是培养政治干部的学校，成立于1914年2月9日。校长是法学博士寺尾亨，由黄兴、孙中山、李烈钧等人资助。学生一百八十人，为革命党人及其子弟。学校分成政治经济专修科和法律专修科，修业年限为二年。该校为培养适合于共和政体的

① 浩然庐校址在荏原郡入新井村大字新宿一二六〇号。
② 也有七十九人之说。
③ 政法学校校址在东京神田区锦町三丁目十号东京工科学校内。

新干部，设置了许多新课程。政治经济专修科设政治学、比较宪法、行政泛论、经济原理、财政原理、法学通论、民法总论、国际公法、政治史、行政各论、经济各论（银行货币）、应用经济、财政各论（租税、公债、预算）、民法（物权、债权）、刑法、社会学、西洋史（中世、近世）。法学专修科有法学通论、比较宪法、刑法、民法总论、国际公法、经济学、论理学、行政法、民法、商法、国际私法、民事诉讼法、刑事诉讼法、裁判所构成法。该校教员是东京帝大的吉野作造、松本燕治、建部遁吾、立作太郎、山崎觉次郎、河津暹、美浓部达吉、小野冢喜平次、野村谆治、小林丑三郎、堀江归一及早稻田大学的本多浅治郎等有名的学者。授课时间为星期一至六的下午1时至5时。学杂费六日元。这一学校是正规学校，有学校简章二十五条。[①]

航空学校。在第一次世界大战中，飞机作为战争武器出现在战场上。孙中山非常重视这一新武器的开发和利用，在日本建立了革命党的第一所航校。

孙中山经头山满和梅屋庄吉的介绍，认识了日本飞行员坂本寿一。[②]他有一架飞机，飞行技术超群，曾飞行八十余次，坠落十八次，但一次也未受伤。1916年2月6日上午11时55分，他初次访孙，谈了40分钟。此后，续访十四五次，研究成立航校问题。经三个来月的筹办，5月4日航校正式开始训练。这一学校设在京都附近琵琶湖西岸的近江八幡（现在的八日市附近），校名为中华革命党近江飞行学校。第一批学员有四十七人，其中有夏重民、周应时、刘季谋、姚作宾、马超俊、陈律生、李文耀等。经一个时期训练，于7月2日迁到山东，隶属于居正指挥的中华革命军东北军，坂本被任命为中华革命军东北军航空总队司令。机场修

---

① 政法学校的详情，请见《各国内政关系杂纂》第11卷。
② 坂本寿一于1890年生于山口县柳井，1907年山口县立工业学校毕业，1908年留学美国，毕业后在福特汽车公司工作，自制三十马力的飞机。

在东北军刚攻克的潍县县城。当时有两架飞机，队员有一百人。飞行队配合居正部进行了威慑性的飞行。袁军士兵第一次见到飞机后，惊恐万状，四处逃散。这支飞行队在作战中发挥了一定的作用。[①]

## 四、孙中山对国内革命运动的领导

孙中山东渡日本的目的是准备新的反袁斗争，即第三次革命。他从踏上日本列岛的第一天起，就以百折不挠的革命精神，领导国内的革命。

抵日后，孙先想利用何海鸣，继续讨袁。二次革命时，何被黄兴委任为江苏省讨袁军总司令，在南京抵御袁军等。孙对他抱有希望并和他合作，指挥陆、海军反击袁军。孙的房东海妻也说，孙决定了一大计划，一两周内付诸实施。但讨袁失败，孙的计划也未得实现。当时，孙由于此事，非常苦恼。

孙中山的第三次革命的军事战略是南北并举，从而夹击袁的老巢。这是从辛亥革命和二次革命的教训中得来的。辛亥革命时虽然组织了以蓝天蔚为首的北伐军，但为时太晚，未能起多大作用。后来，陈其美遣周况到东北，做了第二十七师师长张作霖的策反工作，但未能成功。因此，辛亥革命和二次革命中，未能从北方牵制清军南下，更未能夹击袁的老巢。这无疑是革命失败的重要原因之一。

孙中山在日本准备第三次革命时，鉴于这一历史教训，非常重视包括山东在内的东北地区的革命工作。这是和前两次革命不同的新特点。

孙把东北工作的据点设在大连。这是因为大连属于日本管辖，便于保护自己开展工作，且隔海相望山东。辛亥革命失败后，一

① 航校之详情，见车田让治：《国父孙文与梅屋庄吉》，第302～308页。

些革命党人转到大连。中华实业银行经理沈缦云也在大连避难。他们联合成立平民社。①二次革命失败后，又有一批革命党人转到大连。这样，在该地的革命党人达二百余人。此时他们分为三派，即宁梦岩派（孙中山、陈其美系）、刘艺舟派（何海鸣系）、邱丕振派（山东系）。他们缺乏思想沟通，互相排挤。但1913年底认识到相互反目之不利，渐渐联合起来，成立一个总部（以陈其美的名义成立的），准备举事。但缺乏军用资金，甚至衣食住宿也非常困难。因此，他们希望孙中山和陈其美给他们提供资金。孙曾通过吴大洲送款一千日元，但无济于事。他们一再打电报，促陈其美和戴天仇速来大连。于是，孙决定派陈、戴和山田纯三郎前往大连。

陈等三人②于1914年1月19日离开东京，26日下午1时乘台中丸抵大连，住在满铁医院。住该院一是因陈患肺病，二是避人耳目。据载，他们来大连的目的是，慰抚这一地区的革命党人，视察实际情况。陈、戴经一个时期的调查，于2月上旬或者中旬打来一电，称"我们现正在各方面活动。但因目前无实力，一切都未能办成，毫无效果，很遗憾。本月我们仍住在医院，各方面进行调查，开展活动"③。由此推测，他们三人在大连的工作不顺利。据日方探听的材料，他们"要力戒他们同志的轻举妄动，待南方准备就绪后，再南北呼应，起兵举事"④。陈、戴是根据孙中山的方针劝阻他们的。据日档载，孙的方针是："在南方的广东、云南、广西等省尚未足备实力之际，满洲暂不着手进行。如目前在满洲轻率举事反而造成不利局面，并有给日本带来麻烦之虞，

① 平民社于1913年8月被关东州当局解散。
② 陈其美化名朱志新，戴天仇化名木村藤吉。
③《孙文动静》乙秘第463号，1914年2月15日附记，《各国内政关系杂纂》第10卷。
④《在大连革命党员及宗社党员等之动静》乙秘第289号，1914年2月3日，《各国内政关系杂纂》第10卷。

故切忌轻举妄动，待时机到来后再断然实行之"。①这次陈、戴、山田的大连之行，主要为解决这一战略方针问题。他们于 3 月 15 日搭台南丸离开大连，17 日抵门司，19 日回到东京。②

6 月，孙中山又派陈中孚赴大连，以奉天为中心，在新民屯、本溪湖、抚顺、法库门、土门子一带从事革命活动。

7 月，孙中山又派蒋介石③、丁仁杰④、山田纯三郎去北满。他们 7 月 6 日离开东京，经由朝鲜釜山、新义州，9 日抵安东，10 日抵哈尔滨，24 日到齐齐哈尔。此次，他们带孙的亲笔信，做黑龙江省巡防队的策应工作。在齐齐哈尔，他们拜访巡按使兼参谋长姜登选、独立骑兵旅旅长英顺、师参谋长李景林及旅长巴英额。巴英额还派其营长到哈尔滨，和蒋、丁、山田商谈了举兵南下的具体事宜。⑤

在南方，孙中山以上海为中心，领导长江流域和华南地区的革命工作。

经一年来的准备，第三次革命的时机逐渐成熟。7 月初，和孙中山关系较密切的王统一就第三次革命发表了谈话："关于第三次革命，我们同志一直卧薪尝胆，焦虑万分。最近时机逐渐成熟，与袁总统管辖下的湖北、湖南、广东、江西等省军队已联络好。这些军队正在整装待发，孙一派一声令下，即可随时起事。只因军资尚未凑齐，正在隐忍以待。最初的计划，是全国同时举起革命大旗，但因军资筹集不如意，故先在南方举事，然后向全国发展。"⑥

---

① 大连民政署田中警视电话报告：《关于陈其美等的言行一事》民高警秘收第 602 号，1914 年 1 月 27 日，《各国内政关系杂纂》第 10 卷。

② 戴天仇在门司分手，去长崎接家眷。

③ 此时蒋介石化名为石田雄介，身份为满铁上海办事处职员。

④ 丁仁杰化名为长野周作，身份为满铁上海办事处职员。

⑤ 《关于满铁公司职员山田纯三郎赴满之事》机秘第 38 号，《各国内政关系杂纂》第 12 卷。

⑥ 《中国流亡者王统一谈话》乙秘第 1303 号，1914 年 7 月 4 日，《各国内政关系杂纂》第 12 卷。

恰巧此时爆发了第一次世界大战。第一次世界大战是列强重新瓜分世界的战争，主战场在欧洲。欧洲列强均卷入战争之旋涡，无暇顾及东方。袁世凯是靠英美列强的支持，窃取辛亥革命的果实，维护其反动统治的。现在，英国等无暇顾及袁世凯，袁世凯也一时失去了后台靠山。孙中山认为，这是发动第三次革命的良机。孙说："刻下欧洲战乱确为中国革命之空前绝后之良机。据最近对中国内地以至南洋及美国等地之形势调查，革命声势愈加高涨。相信此时乃举旗之大好时机，遂决定起兵举事，目前正在准备之中。"①陈其美也说："余相信刻下欧战乃中国第三次革命之绝好时机，然而革命并非易事，更不容轻举妄动，必须周密考虑，审时度势。我等革命党人刻下已大体完成第三次革命之作战计划，约百名在京同志返回国内，何时举兵唯欧战形势如何而定。余等党员目前正在观望形势，如德国势成败局，即为我中国各省革命起义之时。"②

日本的大陆浪人也认为此时是发动革命的良机。头山满说："在目前局势下，举起中国第三次革命之旗，似乎早已成既定之事实，不可更动。彼等革命党人之活动颇为出色，刻下其第一步准备工作业已完成，第二步即实行日期尚不得而知。以我所见，目前在中国大地上出现革命之曙光，其时机定在不远之将来，此点已无疑问。"③

孙中山和革命党人发动第三次革命的计划如何呢？据日警方探听，大体分三个阶段：第一，"先前由孙文给予旅费归国的革命党员，在中国各地热烈鼓吹革命，并在离革命根据地较远的各省，发动有如土匪蜂起式的小动乱，以作为牵制南方之策；第二，在

①《犬养毅与孙文会见之事》乙秘第1651号，1914年8月27日，《各国内政关系杂纂》第13卷。

②《中国流亡者陈其美之谈话》乙秘第1817号，1914年9月12日，《各国内政关系杂纂》第14卷。

③《头山满之谈话》乙秘第1802号，《各国内政关系杂纂》第13卷。

长江沿岸各地也发动同样的小动乱，以便南京和其他地区的军队调往动乱之地，从而削弱针对根据地（革命军）的军事力量。……第三阶段为胶州湾陷落时期，计划此时最终正式举旗革命。"①

要革命，则要成立革命总部。孙中山为成立总部，先和陈其美等商谈。此时，陈其美正患病住在高桥医院。②8 月 28 日下午，孙先到陈其美住处（曲町区三年町）访蒋介石。后偕蒋至高桥医院，和陈其美、山田纯三郎、菊地良一、丁仁杰、周应时、戴天仇、陆惠生等人研究，并决定总部设在上海，遣蒋介石和陆惠生前往上海，筹办此事。此时，蒋和孙来往密切，蒋常访孙。蒋、陆当日启程至横滨，拟搭船赴上海。但风浪大，船未启程。翌日二人返回东京，31 日上午乘车离东京。蒋离东京前夕即 30 日晚访孙议事。他们于 9 月 3 日在门司搭船赴上海。

其次，将在日本的革命党人送回国内，准备在国内各地起兵举事。据载，8 月下旬从东京、大阪和长崎等地回国的约有三百来人。其中仅从东京回国的就有一百五六十人。他们都从孙中山那里领取旅费。③此时来访者络绎不绝，孙中山的工作也非常紧张。

再次，在各地举事。蒋等抵上海后，拟在杭州举事。杭州不是战备要冲，而是最为富有之地。因此，想通过此次举事，在杭州一带筹集军资。日本陆军部预备役大尉一濑斧太郎等十来人也参加。但被袁军警侦知，10 月下旬革命党人先后被捕处死，机关也遭到破坏。

在广州，邓铿和由南洋归来的朱执信等在此地策划反袁武装起义。邓铿可能是 8 月底离东京回国的，回国前，他常到孙处。④

在辽宁，准备工作由陈中孚领导。他和孙关系密切。6 月中

---

① 《有关中国革命运动之计划》乙秘第 1925 号，1914 年 9 月 26 日，《各国内政关系杂纂》第 14 卷。
② 高桥医院地址是赤坂区溜池町。
③ 此时从美国汇来两万日元。
④ 据载，邓铿于 8 月 21 日晚、24 日上午、25 日上午和晚上、26 日上午访问过孙中山。

旬孙遣他去大连。9 月他把大连的工作交给沈缦云，去奉天做张作霖部的策应工作。9 月 5 日他给孙打电报，要活动经费，孙则汇五百日元。

孙中山此时所做的另一件工作是走访日本朝野，说明中国革命之良机和准备情况，争取日本在外交、军事及财政上的支持。

孙先找日本国民党的首领犬养毅。在野的国民党一直反对大隈的对华政策，主张"支持"孙中山和革命党，反对袁世凯。1914 年 8 月 12 日下午 2 时 30 分，孙乘人力车至曲町区三年町陈其美处，和陈及戴天仇、菊池良一、犬冢信太郎等人开会。孙认为，第一次世界大战的爆发是发动第三次革命之良机，决定派遣菊池良一去国民党总部访问犬养毅，征求其意见。菊池向犬养说明此意，并说明孙中山和革命党人的准备情况。犬养只表示要采取慎重态度。8 月 22 日，孙又致函犬养，要求会见他。于是犬养于 8 月 24 日下午来访，谈了 90 分钟。孙对犬养说："刻下欧洲战乱确为中国革命之空前绝后之良机。……相信此时乃举旗之大好时机，遂决定起兵举事，目前正在准备之中。至于欧战形势……胜利终归德国。战争平息，日德两国恢复和平之时，日本将在对德对华外交上面临复杂情况。此时若在中国内地发生动乱，必给日本外交带来极大好处，为此日本政府务必支援中国革命，此点请阁下予以关照。"[①]接着，孙谈及军资的筹集情况，说："如若此次仍不能筹足所需资金，即便附加任何条件，也靠阁下在日筹款。"[②]对此，犬养未发表任何意见，仅称"如周围条件允许，现在是举革命大旗之大好时机"，关于筹款一事，待与头山商议后答复。[③]26

---

①《犬养毅与孙文会见之事》乙秘第 1651 号，1914 年 8 月 27 日，《各国内政关系杂纂》第 13 卷。

②《犬养毅与孙文会见之事》乙秘第 1651 号，1914 年 8 月 27 日，《各国内政关系杂纂》第 13 卷。

③《犬养毅与孙文会见之事》乙秘第 1651 号，1914 年 8 月 27 日，《各国内政关系杂纂》第 13 卷。

日，犬养又访孙，谈了 55 分钟。①

头山满是大陆浪人之首领。孙中山于 8 月 21 日下午 4 时 35 分走访头山，谈了 1 小时 25 分钟。9 月 11 日，孙遣戴天仇访头山。12 日，戴带领陈其美、田桐、胡汉民等又拜访了头山。头山认为一战是举行第三次革命的大好时机。他说，"我国政府对此次时局所采取之外交政策，虽有不满之处，但不是言及之时，只能保持沉默"。②但他还是抨击了大隈内阁的外交政策："希望我政府为国家着想，此番应倾注部分力量于南方云云。"③显然，头山"支持"孙中山和革命党人搞第三次革命，但不能违反政府及军部而断然"支持"。

板垣退助是日本自由党和立宪政友会的创始人。此时他虽然引退，但在政界依然有影响。9 月 20 日，孙中山偕戴天仇、萱野长知，拜访板垣。孙希望他出面说服大隈内阁"支持"中国革命党人。④但板垣没有同意。于是孙又派戴天仇再次劝板垣从中斡旋。于是板垣找大隈说了此事，但大隈未做确实的答复。板垣表示，和中国革命有关系的主要人物商议后再考虑。10 月 1 日孙又派戴天仇，走访头山满、寺尾亨、海妻猪勇彦，转达板垣的意见，再次希望他们予以支持。1 日晚，板垣、头山、寺尾、的野半介在赤坂三河屋聚会，研究了革命党的要求。⑤其结果不明。

孙中山虽然通过他们争取日本政府对革命党人的"支持"，但日本政府不仅不"支持"，反而压制了他们的革命活动。陈其美曾愤怒地指责道，日本政府"在欧战后持非常之压迫主义，其实例不胜枚举。对属于政治犯的流亡者，本应在一定范围内予以保护，此为国际公法所公认。然而日本现政府无视国际法，对我等同志

---

① 《孙文动静》乙秘第 1650 号，1914 年 8 月 27 日，《各国内政关系杂纂》第 13 卷。
② 《头山满之谈话》乙秘第 1802 号，1914 年 9 月 9 日，《各国内政关系杂纂》第 13 卷。
③ 《头山满之谈话》乙秘第 1802 号，1914 年 9 月 9 日，《各国内政关系杂纂》第 13 卷。
④ 《日本外交文书》大正三年第 2 册，第 829 页。
⑤ 《日本外交文书》大正三年第 2 册，第 829 页。

实行压制，却欲援袁。此甚为不当"①。

那么，日本为何压制孙中山和革命党发动第三次革命？其中有两个原因，一是对德宣战，二是侵占山东。日本以对德宣战为名，借西方列强无暇顾及中国之机，要大肆侵略中国。因此，英国等不希望或者不同意日本对德宣战。但英国等西方列强又怕日本"支持"孙中山和革命党人，借它们无暇扶持袁的机会推翻袁。如袁被推翻，英国等西欧列强则失去其在华的走卒，对其大为不利。因此，英国就和日本达成"此时如中国内地发生革命，（日本）则有责任予以镇压"之协定②，以此作为同意日本参战的条件。在东京的革命党人曾揭露此事，犬养毅也在议会上质问过。事实上也真有其事。陈中孚等革命党人在辽宁起兵举事时，日本官员声称："如在日本租借地附近起事，将难以预料对日本造成何等的损害，而且因此将在中国惹起议论。这对彼此均为不利。"③而且在本溪、奉天等地拘留革命党领导人，下令解散起义军。④

袁世凯也怕日本借英国无力扶持之机，利用孙中山和革命党人推翻自己。因此，以取缔或者驱逐孙中山和革命党人作为条件，出卖中国主权于日本。1914 年 8 月，曹汝霖称，"中国政府十分关注日本对青岛问题之态度，且对处理流亡者问题表示不安"。曹又称，"贵国政府目前难于对之采取断然措施。作为交换条件，中国政府不惜解决贵国十几年来所企望之具有政治意义重大的经济问题"。曹又赞赏日本政府镇压革命党人在日本办的军事干部学校——浩然庐之事，并说："近来传闻，彼等又在大连筹建办事机构，策划建立根据地。环顾目前局势，类似事件随时随地均有发

①《陈其美之言行》乙秘第 1561 号，1914 年 8 月 21 日，《各国内政关系杂纂》第 13 卷。

②《头山满之谈话》乙秘第 1802 号，1914 年 9 月 9 日，《各国内政关系杂纂》第 13 卷。

③《中国流亡者陈中孚之谈话》乙秘第 1965 号，1914 年 10 月 2 日，《各国内政关系杂纂》第 14 卷。

④《中华革命党党员陈中孚之谈话》乙秘第 1917 号，1914 年 9 月 25 日，《各国内政关系杂纂》第 14 卷。

生之可能。当此之际，有设法尽早根除其策源地之必要。曾有庆亲王恳请伊藤内阁驱逐流亡者之先例。既有先例，则必有解决之方法。"①袁世凯以日本压制孙中山和革命党人为条件，把山东半岛划为中立区，拱手把青岛交给日本。

由于以上原因，日本不仅压制革命，而且不提供贷款。在准备第三次革命中，最大难题是筹集军用资金问题。开始计划筹集一千万日元，后来减到一百万日元，但也未筹齐。革命党人虽然在南洋筹集了一笔款，但由于战争银价下跌，一时汇不来。如前所述，孙中山宁肯答应日方的任何条件，也希望日本提供军资贷款。但日本基于上述原因，一文也未提供。这便卡了革命党人的脖子。而且青岛也早被日本攻陷，革命党人来不及此时起兵举事。这样，借第一次世界大战爆发之机发动第三次革命的计划未能实现。

可是，孙中山和革命党人百折不挠，继续寻找良机发动革命。日军占领青岛的第二天，即11月18日，孙中山召集居正、胡汉民、丁仁杰、田桐、王静一、周应时、许崇智、王统一等开会，重新部署革命计划。会上，孙中山以中华革命党总理之名，向除王统一以外的几位发了委任状。②他们都带着喜色离开孙处，奔向新的革命岗位。

1915年1月，日本向袁提出"二十一条"，5月9日，袁除第五项外，其余全部接受。孙中山和革命党人对"二十一条"采取了什么态度？革命党人在东京散发了揭露"二十一条"的油印材料。在日档中查到1915年4月下旬陈其美的秘书黄实向中国国内、新加坡、旧金山等地散发的有关"二十一条"的材料（三千余字）

---

① 1914年8月9日，桑冈丰藏致外务大臣加藤高明函：《有关流亡者之事》，《各国内政关系杂纂》第13卷。

②《孙文动静》乙秘第2316号，1914年11月19日；《关于孙文印刷委任状之事》乙秘第2271号，1914年11月13日，委任状有三种：白色、青色、黄色。见《各国内政关系杂纂》第14卷。

和以东辟①的笔名写的《揭破中日交涉之黑幕以告国人》的油印材料（五千余字）。后一个材料是在东京散发的。这一材料就交涉之远因、近因真相至交涉之关系——做了揭露和分析。据此材料，革命党人反对"二十一条"，揭露日本的侵略和袁的卖国罪行，但主要反对袁，对日本留有余地。当时他们身在日本，且为反袁争取日本的"支持"，所以对"二十一条"的态度有矛盾之感。正如陈其美所说："日华交涉问题，单就国家而言虽不得不反对，但从现今世界大势观察，则不值得反对。吾今日以流亡之身，对此问题尚不知其内容，但相信无助于和平。"②

　　孙中山和革命党人并利用"二十一条"交涉所造成的有利时机，继续准备第三次革命。革命党人估计"二十一条"交涉结果有两种可能：一是交涉不成，便引起两国干戈相见；二是如袁接受"二十一条"，便激起全国上下反袁的新高潮。若前者，如王统一所说的那样："日本会不顾一切直逼北京推翻袁政府。讴歌袁政府者只有袁派自己，多数国民早就不满袁政府，处于人心背离之状态。故此，如日本加以一击，袁政府则必将崩溃。倒台后何人支撑政局，虽尚不能言明，但我派同志目下正雌伏以待时机之到来，一旦机会成熟，便随时起事，不可踌躇。"③若后者，"中国人心必将更加反对政府。因此，乘此趋势，作为政治策略，一面非难日本之要求，一面极力攻击袁政府此次之措施，大力鼓吹反袁，使中国人心更加激烈。同时努力怀柔民心，待时机成熟后，再举旗起事"④。5月9日，袁世凯除第五项外，全盘接受了"二十一条"。鉴于此种情况，孙中山和革命党人又准备发动革命。据日警

---

① 日警认为"东辟"为居正的笔名。此材料由居正起草，孙文等中华革命党人散发。
② 《中国流亡者陈其美之谈话》乙秘第 556 号，1915 年 3 月 15 日，《各国内政关系杂纂》第 16 卷。
③ 《中国流亡者王统一谈时局》乙秘第 840 号，1915 年 5 月 5 日，《各国内政关系杂纂》第 16 卷。
④ 《中国流亡者王统一谈时局》乙秘第 955 号，1915 年 5 月 13 日，《各国内政关系杂纂》第 16 卷。

侦察："在京孙文一派革命党员近来情况有些异常，似在秘密策划什么。据查，关于此前日中交涉问题，在中国人士中，许多人责难攻击袁政府之措施，并乘此时机准备在 8 月，以广东为中心发动第三次革命。"①孙中山也令陈中孚 6 月 13 日离东京赴香港。②此时，孙中山也常到中华革命党总部办公。8 月 25 日下午，孙中山在民国社会见即将回国参加国内革命的同志，并和他们合影留念。③

孙中山在准备第三次革命过程中逐渐重视中国内外各政治势力的联合。而在 1914 年，孙中山对此问题尚不大重视。如与黄兴的关系来说，两人虽然同居东京，但因意见分歧，来往极少。1913年 8 月至 1915 年 6 月，两人只见过四次面。④1914 年借第一次世界大战的爆发发动第三次革命时，曾接近黄兴的宫崎滔天、萱野长知等人想请回黄兴，但黄兴对此似乎没有反响。于是，萱野、宫崎、王统一等在宫崎家合议，请孙中山致电请回。他们把此意通过陈其美转告孙。孙说，我们有今日并非黄兴参与才有力量，我的意见是不必召回，但可征求犬养毅的意见。陈其美于 8 月 21日访犬养征求意见。犬养说暂不妨召回。陈将此意转告孙。孙却说，此事暂可搁置不理。此动议也遂告中止。⑤

可是到 1915 年情况则发生了变化。日本提出"二十一条"以来，民族矛盾更为激化。中国国内的各派势力，政治上虽有分歧，但在反对"二十一条"上逐渐趋向一致。这就为各派政治势力的联合提供了有利条件。孙中山洞察形势，及时做了联合各派势力

---

① 《中国流亡者王统一谈时局》乙秘第 1333 号，1915 年 6 月 15 日，《各国内政关系杂纂》第 16 卷。

② 也有陈中孚于 6 月 13 日离神户赴青岛之说。

③ 《孙文动静》乙秘第 1886 号，1915 年 9 月 26 日。

④ 第一次是 1913 年 8 月 31 日晚黄访孙，第二次是 10 月 11 日上午孙访黄，第三次是1914 年 5 月 5 日孙偕萱野长知访黄，第四次是 1915 年 6 月 27 日下午孙访黄。

⑤ 《召回黄兴之活动》乙秘第 1573 号，1914 年 8 月 22 日，《各国内政关系杂纂》第13 卷。

的工作。3月，孙先后派陈其美和丁仁杰、许崇智和宋振去南洋，和在那里的岑春煊、李烈钧等协商共同举事问题。是年夏，袁世凯要称帝。这更加速了各派的联合。李烈钧自1913年12月离开东京赴南洋后，与孙中山没有多少来往。但他在云南宣布独立后，派使者和孙中山联系。其使者陈仁、席正铭、刘国敏、刘铸等四人于1月17日至东京，18日下午5时40分访问孙中山。孙热情招待晚餐，和他们谈到晚9时15分。此后，席正铭继续和孙中山保持联系。张继离东京后，和孙也没有来往。但1915年11月20、24日带黄兴的旨意接连访问两次，1916年1～4月来访八九次。4月26日来访送行。

　　孙中山在日本还接触了梁启超的代表和岑春煊，三方代表开过一次会。1916年2月3日下午，孙中山至青山南町六丁目六十号王静一（谢持的化名）处，会见了从神户来的周世民。[①]当时传说，梁启超、周善培、温宗光三人来日，和孙中山、岑春煊磋商行将来临的革命运动。日警方疑周世民为梁启超。但2月4日的乙秘第163号《有关革命党各派首领聚会之事》又写道，"梁、温二人突然因发生某种事暂不来日，只有周善培作为梁启超的代理，代表进步党于昨天2月3日上午到东京车站。"[②]周世民是2月3日抵东京的。由此推测，周世民就是周善培。周善培是梁的代表张国祥的化名。他抵东京后，"在东京的张继、戴天仇等人立刻会见周，就各首领聚会一事作了协定。为与尚在热海的岑春煊商议，今日（2月4日）下午张继、戴天仇、居正、张（疑为谭）人凤等四人前往热海。四人与岑会见后，商定聚会的地点日期等事项，准备六日返回东京。"[③]而周于2月5日下午访问孙中山，此后连

---

　　① 《孙文动静》乙秘第161号，1916年2月4日，《各国内政关系杂纂》第18卷。
　　② 《有关革命党各派首领聚会之事》乙秘第163号，1916年2月4日，《各国内政关系杂纂》第18卷。
　　③ 《有关革命党各派首领聚会之事》乙秘第163号，1916年2月4日，《各国内政关系杂纂》第18卷。

续来访数次。

至于岑春煊，据日警侦探，1 月 24 日从热海来东京（此时化名为任兴时），25 日返回热海。2 月 6 日，一位叫关正雄的人和两位中国人来东京住在自称王辅宣、张容的两人租借的房屋。日警认为，关正雄就是岑春煊。他来东京后，于 2 月 10 日晚 9 时许，以任兴时的化名访问前外相加藤高明，在返问途中拜访头山满，11 日下午又拜访了犬养毅。

2 月 12 日孙中山、岑春煊、张国祥举行了三方首领会议。是日下午，孙中山乘车至芝区三田南寺町八号，访问岑春煊。张继和张国祥在那里等候。四人共进晚餐，一直谈到深夜。[①]至于会谈的具体内容无记载，但至少说明孙联合各派政治势力，共同反袁的思想倾向。

综上所述，孙中山在日的 2 年 9 个月中，呕心沥血地准备第三次革命。1916 年 5 月，他依然为这一革命，风尘仆仆，回到国内。第三次革命终究未能发动，但孙中山在这一时期的革命活动应载入史册。孙中山在日本患病数次，不是请医诊疗，就是亲自到药店买药服用，坚持工作，始终不渝。他那百折不挠的革命气魄和英勇气概，他那为民族事业献身的爱国精神，永远激励着我们！

（本文原载《孙中山研究论丛》第四集）

---

① 《孙文动静》乙秘第 218 号，1916 年 2 月 13 日，《各国内政关系杂纂》第 18 卷。

# 孙中山的"满洲借款"和《中日盟约》考释

当前孙中山与日本关系的研究中，有争议的是 1912 年的"满洲借款"、1915 年的《中日盟约》、致小池张造函及其附件《盟约案》的真伪等诸问题。日本和我国台湾的学者对这些问题进行了研究，并提出了真伪的肯定性结论。这些问题至关重要，且涉及革命先驱孙中山本人，故应先甄别其有关史料的真伪，再加以详析。这里，以前人的研究为基础，利用笔者目前所掌握的一些史料，试图就这些问题进行考释。在考释中，因前人对这些问题提出的历史背景、孙中山的思想状况及围绕这些问题的人际关系等都做了详细的论述，为避免重复，本文在此不再论及。

## 一、"满洲借款"

"满洲租借"问题是辛亥革命时期孙中山与日本关系中的一大悬案。日本学者对此做了大量研究[①]，国内的一些论著也有所涉及。这里先回顾一下此问题的提出和日本学者的研究情况。

首先提出此问题的是山田纯三郎。在 1943 年出版的《森恪》一书中，他回忆陈述了此问题。他说，1913 年夏天二次革命爆发后，在东京的森恪致电山田，如孙把满洲割让给日本，日本则提

---

① 藤井升三：《孙文的对日态度——以辛亥革命时期满洲租借问题为中心》，见《现代中国与世界——其政治性展开》，《庆应通信》1982 年，第 109～150 页。久保田文次：《孙文的所谓"满洲让与"论》，见中屿敏先生古稀纪念事业会编：《中屿敏先生古稀纪念论集》（下卷），汲古书院 1981 年版，第 601～624 页。

供装备两个师的武器和现款两千万日元。山田与宫崎滔天商议后
两人赴宁，与孙和胡汉民谈了此事。孙与隔屋的黄兴协商三十分
钟后，表示同意。山田打电报把孙的意思告诉东京的森恪，森恪
回电道，向南京下关派日军舰，接孙到九州三池，在这里与桂太
郎会谈此事。孙对此表示，目前情况下他不能赴日，派黄兴作为
代理。森同意黄兴来。这样，一切谈妥，只等军舰到来。但军舰
没有来接黄兴。<sup>①</sup> 根据这一回忆，包括笔者在内的国内外学者都
认为此事发生于二次革命时期。

　　山田的这一陈述是 30 年前的回忆，需要进一步考证。1981
年久保田文次在《孙文的所谓"满蒙让与"论》一文中，对山田
的回忆提出质疑，并做了一番考证。久保田根据有关人员的当时
情况和孙中山的满蒙意识等各方面分析，得出结论：（1）孙让与
满蒙之事并不是发生在二次革命时期；（2）但是类似的交涉在其
他时期存在的可能是不可否定的。<sup>②</sup> 久保田从国会图书馆的有关
山县有朋、井上馨等人的史料分析，辛亥革命时期孙、黄与井上、
益田孝、森恪之间可能有过以提供满蒙权益为条件的借款交涉，
但由于山县的反对，没有实现。<sup>③</sup>后来对此问题的新研究表明，久
保田的考证和分析大体上是正确的。

　　1982 年 3 月和 6 月，藤井升三在《辛亥革命时期孙文关系资
料——有关"满蒙问题"的森恪书简》和《孙文的对日态度——
以辛亥革命时期的满蒙租借问题为中心》两文中，先后刊出了他
在日本三井文库中新发现的森恪于 1912 年 2 月 5 日和 8 日致益田
孝的两封信<sup>④</sup>，进一步证实了久保田的推测，并断定此事发生在

---

① 山浦贯一：《森恪》上卷，高山书院 1943 年版，第 402～406 页。
② 久保田文次：前揭文，第 601～624 页。
③ 久保田文次：前揭文，第 618 页。
④ 藤井升三：《辛亥革命时期孙文关系资料——有关"满蒙问题"的森恪书简》，见亚
洲经济研究所内资料，调查研究部 No56-8。此两函文由李奎译成中文，发表在中山大学《孙
中山研究论丛》1990 年第 7 期。

1912年2月即辛亥革命时期。

　　"租借"或"让与"满蒙一事是涉及国家主权的重大问题，同时涉及中日双方。但中方却至今未发现有关的资料，如中方也有发现，此问题便可下肯定的结论。笔者为解决这个问题，曾去东京三井文库查阅了森恪的两封书简和有关史料。三井文库现供大家阅览的是复印件，而且没有信封。我请求该文库工作人员拿出原件查阅，但原件也没有信封。该文库有三井物产公司的《社报》，而森恪是三井物产公司上海支店的职员。《社报》详载了该公司驻外人员回国、出国时间，森是1912年1月5日从上海抵东京的。[①]不过《社报》没有记载他回上海。鉴于书简没有信封即没有从上海发的邮戳和没有记载他回上海的情况，以及在山田回忆中森恪在东京指挥，并没有参加会谈的情况，我曾怀疑书简是否为森在东京书写并从东京发的？但后来在盛宣怀档案中发现了1912年2月1日三井物产公司常务董事山本条太郎从上海致孙中山的函件。该函写道："森恪君今日晨[由日本]到达，将有很多事须与阁下商谈，尚祈为贵政府之利益与中日两国之关系，予以接待为盼。"[②] 这就证明2月森恪在上海、南京，到4月才回日本。[③] 这证实了这两封信的确是从上海发出的。

　　这里先考证一下森恪于2月5日致益田孝函的内容。该函虽然不直接涉及"满洲借款"问题，但与8日致益田孝的"满洲借款"函有内在联系，对考证8日函的真伪颇有益处。若考证出这个问题便可以对5日函的真伪有一个肯定的结论，并为进一步考证8日函打下基础。

　　5日函涉及五个问题，第一个问题即是孙、黄2月2日是否与森会谈并在有关汉冶萍公司的合同等文件上签字。该函开头写

　　① 三井物产公司《社报》1912年1月6日，日本三井文库藏。
　　② 陈旭麓等编：《辛亥革命前后——盛宣怀档案资料选辑之一》，上海人民出版社1979年版，第244～255页。
　　③ 三井物产公司《社报》1912年4月8日，日本三井文库藏。

道："小生于二日晨七时从当地（上海——笔者注）出发，下午四时半抵南京，立即往访孙文，并促请黄兴参加。三人鼎足而坐，就当前至关重要之汉冶萍公司日中共同经营一事进行了交涉。虽有过三四处异议，但最终照我方希望，同意共同经营，顺利签署契约。"①孙、黄在此签署的是指汉冶萍公司的哪一个契约？1 月 29 日，横滨正金银行的小田切万寿之助与盛宣怀在神户草签了中日合办汉冶萍公司的合同。② 根据这一合同，日方向汉冶萍公司提供 500 万日元，并从中将 250 万日元借给南京临时政府。这时候汉冶萍公司在南京临时政府管辖以内，因此需要南京临时政府也承认这一合同，并保证其实施。所以森恪带有关的合同草案及认证书乘船离神户，赴沪宁请孙、黄代表南京临时政府在有关中日合办汉冶萍公司合同及其认证、权利合同及其认证、南京临时政府与三井的借款合同等三个文件上签字。③中日合办汉冶萍公司合同及其认证是小田切、盛宣怀、孙和黄三方签字，其权利合同及其认证书和借款合同是孙、黄与三井签署的，其中保存至今的是 1 月 29 日在神户草签的合同④和 2 月 2 日在南京签署的南京临时政府和三井间的借款合同英译本⑤。这些合同都有中、日、英三种版本，双方约定，"若字句发生疑义时，依附英译文决定"⑥。因此英译本同样具有法律效力。据南京临时政府与三井的借款合同英译本，签署日期为 2 月 2 日，签有"中华民国总统孙文"和"陆军总长黄兴"的名字，并盖有二人的印。这些事实证明，5 日函

---

① 1912 年 2 月 5 日森恪致益田孝函，日本三井文库藏。
② 武汉大学经济学系编：《旧中国汉冶萍公司与日本关系史料选辑》，上海人民出版社 1985 年版，第 314～316 页。日本外务省编：《日本外交文书》第 45 卷第 2 册，第 114～115 页。
③ 武汉大学经济学系编：前揭书，第 310～316 页。日本外务省编：前揭书，第 45 卷第 2 册，第 132～134 页。
④ 武汉大学经济学系编：前揭书，第 314～316 页。日本外务省编：前揭书，第 45 卷第 2 册，第 114～115 页。
⑤ 武汉大学经济学系编：前揭书，第 313～314 页。
⑥ 武汉大学经济学系编：前揭书，第 311 页。日本外务省编：前揭书，第 45 卷第 2 册，第 133 页。

件的第一个问题是确实的，孙、黄 2 月 2 日与森会谈并在汉冶萍公司的有关文件上签过字。

该函的第二个问题是同一天孙、黄托森恪致日本元老井上馨的电报。5 日函中有孙、黄致井上电文："尊意已由森君转告，致谢。万事当遵阁下劝告，今后同日本之关系，一切仰阁下之指导，以期统一。近日将派代表置阁下指挥之下。唯因事急，故以电信恳请，切乞援助，请将愚意转告山县[有朋]、桂[太郎]二公。以上同意与否，乞复电。孙文、黄兴。"①该文为日文，是用三井公司密码发的。此电如今保存在日本国会图书馆宪政资料室的《井上馨文书》之中。②同一天，孙中山又致井上一函，该函为中文，其内容与上一电相同，仅有一些修辞不同。此函也收录于《井上馨文书》。③而且在 2 月 5 日函中，孙、黄二人委托森恪转告井上的四点意见，与孙、黄致井上电、函的内容大致吻合。

第三个问题是该函中所谈的招商局借款及安徽省铜官山铁矿的中日合办合同。森恪代表三井洋行与安徽省议会代表、安徽省矿务总局草签了合办合同。④招商局借款众所周知，不在此赘述。⑤这也说明第三个问题确有其事。

第四个问题是该函第二段中言及的黄兴致函井上馨，希望日本援助，以及孙中山通过森恪向日本借款。日本是抓住他们的希望，迫使他们租借或割让东三省的。因此考证这个问题对解决"满洲借款"之事非常重要。据 5 日函，2 月 2 日会谈时黄对森说："不久之前第一次写信之后，还研究了井上侯之为人……"⑥这是指孙

---

① 1912 年 2 月 5 日森恪致益田孝函，日本三井文库藏。
② 《日本历史》1987 年 8 月号，第 87 页。此电文是李廷江从日本国会图书馆宪政资料室的《井上馨文书》中发现的，并登载在此刊上。此刊上的电文，与 5 日函中的电文有三个不同之处，如"由森[恪]君转告""切[约]乞援助"等。这也许是李抄写或校对时的错误。
③ 《日本历史》1987 年 8 月号，第 86 页。
④ 日本外务省编：《日本外交文书》第 45 卷第 2 册，第 91 页。
⑤ 参见拙文《辛亥革命时期日本的对华政策》，见《纪念辛亥革命七十周年学术讨论会论文集》，中华书局 1983 年版，第 1414 页。
⑥ 1912 年 2 月 5 日森恪致益田孝函，日本三井文库藏。

中山回国前黄兴致函井上馨，希望日本财政上援助革命党之事。黄兴是否发过此函，并提过此种希望呢？据《原敬日记》，原敬内相1月9日访井上馨时，井上对原敬说，黄兴直接致函给他，希望他同情革命党，并操心其金融。[①]这便证明此事是确实的。至于孙中山1911年12月25日抵沪后向三井物产公司上海支店提出借款一两千万日元的要求[②]，森把此事转告益田孝也是确实的。据《原敬日记》，井上又对原敬说，"益田孝访问[井上]时说，他从三井物产派往汉口（这是上海之误——笔者注）的森恪那里详细听到上述之事"[③]。这便说明孙的借款要求通过森恪和益田孝的渠道转达给井上馨。据森的5日函第二段中孙、黄与森的谈话，井上对孙、黄的希望和要求表示支持，孙、黄二人也对此表示满意。于是他们二人3日联名致电井上，表达感谢之意。这又证实该函第二段的谈话也是确实的。

第五个问题是孙、黄托森恪写信禀告井上馨的四件事。5日函的一半涉及此事，其中除"四"的"对满族皇族所作之忠告"之外，其他三件事与孙、黄3日致井上电和孙致井上函的内容基本相同。这也证明确有其事。

以上五个问题的考证，说明森恪5日函及其内容是确实的，毋庸置疑。该函中不能证实的只有一件，即5日下午2时森接到的益田孝电及其内容。此电在森恪和益田孝的有关资料中也尚未发现，有待发掘。它不影响对5日函件的总体性考证。5日函为甄别8日森恪致益田函的真伪提供了一个有利的根据。上述5日函的第二、四、五诸问题，与3日会谈和8日函有直接关系。若分析5日和8日函的内容，则知道2日是预备性会谈，为3日关于"满洲借款"问题的正式会谈做好准备。因此，下面进一步考

---

① 原奎一郎等编：《原敬日记》第3卷，福村出版1965年版，第210页。
② 山浦贯一：《森恪》上卷，高山书院1943年版，第382～383页。
③ 原奎一郎等编：《原敬日记》第3卷，福村出版1965年版，第210页。

证 8 日函的真伪。

8 日函涉及六个问题，这些问题也是该函的主要内容。

第一个问题是 3 日在南京是否举行过会谈。据 8 日函，参加会谈的有孙中山、胡汉民、森恪、宫崎滔天、山田纯三郎五人。[①] 此事至关重大，所以森把宫崎和山田作为证人，从上海一起来参加会谈。他们颇受孙、黄的信赖，邀其参加有助于会谈的成功。孙中山和胡汉民对此次会谈没有留下任何回忆和资料，山田纯三郎有回忆，虽有误忆，但证实他参加了此次会谈。宫崎滔天的文书或全集中虽未谈到此事，但其全集的年谱中有"2 月 3 日在南京总统府访孙文，森恪、山田纯三郎同道"的记载。[②] 年谱编者虽未注明其史料来源，但证实了森、山田、宫崎三人访孙之事，并纠正了山田回忆中森恪没有参加之误。参加会谈的五个人中，有三人证实 3 日会谈之事，说明 3 日孙与森等五人在南京举行会谈是确实的。

第二个问题是森恪在正式谈满洲问题之前力图取得孙中山的信任。按外交惯例，会谈重大问题或缔结条约时，应相互提示证明有权力有资格谈判，或有缔结条约资格的全权代表证书或者相应的文件，以此建立相互间的信赖关系。这是谈判或缔结条约是否有效的前提条件。森是三井的小职员，按其地位是没有资格与孙谈这么重大的问题的。对他来说，与孙、黄会谈之前应解决他们相信森有资格谈判这一重大问题。于是 2 日与孙会谈时，森先转交井上馨的名片，然后谈了他与井上、山县、桂等日本元老的关系和他是受他们的指令来会谈的，并表示井上馨有意协助孙、黄和南京临时政府。孙、黄二人都相信森是受命于井上、山县、桂而来会谈的。[③] 5 日函中的第二、四、五个问题是为取得孙、

---

① 1912 年 2 月 8 日森恪致益田孝函，日本三井文库藏。
② 宫崎龙介等编：《宫崎滔天全集》第 5 卷，平凡社 1976 年，第 703 页。
③ 1912 年 2 月 5 日森恪致益田孝函，日本三井文库藏。

黄的信任所做的准备，3 日森偕宫崎、山田参加会谈，如 8 日函所说也是争取两人的信任。因此 3 日会谈伊始，森再问孙："阁下相信我能接近日本政治中心吗？"[①] 孙中山通过 2 日的会谈探知森有来头，相信他背后有日本政界和财界要人的支持，所以孙即答道："相信你背后之力量，增强了完全信赖你的念头。"[②] 森再次确认孙对他的信任后才谈出满洲问题。[③] 这符合会谈重大问题的外交程序，也解决了交涉满洲问题的前提条件。

该函的第三个问题是 3 日会谈中是否谈了租借或割让满洲及"满洲借款"问题。据 8 日函，森在得到孙的充分信任后提出过，双方会谈也较为具体。森是当事人，他所写的东西无疑是考证此问题的重要依据。山田的回忆虽有几处误忆，但内容与此函大致相同。因此作为当事人的山田的回忆也是考订此问题的有力证据，同时也是森 8 日函的直证。

其次，森与孙开始谈满洲问题时说："我要说的事有一定的根据。"[④]这句话就是指他谈的"满洲借款"是有来头的，有其背景的。其背景是益田孝、井上馨、山县有朋等大人物在东京策划满洲问题，并指示森向孙提出租借或割让满洲之要求。如没有这一指示，作为一个支店小职员的森，不敢也不能与孙谈这么大的问题。这也就是满洲问题出笼的过程和 3 日会谈的历史背景。若不弄清这一点，则无法考证此问题，就像出土文物不知其出土地层一样。

1911 年 12 月 21 日孙抵香港时，山田纯三郎、宫崎滔天等五人去港迎接，并同道乘船去上海。在船上，孙向山田提出希望从三井得到一千或两千万日元贷款的要求。回到上海后，经山田介绍，孙与三井上海支店长藤濑政次郎、森恪谈了借款问题。当时

① 1912 年 2 月 8 日森恪致益田孝函，日本三井文库藏。
② 1912 年 2 月 8 日森恪致益田孝函，日本三井文库藏。
③ 1912 年 2 月 8 日森恪致益田孝函，日本三井文库藏。
④ 1912 年 2 月 8 日森恪致益田孝函，日本三井文库藏。

谈的是中日合办汉冶萍公司的借款，而不是"满洲借款"①。这一巨额贷款，上海支店不能擅自做主，森便回东京与三井的元老益田孝谈了此事。益田向元老井上馨报告。在此之前，井上已接到黄兴的一封信。从此信内容推测，是1911年12月即南京临时政府成立前写的。此信如今收录于日本国会图书馆宪政资料室《井上馨文书》之中②，有其日译文。信中黄兴希望"井上同情革命党，操心革命党的金融问题"③。这封信又成为当时提出满洲问题的起因之一。黄兴在该信中写道："东三省是与日本有因缘的地方，因此劝诫同志不要在此地骚扰。"④这是革命党保护日本在东三省的既得权益，而不是把它割让给日本的意思。可是森访问益田转告孙要求借款时，益田则对森说，革命党"如此想依赖我方，则借此机会有必要与革命党定密约：一旦成功时将东三省割让"⑤给日本。森回答："此事能办到。"⑥其依据之一是黄兴在致井上函中的那一段话。益田把割让东三省之事向井上馨报告，井上又转告山县有朋。此时，山县、田中义一等军部要人乘革命动乱之际，想出兵两个师占领东三省。这一计划虽然遭到内阁的反对，但山县等为把东三省窃为己有，当然支持他们的意见。井上和山县对来访的内相原敬表示："赞成借此机会与革命党订立将东三省攫取为己的密约。"⑦贷款、割让东三省之事，按决定政策的程序，一定要经过内阁的同意。因此井上把此事委托给内相原敬。此时西园寺首相暴病，原敬转告内田康哉外相，同时转交了黄兴致井上的信。1月12日，在内阁会议上原敬内相强调了政府对东三省问

----

① 参照山浦贯一：《森恪》上卷，高山书院1943年版，第392~396页。
② 藤井升三：前揭文，第120页。
③ 《原敬日记》第3卷，第210页。
④ 《原敬日记》第3卷，第211页。
⑤ 《原敬日记》第3卷，第211页。
⑥ 《原敬日记》第3卷，第211页。
⑦ 《原敬日记》第3卷，第210页。

题采取紧急措施的重要性。①对此，海相、法相等表示同意。在16 日召开的内阁会议上再次讨论满蒙日题，并作了"适当解决"的决定。②此后在东京的割让东三省情况，因缺乏史料尚不清楚。森回东京后的上述活动也表明，此时日本是企图割让或者租借满洲的，而且森回南京与孙中山谈此事至少是受日本井上、山县等人的授意。这便是 8 日函的政治背景，它再次证实森在会谈中向孙提出"满洲借款"和"满洲割让"是确实的。

第四个问题是该函涉及的"满洲借款"与南北议和、南京临时政府的财政情况。信函中有关情况，尤其是孙中山的话都符合当时的历史事实。

第五个问题是函中列举的在沪的森和在宁的孙之间以及森与益田、井上之间就"满洲借款"往返的六封电报。这些电报是考证此问题的非常重要的物证，借此能对"满洲借款"的真伪下正确的结论。但保存下来的只有函中提到的 2 月 3 日下午 5 时 40 分森致益田的电报，它被保存在日本国会图书馆宪政资料室的《井上馨文书》之中。③这也说明井上阅过此电，知道了 3 日孙森会谈的情况。据山田的前述回忆，往返的电报等文书其后都烧毁了。④当时他们都用暗号发电报的。在日本爱知大学所藏的《山田纯三郎文书》中有一份暗号，但这不是森交给山田的"MBK Private Code 的'イロハ'"，而是其他暗号。在《山田纯三郎文书》中也没有有关的电报。其他五份电报，有待今后发掘。

除上述五份电报外，2 月 8 日益田孝致森恪的电文保存在日本国会图书馆宪政资料室的《井上馨关系资料》之中。这份电报在涉及南北议和及铜官山、招商局借款等问题之后写道："关于满洲问题劝一位（指孙或黄——笔者注）来日订秘密契约。如订约

①《原敬日记》第 3 卷，第 210 页。
②《原敬日记》第 3 卷，第 210～213 页。
③藤井升三：前揭文，第 149、150 页。
④山浦贯一：《森恪》上卷，高山书院 1943 年版，第 405 页。

则有获众多同情之希望。"①此电似乎是 2 月 3 日下午森致益田电的回电，其内容与 2 日和 3 日会谈诸问题相吻合。这再次证实森向孙提出过满洲问题，但并不说明孙对森的要求采取何种态度。

第六个问题是孙对森要求租借或割让满洲抱何种态度，这是 8 日函的关键问题，也是学界意见分歧所在。前人的研究都认为孙中山同意租借或割让满洲，其根据是山田的回忆和森恪的这一信函。笔者认为，现在下此种结论为时尚早，要对这么重大的问题下肯定的结论，非有孙、森双方的直证材料不可。尽管森的信函是直证材料，但那只是单方面的，孙的有关直证材料尚未发现，只有发现孙的直证材料才能下确凿的结论。

其次，从森恪的信函中不能看出孙对"满洲租借"的明确态度。乍一看 8 日函，孙似乎是同意租借或割让的，可是再仔细分析一下此函的内容，便知孙的态度前后矛盾，含糊不清。

孙对森要求租借或割让满洲的回答是先后矛盾的。孙先说："当此次举事之际，曾希望将'满洲'委于日本，作为补偿，日本对我革命给以援助"；"假如本人在从欧洲返回途中，至少在香港能得知桂公的意向，我将立即绕道日本，以决定此问题。"②但是接着又说："时至今日，业已丧失时机。当其时，凡革命军之事皆可由我与黄兴决定方针。今则不然，各省均赞成我等之说，任意揭出我等之旗号，加入我等行列，因而缺乏兵权和金权的我等不能任意实行其主义，大事须有众议才能决定。"③这里就反映了孙内心的矛盾，并表达了此事不能由他个人决定之意。接着孙说南京临时政府财政穷乏到极点，如数日内筹集不到资金则陷于军队离散、政府瓦解之命运，因此他又希望日本提供 1500 万日元贷款。这又是一层矛盾，即他希望得到日本的贷款，但他无权决定东三

---

① 藤井升三：前揭文，第 140 页。
② 1912 年 2 月 8 日森恪致益田孝函，日本三井文库藏。
③ 1912 年 2 月 8 日森恪致益田孝函，日本三井文库藏。

省租借。在此种双重矛盾中，他最后表示："机会虽已失去，但万一桂公认清我等之心事，有推行其为日本之所志，无论如何，为防止革命军队离散，供给至危之现金。我等现在之情况，如有金钱则安心，可得军队之信赖。军队问题能确实解决，则如所望，我或黄兴中的一人赴日，与桂公会见，商定满洲问题和革命政府之大计。"[1]但鉴于当前情况，"不能离开南京一步"[2]。孙中山在会谈中两次表示"机会已失去"，也就是说同意日方所说的"机会已失去"，但为解决临时政府面临的财政危机，防止军队的离散、政府的瓦解以及与袁的南北议和等诸多之事，又希望日本提供贷款，其代价是"与桂公会见商定满洲问题和革命政府前途之大计"。但孙的大计是什么？没有明确表示。孙在会谈后森致益田的电文中也没有表示确切的意见。

此电文是森用中文确认其大意之后由孙、胡进行删改的，在某种意义上表达了孙的意向。此电就满洲问题说："孙ハ满洲租借ヲ承知セリ。"[3]"承知"一词在日汉字典中有两种解释：一是应允、同意、答应、允许之意；二是知道、知悉之意。笔者认为，"承知"一词应理解为"知道"或"知悉"比较合适，符合日语的习惯。即使"承知"一词含有允许、同意等意思，但其文字的表现形式是含糊的、模棱两可的。这就是日语的特点，因此不能当作绝对明确的同意或者应允，应将该句译成"孙知悉满洲租借之事"。该电接着又说，"如立即借一千万元，则与袁世凯中止议和，孙文或黄兴赴日，缔结满洲秘密契约"[4]。这里虽提到"满洲密约"，却没有提到内容是什么，这也是含糊的。通过以上的分析，可以看出孙在满洲问题上没有明确表态。退一步讲，即使孙有可能答应日方的要求，我们从孙和森的会谈及来往的电文中可提出以下

---

[1] 1912 年 2 月 8 日森恪致益田孝函，日本三井文库藏。
[2] 1912 年 2 月 8 日森恪致益田孝函，日本三井文库藏。
[3] 1912 年 2 月 8 日森恪致益田孝函，日本三井文库藏。
[4] 1912 年 2 月 8 日森恪致益田孝函，日本三井文库藏。

几个问题：

第一，满洲"租借"或"割让"要求是益田孝、井上馨、山县有朋等先后提出的，并胁迫孙承诺。森是在他们和内阁的授意之下与孙会谈的。在 2 日会谈中森对孙说："如阁下所知，当今世界乃黄种人与白种人之战场，为遏制白人先锋俄罗斯南下，确保我日本安全存立与东洋和平，日本认为，必须以日本势力保全满洲"；"在俄国企图南下、德国占据青岛之际，满洲终归应由日本保护。今日之大势，满洲若单靠中国政府保护其安全，纵使阁下恐亦无此把握。况且从日本立场来看，将满洲完全委于中国政府更是危险至极。中国政府不可能单独保护满洲，这无疑是贵我双方早已承认的事实。应该说，满洲之命运早已确定。革命政府之前途，想必有诸多困难，倘若没有在地理上和历史上具有特殊地位之日本的特殊援助，完成革命或属疑问。若阁下放弃命运既定之满洲，决心将其委于日本势力，得日本特殊援助以为其代价，以图完成革命之大业，日本必将应允其要求，立即争取必要手段"；"不知阁下决心如何？若阁下所思与小生相同，则当从速判断。其实，桂公已向益田[孝]吐露此般密旨。若阁下有断然实行之意，[孙黄]二人中之一人，可秘密前往日本会见桂公。日本派军舰在阁下认为方便之地接迎，直驶[日本九州]三池港，再乘特别列车至京都，尔后促桂公自东京前来会见，往返时日约两周即可"。① 这是借孙中山和南京临时政府财政穷乏之际，趁火打劫，以提供贷款为名，图谋租借和割让东三省。因此在研究和考证"满洲借款"时，应先揭露日本军国主义的这一侵略野心。

第二，孙和森在会谈中的主张是对立的。孙始终强调借款的优先提供，力图先得资金，然后再说满洲问题。森则相反，先解决"满洲租借或割让问题"，把它作为提供贷款的条件。此种对立，

---

① 1912 年 2 月 8 日森恪致益田孝函，日本三井文库藏。

说明了两者目的不同和由此产生的态度不同。

第三，此种对立又表现在是先孙、黄赴日还是先提供借款上。孙始终主张后者为先，森则主张前者为先。孙的这一主张，在某种意义上反映了他在满洲问题上的抵抗心理。如果没有此种抵抗心理，若孙同意先赴日缔结"满洲契约"的话，"满洲租借和割让问题"也许变成现实了。

第四，孙把提供贷款的日期限于 2 月 9 日，其原因与旧历年有直接关系。1912 年的春节是 2 月 18 日，2 月 9 日是旧历的 12 月 25 日，按旧习，春节是大庆之日，节日前南京临时政府应给政府干部及军人发一笔赏金，让他们愉快度过创建共和国后的第一个春节。若不能发这笔钱，也许会有军队离散、政府瓦解之危险。因此当森提出 5 日内通知年内能否提供贷款时，孙则反驳道，"如真正到年底才提供，也可能会失去提供援助的意义"[①]，强调必须 25 日前送到，因为年底到的话，来不及春节前把这笔钱发下去，即使送到也达不到其目的。

不仅如此，孙还决定把南北议和和清帝退位问题也在年底前予以解决。孙 2 月 12 日指示伍廷芳，向北京的袁世凯传达：15 日午夜 12 时前清帝一定退位，否则取消对皇帝和皇室的优待条件。[②]这也是要在春节前完成推翻封建统治的革命任务。

那么日本为什么没有提供一千万日元的贷款呢？其原因何在？如上所述，是孙优先提贷款的要求使然。这种要求并非孙中山独创，其他政治家也有先例，明治维新前后日本的外交中也有类似的现象。然而，日本不愿在得不到孙的确切允诺前提供贷款。

这一时期，孙中山对当时形势的判断是错误的。此时虽然未能得到日本的贷款，但并未发生如孙所预料的那种军队离散、政府瓦解的情况。这也许与孙袁在南北议和中的妥协有关。

---

① 1912 年 2 月 8 日森恪致益田孝函，日本三井文库藏。
②《孙中山全集》第 2 卷，第 82～93 页。

而且如上所述，孙认为这一矛盾问题是暂时的，将来能够统一起来。矛盾的统一需要条件，条件具备了矛盾才能统一。根据近代中国和日本的情况，当时不具备这种条件。历史证明，中国不是依赖日本援助来完成革命的，而是在反对列强侵略的革命战争中废除了与包括日本在内的列强缔结的一切不平等条约，恢复了国家独立和领土完整。这一历史事实又反过来说明，孙中山依靠日本来实现革命的战略是行不通的、错误的。这就是历史的结论。

第五，以英国为首的欧美列强的牵制。辛亥革命时期日本与欧美列强在维护中国的既得利益方面虽然一致，但在扩大新权益方面则相互争夺。此时这一争夺是以牵制对方在中国扩大权益的形式表现出来的。在资本主义世界中，日本是二流帝国主义，对欧美列强的牵制不能不有所顾忌，在未得到他们的承认或默认的情况下，不敢胆大妄为地租借或割让满洲。

由于上述诸原因，日本没有提供贷款，也不敢租借或割让满洲。

最后一个问题是，如孙同意租借或割让东三省的话，如何分析其原因？如何评价他的这一行动？孙从欧美回国后向三井提出借款要求的主观愿望是为推翻清朝实现共和；2月3日要求日本贷款是为防止军队离散和临时政府瓦解。这种动机是好的，符合革命的利益，可是日本趁火打劫，逼迫孙租借或割让满洲。在这种紧急情况下，如孙含糊不清地同意了森和日方的要求，怎样解释其原因呢？孙当时似乎认为，完成共和革命的最终目的和一时丧失国家部分主权这一矛盾，能够在以借款维持军队和政权来完成革命最终目的的过程中统一起来，也就是说革命成功和国家富强起来以后逐渐废除不平等条约，恢复丧失的主权。

尽管如此，我们在详析此问题时应考虑的是"满洲借款"或割让是否变成了现实？如变成现实，"满洲借款"也用不着争论，对此问题的结论和评价也就大不相同，但毕竟未变成现实。

## 二、《中日盟约》

孙中山与日本关系中另一大悬案是 1915 年 2 月 5 日孙中山、陈其美与犬冢信太郎、山田纯三郎订立的《中日盟约》的真伪问题，对此，日本学者 20 世纪 80 年代初开始研究，并发表了有关论文。①他们认为这是真实的，真有其事。1991 年辛亥革命 80 周年时日本 NHK 电视台于 4 月 24 日播放过他们的观点和特辑，由此日本国内外舆论哗然。我国台湾学者对此进行过周密的考释，认为这是伪物，反驳日本学者的观点。②我国大陆地区新出版的一些年谱和著作中也涉及此事，认为是真物。③但在大陆尚未见到有关考证性的论著。

《中日盟约》的真伪，如"满洲借款"问题一样，关系到国家主权的重大问题，而且直接涉及对孙中山的评价问题。因此我们应慎重对待，认真考订，然后加以详释。下面在吸收前人研究成果的基础上重新考证《中日盟约》（以下简称《盟约》）的真伪。

1. 该约是 1915 年 2 月 5 日孙中山、陈其美与日本的犬冢信太郎、山田纯三郎四人签字盖印，有中文本和日文本，用毛笔写，蜡封后盖有封印。此件现保存在日本早稻田大学名誉教授洞富雄先生处。

如上所述，对此件的真伪有两种观点，即绝对肯定为真物的日本学者和我国大陆某些学者及绝对否定为真物的台湾地区学者的观点。笔者则既不同意前者也不同意后者，认为对此件的真伪下肯定或者否定的结论为时尚早。现在应该做的是继续挖掘新史

---

① 藤井升三：《二十一条交涉时期的孙文与〈中日盟约〉》，见市古敏教授退休纪念论丛编辑委员会编：《近代中国研究论集》，山川出版杜 1981 年版，第 335～358 页。松本英纪：《二十一条问题与孙中山》，见孙中山研究会编：《孙中山和他的时代——孙中山研究国际学术讨论会文集》（上册），中华书局 1989 年版，第 638～660 页。

② 陈在俊：《〈孙文密约〉真伪之探究——日本侵华谋略例证》，1991 年，台北。

③ 陈锡祺主编：《孙中山年谱长编》（上册），中华书局 1991 年版，第 933～935 页。段云章、邱捷：《孙中山与中国近代军阀》，四川人民出版社 1989 年版，第 167 页。

料，从各个角度认真考证，然后再下结论也为时未晚。

日本外务省外交史料馆所藏的《孙文动静》是研究孙日关系的重要档案资料。①签署《盟约》的第二天即 2 月 6 日，《孙文动静》记有当日孙活动情况，它为考证此问题提供了重要线索：

"上午 11 时，山田纯三郎来访，下午 3 时 50 分离去。

上午 11 时 10 分，孙再打电话，请陈其美持印速来。上午 11 时 48 分，陈其美陪同藤田礼造来访，参与交谈。陈 11 时 53 分，藤田下午 1 时 2 分离去。

中午 12 时 10 分，陈其美再次来访，参与交谈。下午 1 时 45 分离去。中午 12 时 10 分，王统一来访，参与交谈。2 时离去。"②

据此记录，5 日孙中山、山田纯三郎、陈其美三人同一个时间内聚集在孙寓是确实的。至于犬冢不仅这一天未在孙宅，而且这时期几乎与孙无往来。据《孙文动静》，只有 1914 年 8 月 12 日在陈其美处与他相会一次。犬冢是 1916 年 1 月 25 日初次访孙宅，其后二至四月往来频繁。那么犬冢的署名和印章是真的吗？如果是真的，犬冢又是何时签的名？

2. "上午 11 时 10 分，孙打电话，请陈其美持印速来"的记载，与这一天陈其美在该《盟约》上签名盖章也许有直接关系。这为考证《盟约》提供了重要线索。但以此断定陈确实在《盟约》上盖章，还得需要其他佐证和旁证，否则不能断定陈持印来在《盟约》上盖了章。

3. 陈是陪同藤田礼造来访的。藤田在东北沈阳经营火药店，访孙宅只有这次。他访孙与《盟约》毫无瓜葛。我国台湾学者认为，陈陪藤田来访是为签订买卖火药的合同，孙叫陈持印速来的

---

① 二次革命失败后孙中山赴日，在日领导革命。日本警视厅以保护为名，派便衣警察日夜监视、跟踪孙等革命党人。警察将其侦察情况于当日或翌日写成《孙文动静》，以"乙秘第××号"的编号，逐日报送外务省政务局第一课（主管中国问题）。

②《孙文动静》乙秘第 300 号（从前后的编号分析，300 号为 200 号之笔误——笔者注）1915 年 2 月 6 日，日本外交史料馆藏。

原因也在此。以此否定日本学者的说法：陈持印来在《盟约》上盖章。[①] 但这是推理，若要证实，则需合同原本等直证材料，有了合同原本才能证明在火药买卖合同上签字之事。但即使如此，还不能排除在《盟约》上盖章的可能性，因为印章是同一时间内可以盖几次的。

4. 这一天，孙、陈、山田三人在一起的时间是藤田离去的下午 1 时 3 分至陈离去的 1 时 45 分，共 43 分钟。这么短的时间内三人讨论、起草这一《盟约》是不可能的。如在此前起草，则需三人在此前有聚会讨论起草的足够时间。此前三人开会的时间如下：

1 月 27 日，午后 4 时 55 分至 6 时 35 分，共 1 小时 40 分钟。[②] 1 月 31 日，午后 3 时 40 分至 4 时 40 分，共 1 小时，王统一也参加。[③] 2 月 1 日，午后 4 时 20 分至 5 时 10 分，共 50 分钟。[④] 2 月 2 日，午后 1 时 5 分至 2 时 55 分，共 1 小时 50 分，王统一参加。[⑤] 2 月 3 日，陈和山田前后两次访孙，但三者在一起的时间是午后 3 时 35 分至 3 时 58 分，共 23 分钟，王统一和戴天仇参加。[⑥] 2 月 4 日，山田、陈二人都未来访。[⑦]

如上所述，日本外交史料馆所藏的 2 月 6 日《孙文动静》为研究《盟约》真伪提供了重要线索。但还有几个疑点，有待用新的直证和旁证材料进一步考证。

关于《盟约》的第二个史料是山田纯三郎的回忆。他在回忆日本海军中将秋山真之的文章[⑧]中说："中国方面以孙和陈[其美]，

① 陈在俊：前揭文，第 15～16 页。
② 《孙文动静》乙秘第 129 号，1915 年 1 月 28 日，日本外交史料馆藏。
③ 《孙文动静》乙秘第 164 号，1915 年 2 月 1 日，日本外交史料馆藏。
④ 《孙文动静》乙秘第 170 号，1915 年 2 月 2 日，日本外交史料馆藏。
⑤ 《孙文动静》乙秘第 179 号，1915 年 2 月 3 日，日本外交史料馆藏。
⑥ 《孙文动静》乙秘第 187 号，1915 年 2 月 4 日，日本外交史料馆藏。
⑦ 《孙文动静》乙秘第 193 号，1915 年 2 月 5 日。日本外交史料馆藏。
⑧ 此文载于秋山真之会编的《秋山真之》(上卷)，见松本英纪《二十一条问题与孙中山》，第 654 页。

日本方面以犬冢[信太郎]和我为名义缔结了密约。现在其○○的○○还藏在某处的金库里。它是由秋山将军执笔，我拿去亲手交给孙的。"[1]日本学者认为，这"○○的○○"是指"日中的《盟约》"，"某处的金库"是指参谋本部的金库，并断定此《盟约》由秋山执笔。[2]山田在这一回忆中谈到缔结密约的背景及围绕《盟约》的人际关系。他说："1912 年秋山任日本海军第一舰队参谋长时与满铁理事犬冢信太郎相识，并就中国问题畅谈一番，即刻便如十年知己。还有一人是当时的外务省政务局长小池张造，这三人很为各种中国之事担心。"[3]不久，秋山、犬冢、小池三人劝日本财阀久原房之助借款给孙中山 100 万日元。三人又托陆军教育总监上原勇作做久原借款给孙的工作。久原答应借款，作为其代价缔结了这一《盟约》[4]，这就是说，《盟约》是久原借款的直接产物。

那么，先考证一下久原借款。关于久原借款给孙之事，山中峰太郎[5]有记述。山中说，日俄贸易公司社长松岛金太郎、犬冢信太郎、小池张造、秋山真之及中方的王统一、戴天仇、廖仲恺等人也参与了此事。[6]山中的这一记述与 1916 年 3 月的《孙文动静》的有关记载相吻合。据《孙文动静》，松岛于 1916 年 3 月 5 日访孙[7]；孙也于 3 月 7 日偕王统一、金佐治（廖仲恺的化名？）访松岛，这时山中也同席。[8]3 月 8 日，松岛访孙两次，晚陪同孙访久原房之助。[9]3 月 10 日松岛访孙两次，并在松岛宅缔结了久原借

① 松本英纪：前揭文，第 654 页。
② 松本英纪：前揭文，第 654 页。
③ 松本英纪：前揭文，第 654～655 页。
④ 松本英纪：前揭文，第 654～655 页。
⑤ 山中峰太郎曾为陆军军官，参加过二次革命。此时任《朝日新闻》记者。
⑥ 山中峰太郎：《实录亚洲的黎明——第三次革命真相》，文艺春秋社，第 272 页引自松本英纪前揭文，第 653 页。
⑦ 《孙文动静》乙秘第 351 号，1916 年 3 月 6 日，日本外交史料馆藏。
⑧ 《孙文动静》乙秘第 361 号，1916 年 3 月 8 日，日本外交史料馆藏。
⑨ 《孙文动静》乙秘第 367 号，1916 年 3 月 9 日，日本外交史料馆藏。

款之合同。在这一合同上，中方由孙和戴天仇，日方由松岛和山中签字。①3 月 19 日，孙偕戴天仇访久原，秋山定辅也在座。秋山也有久原借款之回忆，但其过程与山中有所不同。②

孙中山也曾言及久原借款。1916 年 2 月 22 日孙在致久原函中写道："前日所交下日金 70 万元已收到，当即呈上借款证书。"③

根据以上几位的回忆、记述和函件可以确定：久原借款是 1916 年二三月之事，而不是 1915 年的。这便告诉我们所谓的《盟约》与久原借款相隔一年，两者没有直接关系。而且秋山真之也于 1916 年 2 月去欧洲，10 月回国。④山田在回忆秋山真之的文章中所说的两者关系与历史事实不符，但也不排除对年代的误记。

其次，山中的记述只谈久原借款，不涉及《盟约》问题，这与山田的回忆不同，更接近历史事实。

再次，犬冢信太郎，如山中所说，在交涉久原借款时与孙有频繁往来，1915 年二三月没有往来。但如上所述，这时期孙从犬冢那里借款两次。这一借款条与《盟约》又有什么关系？

最后一个问题是山中与孙的关系。这时山中与孙的关系不密切，只有 1915 年 1 月 23 日下午 3 时 25 分访孙，但孙谢绝会见⑤。山中是 1916 年 3 月 7 日在松岛宅与孙见了一次面，由此可见山中曾参与了久原借款，他对此借款的记述是事实。对《盟约》问题，因他那时与孙关系不密切，不可能知道。所以他在记述中没有涉及《盟约》是符合情理的。

由此看来，山田纯三郎在忆秋山真之的文章中所谈的《盟约》一事是个孤证，年代上相差一年，山中的记述也不能作为真伪的

---

① 《孙文动静》及附记，乙秘第 375 号，1916 年 3 月 11 日，日本外交史料馆藏。
② 秋山定辅是日本国会议员，此时与孙关系密切。《孙文动静》乙秘第 370 号。1916 年 3 月 20 日，日本外交史料馆藏。
③ 《孙中山全集》第 3 卷，中华书局 1984 年版，第 243 页。
④ 秦郁彦编：《日本陆海军综合事典》，东京大学出版会 1991 年版，第 162 页。
⑤ 《孙文动静》乙秘第 106 号，1915 年 1 月 24 日，日本外交史料馆藏。

旁证。而其中的"其○○的○○""无疑便是'日中'的'盟约'"，以及某处金库就是"参谋本部的金库"①的结论仅为推测，缺少证实它的直证和旁证史料。

该《盟约》上有孙、陈及山田、犬冢四人的签名和图章，考证他们的签名和图章是甄别《盟约》真伪的重要环节。但现在见到的《盟约》是复印件、缩小的复印件或者两次复印件，有的是用摄像机或照相机照的，与原件不大相同；有的明显变形，如1991年4月24日日本NHK电视台播出的签名和图章便是如此。②而且我们当作原件的签名和图章也不是原件，而是铅字制版印制的或者印刷品的复印件，因而不能把这些当作原件来与《盟约》的签名和图章加以比较。加之人的签名不是固定的，在不同时期、不同条件下笔调、笔法都有变化，而且签名和图章可以仿冒，在考证时应该考虑这些因素。下面对签名和图章加以考证和比较，这在某种意义上是相对的比较，而不是绝对的结论。

先比较和考证四人的签名：

（1）孙文的签名

孙文在日文本和中文本上的签名，其笔法、笔调大致相同，若仔细比较则有细微的差异。

如中文《盟约》的签名与同一个时期的签名相比：则No.1和No.2大体相似，但还有细微的差异。No.3的"孙"字笔法相似，但笔调不同。"文"字更不相同，似乎是他人仿冒的。

① 松本英纪：前揭文，第654～655页。
② 陈在俊：前揭文，附录5和7。

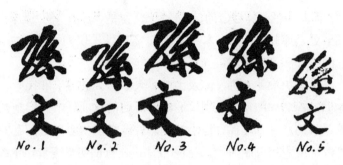

图 1

如图 1：这里的 No.1 是孙在《盟约》中文本上的签名，No.2 是孙在《盟约》日文本上的签名，No.3 是 1915 年 2 月 2 日孙致山田纯三郎收据上的签名，No.4 是 1915 年 3 月 9 日孙致南洋同志函上的签名，No.5 是（1914 年？）6 月 4 日山田纯三郎等前往奉天费用条子上的签名。

如将《盟约》的签名和 1915 年前后时期的加以比较，则"孙"字的笔法和笔调大体相似，但"文"字的笔调大不相同，第四画的一捺尤甚，这也许与快写有关吧。

图 2

如图 2：这里的 No.1 是孙在《盟约》中文本上的签名。No.2 是 1912 年 1 月 23 日孙致江俊孙函上的签名。No.3 是 1914 年 5 月 29 日孙致黄兴函上的签名。No.4 是 1914 年 6 月 3 日孙致黄兴函上的签名。No.5 是 1915 年 10 月 23 日孙致黄魂苏函上的签名。No.6 是 1914 年 11 月 15 日孙致宫崎滔天函上的签名。No.7 是 1919

年 1 月 6 日孙致于超（林森）、季龙（徐谦）、胡汉民函上的签名。

图 3

　　如图 3：这里的 No.1 是 1920 年 6 月 17 日孙致李绮庵函上的签名。No.2 是 1921 年 8 月孙致叶恭绰函上的签名。No.3 是 1923 年 7 月 27 日孙致胡汉民函上的签名。No.4 是 1923 年 8 月 5 日孙致杨庶堪函上的签名。No.5 是 1923 年 9 月 2 日孙致杨庶堪函上的签名。No.6 是 1923 年 10 月 24 日孙致犬养毅函上的签名。No.7 是 1924 年 8 月 29 日孙致范石生、廖行超函上的签名。No.8 是 1924 年 10 月 25 日孙致范石生、廖行超函上的签名。

　　孙文在 20 世纪 20 年代的签名，"孙"和"文"两个字都有不少变化。从这些比较可以看出，一二十年代的"孙文"的签名或者同一个时期的签名都有差异和变化。这便产生了以哪一个为原本与《盟约》相比较的问题。

（2）陈其美的签名

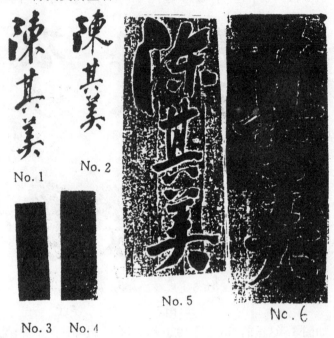

图4

如图4：这里的No.1是陈在《盟约》中文本上的签名。No.2是陈在《盟约》日文本上的签名。No.3是陈赠给山田纯三郎照片上的签名。No.4是1916年春陈赠给山田纯三郎题词上的签名。No.5是1913年冬陈赠给山田纯三郎题词上的签名。No.6是1914年秋陈赠给山田纯三郎题词上的签名。

在《盟约》的中文本和日文本的签名中，"美"字是相同的，"陈"和"其"字有差异。其他签名的"美"字与《盟约》的"美"字大体一致，但"美"字下的"大"的笔画，《盟约》写成"大"，其他签名中"大"字往右拉的"㇏"变成了一点即"、"，这是极大的不同，应该注意。

（3）山田纯三郎的签名

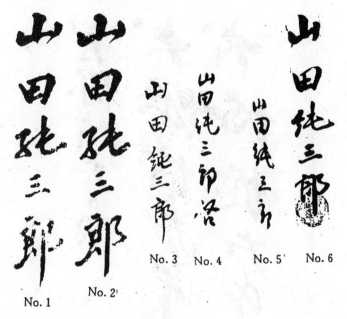

图 5

　　如图 5：这里的 No.1 是山田在《盟约》中文本上的签名。No.2 是山田在《盟约》日文本上的签名。No.3 是 1918 年 4 月 23 日山田致高木陆郎"承诺书"上的签名。No.4 是 1921 年 12 月 26 日山田致某人函上的签名。No.5 是山田致汪兆铭函上的签名。No.6 是 1921 年山田在《中日组合规约》上的签名。

　　在《盟约》中文本和日文本上的山田签名，基本相同。No.6 的"山田"两个字也与《盟约》上的"山田"两字相似，但其他签名大不相同。

（4）犬冢信太郎的签名

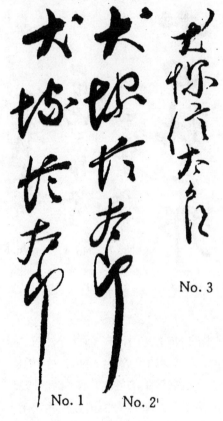

No. 3

No. 1　　No. 2

图 6

　　如图 6：这里的 No.1 是犬冢在《盟约》中文本上的签名。No.2 是犬冢在《盟约》日文本上的签名。No.3 是犬冢 11 月 12 日致山田纯三郎函上的签名。

　　犬冢信太郎在《盟约》中文本和日文本上的签名大不相同。No.3 是犬冢的亲手签名，与《盟约》上的签名大不相同。这与 2 月 5 日他不在孙宅有关？是否出于他人的仿冒？

　　按理来说签名是固定不变的，但实际上是变化的，甚至是灵

活的，所以考证签名是不易的。

其次是图章问题。

孙文的图章如下：

No. 1　　No. 2　　No. 3　　No. 4

图7

如图 7：这里的 No.1 是《盟约》中文本上孙的图章。No.2 是 1915 年 2 月 2 日孙致山田纯三郎收据上的图章。No.3 是 1915 年 3 月 9 日孙致南洋同志函上的图章。No.4 是 1915 年 3 月 15 日孙致犬冢信太郎收据上的图章。

将《盟约》上的孙的图章和同一个时期孙的图章比较，都是正方形，原印的长宽都是 2.3 厘米，篆字，字形大致相同。但字的粗细不同。现在我们见到的孙的图章都不是原物，而是印刷的，或者复印的。将这些当作原物来考证其真伪是不容易的。

陈其美在《盟约》上盖的图章，尚未见到。但可见 1913 年冬和 1914 年秋陈赠给山田纯三郎题词上的图章。

No. 1　　　　NO. 2　　　　NO. 3

图8

　　如图 8：这里的 No.1 是《盟约》中文本上陈的图章。No.2 是 1913 年陈赠给山田纯三郎题词上的图章。No.3 是 1913 年陈赠给山田纯三郎题词上的图章。

　　这三个图章是无法加以比较的。

　　山田纯三郎的图章如下：

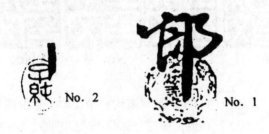

图 9

　　如图 9：No.1 是《盟约》中文本上山田的图章。No.2 是 1921 年山田在《中日组合规约》上的图章。

　　在《盟约》的考证中，最重要的是该《盟约》的来历问题。如前所述，该《盟约》至今还保存在洞富雄教授处。洞教授是从早稻田大学文学部某教授那里拿来的，当时某教授病危，据洞教授说，某教授是从东京的岸家那里拿来的。岸家的祖先之一的岸清一，曾在日本的北越和中国山东一带与犬冢信太郎共同策划开矿，但没有成功。大概由于这个关系，《盟约》从岸家传下来。而且据这个时期的《孙文动静》，孙虽与犬冢没有直接往来，但洞教授处有 1915 年 1 月 13 日孙从犬冢处借用十三万日元的借据和同年 3 月 15 日"收到犬冢先生交来金五千日元也"的收据。这两件也是从岸家传下来的，都有孙文签名和图章。图章大小与《盟约》的孙图章一样，都是 2.3 厘米，签名也大体相同。1 月 13 日的签名与《盟约》的中文本签名相似。3 月 15 日的与日文本的签名相似。但据《孙文动静》，这两天犬冢没有访孙，而且在此前后也没有来往，没有来往却有借条，而且签名和图章都与《盟约》的非

常相似，如何解释？这便提出了一个问题，即此《盟约》是否与犬冢有直接关系？而且《盟约》上的签名又不像孙本人的。为了弄清《盟约》出笼的背景和过程，应该通过岸家族进一步调查。这是甄别《盟约》真伪的重要途径之一。

山田纯三郎的有关回忆，虽然在久原借款问题上有一年之差，但该《盟约》是由秋山真之起草之说既不能肯定又不能完全否定，应先将《盟约》与秋山的亲笔加以比较，进而甄别《盟约》是否由秋山执笔。如前所说，从时间角度来说，2月5日及其以前孙、陈、田三人没有时间充分讨论和起草《盟约》。如果这样的话，这与山田的说法即"由秋山将军执笔，我拿去亲手交与孙的"[①]是否有什么关系？山田是2月5日上午11时访孙，孙是10分钟后打电话，"请陈其美持印速来"[②]的。如山田的回忆是真的的话，他是否拿着秋山起草的《盟约》上午11时到达孙宅？这些都是疑问和推测，需要材料来证实。可是日本爱知大学所保存的《山田纯三郎文书》中却没有收录有关材料。

据我国台湾学者考证，"《中日盟约》（指中文本——笔者注）是依据《日中盟约》的日文译成中文的，文字欠通，完全是日本人自作自译的东西"[③]。那么，这与山田的上述说法又有何种联系？

这一《盟约》不是唯一的，当时国内报刊也刊载过《孙文之日支攻守同盟条约》[④]、《孙文与犬养毅订结协约》[⑤]等。其内容与《盟约》有共同之点，也有不同之处，其真伪需要考证。

## 三、孙中山致小池张造函与《盟约案》

1915年3月14日孙中山致日本外务省政务局局长小池张造

---

① 松本英纪：前揭文，第654页。
②《孙文动静》乙秘第300号，1916年2月6日。
③ 陈在俊：前揭文，第14页。
④《申报》1915年4月22日。
⑤《申报》1915年4月24日。

函和附在该函的《盟约案》的真伪，也是孙日关系中的一大悬案。台湾地区学者认为这是伪物。[①]日本的学者，一说是真物[②]，一说有伪物之嫌疑[③]。大陆学者认为是真物。[④]笔者认为，如同《中日盟约》一样，下结论为时尚早，需继续挖掘史料，进一步认真考证。

致小池函和《盟约案》的内容，与《中日盟约》基本相同，两者的笔法、笔调也非常相似。国内外学界对其真伪虽有分歧，但皆公认四者出自一人之手。这便说明《盟约案》和《中日盟约》有内在联系，对其一个原件的甄别牵涉到了其他原件。下面考究一下致小池函和《盟约案》。

（1）如图10所示：函上签的"孙文"两字不是孙的亲笔，可以断定是仿冒的。"孙文"两字也不是起草或抄写此函的人的亲笔，而是第三者签署的。而且这两个字与《中日盟约》和《日中盟约》上的签名又不相同。这一签名从何而来？

No.1  No.2  No.3  No.4  No.5  No.6  No.7

图10

这里的 No.1 是孙致小池张造函上的签名，No.2 是 1913 年 1 月 23 日孙致江俊孙函上的签名，No.3 是 1914 年 5 月 29 日孙致黄兴函上的签名。No.4 是 1914 年 6 月 3 日孙致黄兴函上的签名。

① 陈在俊：前揭文，第 3～7 页。
② 藤井升三：前揭文，第 343～354 页。藤井升三：《孙文研究——以民族主义理论发展为中心》，劲草书房 1983 年版，第 86～91 页。
③久保田文次：《袁世凯的帝制计划与"二十一条"要求》，见《史草》第 20 号，1979 年 11 月，第 86～88、106 页。
④ 陈锡棋主编：前揭书（上册），第 941 页。段云章、邱捷著：前揭书，第 167 页。

No.5 是 1914 年 10 月 23 日孙致黄魂苏函上的签名。No.6 是 1914 年 11 月 15 日孙致宫崎滔天函上的签名。No.7 是 1919 年 1 月 6 日孙致子超（林森）、季龙（徐谦）、胡汉民函上的签名。

（2）致小池函原件的右上角附有"王统一"三个字的名片，名片左侧用毛笔写有"大正四年（1915 年——笔者注）三月十四日王统一持参"的毛笔字。这就是说此函是 3 月 14 日王统一递上来的。这是考究该函的物证。王统一的原名为王统，是海军军官，这一时期与孙的关系较密切。我们应该进一步考察这时他是否使用过此种名片？是否为王的真正名片？如果是真的，这就为追查该函的来源提供了一个重要线索。

（3）可是，孙文签名的 3 月 14 日王统一没有访孙，但有孙的所谓签名，从时间角度反过来说明孙的签名不是亲笔，而是仿冒。

（4）3 月 14 日前王统一和孙中山没有聚在一起充分讨论起草函件和《盟约案》的时间。据《孙文动静》，王统一访孙时间如下：

甲、2 月 28 日下午 4 时 15 分至 30 分访孙，谈 15 分钟。[①]

乙、3 月 2 日下午 4 时 30 分至 5 时 10 分，谈 40 分钟。[②]

丙、3 月 4 日下午 3 时 35 分至 4 时 15 分，谈 40 分钟。[③]

丁、3 月 6 日下午 3 时 10 分至 55 分，谈 45 分钟。[④]

戊、3 月 7 日上午 9 时 50 分至 10 时，谈 10 分钟。后又来访（不知时间），12 时 58 分离去。[⑤]

己、3 月 11 日上午 9 时 30 分来访，谈 20 分钟后离去。上午 11 时孙至民国社，与王统一、肖萱、丁仁杰等数人面谈 1 小时 18 分钟；下午 4 时 20 分，王偕富水龙太郎来访，富永汇报中国国内

① 《孙文动静》乙秘第 434 号，1915 年 3 月 1 日，日本外交史料馆藏。
② 《孙文动静》乙秘第 454 号，1915 年 3 月 3 日，日本外交史料馆藏。
③ 《孙文动静》乙秘第 473 号，1915 年 3 月 5 日，日本外交史料馆藏。
④ 《孙文动静》乙秘第 491 号，1915 年 3 月 7 日，日本外交史料馆藏。
⑤ 《孙文动静》乙秘第 498 号，1915 年 3 月 8 日，日本外交史料馆藏。

运动情况，孙大为不满，6 时 15 分离去，共谈 1 小时 55 分钟。[①]

庚、3 月 12 日，上午 10 时 50 分陪同东京《日日新闻》记者来访，11 时 20 分离去，共谈 30 分钟。[②]

如上所记，王访孙时其他革命党人或日人也在座，没有时间与孙单独谈话。这便说明孙与王单独在孙宅谈致小池函和《盟约案》的条件是不具备的。当然也不排除其他时间起草的可能性。

（5）该函错字较多，如"敝国"的"敝"字，五处误写为"弊"；"交涉"的"涉"也五处误写成"埗"；"荏苒"的"苒"字也误成"菁"；"旷日"的"旷"字误写成"旷"。[③] 如孙中山起草或校阅则不会出现这些错字。这样，该函与孙似乎没有关系。

（6）如《中日盟约》由秋山执笔，致小池之函也应该由他执笔。但据日本《东亚先觉志士记传》和《对支回顾录》，秋山真之文藻丰腴，日俄战争时期替联合舰队司令长官东乡平八郎写的战报，"字字金玉，读之如无韵之诗"[④]。但致小池之函，辞意芜冗，错字连篇，岂是出于文豪秋山真之的笔下？[⑤]这也是个疑点。

（7）《中日盟约》和致小池函及《盟约案》，从其内容和笔法、笔调来说是有内在联系的。那么缔结《中日盟约》后为什么又致函小池，并重新提出《盟约案》呢？这是否意味着《中日盟约》的无效呢？如果是无效的话，那么缔结《中日盟约》的意义何在？《中日盟约》是与民间人士缔结的；《盟约案》是向外务省的局长提出的，局长的权威当然比民间人士大。向局长提出《盟约案》在一定意义上是否否定了山田、犬冢背后有秋山真之及上原勇作等军界要人之说？这些都是疑点，当前无法解释。

经考证和比较，孙中山的"满洲借款"有关材料较多，提供

---

① 《孙文动静》乙秘第 535 号，1915 年 3 月 12 日，日本外交史料馆藏。
② 《孙文动静》乙秘第 544 号，1915 年 3 月 13 日，日本外交史料馆藏。
③ 陈在俊：前揭文，第 4 页。
④ 东亚同文会编：《对支回顾录》（下），原书房 1967 年版，第 756 页。
⑤ 陈在俊：前揭文，第 14 页。

了重要的直证和旁证。但孙中山本人的态度是矛盾的、含糊的，而且缺乏孙中山本人的直接材料。因此，我们目前只能说此事可能性较大，但下肯定的结论为时尚早。《中日盟约》和致小池函以及《盟约案》，虽然有回忆、记述及有关档案材料，并提供了重要线索，但对其真伪下结论也为时尚早，有待进一步考究。

（拙文引用的陈其美、山田纯三郎、犬冢信太郎的签名是由日本爱知大学提供的，谨致谢意。）

# 孙中山与日本人士

　　孙中山在三十余年的革命生涯中,三分之一时间居住在日本,并把日本当作革命活动的基地之一。孙中山在其革命活动中,为得到日本政府、军部、政界、财界、大陆浪人的支持和援助,频繁与日本各界人士往来,并和其中的一些人结成友好关系。孙中山与日本的关系是通过这些人士结成的。所以研究孙中山与日本人士之间的关系,在研究孙中山与日本的关系中占有重要地位。但是,我们一提起孙中山与日本人士的关系,往往只涉及宫崎滔天、犬养毅、头山满等有限的几位。其实不然,孙中山在其革命活动中所接触的日本人士不只是这几位。在迎接孙中山诞辰一百二十周年之际,笔者再介绍一下和孙中山有来往的菅原传、中川恒次郎、南方熊楠、秋山定辅、桂太郎等人,以便扩大研究范围,全面考究孙中山与日本的关系。

## 一、孙中山与菅原传

　　思想是行动的指南,有思想,才有行动。和人接触是一种行动,而行动是有目的的。孙中山与日本人士的接触也是如此。

　　1894 年孙中山撰写《上李鸿章书》是他从事革命活动的标志,也是孙中山在思想上和日本发生关系的起点。1868 年明治维新后,日本逐步变成近代化国家。这在亚洲是破天荒的第一次。亚洲各国的有识之士皆敬仰维新,力图走上维新之路。孙中山也不

例外。他在《上李鸿章书》中写道："夫人能尽其才则百事兴，地能尽其利则民食足，物能尽其用则材力丰，货能畅其流则财源裕。故曰：此四者，富强之大经，治国之大本也。……试观日本一国，与西人通商后于我，仿效西方亦后于我，其维新之政为日几何，而今日成效已大有可观，以能举此四大纲而举国行之，而无一人阻之。"①这说明，孙中山从改革中国的爱国之心出发，仰慕日本的维新。也是他在革命初期与日本人士接触往来的一种思想基础。

同年6月，孙中山抵天津，呈递上书，但李鸿章不予理睬。上书不成，就走上革命之路。是年10月，孙中山经由日本抵檀香山；11月成立中国第一个资产阶级革命团体——兴中会，从事革命活动。檀香山有许多日人，其中也有政治家，在日人中从事政治活动。日人的政治活动与孙中山的革命活动，虽有不同之点，但在变革各自国家的目的上是相同的。这使孙中山在檀香山与日本的政治活动家接触并来往。孙中山在革命生涯中第一次接触的日本政治家是菅原传。

菅原传（1863—1937）是陆前远田郡涌谷村人，上过日本帝国大学。1886年渡美，在美国大学读书。当时日本国内正掀起自由民权运动，他在美加入了主张自由民权的自由党，在旧金山成立爱国同盟会。回国后，办该会刊物《十九世纪》。1893～1895年，他又渡美。孙中山便是在这个时期与他结识并开始往来的。

菅原在孙中山的革命活动中虽然不占重要地位，但孙通过他结识了许多日本人士。从这种意义来说，菅原在孙中山的革命活动中占有一定的地位。1895年10月广州起义失败后，孙中山于11月17日偕陈少白、郑士良抵横滨，成立兴中会分会，开展革命活动。孙中山在这一异国他乡和菅原重逢。菅原殷切地招待了孙中山。12月中旬，孙中山要赴檀香山，郑士良要回香港，行前

①《孙中山选集》，人民出版社1981年版，第9页。

孙中山请菅原多加关照陈少白。于是，菅原把陈少白介绍给曾根俊虎[①]。曾根俊虎经小林樟雄的介绍，和宫崎滔天相识。曾根又把陈少白介绍给宫崎滔天。1897 年 7 月，宫崎滔天通过陈少白和孙中山相识。孙中山又通过宫崎滔天结识了犬养毅、头山满、大隈重信等日本朝野各界人士。孙中山结识日本朝野各界人士有其历史的必然性，但在檀香山和菅原传的偶然相遇，却成为这一必然的连锁性反应的起点。从这点来说，我们不可忘记菅原传。

1900 年 10 月 6 日，郑士良按孙中山计划，在惠州三洲田起义。孙中山在台湾要求台湾总督儿玉源太郎和民政长官后藤新平帮助解决军械运回国内。但 10 月 19 日成立的伊藤博文内阁致电台湾总督，不许其向孙提供军械。孙得知此情况后，于 10 月 23 日特意致函菅原传，内称："闻贵同志已握政权（按：指伊藤内阁成立），而吾人义兵亦起……今特托足下代转求贵同志政府暗助一臂之力，借我以士官，供我以兵械，则迅日可以扫除清朝腐政，而另设汉家新猷矣。"[②]这里也可以看出，孙中山对菅原传是很信任的。

菅原传于 1898 年在宫城县当选为日本众议院议员，此后连续当选达十六次。1924 年，日本的第一个政党内阁——加藤高明内阁成立后，他任海军参与官，在日本政党政治舞台上活跃过一个时期。

1913 年至 1916 年孙中山在东京时，菅原传数次访孙中山叙旧。可见，孙中山与菅原传的交往有十余年的历史。

---

　　① 曾根俊虎是原海军少尉，在参谋本部海军部任过职。他在中国搞过军事调查，撰写过《中国近世乱志》《诸炮台图》《法越交兵记》等书。1884、1885 年，他曾在中国和哥老会一起，搞过起义计划。他与宫崎滔天的二兄弥藏有结交。他辞去海军之职后，热衷于研究中国问题，可谓日本的"中国通"。

　　② 佚名编：《总理遗墨》，第 54～56 页。

## 二、孙中山与中川恒次郎

孙中山在其革命活动中，和日本的官方机构第一次接触是在何时？第一个接触的官方人士是谁？是 1895 年 3 月 1 日，孙中山登门日本驻香港领事馆，拜访中川恒次郎领事。

1895 年 1 月，孙中山从檀香山回香港，联合三合会，准备在广州起义。起义需要武器，孙中山的兴中会和会党三合会，除在反清问题上有共同之处外，在获得外国武器方面也有共同的利害关系。当时从中国国内获得新的武器是办不到的，只有依靠外国。孙中山与外国及海外华侨有来往，有通过他们获得武器的可能。但三合会是土生土长的会党，没有孙中山和兴中会那样的海外关系，因此想通过孙中山获得新的武器。这样，解决武器问题变得更为迫切。孙中山为解决武器问题，经日人介绍，3 月 1 日毅然登门日本驻香港领事馆，会见了中川恒次郎领事。此后，孙中山数次去日本领事馆。中川领事就把孙中山所谈的情况及对孙中山、三合会应采取的政策，于 3 月 4 日和 4 月 17 日向通商局局长原敬报告。[①] 据此报告可知，孙中山向其说明了他欲与康祖诒、吴汉涛、曾纪泽之子等人在广东推翻清朝统治，而后建立"共和国"之意图，希望日本提供二万五千支步枪和一千支短枪。但中川没有支持孙中山，没有答应向其提供武器的要求。

中川为什么没有支持孙中山？其理由有三条：

一、中川认为，起义领导人没有才干和威望，各派之间的联络也不充分，起义的准备也不完备。因此他称孙中山的两广独立后建立"共和国"之说为"空中楼阁。"

二、中川认为，当今日本没有向各处扩大势力的余地。即使在此地举事，开放内地，日本国民也不可能在此地扩大通商，相

---

① 原敬文书研究会编：《原敬关系文书》第 2 卷，日本放送出版协会 1984 年版，第 392～393、395～397 页。

反，他国商人却可坐享渔人之利。

　　三、中川认为，此时日中两国正在下关交涉甲午战争的媾和问题，在媾和条约中必定涉及开辟新商港等问题。言外之意是，用不着通过对孙中山起义的支持来扩大日本在两广的权益。①

　　据这三条理由，日本虽然没有支持孙中山，但指出"若清国在北方聚集军队，坚决抵抗我方，则在南方让彼（指孙中山——笔者注）等举事。这不失为造成后顾之忧，以消其势之一策"。②这就说明，日本政府即使"支持"孙中山，提供武装，也是从日本的利益出发的。日本是想借孙中山的起义牵制北方的清政府，以便达到甲午战争的目的。

　　无产阶级革命也好，资产阶级革命也好，近代的任何革命运动都需要国际上的声援和援助。孙中山的革命也不例外。那么，孙中山为什么想得到日本的援助？首先，据《上李鸿章书》来分析，这时孙中山对日本有了解，希望中国也像日本那样早日建立近代化的国家。因此对日本抱有希望，希望日本支持他推翻清朝，建立共和国。其次，革命领导人在发动起义时都会考虑起义的客观条件，尽量选择对己有利的时机发动起义。孙中山也不例外。此时正是中日甲午战争时期，李鸿章和日本的伊藤博文、陆奥外相在下关交涉媾和条约，清朝和日本的矛盾空前激化。把推翻清朝统治作为革命第一目标的孙中山，无疑考虑过利用这一矛盾。再次，日本距中国近，且是个军国主义国家，有武器。这三种因素，促使孙中山想从日本那里得到武器的援助。

　　但是，日本没有"支持"孙中山，没有提供武器。如果孙中山的起义能够推翻清朝统治，而且有利于日本的对华政策，那么，孙中山与日本的不同目的在一定的历史条件下暂时达成一致的可能性是存在的。但当时没有具备这两种条件。因此，孙中山从日

---

　　① 原敬文书研究会编：前揭书，第2卷，第392～393、395～397页。
　　② 原敬文书研究会编：前揭书，第2卷，第393页。

本得到武器的目的未能实现。

甲午战争后，情况则发生变化。日本在甲午战争中打败了清朝，迫使其割让辽东半岛。但是，在俄、德、法三国干涉下，把辽东半岛一时归还给中国。这便说明，日本虽然是战胜国，但它不是真正的强国。它怕列强，怕中国，怕沉睡的狮子——中国在甲午战争的刺激下猛醒过来，向日本报复。因此，日本采取种种措施，防止中国强大起来。其一计便是利用中国南方的哥老会、三合会等会党，从背后牵制清政府。①

日本在侵华政策中利用会党和各种秘密结社是由来已久的。前述的曾根俊虎是其先驱之一。据他说，日本陆军参谋本部于1884年派小泽溪郎（化名泽八郎）在福州一带和哥老会联系，企图一举占领福州。甲午战争时，研究、调查会党和秘密结社的著作相继问世，如1894年9月出版的宫内猪三郎的《清国事情探检录》，1896年12月出版的小说《释元恭》等。这些著作和小说都涉及哥老会等会党，提出日本要在对华政策中利用它们的问题，并很快反映到甲午战争后日本政府的对华政策之中。

日本政府决定，利用中国的会党，从南方牵制清政府。为此，先要调查中国的会党和其他秘密结社。由于日本政府直接出面调查此事会影响和清朝的关系，故负责此项工作的外务省从其秘密经费中拿出一笔费用，交犬养毅办理此事。犬养毅便让宫崎滔天、平山周、可儿长一，三人去中国南方调查。宫崎滔天在中国的调查不太顺利，但获悉孙中山从英国回到横滨的消息，于是他立即搭船回横滨。

宫崎滔天在横滨找孙中山的最初目的是为调查会党和秘密结社。兴中会也是反清的革命团体，因此宫崎滔天把孙中山也当作秘密结社的一位领导人。宫崎滔天和平山周见到孙中山后，立即

---

① 吉野作造：《日华国交论》，见《吉野作造博士民主主义论集》第6卷，新纪元社1947年版，第13～14页。

去东京，向犬养毅报告了调查和见到孙中山的情况。犬养听后颇为高兴，说："这实在是好的收获。无论如何，去见外务次官小村寿太郎，说刚回来。并把孙在横滨之事也告诉他。对大隈[外相]由我说。是否让小村见一次孙？"①宫崎滔天同意，立即跑到外务省，对小村外务次官说："此次带来了孙，这比中国秘密结社的千百份报告都要实在。若需要，明日即可陪他来，请尽速会见。"②可是小村次官不敢会见孙中山，让宫崎滔天把他隐藏在横滨附近。宫崎滔天把小村的意见转告犬养。犬养听后大为生气，立即跑去，说服外务省。结果以外语教师的名义，请孙中山到东京居住。

在历史发展中，目的和结果有时是一致的，但有时是完全相反的。宫崎滔天初见孙中山的目的和后来与孙中山的关系是完全相反的。滔天在孙中山的共和思想感召下，逐渐与孙中山的思想产生共鸣，开始支持孙中山的革命事业。对此，犬养毅说，去拿木乃伊的反被木乃伊抓住了。这一事实说明，孙中山与宫崎滔天的初次相见也打下了这一时代的烙印。

从孙中山见中川领事到宫崎滔天见孙中山的三年里，日本对孙中山及其革命党的态度和政策发生了变化。但这一变化中不变的是日本的侵华政策：对日本的侵华政策有利便支持孙中山，对日本的侵华政策不利则不支持。这就是日本政府对孙政策的根本原则。这一原则从1895年孙中山第一次和日本官方机构接触以来一直没有变。孙中山与日本的香港领事中川恒次郎的接触，便说明了这样一个道理。

## 三、孙中山与南方熊楠

孙中山和日本人的接触是多种多样的。他不仅与政界、军界、

---

① 宫崎滔天：《清朝革命军谈》，见《宫崎滔天全集》第1卷，平凡社1971年版，第259～260页。

② 宫崎滔天：《清朝革命军谈》，见《宫崎滔天全集》第1卷，第260页。

财界和大陆浪人接触，而且和日本的知识分子也有来往。

孙中山结识的日本知识分子中，有一位叫南方熊楠。南方熊楠（1867—1941），和歌山人。他是世界上有名的大生物学者。17岁入东京大学预备校，1886年渡美上大学。他是一位黏菌专家，提出有关黏菌的报告150余篇。同时又博学多才，除生物学外，还研究民俗、考古、天文，会英、法、德、俄、意、汉等多种语言。他撰写的《远东的星座》一文，1893年在英国获得伦敦学会的一等奖，一举成名。

孙中山于1897年3月16日，在英国的大英博物馆东方图书部主任道格拉斯的办公室初次见到南方熊楠。[①]而南方熊楠早在1896年11月9日，通过孙中山被囚禁于清驻英使馆之事，便闻知孙中山的大名。[②]

据南方在伦敦时的日记，孙中山与南方会晤二十四次。两人不是在大英博物馆，就是在南方住所会晤，或者一道去参观，或者游园，或者一起去餐馆用餐，关系密切。南方同情孙中山的革命事业，对孙热心相助，在孙中山即将离开伦敦经加拿大赴日本时，设法协助孙中山。6月29日，南方偕孙访镰田荣吉，请镰田把孙介绍给日本的冈本柳之助。镰田写道："持有此信的中国人孙逸仙去东京，请接洽。"[③]同一天晚上，又访田岛担，请他把孙介绍给日本的菊地谦让。翌日，又把将孙介绍给佐藤寅次郎的信交给了孙。南方的这种热情协助，无疑是孙中山赴日，把日本作为革命活动基地的一个因素。

孙中山对南方的同情、协助颇为感激，离伦敦前夕，即6月27日，挥笔写下"海外逢知音南方学长属书香山孙文抒言"一词，

①《南方熊楠全集》别卷2，平凡社1973年版，第77页。

②《南方熊楠全集》别卷2，第230页。

③《南方熊楠全集》别卷2，第65～66页。

赠送给南方，表达他对南方的谢意。[①]

　　孙中山与南方熊楠的此种友谊，是有思想基础的。南方在美国大学中途退学，作为马戏团的职员周游中美、南美、墨西哥、西印度群岛、古巴等地，还在古巴当过革命军的士兵。这种经历对南方的思想是有影响的。1897 年孙中山初次见南方时问他："一生之所期为何？"南方答："愿我东方人一举将西洋人悉逐于国境外。"[②]南方是民族自尊心很强的人，对西洋人入侵东方，深觉厌恶。1897 年 11 月，德国以教案为借口侵入山东。南方认为："有德国人占领胶州湾之事，东亚民族为之气焰不昂。"[③]其时大英博物馆里有人轻侮南方，南方一怒之下，在 500 余名读者面前痛殴其人。这表明，南方有东洋人的正义感，性情刚直豪迈。

　　孙中山于 1897 年 7 月 2 日离开伦敦，8 月 16 日抵东京。南方于 1900 年 10 月 15 日回到日本。南方得知孙中山居住在横滨，即致书约见。此时正是惠州起义失败，孙中山刚从台湾回横滨不久。但是，12 月 11 日孙中山复函南方："欣闻回抵故乡，至为快慰。至盼尽早与君相见，互相诉说近数年来个人情况。我于上月甫自台湾归来，可能不久又将离此他往，但如君不能前来东京，我在启程前当前往拜访。"[④]孙中山于翌年 2 月 13 日，偕兴中会横滨分会干部温炳臣，同往和歌山拜访南方。南方设宴招待孙。两人欢谈数次。15 日孙中山离和歌山。南方特到车站握手话别。

　　同年 4 月 9 日，孙中山离日本赴檀香山。因念念不忘南方，在檀香山采集地衣标本，赠送给南方。南方获得这一珍奇植物，欢喜若狂，立即致书孙，询问地衣生长的环境。孙中山 6 月 17 日回到日本后，7 月 1 日致函南方，告其生长的环境。

　　1911 年 10 月 10 日武昌起义爆发。南方获悉起义消息后，于

①《南方熊楠全集》别卷 2，第 93 页。
②《南方熊楠全集》别卷 2，第 196 页。
③ 吴相湘：《孙逸仙先生传》上册，远东图书公司 1982 年版，第 198 页。
④ 吴相湘：《孙逸仙先生传》上册，第 317 页。

10 月 14 日致书柳田国男，谈及此事，说如形势稳定，想去中国看一看。①南方和孙中山曾有约定："如他（指孙中山——笔者注）的事业成功，把广州的罗浮山搞成世界性的植物园。"②为实现这一约定，南方表示"如他的地位早日稍微稳定……想去他的国家"③，并致书友人，多次表示去中国的意愿。这表明了南方对孙中山革命事业的同情和对革命后中国的期待。

饮水不忘掘井人。1913 年 2 月孙中山访日，致谢曾经协助其革命事业的日本人士。此刻，孙中山也没有忘记南方这位学者，他通过伊东代知转告南方：到和歌山看望老友。但这时南方患眼病，行动不便，因此两人未能重逢。

孙中山与南方熊楠的友谊和交往，表现了孙中山对日本人民的深情厚谊，以及他尊重科学、尊敬科学家的精神。

## 四、孙中山与秋山定辅

秋山定辅是一般中国人不大熟悉的人，但他是曾经协助孙中山革命事业的日本友好人士，在孙中山的革命活动中占有一定的地位。

秋山定辅（1868—1950），冈山县仓敷市浜田町人。1890 年东京帝国大学法学科毕业，1893 年创办《二六新报》，四次当选为众议院议员，在日本的报界和政界有一定的影响。

孙中山与秋山定辅交往已久。1899 年，秋山经中西政树④和宫崎滔天的介绍，和孙中山相识。秋山与孙的相识和"布引丸"事件有关。1899 年正是美西战争时期，孙中山为援助菲律宾起义军争取民族独立的斗争，在日本购买一批武器弹药，运往菲律宾，

① 《南方熊楠全集》第 8 卷，第 180 页。
② 1911 年 11 月 16 日南方致柳田国男函。
③ 《南方熊楠全集》第 8 卷，第 370 页。
④ 中西政树（1857—1922），明治初上东京学汉学。作为日本外务省所派的留学生在北平的日本公使馆学习汉语，后成为大陆浪人，在甲午和日俄战争时期颇为活跃。

并将此事委托给犬养毅。犬养毅又委托中村弥六代办。中村弥六是长野县出身的议员，他通过大仓喜八郎，从大仓商事会社购买了一批军械，而大仓商事会社是从日本陆军购买的。可是，把这批军械运往菲的"布引丸"赴菲途中，在浙江马鞍岛海面上沉没。沉没的原因，有两种说法：一是触礁，二是遇上暴风雨。这是表面现象。其实，这一事件是中村捣鬼的人祸。中村从大仓商事会社购买的是不能用的枪支弹药；陆军也是把它按不能使用的废铁价钱卖给大仓商事会社的。但中村贪财，把它作为能使的枪支弹药来卖给孙中山，从中捞了一笔钱。中村为掩盖这一丑行，故意雇了船主也不敢保证的破旧小船"布引丸"，致使它在航行中沉没。[1]后来日本的《万朝报》揭露了这一内幕，引起强烈的社会舆论。因为此事，中村弥六辞去一切公职。

当时，秋山不认识孙中山，但他读了这一报道后非常气愤，并同情被骗的孙中山。恰在此时，中西政树和宫崎滔大来，谈及"布引丸"事件，并"希望一定见孙文"。[2]秋山出于同情，和孙中山会晤。

孙中山在中国民主革命中的领袖地位是在民主革命的发生、发展过程中逐步形成的。因此，秋山对孙中山的认识也有一个过程。秋山见孙中山后，开始不大相信他能领导中国革命，因此，从各方面考察孙中山。例如，他认为孙中山体弱，其体质不能承担领导革命的重任。因此，秋山先试他的体质。有一次，秋山偕孙中山从神田的锦町徒步去筑地本愿寺附近请他吃饭。这一路较远，但孙中山走得很快，且走到目的地。从此，秋山相信孙中山有领导革命的体质。后来，孙中山还参加过秋山组织的摔跤运动

---

① 《宫崎滔天全集》第 1 卷，第 510 页。村松梢风：《秋山定辅自述》，大日本雄辩会讲谈社 1938 年版，第 266~271 页。

② 村松梢风：《秋山定辅自述》，第 272 页。

（其名单中有孙逸仙的名字）。①秋山从中学起受欧美教育，英语较好，因此，两人都用英语交谈。这更加深了秋山对孙中山的理解。秋山在自述中说："随着交往的加深……我了解了孙文所具有的伟大的天赋、革命的指导精神、坚强的意志、洋溢的热情、值得尊敬的信义及其他长处和优点"②，并得出："实际上完成中国革命的人，具有其实力和资格的人，除孙文之外没有第二个人"③。这样秋山对孙中山的认识，从感性到理性，从革命的角度协助了孙中山的革命事业。

1905 年 8 月 20 日，同盟会在东京成立，成立大会是在东京赤坂区灵南的日人坂本金弥④宅召开的。坂本为何给成立大会提供此种方便？这与秋山有关。坂本是秋山的好友。秋山的《二六新报》1895 年 6 月因财政困难一时停刊，1900 年 2 月复刊。复刊时坂本提供了一笔资金。1904 年 7 月秋山在成立研究亚洲问题的樱田俱乐部时，坂本又提供了经济援助。1905 年，坂本任东京二六新闻⑤社社长。这些事实说明，坂本与秋山的亲密关系非同一般，坂本支持孙中山的革命活动，提供同盟会成立大会的会场，是在秋山的影响和支持下做的。从某种意义上来说，秋山也支持了同盟会的成立，做了有益于中国民主革命的事。

同盟会成立后，准备发行《民报》，需要印刷机。孙中山找办报的秋山帮助解决。秋山欣然答应，从东京京桥的金津机械屋购买印刷机，赠送给孙中山。几天后，孙中山又请其帮助解决铅字及字版架，秋山一一答应，并及时送往。可见，中国资产阶级民

---

① 樱田俱乐部编：《秋山定辅传》第 1 卷，第 86 页，1977 年。
② 村松梢风：《秋山定辅自述》，第 280 页。
③ 村松梢风：《金·恋·佛》，关书院 1948 年版，第 19 页。
④ 坂本金弥（1865—1923），冈山县人。在法国法律私塾学过法律。1889 年，和入江武一郎、冈本佐一等一起成立鹤鸣社，从事政治活动。1891 年把鹤鸣社改称各作同好俱乐部，并创刊《进步》杂志，后改称《中国民报》。他又是实业家，经营过带江矿山和大岛冶金厂。曾为众议院议员。
⑤《二六新报》1904 年 4 月更名为《东京二六新闻》。

主革命史上起过重要作用的《民报》，是在秋山定辅的直接热情帮助下问世的。我们在迎接《民报》发行八十一周年之际，衷心地怀念这位友好人士。

秋山与宫崎滔天等支持孙中山的大陆浪人也有密切关系。宫崎滔天的《三十三年之梦》最先是在秋山的《二六新报》上连载的，他本人也在二六新闻社工作过。1906 年 9 月，宫崎滔天、萱野长知等创办《革命评论》，介绍了中国和俄国的革命。他们把每期出版的《革命评论》赠送给秋山。①宫崎滔天和秋山的此种关系也说明了秋山与孙中山以及中国民主革命的关系。

同盟会成立后，孙中山与秋山定辅的关系愈加密切。1906 年 10 月 6 日，孙中山挥笔写下"得一知己可以无憾秋山定辅先生孙逸仙"，赠给秋山。不知何时，孙中山还赠送了"允执厥中"一词。这些条幅，秋山定辅之子秋山一当作至宝，完整保存至今。

1911 年 10 月武昌起义爆发。孙中山与革命党为解决革命所需的资金和军械，通过各种渠道，借日本的贷款。据秋山说，他通过与三井的元老益田孝、中上川彦次郎等要人交涉，为孙中山借款三百万日元。具体手续是三井物产公司上海支店长藤濑政次郎及高木陆三郎和南京临时政府办理的。借款抵押是大冶铁矿。②这笔借款后来是南京政府从横滨正金银行借八百万日元偿还的。这是秋山单独办的，还是和其他人一起办的，一时搞不清楚。三井财阀贷款给孙中山是对中国的资本输出，是经济侵略的一种形式。但对秋山来说是为了支持和协助孙中山的。同一种现象中包含着两种目的，应该加以区别。

1913 年 2 月，孙中山访日。其目的：一是答谢曾协助他的革命事业的日本朝野人士，二是考察日本的铁路等经济事业。孙中山原计划 1912 年秋访日。据《大阪每日新闻》的报道，孙文一行

---

① 《宫崎滔天全集》第 5 卷，第 465 页。
② 村松梢风：《金·恋·佛》第 28、29 页。《秋山定辅传》第 2 卷，第 39、55 页。

于 11 月 13 日搭春日丸由上海启程，经神户上东京。当时东亚同文会、中国问题研究会、神户商工会议所等团体相继做出迎接孙中山的决定，并做好了准备。宫崎滔天也直接参与了接待的准备工作。但执政的西园寺公望内阁决定，即使孙中山访日，日本政府的首相、陆海军大臣等政府要人也不予接见。言外之意是不欢迎孙中山访日。其原因是：一、日本和列强已经承认和支持了袁世凯，如果把孙中山作为国宾欢迎则必然影响和袁世凯及列强的关系；二、如秋山分析，日本的官僚和军阀厌恶革命，忌讳革命家。[①]而且孙中山是共和主义者，和日本的天皇制对立，因此更加不受欢迎。

孙中山即将访日，但日本政府不欢迎。应该怎么处理为好？此时桂太郎出面，找秋山定辅，让他到上海说服孙中山，暂缓访日。桂太郎是否受西园寺首相委托办理此事？尚不清楚。据秋山分析，桂太郎此时有建立对华国策的宏大抱负，如孙中山访日而政府要人不接见，会使孙中山感到莫大的失望，且损害日中两国将来的命运。因此桂太郎对此非常痛心[②]，请秋山立即赴上海，说服孙中山暂缓访日。秋山欣然答应了。[③]

秋山以去京都观赏红叶为借口，准备偕夫人悄悄赴上海。但离东京前夕，三井财阀的三井八郎右卫门等请秋山赴晚宴。秋山去三井宅时，桂太郎也在座。[④]这说明，孙中山访日之事和三井也有关系。三井财阀借孙中山来日之机，想成立日中合办的投资公司——中国兴业股份公司。[⑤]因此借秋山赴上海之机，插了一手。

秋山夫妇抵上海后，三井物产公司的上海支店长藤濑政次郎

---

① 村松梢风：《金·恋·佛》，第 50～51 页。
② 村松梢风：《金·恋·佛》，第 51 页。
③ 村松梢风：《金·恋·佛》，第 49～53 页。
④ 村松梢风：《金·恋·佛》，第 54～55 页。
⑤ 参阅本书第 162～166 页。

迎接并接待。秋山夫妇住在法租界的三井公寓。孙中山也在法租界。秋山去孙宅，说明来意，并说服孙中山暂缓访日。孙中山听到后，颜色更变，他说，一切都准备就绪，二三天后搭春日丸启程，坚决不同意秋山的意见。秋山未能说服孙中山。第二天，孙中山来三井公寓访秋山。孙中山说，不接见那些政府要人也可以，只去见见曾住宿过的房东大娘也可，此外还想登富士山。秋山拿出孙中山赠送他的"得一知己可以无憾"一词来说服他，但孙中山还是不同意。秋山最后以革命尚未成功的道理终于说服了孙中山，并约定一年后再访。[①]

孙中山由于政治原因暂停访日，但致电宫崎滔天："因病延期日本之行。"[②]滔天当时不知道其内幕，一时不理解其本意。

秋山回国后，以桂太郎为中心，积极活动。[③]恰巧是年12月反对孙中山访日的西园寺内阁下台，21日桂太郎组阁。桂太郎支持和同意孙中山访日。孙中山于1913年2月14日，作为日本的贵宾访问了日本。

孙中山访问日本的前后，在日本爆发了第一次拥护宪政运动，即大正政变。此次运动是以报界为中心的资产阶级民主运动，反对藩阀统治，要求实现议会政治和政党内阁制，斗争锋芒直指桂太郎的藩阀内阁。桂内阁在此次运动冲击下，于孙中山抵日的前三天即2月11日下台；2月20日，海军大将山本权兵卫组织新内阁。但孙中山访日之事已在桂内阁时期决定，孙中山照计划实现访日，并和桂太郎举行了重要的政治会谈。孙中山与桂太郎的会谈是这次孙中山访日的一大收获。此次会谈的内容，尔后评述。

二次革命失败后，自1913年8月至1916年4月孙中山居住在日本。这一时期，和孙中山形影不离的日人是萱野长知、山田

---

① 村松梢风：《金·恋·佛》，第64~65页。
②《宫崎滔天全集》第1卷，第511页。
③《宫崎滔天全集》第5卷，第548页。

纯三郎、和田端等人。1915 年 3 月，秋山当选为国会议员，在日本政界也有一定的影响。因此，孙中山曾数十次亲自去东京大井土佐山的秋山宅访问过他。在日本外务省的档案中，对其访问的日期和时间，有较详细的记载，但会谈内容则无记载。

　　这时期孙中山在日准备第三次革命，争取日本政府和军部在资金和军械上的援助。但日本方面怕影响对袁世凯的关系，没有"援助"孙中山。1915 年年底，中国西南地区相继宣布独立掀起反袁运动的高潮。这时，日本政府和军部的对华政策从支持袁世凯转变为反对袁世凯。为此日本政府和军部"支持"和利用孙中山与革命党反对袁世凯。于是日本财界也跟着改变态度，向孙中山提供贷款。此时，居正在山东举兵，陈其美在上海准备起义，孙中山急需一笔资金和军械。此时帮助孙中山解决燃眉之急的是秋山定辅。据日本外务省档案的记载，1916 年 3 月 10 日，孙中山从日本久原财阀借到了一笔贷款。[①]据秋山自述，秋山从中起了重要作用。辛亥革命时期，三井、大仓组等财阀曾经向孙提供过贷款，但孙中山未能巩固革命，革命的成果被袁世凯窃取了。因此，这些财阀不敢再给孙中山贷款。于是秋山想找久原财阀，但他和久原没有交往。秋山的同乡加藤达平在久原矿业公司任工程师，深得久原房之助的重用。秋山通过加藤达平，把希望给孙中山贷款之意转告久原房之助。久原即刻同意，并到秋山宅会晤秋山，商议贷款之事。此后，孙中山和秋山在久原处商定贷款七十万日元。但久原给孙中山送来的是八十万日元。[②]孙中山将四十万日元通过台湾银行立即汇给上海的陈其美，用于革命活动。当时孙中山和陆军参谋次长田中义一也有接触，并准备给山东的居正和汕头地区送一批武器。这便说明，孙中山是用这笔贷款从日本陆军购买了一批武器。

　　① 《孙文动静》乙秘第 375 号，1916 年 3 月 11 日，日本外交史料馆藏。
　　② 村松梢风：《金·恋·佛》，第 40～46 页。

久原财阀给孙中山贷款的目的是扩大在中国的经济权益。因此，借款不能不抵押权益。抵押的是四川省的矿山权益。加藤是矿业工程师，曾在四川省进行过探矿活动。可见，这一抵押和加藤达平有关。

这时期，孙中山最得力的助手之一是陈其美。秋山虽然支持孙中山的革命活动，但除孙中山之外，与其他革命党人不大来往。秋山在孙中山的介绍下认识了陈其美，并和他有了来往。陈其美给秋山留下了非常深的印象。他说，"陈君对我来说实在是不可忘记的人，是怀念、喜欢、可惜"①的人。秋山评价陈其美是非常谦虚的革命的实践家。1915 年，陈其美离开东京回上海，领导国内的革命。临行前，陈其美访秋山。秋山设便宴送行。陈其美非常感激他对于孙中山和中国革命的支持，写下"道义行天下秋山先生属陈其美"一词，赠送给秋山纪念，表达了陈其美对秋山支持孙中山和中国革命的谢意。秋山非常喜欢这一题词，把它当成至宝保存，并在中国客人来访时把它特意挂在屋里，以表达秋山对陈其美的怀念和钦佩之情。

1924 年 11 月，孙中山访日，在神户做了"大亚细亚主义"的演说。秋山亲自到神户，拜访孙中山。孙中山此时已经身体欠安，只喝菜汤。秋山劝孙中山，去九州别府温泉疗养。②孙中山答道，去北平办完事后再回到别府疗养。③孙中山进北平后病情恶化，准备动手术。秋山致电孙夫人，"决不要动手术"④。但这一电报在动手术后的第二天才到孙夫人手中。

3 月 12 日孙中山逝世。秋山接到讣告后非常绝望，他说："这与其说是孙文之死，不如说是我的死。破灭了，几十年的苦心惨淡和努力化为泡影了。理想也好，目的也好，都被打碎了。眼前

---

① 村松梢风：《金·恋·佛》，第 30～31 页。
② 村松梢风：《金·恋·佛》，第 124～125 页。
③ 村松梢风：《金·恋·佛》，第 124～125 页。
④ 村松梢风：《金·恋·佛》，第 126 页。

变得乌黑，一切希望的曙光都消失了。"①秋山的这一番话表明：秋山对孙中山的期待是多么高！也表明了秋山对孙中山逝世后中国民主革命前途的忧心。

那么，秋山定辅为什么支持孙中山？其思想基础是什么？

首先，秋山是富有正义感的人。人有正义感，才有同情心。他从一开始认识孙中山，"既不是因为理想，也不是因为道理，而是出于同情认识了他"②。同情心是感性的东西。感性是理性的基础，没有感性就没有理性。后来两人的感性认识在相互交往中日益加深，秋山听孙中山的理想和革命哲理就能理解，就能接受。两个人的思想逐渐有了共鸣。后来，如秋山所说：我想说的他就说，他想说的我说，分不清是谁说的。③

其次，秋山的正义感和同情心不是单纯的超阶级的，而是与秋山的经历和思想有关。秋山是商人家庭出身，上大学时其父破产，他完全靠自己的勤工俭学学习和生活，并且负担了其父的生活开销。那时，他冬天也穿夏天的衣服，可以说是穷学生。这种生活经历使他了解社会，了解民众，从而产生了进步的思想倾向。这种倾向便表现在1900年2月复刊的《二六新报》上。这时的《二六新报》，反对藩阀的统治，揭露三井财阀，冲击大烟草商岩谷天狗，提倡自由人权，主张废除娼妓。因此，深得社会的支持。《二六新报》与20世纪初的日本工人运动和社会主义思潮也有密切的关系。1901年4月3日，《二六新报》在东京向岛主办了工人恳亲大会，两万余工人和群众参加。日本工人运动的领导人片山潜（后来成为日本共产党的创始人）动员六千多名工人参加这次大会。明治时期的社会主义思想家西川光二郎、安部矶雄、荒田寒村及友爱会的领导人铃术文治等都和《二六新报》有过联系。这

①　村松梢风：《金·恋·佛》，第126～127页。
②　村松梢风：《秋山定辅自述》，第275页
③　《宫崎滔天全集》第2卷，第99页。

些都说明，20 纪初的《二六新报》确有进步性。因此它的发行量也达十五万份，成为当时亚洲发行量最大的一个报纸。

这一时期的《二六新报》与宫崎滔天也有密切关系。宫崎滔天的《三十三年之梦》和《狂人谭》从 1902 年 2 月至 10 月相继连载于《二六新报》，滔天也于同年 10 月在《二六新报》工作过。因此，滔天对这一时期的秋山评价较高，称他为工人的朋友，说他如果按这个时期的精神继续奋斗下去的话，就会成为工人之神。滔天还称赞他为和德富苏峰一样的"不易得的人"。[①]我们从滔天对秋山的这种评价中也可以看出，他支持和协助孙中山的革命活动的思想基础。

再次，秋山的国际观和亚洲观是他支持和协助孙中山的思想基础。秋山从中学到大学受了西洋文明的影响。他在学校学的是西洋的历史和"弱肉强食"的哲理及生存竞争的进化论。但在 1908 年 2 月至 8 月、1910 年夏天至 1911 年 2 月两次游历欧美后，他的世界观产生了变化。他开始抵制西洋的哲理。他认为，西洋的"不是吃掉别人，就是被别人吃掉"的世界不是我们理想的世界，"既不吃掉别人，也不被人吃掉的世界是人类的理想。作为一个人，应该遵守的最重要的铁的法则就在于此"[②]。从这哲理和理想出发，秋山主张"不侵略别人，又不被人侵略"的做法。他说："被人侵略是侮辱自己，污损家的名誉，侮辱祖先。既不吃掉别人，又不被人吃掉，西洋的道德、哲理、和平就在于此。"[③]他批评西方列强说："把无防备的弱的邻居，乘其虚弱之机屠宰，这并不是能耐。只有互通有无，才有和平和幸福。西洋人就忘记了这一重要的建国哲理。"[④]他谴责西方列强对埃及、印度及东方的侵略，希东方人不要学习西洋人的那一套。秋山是 1938 年即中日战争的第一年

---

① 《宫崎滔天全集》第 2 卷，第 100 页。
② 村松梢风：《秋山定辅自述》，第 276～277 页。
③ 村松梢风：《秋山定辅自述》，第 277 页。
④ 村松梢风：《秋山定辅自述》，第 277 页。

作为回忆自述了这一番话的。他没有直接指责日本对中国的侵略，这无疑是不足之处。但在法西斯统治下，公开自述这一番话也是需要勇气的。

秋山从上述的国际观和亚洲观出发，谈了他对推翻清朝统治的孙中山革命的看法。他说："推翻清朝也可以，搞革命也可以。但在东洋，在中国，有中国独到的哲理和道德。这一哲理不是强者杀戮弱者，以我们的话来说是仁义。革命就是仁义。如果要完成伟大的事业，就自觉地认识其伟大的使命，并抱着将这真理告诉给世界的目的，来进行中国革命为好。"①可见，秋山是抱着一种哲理和理想支持和协助孙中山的。

秋山的这种哲理和理想，和孙中山的哲理和理想有共同之处。孙中山也是富有理想的人。因此，正如秋山所说："两者的想法完全一致，就共鸣起来了。"②秋山还说，在两人的谈话中，秋山说了多少，孙中山说了多少，后来完全分不清了。而且"哪一个是中国革命，哪一个是日本革命，也分不清了。是孙文的革命？还是秋山的革命？是自己干的，还是被委托干的？也分不清了。当时的心情是孙文是我在中国的代理人，同时，在日本我成为他的代理人，在日本要做的事，不论什么事，都由我来做了。"③这些话难免言过其实，但却反映了秋山对孙中山的友好情谊和两个人的亲密关系。

## 五、孙中山与桂太郎

孙中山在和日本政治家、军人的来往中，直接和首相、陆军大将一级的大人物接触并会谈的只有桂太郎一人。

桂太郎是陆军大将，三次出任首相，在陆军中推行了一系列

---

① 村松梢风：《秋山定辅自述》，第278页。
② 村松梢风：《秋山定辅自述》，第278页。
③ 村松梢风：《秋山定辅自述》，第278页。

的改革。任首相时，缔结日英同盟，进行了日俄战争。他是赫赫有名的军人政治家。

1913 年 2 月孙中山访日时，和他举行了数次会谈。孙桂会谈在中国的民主革命及近代中日关系中占有重要地位，而且两人的会谈又涉及对孙中山政治活动的评价，但学界在过去的研究中往往回避这一问题。我们应该正视为好。

要研究孙桂会谈，先要了解其背景及实现会谈的过程。如前所述，孙中山暂缓访日和实现访日，都与桂太郎和秋山定辅有密切关系。那么，桂太郎与秋山定辅又是什么关系？他们的关系与孙桂会谈又有什么关系？我认为，1913 年的孙桂会谈是 1911 年桂太郎和秋山会谈的继续。因此，应先研究秋山和桂太郎的关系及桂和秋山会谈的问题。

桂太郎是日本陆军的鼻祖、山县有朋系的藩阀。《二六新报》和秋山在 20 世纪初是反对藩阀势力的。因此，桂太郎第一次（1901 年 6 月至 1906 年 1 月）和第二次（1908 年 7 月至 1911 年 8 月）任首相时，他和秋山是对立的。[1]尤其是第一次任首相时，即 1902 年，桂太郎压制了秋山和《二六新报》要举办的第二次工人恳亲大会，并拘留了秋山。[2]因此，两者更为对立。但秋山两次游历欧美后，他的世界观发生了变化。[3]变化之一是从反藩阀转变为与藩阀妥协。他考察欧美后认为，日本与欧美相比是小国、弱国，因此现在不是国内各种势力相争而是应举国一致共同对外的时期。这种思想是他与桂妥协的一种原因。变化之二是对东洋文化、文明及精神的重视。秋山考察欧美后认为，欧美的物质文明是好的，但精神文明比东洋差。因此回国后重新学习汉学和佛教，并提倡"既不吃掉别人，又不被人吃掉"的大亚细亚民族大联合的大亚细

---

① 樱田俱乐部编：《秋山定辅传》第 1 卷，第 163～164 页。
② 樱田俱乐部编：《秋山定辅传》第 1 卷，第 280～286 页。
③ 樱田俱乐部编：《秋山定辅传》第 1 卷，第 111、126～127 页。

亚主义。这是他和桂太郎合作的另一种原因。正是以上这两种原因促使了秋山和他昔日的"政敌"妥协合作。

秋山从欧美回国后，将其见闻和想法报告于山县有朋。山县让他和桂太郎商议。这样，秋山和桂进行了三个晚上的通宵会谈。会谈的时间可能是 1911 年 8 月以后，即桂太郎辞去首相之后。第一个晚上和第三个晚上谈的是中国问题和世界形势，第二个晚上谈的是秋山与桂太郎过去的关系。据秋山回忆，就中国问题秋山向桂太郎提出：

一、清朝已显衰亡之相，正濒临崩溃。今四亿民众挣扎在水深火热之中。

二、欧美列强将乘机侵略中国，企图把这一亚洲最大民族变为他们的奴隶。

三、孙中山一派革命党直面中国民族危机，正舍命努力，拯救民族，拯救国家。

四、推翻清朝、建设新中国的思想触动了多数有知识的中国青年，培养了一大批力量。

五、中国革命形势是一触即发，日本和中国是同文同种，在中国民众觉醒起来进行革命之际，日本应该援助他们，并且朝着亚洲民族的共同理想迈步。[①]"这是日本的唯一国策。"[②]

对此意见，桂太郎表示同意，并且说"没有拿剑解决的意思"[③]。言外之意是他没有武力解决中国问题的意思。

1921 年宫崎滔天在《桂太郎与孙逸仙——媒人秋山定辅》一文中专门提及桂和秋山会谈，说秋山君提出而桂公同意的是：

一、"以解决支那问题为目的，[桂]再度任首相之职。"

一、"任首相之职不应靠天皇的一声令下，而应组织新党，以

①櫻田俱乐部编：《秋山定辅传》第 1 卷，第 131～132 页。《秋山定辅自述》，第 402～403 页。

②村松梢风：《秋山定辅自述》，第 402～403 页。

③村松梢风：《秋山定辅自述》，第 402～403 页。

立宪的态度取天下。"

三、"作为解决中国问题的同士，要与孙逸仙肝胆相照。"①

滔天还说，为实现这三项任务，还成立了新的政党——同志会。

从秋山的回忆和滔天的说法来看，桂和秋山会谈的内容，一是支持孙中山解决中国问题；二是桂和秋山合作，建立新的政党。这两个问题是连在一起的②，是桂和秋山合作的两个方面。如前所述，秋山支持和协助孙中山解决中国问题是真的，但桂太郎对此是否真正同感，尚搞不清楚。

桂与秋山会谈和孙中山访日及孙桂会谈有密切的关系。如果没有桂和秋山的会谈，也许不可能实现孙中山访日和孙桂会谈，因为秋山对孙中山和中国形势的分析与意见，对桂太郎的对华及对孙中山的政策产生了直接影响。从这种意义上说，桂与秋山会谈是孙中山访日及实现孙桂会谈的背景，也是前提。

下面，把孙桂会谈的情况考察一下：

一、会谈的次数。据会谈的翻译戴季陶回忆，是两次共十五六个小时。据秋山回忆，是三次。滔天说是数次。确切的次数，一时搞不清，但可以说至少两次，或者两次以上。

二、会谈的日期。吴相湘的《孙逸仙先生传》，拟为 2 月 16、

①《宫崎滔天全集》第 1 卷，第 511 页。

② 为什么说，支持孙中山和成立新政党是联在一起？成立新的政党是什么意思？这时期的日本内阁称为藩阀内阁。藩阀是指明治维新的元老及军阀势力。他们靠天皇的权力，一手组织内阁，独揽日本政治大权。那时日本虽然没有议会，但议会中占多数席位的政党不能组织内阁。随着日本资本主义的发展，日本资产阶级要扩大在政治舞台上的地位，要求实行政党内阁制，实行议会政治，反对藩阀内阁制，拥护宪政运动——大正政变就是这样的一次资产阶级运动。这是日本资本主义发展的必然。藩阀势力之一的桂太郎认识到这一必然发展的趋势。他认为，过去那样完全靠天皇指名组织藩阀内阁的时代已经过去，所以要组织以自己为中心的政党，以政党的力量组织内阁进而适应时代的变化。为此，桂太郎找秋山（秋山是无党派人士），请秋山协助他组织新党。这是桂跟秋山妥协、合作的一种原因。对秋山来说，要实现自己的大亚细亚主义的理想，不依靠一种政治权力不行。因此，他协助桂太郎组织新党——同志会，进而协助桂太郎组织政党内阁，以便实现自己的理想。后来秋山提出向孙中山、实现大亚细亚主义的主张，并说服桂太郎接受。而且秋山相信，桂太郎真的接受了他的主张。两者的目的和主张就这样结成一体。从这种意义上来说，孙桂会谈是桂和秋山妥协、结合的产物，是日本拥护宪政运动时代的产物。

17日。《国父年谱》增订本说是，2月20日和3月2日应桂太郎的邀请赴宴。《秋山定辅传》的编者认为，孙中山2月28日去国府津，3月1日回东京，回东京途中在箱根会谈一次的可能性也有。

三、参加会谈的人。除桂孙外，戴季陶作为翻译参加了会谈，这是确实的。秋山自己在自述中没有说参加，也没有说未参加。《秋山定辅传》的编者认为，桂的女婿长岛隆二和秋山定辅参加的可能性大。因为当时就孙中山问题这两人和桂太郎的关系最近。这也有可能，但不能下结论。

四、会谈内容。对此，戴季陶的《日本论》记载较为详细，归纳起来，桂太郎说了以下六点：[①]

1. 以日德同盟取代日英同盟，将来与美斗争，打倒其霸权；

2. 以日德同盟为核心，结成日中德奥同盟，解决印度问题；

3. 日本不侵略中国；

4. 日中两国提携，保障东半球的和平；日中土[耳其]德奥提携，维护世界和平；

5. 袁世凯是民国和孙中山之敌，但是，现在立即举事将百害无一利；

6. 全力援助孙中山的铁路干线建设事业。

宫崎滔天在孙中山访日中起了重要作用，因此了解孙桂会谈的内容，据他说："桂公和孙文在东京三田桂邸的一室会晤数次。两人完全是肝胆相照。桂公提出援助孙文实现大东洋政策；孙文提出和日本提携建设新中国，誓要实现他的大亚洲主义主张。"[②]滔天还说，孙中山结束访日回上海时，虽然排日货猛烈，但孙中山对记者讲大亚细亚主义，力说日中提携。

宫崎滔天之子龙介也在《回忆孙文》一文中提及桂与秋山会谈，说桂提出四条意见。其内容与上述戴季陶书中所忆差不多，

---

① 戴季陶：《日本论》，台北1954年版，第60～65页。
②《宫崎滔天全集》第5卷，第548页。

但多了一点，即桂以国内舆论为背景，建立大政党，进而组织强有力的政党。[①]

以上是桂太郎对孙中山所言。那孙中山对桂太郎说了什么？据胡汉民回忆，孙中山说："就大亚细亚主义之精神言，实以真正平等友善为原则。日俄战前，中国同情于日本；日俄战后，中国反不表同情。其原因：在日本乘战胜之势，举朝鲜而有之。朝鲜果何补于日本？然由日本之占领朝鲜，影响于今后之一切者，不可以估量。此种措施，为明智者所不肯为。"对此桂答道："余此次受命组阁，仅三阅月。使余能主政一年，必力反所为，有以报命。"[②]

1913年8月，二次革命失败后孙中山来日。此时桂太郎患病。他派其女婿长岛隆二给孙中山传话："我现在患病，病愈后再次拿日本天下。如不拿天下就不能实行真正的誓约。请暂候我痊愈后拿天下之时。"[③]

但是，桂太郎于是年10月10日病故。桂太郎临终时还说，"我不能倒袁扶孙，成就东方民族独立的大计，是我生平的遗恨。"[④]而孙中山惊悉桂太郎逝世后也说："日本现在更没有一个足与共天下事的政治家，东方大局的转移，更无望于现在的日本了。"[⑤]孙中山准备送花圈，对桂之死表示哀悼，但考虑社会舆论，最后没有送。

宫崎滔天也对桂之死表示惋惜。1921年他说："对日中两国来说，可谓一大不幸的是桂太郎之死。如桂公还在世，无须说中国革命将如愿告一段落，也不会发生如今日中两国间之葛藤，两

---

① 岩村三千夫等编：《现代中国与孙文思想》，讲谈社1897年版，第108～109页。
② 罗家伦主编：《国父年谱》（增订本）上册，台北1969年版，第496页。
③ 村松梢风：《秋山定辅传》第2卷，第150页。
④ 戴季陶：前揭书，第62页。
⑤ 戴季陶：前揭书，第62页。

国亲善之果实，将令欧美人羡望，但天无情！"[①]

从当事者的回忆和评价来看，桂太郎确实说过支持孙中山，实现中国革命的诺言。听其言，观其行，这是评价历史人物的一种原则。我们不敢轻信日本的大军阀桂太郎的诺言。其目的何在？其真意是什么？但我们也不能否定他说的诺言。桂太郎下这一诺言后不久逝世。后人没有见到其具体行动。因此不敢断言。

但不可否定孙桂会谈对孙中山的影响。第一次世界大战爆发后，孙中山主张日德联盟，反对对德宣战，一直把英国当作最大的仇敌。孙中山在孙桂会谈后较为明显地提出废除不平等条约，实现中日提携的大亚细亚主义。

当前史学界，对孙中山的大亚细亚主义有不同的看法和评价。这种不同的看法和评价必然涉及孙桂会谈，涉及对桂太郎的看法。这些问题，一时难于下结论，有待研究。

① 《宫崎滔天全集》第1卷，第510页。

# 孙中山与金玉均对日关系比较

　　人类社会的历史虽然有其普遍性，但各国的历史不尽相同，皆有其特殊性。历史研究若忽视其一，则非但不能正确反映历史本来的面目，而且还有可能歪曲历史，造成莫大错误。因此，要研究国别史或者地区史必须从世界史的角度加以考察；而要研究世界史则必须从国别史或者地区史的角度加以考察，并把两者相互比较，找出其规律性的东西。只有这样，才能正确认识人类历史发展的全过程及其规律。这就是比较史学研究。这种比较史学研究，目前在欧美非常盛行，但在我国则刚刚起步。

　　中国近代史是亚洲和世界近代史的一个组成部分，在亚洲和世界近代史中占有重要的地位。因此把中国近代史上出现的各种现象、事件和人物与亚洲及世界近代史上所出现的各种现象或事件及人物加以比较，不仅有益于对中国近代史的研究，而且还有助于提高亚洲和世界近代史研究的水平。

　　在近代，亚洲许多国家与日本、欧美列强处于侵略、殖民和反侵略反殖民的对立关系中，但它们之间无论在政治上还是在经济上都有着密切的联系。尤其是亚洲半殖民地维护民族独立的斗争和实现近代化的改革，常与日本及欧美列强有着种种关系。中国和朝鲜则是其中的两个典型。

　　有中国近代史上，孙中山是民族、民主革命的先驱；在朝鲜近代史上，金玉均是提倡国家独立和民主改革的先驱。他们两人

在中朝两国的历史上均占有重要的历史地位，两国人民至今还在赞颂他们的丰功伟绩。孙中山的革命运动和金玉均的改革运动在性质和内容上既有共同和相似之处，又有不同之处。虽然他们生活的年代相差 10 年乃至 20 年，可是他们与日本的关系都十分密切。孙中山在其 30 年革命生涯中有十余年是在日本度过的；金玉均在其 12 年政治生涯中有 11 年是在日本度过的。

本文试图就孙中山、金玉均与日本之间的关系进行比较，从中找出其异同，进而阐明东北亚国家的革命和改革运动与日本的关系。

## 一、孙、金的对日策略

一个人的家庭出身和成长的社会历史背景，对其的思想形成和社会政治活动往往会产生重要的作用。金玉均和孙中山相差 16 岁，两人都生于 19 世纪后期，属于同一个历史时期。但是，他们所受的教育和成长的社会环境却截然不同。金玉均出生于儒家兼官僚的家庭，自幼熟读儒学经典，后专攻实学，受传统思想文化的影响较深。孙中山则不然，出身贫寒，从小在国外受欧美教育，传统思想文化的影响较少。这便对他们成年后的政治活动产生了不同的影响：孙中山主张共和革命，金玉均则主张以君主为中心的社会改良。但是尽管如此，他们两人接近日本并与日本结成关系的纽带却是相同的。

位于东北亚的朝鲜、中国和日本，在 19 世纪后期都肩负着共同的历史任务，即一是如何实现从前近代的封建社会过渡到近代化的资本主义社会，二是如何抵抗欧美列强的侵略，保卫国家的独立，摆脱半殖民地的民族危机。1868 年日本发生了明治维新。维新在文明开化和富国强兵的口号下，大力吸收西方文化，实行国家近代化，并一举取得了显著的成就。这给邻国朝鲜和中国提供了历史经验。金玉均和孙中山在日本的影响下走上了改革和革

命之路。他们虽然都主张学习明治维新，要走维新之路，但却没有深入研究过明治维新，因此不知其历史过程，只是看到维新所产生的日本社会的变化而已。

金玉均的改革思想是在 1882 年第一次访日时形成的；甲申政变的构想是他在第二次访日时形成的；第三次访日则是为实现这一构想争取日本的援助。金玉均三次访日共计 23 个月，时间较长，深受明治维新的影响，这为他发动甲申政变打下了坚定的政治思想基础。

1894 年孙中山的《上李鸿章书》是他走上政治舞台的标志。在这一书中他言及日本明治维新所取得的显著成就，主张中国学习其经验。后来他把明治维新说成是中国革命的第一步，中国革命是明治维新的第二步，两者是同一意义的革命。这虽然是言过其实，但充分反映了明治维新对孙中山的影响。孙中山在从事革命活动之前没有到过日本，对日本和明治维新的了解是间接的，因此他受明治维新的影响不如金玉均那样深刻。

明治维新之后，日本对内实行近代化，对外进行侵略战争。前者是进步的、正义的，后者则是野蛮的、非正义的，此乃明治维新的双重性。这种双重性又造成了日本资本主义社会的双重结构，即对内实行有限的民主和自由，对外进行侵略和掠夺，两者有内在联系。日本国内的近代化需要对外侵略，对外侵略又促进了国内的近代化，两者相互依存。

日本明治维新的这种双重性，就把这两人与日本联结起来了。金玉均、孙中山要学习和吸收的是日本对内所实行的新文化和新文明，而不是对外侵略和掠夺。面对日本的对外侵略，金玉均只是有所认识而已，而孙中山则对此进行了批判和谴责。金玉均和孙中山所要学习和反对的，显然水火不相容，但在他们与日本的关系中却混合在一起，这是历史上的一种奇怪现象。为什么会出现这种现象呢？

原来金玉均的改革和孙中山的革命，在某种意义上是日本和欧美列强侵略朝中两国的直接产物。日本和欧美列强的侵略进一步激化了朝鲜和中国的国内矛盾，促进了改革和革命运动的发生。

1878 年的《江华条约》和 1894 年的甲午战争，促进了金玉均的改革运动和孙中山的革命运动的发生。这是金玉均和孙中山与日本发生关系的一个侧面。

日本对朝鲜和中国的侵略，使其与两国的统治者发生矛盾和对立。这种矛盾和对立随着日本侵略的不断扩大而进一步激化。孙中山、金玉均两人所要革命和改革的对象是比自己力量强大的本国统治者。但金玉均的开化党和孙中山的革命党是新兴的势力，新兴势力往往都是很薄弱的，他们不得不借助外部力量。而这一外部力量，在当时的历史条件下只能是日本，因为日本的侵略激化了日本与朝鲜、中国统治者之间的矛盾和对立。这一矛盾和对立为金、孙利用日本提供了客观的条件。他们乘机借助日本的势力来革本国统治者之命，而日本的统治者则为侵略朝鲜和中国，在一定的历史条件下，利用金玉均的改革运动和孙中山的革命运动来对两国的统治者施加政治压力，进而实现其对朝鲜和中国的侵略。

孙中山和金玉均所要学习和吸收的是日本的近代文化，它与借助日本势力是性质不同的两码事，应该加以区别。孙中山和金玉均也是这样认为的，所以他们谴责侵略者。但主观上的谴责和客观上的借助，在改革和革命的实际行动中无形地混在一起，就使人得出这样的结论：吸收日本近代文化势必引进外来势力。不过这是表面现象，并非本质。就本质而言，两者是有区别的。

孙中山和金玉均借助日本之势力，是与日本和欧美列强在中朝两国的争夺有密切关系的：19 世纪后半期，日本和欧美列强相继侵略中朝两国，相互争夺殖民权益，因此日本与欧美列强在这里又产生矛盾和对立。在这一矛盾和对立下，清朝统治者就采取

"以夷制夷"的政策，依靠欧美列强抵抗日本的侵略。在朝鲜，除这两种侵略势力之外，还有清朝的势力。因中朝两国在历史上形成的宗属关系，清朝在朝鲜有政治、经济和军事上的权益。因此，日本势力的侵朝必然与清朝在朝鲜的权益发生矛盾与对立。这一矛盾和对立在甲申政变前后，比日本与欧美列强的矛盾更为尖锐，成为当时的主要矛盾。在此种形势下，李朝的统治者就依靠清朝抵抗日本的侵略，以维持其国内的统治。李朝的统治者尤其守旧派，在开化势力和日本的夹击下更加依靠清朝。而清朝也乘机进一步加强对朝鲜的干涉和渗透，这反过来又进一步激化了日清之间的矛盾和守旧派与开化势力的对立。当日本与欧美列强在中国对立、日本与清朝在朝鲜对立以及清朝统治者依靠欧美、李朝守旧派依靠清朝的情况下，金玉均和孙中山为革守旧派和清朝之命，不得不依靠日本的势力来与他们斗争，而日本为了在朝鲜与清朝势力、在中国与欧美势力抗衡，在一定的历史条件下利用了金玉均的改革运动和孙中山的革命运动。这样便形成了金玉均、孙中山和日本相互利用的关系，他们都是为了与自己的主要对手抗衡。

在各种矛盾和对立中形成的孙中山、金玉均与日本三者相互利用的关系，具体体现在孙、金两人对日本的期待以及日本对他们的所谓支持和援助上。孙中山和金玉均对日期待政治、外交、财政和军事上的援助，这种期待一贯如此。孙中山是在1912年南京临时政府时期和1916年反袁时期得到日本帮助的；金玉均则是在第二次访日和甲申政变时期得到日本的所谓支持和援助的。可是孙、金两人都被日本驱逐过。1907年和1910年日本曾两次驱逐孙中山；1881年日本曾令金玉均离日，因他无法筹措旅费，遂被流放到小笠原群岛和北海道。由此可见，日本对他们的政策是变化无常的。因此，孙、金两人对日本也从期待到失望，从失望到批判，从批判又回到期待，随着日本对他们的政策之变化而变化。

日本对孙、金两人的政策虽然经常变化，但始终不变的是日本的国家利益。日本在中国和朝鲜的国家利益是，先扩大在两国的权益，然后侵占其领土，这是日本对中朝两国的总目的和总政策。日本对孙、金两人的政策便是这一总目的和总政策的一个组成部分，是实现其总目的、总政策的一种手段，同时也是日本决定对孙、金两人的政策的原则。也就是说，孙中山的革命运动和金玉均的改革运动有利于日本对中朝两国的总目的、总政策时则加以支持，不利或有害时则驱逐或流放，既无利又无害时则态度冷淡。

在上述总目的、总政策指导之下，日本在决定对孙中山和金玉均的政策时还会考虑如下几个问题：

第一，日本与孙、金的国内政敌之关系。孙和金在其国内并不是孤立的，而是与其政敌对立的，日本利用他们的价值也就在于此。因此，日本对孙、金的政策是根据它与孙、金的国内政敌的关系如何而定。若两者关系极坏要排除它时，则支持孙、金去反对这一政敌；若两者关系极好，则压制孙、金，不让他们反对其政敌；若两者关系不冷不热，则对孙、金也是不即不离。

第二，孙的革命和金的改革能否成功及他们掌握该国天下的可能性。若日本主观上判断他们掌权的可能性较大，则积极支持他们；若可能性不大或者没有，则不支持或者冷淡，两者关系成正比例。

第三，考虑围绕孙、金及其国内政敌的国际关系。日本决定对孙政策时，要考虑日本与欧美列强，日本与孙，日本与孙的国内政敌清朝、袁世凯和段祺瑞、吴佩孚、曹锟等的关系，以及欧美列强与孙，欧美列强与清朝诸关系。日本决定对金政策时，则考虑日本与清朝、日本与金、日本与金的国内政敌李朝的关系，以及清朝与金、清朝与李朝诸关系。

第四，考虑经济权益。日本在朝鲜和中国的主要目的是扩大

经济权益，取得经济利益。因此，日本在决定对孙和金的政策时往往会考虑支持他们是否会影响日本在中朝两国的经济权益和经济利益。这一点在对孙的政策中表现得较为明显。

第五考虑孙、金的革命和改革的性质和政体主张。孙主张革命和共和制，反对君主立宪制；金则主张改良和君主立宪制。与日本的明治维新和现行政体相比，孙的主张与日本对立，金的主张与日本接近。这在一定程度上影响了日本对孙、金的政策，但不是决定性的。革命的性质和政体主张是属于意识形态层面的，孙与日本之间虽有意识形态上的问题，但它不是主要的。孙、金与日本的关系属于国际关系，而国际关系主要是利害关系，这一点在辛亥革命和 1916 年的反袁运动中表现得较为明显；金玉均的甲申政变因时间较短，表现得不太突出。

以上几个问题在日本决定对孙、金政策中起综合性作用，但也不排除某一个时期或某一件事上其中个别问题起着更大作用。因此，对不同时期的不同政策应该做具体的分析。

## 二、革命、改良与手段之间的矛盾

革命也好，改良也好，都有一个历史发展的过程，在这一过程中充满了曲折和矛盾。其中最大的矛盾是革命和改革的目的与实现目的的手段之间的矛盾，孙中山和金玉均在这个问题上同样有矛盾。他们为什么会出现此种矛盾呢？

孙中山和金玉均都面临两个革命目的：一是在国内实现近代化，建立繁荣富强的国家；二是抵御外来侵略和干涉，建立独立自主的国家。这两个目的是统一的，相辅相成的，应该在运动中同时完成。可是在实践中，孙和金却把第一个目的放在优先的地位，把打倒阻碍革命和改革的国内政敌放在首位，并把它当作革命和改革的第一步。因此，他们把精力集中在国内的政治斗争上。也的确如此，国内政治斗争的成败是决定革命和改革能否成功和

建立繁荣富强国家的重大问题，可是只靠自己的力量是不可能打倒国内政敌的，非借助外国势力不可。而借助外国势力势必会加速外国势力对朝鲜和中国的侵略，这便与抵御外来侵略、建立独立自主国家的第二个目的发生矛盾。

有人认为，这一矛盾是因孙中山和金玉均对日本的侵略本质认识不足而产生的，也就是说，这是认识问题。但是，孙和金对日本的侵略本质是有认识的，因为有认识才利用了日本与清朝、袁世凯、守旧派及欧美列强之间的矛盾。利用矛盾便是策略问题。

那么，这一策略能否调和维护国家独立自主的目的与借助外来势力之间的矛盾呢？他们认为，矛盾是暂时的，统一是可能的。也就是说，他们认为可以在外来势力的支持下推翻自己国内的政敌，然后实行近代化的系统改革，使国家和军队强大起来，最后靠国家和军队去解决借助外来势力而带来的诸多问题。可是目的与手段的这一统一，是在一定的条件下才能实现的。这一条件便是孙中山本身的革命力量和金玉均本身的改革力量。这种力量需在目的与手段的矛盾运动中迅速成长，进而统一矛盾，同时在统一过程中自己的力量也有所增强。自身力量越大，控制力也就越强，不同性质的目的与手段之间的矛盾也才能消融统一。而这种统一又是在达成其最高目的的运动中实现的。但事实是，孙中山和金玉均在革命和改革的运动中都未能增强本身的力量，结果上述矛盾也未能解决，反而造成了严重的后果。

孙中山和金玉均所借助的外来势力是日本军国主义，它是中国和朝鲜最危险的敌人。因此，在1894年以来的中国和1876年以来的朝鲜，社会潮流是反对日本的。从这个意义上说，孙、金都是逆历史潮流而行的。因此，他们在政治实践中脱离群众，致使自己本来就很薄弱的政治势力非但得不到壮大，反而有所削弱。于是他们就更加依靠日本，出现了所谓的恶性循环。他们的悲剧也在于此。

### 三、不同的结局

孙中山、金玉均在革命和改革失败之后都流亡日本，两人的命运相似。孙中山曾在 1895 年广州起义后、1913 年二次革命失败后流亡日本。孙中山在日本的十余年，除 1913 年和 1924 年的短期访问（约 50 天）外，其余都是流亡。金玉均在日本的 11 年多的时间里，访问时间不到两年，其余 9 年皆是流亡。孙、金两人流亡日本的时间大致相同。

他们流亡日本的原因也大致相同：一是革命和改革的失败；二是在革命和改革过程中日本或多或少地同情和支持过他们；三是两国的文化传统较为相近，地理位置也较接近。

在日本的生活中，孙和金也有几个共同点：一是情况虽然不完全相同，但他们都想在日本重整旗鼓，东山再起；二是他们都得到了一些民间人士的支持和帮助，一些右翼团体和右翼人士也曾企图利用他们入侵中国和朝鲜；三是日本政府对他们严密监视并保护其人身安全。日本政府既监视他们的一举一动，完全控制他们的活动，又出于国际公法上的人道主义和将来有朝一日也许对侵略中国和朝鲜有用的目的，保护他们的安全，对孙中山的情况，更为如此。

尽管孙中山和金玉均同受日本的保护，但两人在日本的情况和日本对他们的政策又不相同：

第一，孙中山在日本成立同盟会和中华革命党，把日本当作革命根据地，继续领导在日本和国内的反清反袁运动。这是因为孙中山周围有众多的留日学生和革命党人，易形成一个政治集团并开展有组织的政治活动，支持孙中山的革命活动。金玉均则不然，他从事改革运动的历史较短，其政治力量当初就被扼杀，未能形成一个政治集团。而且其国内的几位同党不是被杀就是流亡国外，在国内其势力几乎不复存在，日本名副其实地成为他的避

难所。

第二，由于上述不同情况，日本对他们也就采取了不同的政策。1913 年 8 月孙中山流亡日本时，日本政府和军部不支持他的革命活动，但到 1916 年上半年便支持他的反袁斗争，给他提供资金和武器弹药。孙中山在日本的支持下重返国内，参加反袁的护国战争，直到袁世凯死去。金玉均则相反，不仅得不到日本的支持，还被流放到小笠原群岛和北海道，与外界隔离。日本对孙、金两人的政策截然相反，其原因何在？如上所述，孙拥有一股很大的政治力量，能继续开展政治斗争，在国内的各种政治势力较量中占有一定的地位并起一定的作用。因此，1916 年日本想推翻袁世凯政权时就利用孙中山组织反袁力量，支持他回国反袁。而孙中山回国后也的确积极进行了反袁斗争，直到逼死袁世凯为止。金玉均的情况则不同，他在国内外没有实力，在日本的侵朝政策中已经失去了他存在的意义，所以日本不仅不支持他，而且把他隔离起来。

第三，孙中山和金玉均在日本的结局也不相同。如上所述，孙是 1916 年 4 月在日本政府和军部的支持和欢送下结束在日生活而重返国内的；而金是在 1894 年 3 月日本默认朝中两国统治者合谋暗杀他的情况下离开日本的，金被送到上海而后被害。日本虽然没有直接参与这一暗杀行动，但事先已经知道却没有阻止和转告金。1886 年朝鲜统治者派刺客池运永来日暗杀金时，日本政府保护金，并令刺客离日。但三年后日本对金的态度变了，这是因为此时金已变成对日本的侵朝政策没有用的人了；而且在朝鲜也已经出现了取代他的新的势力，日本开始重用这股势力，因此金的死活对日本无关紧要，最后便抛弃了他。

综上所述，日本对孙中山和金玉均的不同政策虽然与他们个人的具体情况有关，但日本对中国和朝鲜的不同政策也或多或少地影响了日本政府对二人的态度。另外，孙、金两人从事政治运

动的年代相差 10～20 年，不同的时代也产生了不同的影响。

　　总之，孙中山与金玉均和日本军国主义的关系有相同处，又有不同处，但相同多于相异，这是由日本和欧美列强对中朝两国的侵略、中朝两国的国情、围绕两国的东北亚形势以及孙中山和金玉均的具体情况所决定的。

# 孙中山与日本

孙中山是中国民主革命的先驱，共和制的奠基人。孙中山在其革命活动中，把日本当作领导中国革命的海外基地之一，先后来日十余次，居住十年左右。因此，孙中山的革命活动与日本有密切的关系，在近代中日关系史上占有重要地位。拙稿试将孙中山与日本的关系，以辛亥革命为界，分成三个时期来简述，并分析孙中山的日本观。

## 一、辛亥革命前

1894 年至 1911 年，是孙中山与日本的关系发生、发展的第一个时期。在此时期，孙中山在日成立同盟会，准备了民主革命。

1894 年孙中山撰写《上李鸿章书》是他走上革命的标志，也是孙中山与日本发生关系的第一步。1868 年明治维新后，日本逐步变成近代化国家。这在亚洲是破天荒第一次，亚洲各国的有识之士皆敬仰维新，力图走上维新之路。孙中山也不例外。他在《上李鸿章书》中写道："夫人能尽其才则百事兴，地能尽其利则民食足，物能尽其用则材力丰，货能畅其流则财源裕。故曰：此四者，富强之大经，治国之大本也。……试观日本一国，与西人通商后于我，仿效西方亦后于我，其维新之政为日几何，而今日成效已

大有可观，以能举此四大纲而举国行之，而无一人阻之。"①这便表明，孙中山从改革中国的爱国心出发，仰慕日本的维新。同年6月，孙中山抵天津，呈递上书，但李鸿章不予理睬。上书不成，就走上革命之路。是年10月，孙中山经由日本抵檀香山，11月成立中国第一个资产阶级革命团体——兴中会，从事革命活动。翌年1月，孙中山回香港，在广东和香港等地又成立兴中会组织，准备反清起义。孙中山拟于10月26日举事，但谋事不密，事先被清政府发觉。清政府出动大军，镇压革命人士。孙中山乘船逃出广州城，偕郑士良、陈少白等于11月12日抵神户，17日抵横滨。在此地，孙中山成立兴中会分会。孙中山认识的第一个日本人是自由党党员菅原传，两人于1894年在檀香山相识。此次来日，菅原又把他介绍给郑、陈二位。这样，孙中山的革命活动与日本发生了具体的关系。

　　1895年12月中旬，孙中山离日赴檀香山。然后去欧美视察西洋文明，博览群书，确立三民主义思想。1897年8月16日，孙中山又回到横滨，9月移居东京。此时的孙中山已成为三民主义者。孙中山在东京认识了宫崎滔天、平山周，并通过他们结识了犬养毅、大隈重信、平冈浩太郎、头山满、山田良政、内田良平、宗方小太郎、福平诚等政界、财界和大陆浪人。孙中山对宫崎、平山等人讲述共和革命，希望他们支持中国的民主革命。这引发了这些日本人士的共鸣。宫崎等人劝孙中山把日本当作中国革命的基地。孙中山同意了。其理由有四：（1）清政府以花红银一千元悬赏通缉孙中山，实行白色恐怖，因此国内一时不具备开展革命运动的条件，如言论、出版、集会等自由。（2）日本是中国的近邻，地理条件上便于领导国内革命。（3）在日有支持革命的同志和有识之士，可以得到他们的支持和援助。（4）在日便于

---

① 《孙中山选集》上卷，人民出版社1956年版，第15页。

筹集革命所需的资金，便于和南洋联系。有鉴于此，孙中山决定在日居住，准备革命。但是，日本政府惧怕孙中山在日从事反清活动会影响日清关系。因此，外务省次长小村寿太郎令孙离日。犬养毅等出面，说服大隈重信外相，准许孙中山在日居住。孙中山在日费用，均由九州煤矿主、众议院议员平冈浩太郎提供。

如上所述，孙中山为反清的民主革命，东渡日本，先结识了具有自由民权思想的宫崎滔天等有志之士，后来逐渐与日本政界、财界、军部人士及国家主义的大陆浪人交往。其目的是为革命筹集资金和军械。但后者利用了此点，以"支持"为名，妄图达到侵略中国的目的。革命与侵略是水火不容的，但以革命所需的资金和军械作为媒介，两者一时便结合了起来。

1900年，中国北方义和团运动兴起，八个列强国家出兵镇压。孙中山借此机会，拟在惠州举兵起义，并希望日本政府和军部予以支持。日本军部和台湾总督儿玉源太郎，则以日军占领厦门为条件，同意提供军械。日本军部和儿玉源太郎妄图借起义之机，先占领厦门，然后以此为据点，扩大在福建省的殖民权益。[①]孙中山于9月25日离神户赴台北，令郑士良等于10月6日举兵。此时，伊藤博文内阁成立，反对给孙中山提供军械。起义军粮械失继，并遭清军围攻，惠州起义由此失败。日人山田良政在此次起义中阵亡。

起义失败后，孙中山于11月16日返回东京。1903年，孙中山认识了日本军事学家日野熊藏，和他研究游击战术。同年8月，孙中山在东京青山练兵场附近办了一所革命军事学校，请日野任校长，又请退役军人小宝健次郎任教官，传授军事知识、游击战术和枪炮火药制造法。

1903年9月26日，孙中山离日，开始了一年又十个月的欧

---

① 平山周：《支那革命党及秘密结社》，弘隆书林1980年版，第94页。

美之行。他在各地宣传革命，组织革命团体。1905 年 7 月初，他路经新加坡，上岸会晤陈楚楠、张永福等人，勉励他们筹建革命团体，从事革命。①

1905 年 7 月 19 日，孙中山返横滨，数日后抵东京，此时，东京形势大有改观。1903 年拒俄运动以来，留日学生的革命活动，蓬勃发展。而且华新会的领导人黄兴、宋教仁等因长沙起义失败也流亡到东京。孙中山与黄兴在东京会晤，畅谈革命形势，共同致力于革命。他们决定把兴中会和华兴会合并，再吸收光复会等其他团体，成立同盟会。7 月 30 日，他们在东京赤坂区桧町三番地黑龙会召开筹备会议。接着 8 月 20 日在赤坂区灵南日人议员坂本珍弥的住宅召开了同盟会的成立大会。同盟会的成立得到了日人的协助。宫崎滔天、平山周、萱野长知作为日人会员加入同盟会。同年 11 月 26 日创刊的同盟会机关报《民报》，在其六大主义的第五条中主张中日两国人民的联合。宫崎和萱野于 1906 年 9 月 5 日创办《革命评论》，介绍中国革命。

同盟会的建立标志着反清的民主革命进入了一个新阶段。同盟会在国内和南洋发展组织，扩大影响。孙中山于 1905 年 10 月 7 日离日赴西贡，筹集革命所需的资金，发展组织。翌年 2 月 16 日，孙中山抵新加坡，在晚晴园建立同盟会分会，由陈楚楠、张永福分别任正副会长。孙中山对加入同盟会的会员说："这同盟会的组织，是希望发展得很大很大的。我们的责任，当然是牺牲……设使牺牲到剩二个人存在，亦算是同盟会存在的一日。"②此后，新加坡成为同盟会在南洋的活动中心。在国内，1906 年 12 月，同盟会会员蔡绍南、刘道一等在萍乡、浏阳、安源等地发动起义。而后起义发展迅速，革命军达三万余人，一时控制了四五个县，影响了长江中下游一带。

---

① 张永福：《南洋与创立民国》，中华书局 1933 年版，第 9 页。
② 张永福：《南洋与创立民国》，第 10 页。

以东京为中心的同盟会的革命活动，震撼了清朝政府，成为清廷的一大威胁。清政府致函日本政府，要求取缔在东京的同盟会，驱逐孙中山出境。日本政府为修缮日俄战争后日益恶化的日清关系，答应清政府要求，先后查封《民报》和《革命评论》，限制留日学生的革命活动。并且在1907年3月，准备驱逐孙中山。但内田良平等为利用孙中山割取满蒙，劝政府不要采取此种生硬方法，而是让孙中山自动离开日本，以便留有余地。结果，日本政府决定以三年后准许孙入境为条件，给孙七千日元，让他自动离开日本。日本政府既想利用孙中山，但又怕清政府，于是便采取了这个折中的方法。

孙中山于3月4日偕胡汉民离日，经香港，3月下旬抵新加坡，逗留数日。孙中山协助新加坡同盟会分会筹办了《中兴日报》，然后转身赴西贡。

此后，孙中山以河内为基地，在西南边疆组织了七八次反清的起义。这些起义，与日本和法国殖民当局或多或少有关系。如1907年12月的镇南关起义，日人池亨吉亲自参加。起义军使用的武器也是从日本秘密运来的。例如1908年2月给起义军运武器的日本商船第二辰丸，在澳门水域被清朝海军抓获。日本政府以武力威胁清政府谢罪、赔偿、惩罚生事者，清政府惧怕日本武器流入起义军之手，便答应了日本的要求。

可是，广东的绅士阶层反对清政府的屈辱，掀起了抵制日货运动。运动波及南洋，给日本的对外贸易造成很大的威胁。此时孙中山在新加坡（3月上旬，法国殖民当局应清政府的要求，驱逐孙中山出境——笔者注）。日本政府托内田良平，乞求孙中山下令广东绅士停止抵制日货的运动。孙中山答应了此请求。孙中山原是民族资产阶级的政治代表，理应站在广东绅士这一边，支持其运动。但他为了军械和资金，没有那样做。

1907及1908年的武装起义，屡遭失败。孙中山乃于1909年

5 月 19 日离开新加坡，开始第三次欧美之行。他在各地鼓动革命，呼吁爱国华侨支援反清运动。翌年 6 月 10 日，孙中山又回到日本，准备领导国内革命。但日本政府又迫使孙中山离境。孙中山把革命工作委托给黄兴等革命党人，于 6 月 25 日不得不离日。孙中山经槟榔屿，7 月 11 日抵新加坡，随即函约南洋各地的革命党领导人来会商，以便决定今后的革命方针。孙中山于 7 月 19 日离新加坡赴槟榔屿，继续领导南洋一带的革命活动。但英国殖民当局，以孙中山的活动妨碍治安为名，勒令他出境。孙中山于 12 月 6 日离槟榔屿，又周游欧美。在美国，他致函宫崎滔天、萱野长知，希望他们说服日本政府，准许他回日居住。但日本政府仍不允许。

　　1911 年 10 月 2 日，孙中山在美国欣然得悉武昌起义之消息。回国途中他绕道欧洲，去英、法等国做外交工作，希望获得列强的支持。

## 二、辛亥革命时期

　　辛亥革命爆发后，孙中山认为，虽然日本的民间人士支持革命，但政府却是反对革命的。辛亥革命初期，日本政府是像对待义和团运动那样，出兵干涉革命。因为日本在华的权益是由清政府给予，且受到清政府的保护。如清政府垮台，其权益必然会受到革命的冲击。所以，日本政府为了表示支持清政府，通过大仓组和清政府订立了 273 万日元的武器买卖协定。但英国等不想出兵，且牵制日本出兵。而此时起义军势力迅速发展，南北双方以长江为界，势均力敌，难以预测其胜负。在此种情况下，日本不得不静观形势。

　　大陆浪人头山满、内田良平等支持南方的起义军和革命党人。他们通过三井财阀的益田孝→井上馨→桂太郎的渠道，说服西园寺首相支持南方革命党人。西园寺首相和军部都不敢忽视革命党势力，因此，除了表面上依然和清政府保持一定的关系，暗中却

"支持"革命党人。日本的"支持"，主要是提供贷款和军械。

孙中山经英法，于 1911 年 11 月 24 日由马赛乘船回国。12 月 15 日抵新加坡，次日会晤张永福、邓泽如、林义顺等领导人，谈及借外债支援革命等问题①。

12 月 21 日，孙中山抵港，但英国殖民当局不准他登岸。在沪的宫崎滔天偕三井物产公司的山田纯三郎、高田商社的郡岛忠次郎等专程赴港迎接孙中山。孙中山见宫崎即问日本是否出兵干涉？宫崎说明情况后，孙中山才放心地与宫崎等人同船至沪。

当时，孙中山急于解决的问题是财政问题。为解决财政困难，不得不借外债，而所借外债，大部分花在了军械的购买上。孙中山抵沪后，通过三井的山田纯三郎向三井借款。1912 年 1 月孙派文梅村等赴日，于 1 月 24 日和三井订立 30 万日元的贷款协定，以此购买日本的军械。江苏省铁路公司也和日本大仓组于 1 月 27 日订立了 300 万元的贷款协定，其中 250 万日元用于购买军械。2 月 6 日招商局也与日本邮船公司订立了 1000 万日元的贷款协定。此款名义上虽来自大仓组，事实上却是由日本政府出的。招商局是独占长江及沿海贸易的半官半民的机构。日本政府想通过这笔借款，扩大在长江流域的权益。但该地是英国的势力范围，英国惧怕日本势力渗透该地，因此强烈反对。结果，未能实施。最后是汉冶萍公司的借款。汉冶萍与日本最大的九州八幡制铁所有密切关系。八幡制铁所所需的铁矿石，52.5%来自汉冶萍。且日本正金银行和兴业银行对该公司投资了 1530 万日元和 100 万两银子②，他们也想借辛亥革命之机，把汉冶萍变成日中合办的企业。日本政府于 1912 年 1 月 12 日批准合办计划。此项计划，总资本 3000 万日元，中日各出一半，但日本已投资一千多万日元，因此只出 500 万日元。就此计划，正金银行的小田切万寿之助、三井

① 邓泽如：《中国国民党二十年史迹》，上海正中书局 1948 年版，第 82 页。

② 臼井胜美：《日本与辛亥革命——其侧面》，见《历史学研究》，1957 年版，第 207 号。

物产的山本条太郎与原汉冶萍经理盛宣怀在神户进行了交涉，并于 1 月 29 日草签了协定。当时孙中山和黄兴积极促进了这一协定的草签。他们拟用其中的 300 万日元购买日本的军械。但由于汉冶萍董事会反对此项协定，结果也未能实施。

日本的上述贷款是一种资本输出。经日俄战争，日本已进入帝国主义阶段。帝国主义的特点是资本输出。辛亥革命时期日本对南方革命党人的贷款，反映了进入帝国主义阶段的日本对外侵略政策的新特点。

辛亥革命时期，孙中山和日本大陆浪人有密切的来往。大陆浪人在辛亥革命中的作用，一是直接参加革命活动，如寺尾亨任孙中山的秘书，副岛义一任南京临时政府法律顾问，内田良平任外交顾问；萱野长知等二十余人还在武昌直接参加了对清军的战斗；末永节在山东支援了蓝天蔚率领的北伐军；梅屋庄吉筹集资金送往南京，并印刷了南京政府的纸币；头山满亲临上海和南京洞察革命形势，劝孙中山不要把临时总统的职位让给袁世凯。二是在革命党人和日本政府、军部之间起串线作用。革命爆发后，头山满、内田良平等组织有邻会、支那问题同志会和善邻同志会，声援革命党和起义军，并且说服政府、军部和社会舆论"支持"革命党人。

不过上述这些浪人，虽都在支援孙中山的革命党和革命政府，但各自的目的却不相同。宫崎滔天等属于自由民权派的浪人，和孙中山的革命党有实现民主主义的共同理想。他们为建立共和制的新中国而支持孙中山和革命党。但头山满、内田良平等属于国家主义系统的浪人，和日本政府、军部结成一体，通过所谓的支持妄图割让满蒙，同时扩大日本在中国南方的殖民权益。

日本在辛亥革命中的最大目标是维护和扩大在华的殖民权益。扩大权益，一在长江流域，二在满蒙。在长江流域，如前所述，主要采取贷款的形式；在满蒙，靠武力和强权政治。1912 年

初清朝即将崩溃，日本趁火打劫，妄图出兵两个师团占领满蒙，但由于内阁和列强的反对未能实现。但大陆浪人川岛浪速等勾结参谋本部的高山公道等人，利用清朝亲贵和内蒙古的喀尔沁王贡桑诺尔布和巴林，在内蒙古举兵闹"独立"。作为举兵经费，以内蒙古的土地为抵押，喀尔沁王和日本大仓组订立了9万日元的贷款协定。此笔贷款是由日本政府出，大仓组代办的。他们用此笔款购买了一批军械，运往内蒙古。但途中被张作霖的军队截获，双方发生武装冲突，由此，暗中搞的满蒙独立运动彻底败露。于是，日本政府和参谋本部下令停止活动。这便是第一次满蒙独立运动。

此外，日本为扩大满蒙的势力范围，勾结俄国，于1912年7月8日订立了第三次日俄密约，以张家口——库伦为界，其东划入日本的势力范围，其西归属于俄国的势力范围。

辛亥革命时期，孙中山和日本的关系中较为重大之事是1913年春孙中山的访日。孙中山辞去临时总统后，致力于铁路事业，亲任中华民国铁路协会的会长和铁路督办。孙中山拟在10年内筑10万公里铁路，为此他访问日美，希望获取投资。起初，日本政府阻止孙中山访日。当时，袁世凯君临中国，孙中山的地位相对下降，日本认为若请孙访日，会开罪袁和支持袁的英美。于是日本政府派二六新闻社社长秋山定辅前往上海，游说孙中山不要访日。但三井财阀等却主张邀请孙中山，并说服新上台的桂太郎首相主动邀请他访日。孙中山遂于2月14日抵东京，作为国宾，受到了日本朝野的热烈欢迎。桂太郎和孙中山长时间晤谈。双方在中、日、德联合抗英问题上达成一致意见。日本侵略中国的最大竞争对手是英国，孙中山革命中的最大阻力也来自英国，因为英国是清政府和袁世凯的后台。因此，双方在反英问题上能达成一致。

孙中山此次访日的目的是获得筑路资金。三井等日本财阀也借机要扩大对华投资。孙中山与日本金融界巨头涩泽荣一、三井

物产公司的奠基人益田孝、三井物产公司常务董事山本条太郎等人协议，成立中日合办的投资公司——中国兴业公司。2月20日，孙中山参加该公司发起人大会。这一公司于8月11日正式成立，资金500万日元，中日各出一半。孙中山任该公司总裁，原外务省次官仓知铁吉任副总裁①。这是力图发展民国经济的孙中山的爱国主义和日本财阀的资本输出相结合的产物。

## 三、辛亥革命后

辛亥革命虽然推翻了清朝的封建统治，建立了共和制的国家。但革命果实被袁世凯窃去。袁世凯是未戴王冠的皇帝，他在列强的支持下，卷土重来，镇压革命党人，破坏辛亥革命建立的共和体制。孙中山为坚持辛亥革命所建立共和体制，于1913年毅然发动了讨袁的第二次革命。

孙中山为准备此次革命，向日本东亚兴业公司贷款，但被拒绝。三井物产公司的森恪趁孙中山和革命党人急需贷款和军械之机，想用2000万日元和武装两个师团的军械，借机割让满蒙。但桂太郎未敢同意，此计划未能得逞②。

第二次革命，在毫无外援的情况下，经两个月的苦战，终于失败了。孙中山和一大批革命党人相继东渡，在日本准备第三次革命。孙中山于8月3日抵门司，经神户，8月18日抵达东京。起初，日本政府不准孙中山登岸久留，希望他赴美流亡。其主要原因，一是怕影响日本政局。孙中山主张共和，反对帝制。辛亥革命时期，日本政府非常惧怕辛亥革命的共和风暴波及帝制的日本，因此拒他登岸。二是怕开罪袁世凯。三是国际上受到支持袁世凯的英美的牵制。

---

① 有关中国兴业公司之详情，见山本条太郎翁传记编纂会编《山本条太郎传记》，原书房1982年版，第279～282页。

② 山浦贯一：《森恪》上卷，第402～406页。

　　但是头山满、犬养毅等极力说服山本首相，准许孙中山登岸。他们认为，孙中山虽在二次革命中失败，但他还是不可忽视的大人物，有朝一日对日本的对华政策有用。如不准登岸，他不得不改赴美国，那么美国人就把他夺走了，这对日本不利。结果，山本首相准许登岸，但把他置于日本警察的严密监视之下。这与1913年春孙中山访日相比，形成明显的对照。

　　此次孙中山居住日本两年九个月，是居留最长的一次。孙中山在日，一面成立中华革命党，制定《革命方略》，领导国内革命；一面致力于争取日本的"援助"。抵东京不久，孙中山利用中国兴业公司的老关系，通过三井物产公司的森恪，会晤涩泽荣一五次，山本条太郎两次，希望他们提供革命所需的资金。[①]但他们都不支持他，反而支持袁世凯。1914年4月，他们把和孙中山合办的中国兴业公司改称中国实业公司，让袁世凯的心腹杨士琦任总裁，把孙中山排斥在外。孙中山还通过日本精神团总裁饭野吉三郎，和陆军省经理局局长辻村接触数次，想从军部购买武器。但资金没有解决，武器也未能购成。[②]

　　孙中山在1914年秋日本占领胶州湾和1915年提出21条时，试想发动第三次革命，要求日本予以"支持"。但日本政府怕"支持"孙中山影响对袁的交涉，没有答应其要求。可是，在袁世凯不接纳日本的要求时，则以"援助"孙中山来恐吓袁，逼他立即退让。

　　此时，日本对孙中山和对袁世凯的政策是反比例的。1915年袁世凯要称帝，激起了国内的反袁运动。刚好英国加强了对袁的支持，拉袁政权对德宣战，袁也借机进一步靠近英国。这便对日造成新的威胁。恰巧此时，侵华政策的积极主张者田中义一任陆军参谋次长，对袁采取强硬政策。军部率先改变对袁的态度，迫

---

　　① 《各国内政关系杂纂》第8卷。
　　② 《各国内政关系杂纂》第8、9、11卷。

使他下台，以重新扶植亲日的新军阀。随之，日本政府决定了反袁[①]。为反袁，在北方搞第二次满蒙独立运动，在南方"支持"西南的岑春煊和孙中山，以南北挟制攻袁。此种情况下，孙中山遂于1916年三四月间会晤陆军参谋次长田中义一两次，参谋本部情报部长福田雅太郎三次，但具体内容不详。此时孙中山向山东的居正和汕头地区输送军械数次。这批军械肯定是日本军部提供的。至于购买军械的资金，乃是日本财阀久原房之助所提供。3月10日，孙中山和久原房之助订立了以四川权益为抵押的贷款协定。据载，贷款60万日元[②]。

在国内反袁运动兴起，日本政府和军部"支持"的情况下，孙中山于同年4月27日由东京返沪。此时，居正在山东照孙中山的指示已举兵起义，占据潍县、周村等地。驻扎山东的日军"支持"了这次举兵。大陆浪人萱野长知任居正的中华革命军东北军的顾问，平山周等二十余人直接参加了东北军的军事活动。日本飞行家坂本寿一带飞机到潍县，配合东北军进行了威慑性的飞行。袁军第一次见到飞机，惊恐万状，四处逃散。[③]

可是，日本"支持"孙中山时间并不长。1916年6月袁世凯死去，日本的反袁政策也到此结束。同年10月成立的寺内军阀内阁，转而扶植北洋军阀的一支——皖系的段祺瑞政权。段在日本的大力支持下，推行武力统一中国的政策，妄图镇压南方的革命势力。这样，日本政府和军部"支持"孙中山的政策也就如昙花一现而告终。

孙中山为反对段的军阀独裁，掀起了护法运动。1917年7月孙依靠西南军阀，成立广东军政府，并任大元帅。不久因内部矛盾，于1918年5月辞去大元帅。孙中山偕胡汉民、戴季陶离开广

① 日本外务省：《日本外交文书》，大正五年第2册，第45~46页。
② 栗原健：《对满蒙政策史的一个侧面》，原书房1981年版，第147~148页。
③ 车田让治：《国父孙文与梅屋庄吉》，六兴出版社1975年版，302~308页。

州，于 6 月 21 日抵日本门司，然后在箱根精养数日。孙中山拟上东京，会晤日本领导人，但日本政府已与段政权订立军事协定，一心支持段，不准孙中山上东京。孙中山非常愤慨，立即归国，于 6 月 26 日返沪。孙中山指责寺内内阁的援段政策为对南方的讨伐。

1918 年 9 月，在日本各地爆发了米骚动。在此次运动的冲击下，寺内内阁倒台，原敬内阁上台。原敬素有平民首相之称。孙中山对他抱有莫大的希望，希望他改变援段政策，承认 1920 年 11 月成立的第二次广东军政府。但原内阁依然支持段政权，承认其总统徐世昌，不承认孙中山的广东军政府总统的地位。这便暴露了原内阁的本质。孙中山对原内阁非常失望。

孙中山通过二十余年来和日本的接触，尤其是通过寺内和原内阁对他的政策，识破了日本的对华政策和对革命党人的态度。他自 1919 年起公然指责日本为帝国主义者，是在侵略中国。1920 年 6 月 29 日他致函日本陆相田中义一，揭露其侵略政策，指责日本政府、"专以援助反动党排除民主主义为事"，如日本政府不改变对华政策"则国人之恶感更深，积怨所发，其祸将不止于排货"[①]。同年 8 月 5 日在上海的一次演说中他指出，中国问题"解决的关键，就是'二十一条款'，""我们革命党，一定打到一个人不剩，或者'二十一条'废除了，才歇手"[②]。这是孙中山对日态度的一次转变。这一转变，和俄国的十月革命、五四运动有一定的关系。孙中山过去主要依靠国内的会党、军阀和日本，而现在通过十月革命和五四运动看到了民众的力量，看到了社会主义苏俄。孙中山从此要依靠这些新兴力量来推行其革命。

在此种情况下，孙中山于 1923 年 3 月 1 日成立陆海军大元帅大本营，即第三次广东军政府。并改组国民党，于同年 11 月 12

---

① 《民国日报》，1920 年 7 月 9 日。
② 《民国日报》，1920 年 8 月 7、8 日。

日发表《中国国民党改组宣言》。翌年 1 月 20 日召开中国国民党第一次全国代表大会，发表了具有历史意义的大会宣言。此次大会接受了中国共产党提出的反帝反封建主张，确立了"联俄""联共""扶助农工"的三大政策，把旧三民主义发展为新三民主义，实现了第一次国共合作。

随之，孙中山对日的态度也进一步发生了变化。1924 年秋第二次直奉战争结束，直系军阀吴佩孚被张作霖、冯玉祥打败。孙中山从统一全中国的愿望出发，于 11 月 10 日发表《北上宣言》，决定和冯玉祥、张作霖、段祺瑞共商统一大业。此时，孙中山对内主张召开国民会议，统一中国；对外则主张废除不平等条约。

孙中山北上途中经由日本，于 11 月 24 日抵达神户。此次来日，与以往不同，不是乞求日本政府和军部"支持"中国革命党人，而是抱着对日本国民的期待而来的。28 日在神户高等女学校对神户商业会议所等五个团体的讲演中，孙中山大声疾呼："你们日本民族既得到了欧美的霸道的文化，又有亚洲王道文化的本质，从今以后对于世界文化的前途，究竟是做西方霸道的鹰犬，或是做东方王道的干城，就在你们日本国民去详审慎择！"[1]同一天晚上，孙中山在神户各团体的欢迎宴会上呼吁："若是日本真有诚意来和中国亲善，便先要帮助中国废除不平等条约，争回主人的地位，让中国人得到自由身份，中国才可以同日本来亲善。"[2]我们可从孙中山此次访日的言论中，明显地看出他的日本观已产生了很大的变化。

孙中山于 11 月 30 日离神户，12 月 1 日经门司回国。他在门司再次要求日本承认中国的关税自主，废除租界、治外法权和"二十一条"。孙中山于 12 月 4 日抵津，12 月 31 日扶病入京，翌年 3 月 12 日与世长辞。中国民主革命的伟大先驱孙中山在《遗嘱》中

---

① 《国父全集》第 3 卷，"中央文物供应社" 1973 年版，第 517 页。
② 《国父全集》第 3 卷，第 521 页。

嘱咐人们："余致力国民革命，凡四十年，其目的在求中国之自由平等。积四十年之经验，深知欲达此目的，必须唤起民众，及联合世界上以平等待我之民族，共同奋斗。"[①]这虽然是对中国革命党人的告诫，但它又是二十年来与日本政府和军部交往中得出的经验和教训。

综上所述，日本对孙中山的政策不单单是对孙中山一个人的政策，而是日本的对华政策的一部分。日本对孙中山的政策是为达到其对华政策的总目的而采取的一种策略，随着其对华政策的变化而变化。日本对华政策的总目的是维护和扩大在华殖民权益。这便是日本决定对孙中山政策的原则和前提。在这一原则和前提下，决定日本对孙中山政策的因素有如下四点：

一、日本与孙中山国内政敌的关系（如清政府、袁世凯、段祺瑞等）。

二、孙中山得中国天下的可能性，即他所领导的中国民主革命能否成功。如辛亥革命时期革命党影响很大时则采取积极政策，予以一切援助；二次革命失败时期则态度冷淡，不予以"支持"。

三、日本与列强、日本与孙中山及其对立面、列强与孙中山及其对立面的相互关系。

四、日本财阀的资本输出的需求。

## 四、孙中山的日本观

如前所述，孙中山来日十几次，在日时间共计十年左右，占其革命生涯的三分之一。但日本对孙中山的政治思想所予以的影响，和其在日的年数相比，微乎其微。相反，孙中山在欧美的时间约有五六年，只是日本的一半，但这五六年对孙中山政治思想的形成所予以的影响，比日本大得多。

---

① 《孙中山选集》下卷，人民出版社 1956 年版，第 921 页。

甲午、日俄战争以来，日本是侵略中国的最危险的敌人。把这样的日本当成革命活动的海外基地之一，这便是孙中山的日本观的一大特点。而作为孙中山共和思想的母国的欧美，尤其是英国，却成为孙中山的最大敌国，这也是孙中山的国际认识即国际观的一个特点。这样看来，日本与中国的历史传统、地理条件、人事往来和军事，以及他对国际关系的认识等因素对其日本观的形成所予以的影响，比起日本的政治思想影响来得更大一些。

孙中山对明治维新的看法是他的日本观的重要组成部分。明治维新是资产阶级革命，还是绝对王权的变革？学界对此还有争议。孙中山没有谈及明治维新的性质。但孙中山是革命家，而不是维新派；是共和主义者，而不是君主立宪主义者。因此，他当然反对明治维新中的天皇＝皇帝和变革＝变法。孙中山在《上李鸿章书》中提及的是明治维新所带来的近代化，而不是明治维新本身。1919 年后孙中山虽然指责了日本，但他仍然评价了明治维新所带来的近代化。孙中山于 1919 年对《朝日新闻》的记者说，我们中国国民党是五十年前的日本维新志士，日本原来是东方的弱国，但幸亏有了维新志士，才奋发图强，弱者变成强者，我们党志士也步日本志士的后尘，欲想改造中国。[1]1924 年 11 月 23 日孙在长崎对日本记者也强调说："日本维新是中国革命的第一步；中国革命是日本维新的第二步。中国革命同日本维新，实在是一个意义。"[2]孙中山对明治维新的此种评价，表现了他希望中国也像日本那样举国一致地把弱国变成强国，虽用了"革命"一词，但实际还不如说是表现了他的爱国主义的热忱。

孙中山对明治维新的看法中颇有意义的是中国革命和明治维新的比较。为什么日本的明治维新能够成功，而中国的革命却遭遇失败？其原因何在？孙中山说："中国这次革命所处的时机，和

---

① 《孙文先生对日言论选集》，台北 1965 年版，第 92～93 页。
② 沈云龙主编：《孙中山先生演说全集》，文海出版社 1966 年版，第 521 页。

日本从前维新的时机，便大不相同。当日本维新的时候，欧美势力还没有完全东来，在东亚又没有别的障碍，日本整军经武，刷新政治，都不受牵制，都是很自由的，所以日本维新，便能够完全成功。当我们中国十三年前革命的时候，欧美大势力老早侵入东部，中国四围都是强国，四围都是障碍，要做一件事，便要经过种种困难，就是经过了困难之后，还不能达到目的。所以革命十三年，至今没有成功。"①孙中山从这一比较中得出中国革命没有成功的原因在于"国外的障碍"，这一障碍"便是中国从前和外国所立的不平等条约"！②由此可见，孙中山废除不平等条约与其日本观有一定的关系。

孙中山对明治维新的言论和评价，虽有作为让中国人理解维新的一面，但也有让日本人理解他所进行的革命是像明治维新那样改造中国的革命，从而唤起日本国民对中国革命的同情和支持的意思。

孙中山的日本观，自 1917 年开始逐渐地变化。在此之前，孙中山主要依靠日本，想从日本得资金和军械。乍看之下，这与推翻清朝和袁世凯的统治、争取民族独立的目的是相矛盾的。但其实，这是因为孙中山从对欧美列强和日本的具体分析中，看出列强与日本有矛盾。他认为，日本既是侵略中国的最危险的敌人，又是与支持清朝和袁世凯的欧美列强相抗衡的存在。因此，孙中山为反清和反袁，利用日本，想"依靠"日本。事实上，孙中山在其革命活动中得到的所谓支持也的确是来自日本，除此之外，没有其他国家。1916 年 6 月袁世凯死后，孙中山对日本的期待发生了变化。孙中山期待日本率先废除和中国签订的不平等条约，并协助中国废除与列强签订的不平等条约。孙中山废除不平等条约的思想，早在兴中会宣言中就可看出。他在 1914 年 5 月 11 日

---

① 《国父全集》第 3 卷，第 518～519 页。
② 《国父全集》第 3 卷，第 519 页。

致大隈重信的信中已明确提出废除不平等条约的要求。但这是密信，不是公开的。1917 年 1 月 1 日在《东京朝日新闻》上发表的《日中亲善之根本义》一文则公开提出这一要求。废除不平等条约是反帝斗争的重要组成部分。孙中山公开要求日本废除不平等条约，也可谓他对日本的公开批评，或者说是明确地反对日本帝国主义。孙中山之所以在此时提出这种要求，采取此种行动，并不是偶然的。一开始他认为，打倒清朝和袁世凯，中国问题就可以解决。但袁死后，北洋军阀分裂为段祺瑞的皖系和冯国璋的直系。日本支持皖系，英美则支持直系，反而使中国陷入军阀林立、混战的境地。而这又与列强凭借不平等条约介入和干涉中国内政有直接的关系。因此孙中山才真正认识到，中国革命成功的一大障碍是与列强签订的不平等条约。这就导致了他的日本观的转变。

就废除不平等条约而言，孙中山较高地评价了日本的条约废除问题。幕府末期，日本也和欧美列强签订了一系列不平等的条约。但甲午战争前后都相继废除。孙中山称此为"我们亚洲民族复兴的一天"[1]。孙中山向日本国民呼吁："我们中国此刻能不能废除那些条约的关键，不在别国，完全在日本的国民，能不能够表同情！若是日本的国民能够表同情，中国条约，便马上可废除；倘若不能表同情，中国便一时不能废除。"[2]孙中山之所以如此期待于日本国民，一是日本在三十年前，也受过了这种痛苦，"如果有同情心，推己及人，自己受过了的苦，当然不愿别人再受，当然要帮助中国废除那些条约"[3]。二是"中国同日本是同种同文的国家，是兄弟之邦。就几千年的历史和地位讲起来，中国是兄，日本是弟。现在讲到要兄弟聚会，一家和睦，便要你们日本做弟的人，知道你们的兄已经做了十几国的奴隶，向来是很痛苦，现

---

① 《国父全集》第 3 卷，第 509 页。
② 沈云龙主编：前揭书，第 525 页。
③ 沈云龙主编：前揭书，第 525 页。

在还是很痛苦，这种痛苦的原动，便是不平等条约！还要你们做弟的人替兄担忧，助兄奋斗，废除不平等的条约，脱离奴隶的地位"①。孙中山的此种分析中，包含着中日两国的历史传统和人之常情。但此种分析是不切合实际的。

孙中山将废除和日本签订的不平等条约看作中日合作、中日亲善的前提。1924 年 11 月 28 日他在神户东方饭店出席神户各团体的欢迎宴会上，举广东的甲乙两位朋友的例子来说明：作为十几个国家殖民地的中国如不废除这一不平等条约则不能和日本合作，"若是日本真有诚意来和中国亲善，便先要帮助中国废除不平等条约，争回主人的地位，让中国人得到自由身份，中国才可以同日本来亲善"②。在孙中山对日本国民的此种呼吁中包含着将来中日关系的远大理想。他说，如果日本帮助中国废除了条约，中国真正感激日本，"中日两国便可以合作互助，另外再立互助的条约——像经济同盟和攻守同盟那些互助的条约，都可以再定。假若中日两国，真正做到了攻守同盟，日本所得的权利，当然要比现在所享的权利大过好几百倍，或者是几千倍"③。这是一种带有空想的预想，但却反映了孙中山日本观的一个侧面。

在要废除不平等条约时期，孙中山的日本观中包含着曾经未曾有过的对日本国民的希望和期待，以及对日本国民的信赖感。孙中山在发表《大亚细亚主义》讲演的前后，把废除不平等条约的希望诉诸日本国民，希望日本国民迫使政府废弃这一条约。孙中山于 1924 年 11 月 24 日抵神户时说，他来日的目的是"我们中国国民，想同日本国民联络一气，用两国国民的力量，共同维持东亚大局"④，表达了想与日本国民联合的希望。这是孙中山三大政策中的"扶助农工"在其日本观中的反映。

① 《国父全集》第 3 卷，第 521～522 页。
② 《国父全集》第 3 卷，第 521 页。
③ 沈云龙主编：前揭书，第 526 页。
④ 沈云龙主编：前揭书，第 522 页。

　　孙中山的日本观，不是单纯的、孤立的，而是孙中山的国际认识（即国际观和亚洲观）的一个组成部分。孙中山的日本观是其对国际形势和欧美列强进行分析后得出的对日观，是孙中山国际观的一部分。他在《大亚细亚主义》讲演中对日俄战争的评价是他的日本观的一部分，也是他的黄白人种斗争的国际观，更是"亚洲民族在最近几百年中头一次战胜欧洲人"①的亚洲观。

　　孙中山的日本观，似乎洋溢着对日的亲近感和期待，其实不然。他的日本观是亲近感与不信任感、希望与失望、满足与不满足的混合物，而这两方面在其日本观中的比重，在每个时期、每一件事上都不相同，最后是后者占了上风。

　　孙中山的日本观存在着对日本的军国主义认识不足的问题。这是时代和阶级的局限。但这种局限也和他对日的警戒性一起共存于他的日本观之中。孙中山对日的警戒性，由于他主观上的克制，未能充分表露。他的对日观的转变，如果没有此种主观上的警戒性，只靠十月革命和五四运动的影响，是不可能实现的。

　　我们研究孙中山与日本的关系便可发现：孙中山与日本从目的到具体问题都存在着很多甚至是根本的区别和不同。孙中山对日本的期待是帮助自己打倒清朝和袁世凯，废除不平等条约，建立独立富强的中国。但日本却与之相反，它利用孙中山的这一希望，加强对中国的侵略，维护和扩大在华权益。这两者本就是互不相容，针锋相对的。所以孙、日虽可以在一时一事上达成暂时的一致，但这一致是相对的，二者间的根本矛盾却是绝对的，无法调和的。

　　孙中山与日本、日本与孙中山的关系，已成为历史。我们今天把它当作历史来加以研究，这一研究，有利于总结过去的经验和教训，以作为今后处理中日关系的参考。孙中山的日本观虽然

---

　　①《国父全集》第3卷，第510页。

带有空想的因素，但却是远大的。而日本对孙中山的态度和政策是短视的、功利主义的。日本只是追求军国主义的一时权益，并不关心孙中山废除不平等条约的要求。如果日本像孙中山所希望的那样，废除了不平等条约，建立和中国平等互惠的关系，那么日本是可以避免其后所发生的不幸的战争的。中日关系的历史，是不以孙中山的主观意志来发展变化的。历史有其发展、变化的必然性，但那个时代的人却也有选择的余地。

（本文原载《亚洲文化》第七期，1986 年 4 月）

# 孙中山图片考

有关孙中山的史实图片是珍贵的历史文物，是后人直接感受孙中山风貌和活动史实的资料，也是研究孙中山不可缺少的珍贵史料。每一张图片都应准确地反映其历史背景，即何时何地与何人及为何而照等诸问题。但由于时间的流逝，或不经认真考订等原因，有关孙中山的几幅图片，有的所标日期有误，有的反映拍照目的与史实不符，未能反映历史真实。1986年全国政协义史资料研究委员会和中国革命博物馆编辑、中国文史出版社出版的大型《孙中山先生画册》（以下简称《画册》）和《孙中山传》《宋庆龄传》《中华民国史》等专著中所附有关孙中山的图片，均有这种情况。而且由于互相转引翻拍，造成一错皆错的后果。

前几年，笔者在日本外务省史料馆查阅《各国内政关系杂纂》。该资料之第6卷至第18卷是1913年8月二次革命失败后孙中山去日本进行革命活动的有关史料，截至1916年4月。该资料主要由三部分组成，其一是日本警视厅给外务省的简报。当时警视厅派便衣警察，以保护为名日夜监视、跟踪孙中山等革命党人。警察将其侦察情况于当日或翌日写成《孙文动静》或《关于×××之事》这样的简报，以"乙秘第××号"编号，逐日报送外务省政务局第一课（主管中国问题——笔者注）。此次孙中山在日993天，除10几天遗缺之外，天天都有按日期按时间次序编排的《孙文动静》，记录了孙中山每天的活动情况。下面根据这一资料对孙

中山这一时期在日本的五张照片进行考订。

## 一、所谓中华革命党在东京成立时的合影

《画册》第381号图片（见图1）说明写道："1914年7月8日，中华革命党在东京成立时合影。"该照前排9人，中排10人，后排10人，共29人，孙中山在前排当中。此照经国内外的画册广为翻印，影响颇大。

图1

为了搞清事实，首先应澄清一下中华革命党成立的日期。中华革命党成立日期有二：一是中华革命党召开党员秘密大会，选出党的领导干部的日期；二是召开公开的成立大会的日期。

一般都认为中华革命党成立于1914年6月22日，1980年中华书局出版的《孙中山年谱》等均持此说，其实不然。据6月23日的《孙文动静》，22日上午只有宋蔼龄来访，下午访客有陈其美、曹亚伯、叶夏生、夏重民，孙没有外出参加会。晚上来访者较为集中："晚7时25分，胡汉民、白逾桓、张百麟、周应时、

周震鳞、杨庶堪六人来访议事。他们似为议事特意聚会。孙先发言一个小时，后各抒己见，似乎进行了激烈的争论。10 时 10 分均离去。

晚 7 时 25 分，徐忍茹、丁健南二人来访，没有参加议事。7 时 35 分离去。晚 8 时 10 分，邓家彦来访，参加议事，10 时 10 分离去。晚 8 时 30 分，陆惠生来访，参加议事，10 时 10 分离去。"①

由此可见，中华革命党的主要领导人都未来，22 日晚上只是一次讨论会，研究讨论了一些问题，而不是中华革命党的党员大会。

那么，何时开了党员大会？笔者认为是 6 月 21 日。《关于中华革命党之事》记载："昨天即 21 日，下午 1 时起，中华革命党党员约四十七八人在芝区南佐久间町一丁目三号的民国社聚会议事。议事内容素来是保密的，因此尚未详细得知。据闻，陈其美作为总理孙文的代理，对中华革命党总章逐条详细说明，并给各位介绍了初选中当选的各部部长。各部长也讲了话。然后，陈其美唤起大家注意：今后各位把报告提交有关的专任部长。此外，似乎没有其他特别的决定，云云。"②

这次会议内容与党员大会情况相吻合，该日应是中华革命党召开第一次党员秘密大会的日期。但此记载中却没有合影的记录，且孙中山此日也没有出席会议。据 6 月 22 日《孙文动静》载，下午 5 时 30 分胡汉民、居正访孙，谈到晚 8 时 50 分，大概汇报了大会情况。此日孙也未出门，未参加大会，未有与大家合影的机会与条件，也没有合影的记载。③

孙中山被选为该党总理既不是 22 日，也不是 21 日，而是 16

①《孙文动静》乙秘第 921 号，1914 年 6 月 23 日，日本外交史料馆藏。
②《关于中华革命党之事》乙秘第 1213 号，1914 年 6 月 22 日，日本外交史料馆藏。
③《孙文动静》乙秘第 1214 号，1914 年 6 月 22 日，日本外交史料馆藏。

日。据 6 月 18 日《孙文动静》附记:

> 16 日,[孙]在民国社会见陈其美、田桐、胡汉民、周应时、刘承烈、柏文蔚、居正等,协商中华革命党干部人选。设总理、协理、各部长,推举孙文为总理,黄兴为协理。但因黄兴目前投资一万日元,在目白台盖房,似另有打算,因此尚未定。

> 此日初步决定的干部如下:

> 总务部长陈其美　党务部长田桐　财务部长张人杰(现在法国巴黎)　军事部长柏文蔚　政事部长胡汉民[1]

此日也没有合影的记载,且与会的不到 10 人。由上考证似可先下一个结论:16 日至 22 日即中华革命党成立前后未曾合影。

那么,7 月 8 日召开公开成立大会时是否合影?此次大会原定 7 月 8 日下午 3 时至 6 时半在东京民国社召开,但因出席者愈来愈多,临时改在精养轩。据日警侦察,出席者 205 人。孙中山是"下午 2 时 30 分乘人力车至筑地精养轩出席中华革命党党员会"[2]。会议先由居正说明中华革命党总部成立理由和今天召开大会的宗旨,然后孙中山作了约一个半小时的讲演。接着陈家鼎等四人发言。讲演结束后,招待茶点,6 时 30 分散会。[3]孙中山未参加招待会,6 时 10 分回寓。[4]此日的《孙文动静》和有关大会的材料均没有合影的记载,从大会的程序来说也没有合影的机会。而且如合影的话,按常理应利用这难得的机会,同与会者二百余人一起合影留念。如孙与少数人合影,其中中华革命党的要人应居大部分。但《画册》381 号图片的 29 个人中却只有五人。这也是此照非该日所照的证据之一。

更为重要的证据是此时陈中孚(中排左起第五位,即孙中山

①《孙文动静》乙秘第 1152 号,1914 年 6 月 18 日,日本外交史料馆藏。
②《孙文动静》乙秘第 1319 号,1914 年 7 月 9 日,日本外交史料馆藏。
③《中华革命党党员之聚会》乙秘第 1318 号,1914 年 7 月 8 日,日本外交史料馆藏。
④《孙文动静》乙秘第 1319 号,1914 年 7 月 9 日,日本外交史料馆藏。

身后的）不在东京。他于 1914 年 6 月中旬奉孙之命赴东北，9 月
19 日才回到东京①，而却出现于照片之中，这便证明此照不是中
华革命党成立时拍的。

那么，《画册》中第 381 号照片是何时照的呢？笔者认为，是
1915 年 9 月 25 日。次日《关于中华革命党之事》记有如下内容：

> 帝制问题也日趋有所进展，不久将实现帝制，形势处于
> 紧迫状态。对此，连中国国内的知识阶层人士也迫于形势，
> 表面上表示赞成，而背地里持衷心反对意见者也不在少数。
> 在东京的革命党人认为，这对革命是一良好时机。最近以来，
> 散居于海内外的同志，正与其他各种结社取得联系。近日已
> 互相沟通关系，所以决定将在最近举旗。本月 28、29 日前后，
> 在东京的党员中，包括重要人物在内，将有许多人乘神户（或
> 下关）开出的笠井〔户〕丸回国。为此，昨天 25 日，在作为
> 革命党总部的民国社，以孙文为首，为诀别三十余名重要人
> 物而摄影留念。②

这里所说三十余名，与 381 号图片的 29 人其数接近，而且照
片中的 19 人在这前后时期与孙有来往，其中陈中孚也在东京。9
月 26 日的《孙文动静》中也记有："下午 2 时 20 分，孙文乘人力
车至券坂区青山北町民国社，和在那里的同志谈 30 分钟。后在院
中和三十来位同志合影。4 时回寓。"③据《中国革命党问题》的
有关材料，孙与他人合影只有 3 次，与三十来位合影只有 9 月 25
日这一次，是孙为送别即将回国参加反袁斗争的同志，在中华革
命党总部民国社院内拍摄的。

---

①《中华革命党党员陈中孚之谈话》乙秘第 1917 号，1914 年 9 月 25 日，日本外交史料馆藏。

②《关于中华革命党之事》乙秘第 1885 号，1915 年 9 月 26 日，日本外交史料馆藏。

③《孙文动静》乙秘第 1886 号，1915 年 9 月 26 日，日本外交史料馆藏。

## 二、与梅屋庄吉夫妇的合影

梅屋庄吉是 1895 年 1 月孙在香港结识的日本朋友。他在港经营照相馆，后在新加坡经营电影院，1905 年回日本经营电影制片厂，大力支援孙的革命运动。1913 年 8 月孙赴日至 1916 年 4 月归国的这一期间，得到梅屋夫妇热心的支持和关怀，孙与宋庆龄的结婚也得到了他们的协助。可见他们之间的亲密友谊。

《画册》393 号图片是孙中山与梅屋庄吉夫妇在东京的合影（见图 2）。

图 2

其说明中写道："1915 年，孙中山在东京与梅屋庄吉夫妇合

影。"此处所云 1915 年是错误的。据《密录》记载，1915 年梅屋庄吉夫妇未与孙合过影。但 1914 年 11 月 18 日的《孙文动静》中记有："17 日……下午 1 时 33 分，梅屋庄吉夫妇偕照相师来访，面谈。而后孙和梅屋夫妇乘车至麴町区有乐町大武照相馆，三人合影。3 时 5 分离开该馆，至同路上的国技馆观赏菊花。四时离开该馆在京桥区尾张町某茶馆逗留，5 时 8 分返寓。"[1]

据此记载，三人合影日期应为 1914 年 11 月 17 日。

## 三、《画册》396 号图片的合影时间

《画册》396 号图片是孙中山、宋庆龄与梅屋庄吉夫人的合影（见图 3）。其说明写道："孙中山、宋庆龄结婚后与梅屋庄吉夫人合影。"据有关孙、宋结婚前后时期的记载，梅屋夫人数次偕孙、宋去购结婚所需的生活用品，但没有 3 人合影的记载。据记载，1915 年 10 月 27 日 "下午 3 时 30 分，孙偕同居的宋庆林（龄）乘车至大久保百人町三五〇号，访梅屋庄吉，5 时 15 分告辞回寓"[2]。如此时合影不会只 3 人，至少有梅屋夫妇与孙、宋 4 人，或者在场的家属也同影。且 27 日的《孙文动静》中也没有合影的记载。

那么此照又是何时的？笔者认为，这是 1916 年 4 月孙中山和宋庆龄回国前与梅屋夫人的惜别合影。1916 年 4 月 25 日《孙文动静》记载：24 日 "下午 3 时 15 分，梅屋庄吉夫人来访"，"下午 5 时，孙文偕宋庆林（龄）和来访的梅屋庄吉夫人乘车至麴町区有乐一町一丁目三号大武照相馆合影。5 时 50 分，在照相馆和宋庆林（龄）、梅屋夫人分手"[3]。此时庄吉较忙，常是梅屋夫人只身来访，22 日下午也是梅屋夫人偕孙、宋去国技馆、上野公园游览参观。此后的 4 月 28 日孙中山离日回国，与梅屋夫人未再见

---

[1]《孙文动静》乙秘第 2305 号，1914 年 11 月 18 日，日本外交史料馆藏。
[2]《孙文动静》乙秘第 2086 号，1915 年 10 月 28 日，日本外交史料馆藏。
[3]《孙文动静》乙秘第 517 号，1916 年 4 月 25 日，日本外交史料馆藏。

过面。可见这3位的合影是惜别之照。

图3

## 四、孙中山与宋庆龄的结婚照

《画册》394（见图4）、395号图片（见图5）说明写道："1915年10月25日，孙中山与宋庆龄在东京结婚后合影。"在此，应先要搞清孙、宋结婚日期。宋庆龄由上海抵达东京是1915年10月24日下午①，孙亲自到车站迎接，从此两人同居。《画册》397号图片是孙、宋的誓约书。该图片的说明写道："孙中山、宋庆龄结

---

① 《孙文动静》乙秘第2071号，1915年10月25日，日本外交史料馆藏。

图4

婚约书。"约书日期为 1915 年 10 月 26 日。现在都认为两人结婚
日期是 1915 年 10 月 25 日。但在中国习俗中结婚与订婚是有区别
的。前《誓约书》是订婚约书。该约书中写道:"此次孙文与宋庆
琳(龄)订婚约,誓约如下诸事:一、按中国国法尽速办理婚姻
手续。二、……"[1]主婚人是日本律师和田端。孙、宋于 10 月 25

--------

[1]《孙中山先生画册》,中国文史出版社 1986 年版,第 397 号图片。

日下午 4 时 30 分曾乘车去访和田端，并受晚餐招待，7 时 30 分回寓。[①]26 日，与和田端无接触。由此推断，《誓约书》是 25 日签署的，书 26 日是因双日吉祥之意。

图 5

　　订婚后，两人是否举行过结婚典礼？对此，说法不一。据孙、宋结婚前曾热情帮忙过孙、宋的梅屋家长女千势子回忆，结婚典礼是在梅屋家举行的。[②]她说，孙中山穿的是礼服大衣，宋庆龄戴的是无边有带的女帽，摄影师从各个角度拍了照。在席间的有犬养毅、头山满等人。宋庆龄也曾对来访的日人仁木女士说，出席结婚宴会的有头山满、和田端、秋山定辅、山田纯三郎、萱野长

---

① 《孙文动静》乙秘第 2074 号，1915 年 10 月 26 日，日本外交史料馆藏。
② 东田让洽著：《国父孙文与梅屋庄吉》，日本六兴出版 1975 年版，第 290～291 页。

知、菊池良一等人。①如前所述，孙、宋于 10 月 27 日下午 3 时 30 分至 5 时 15 分访梅屋宅。如千势子的回忆是准确的话，就在此时举行了结婚典礼。久保田认为，此时停留在梅屋宅的时间只有 1 小时 45 分钟，举行结婚宴的可能性较小，25 日下午或晚上在和田端处举行典礼的可能性大。②可是 11 月 6 日《孙文动静》的追记中记载着："据悉，孙将于 10 日和宋庆林（龄）结婚，并请十来名同事。"③可是 10 日的《孙文动静》中却无有关记载。此日孙、宋也未外出，来访者的时间也分散，没有举行结婚典礼的迹象。11、12、13 日的《孙文动静》也遗缺，前后几天同样没有举行典礼的迹象。在现有回忆中，作为当时参加者的千势子的回忆是有参考价值的。如千势子对孙、宋帽子和服装的回忆正确的话，现有《画册》中 394、395 号图片中孙的服装和宋的帽子则不是在那时穿戴的。而且如前所述，在这样场合下不会只有梅屋夫人与孙、宋 3 人合影，一定会是出席者全体合影，或是梅屋夫妇与孙、宋夫妇合影。由此判断，此照不是两人订婚或结婚典礼时照的。

394、395 号图片是何时照的？笔者认为，这是 1916 年 4 月 24 日与梅屋夫人合影前或后在同一时间同一照相馆照的。其根据是这 3 幅图片中有许多相同之处。

第一，孙、宋穿的包括衫衣在内的衣服款式和宋戴的帽子与同梅屋 3 人合影照完全相同。第二，宋帽子上的装饰带位置与形状也与合影照无异。第三，宋戴帽子的斜度是一样的。第四，孙前额上的发型是一样的。第五，孙领带结下的小黑窝相同。第六，宋上衣左领前边左侧与右侧领子相比稍微隆起些，两幅照片隆起

① 久保田文次、久保田博子：《孙文与宋庆龄结婚日期》，（日）《辛亥革命研究》创刊号，第 9～10 页。

② 久保田文次、久保田博子：《孙文与宋庆龄结婚日期》，（日）《辛亥革命研究》创刊号，第 9～10 页。

③《孙文动静》乙秘第 3029 号，1915 年 11 月 6 日，日本外交史料馆藏。

的位置和角度也相同。第七，照片中的照明光线都是从前右侧射过来的。在这 3 幅图片中，唯一不同的是宋的上衣领子交叉处内衬衣上的胸饰。在 394、395 号图片上那一胸饰是有的，而在与梅屋合影的那张照片中则看不清晰。如何解释这一不同点呢？这与拍照时光线和角度有关。在那张 3 人合影照中，宋在左侧，身子往右倾斜，因为从前右侧打过来的光线几乎直照宋的胸前，于是胸饰在灯光直照下直线反射，在照片中反映为白色，所以看不到了。此种反射作用在宋的领子花纹中也可看到。2 人合影时，宋在孙的右侧，其身子往左倾即向孙一侧斜，因此照明光线与领子的照射不是直射，光线相对地比直线弱一些，因此，领子上的花纹尚能看到。但 3 人的合影照，除左侧后部较暗的部位外，几乎看不到领子的花纹。这是由于光线直射引起的反射作用所致。因此，可以得出 3 人合影时宋在胸前戴有胸饰，但因照明光线的反射而未能显示出来。

前梅屋夫人与孙、宋的合照和孙、宋二人的合照，是 4 月 26 日晚 8 时 40 分大武照相馆的大武丈夫亲自送到孙中山寓所的。[①]

综上考证，孙、宋所谓结婚照的时间与梅屋夫人、孙、宋 3 人合影照的时间相同，而不是两人订婚或结婚典礼后的照片。

---

① 《孙文动静》乙秘第 525 号，1916 年 4 月 27 日，日本外交史料馆藏。

# 九一八事变后
# 国联与中日的外交二重性评析

九一八事变后，中国和日本在国际联盟展开了针锋相对的交斗争。这一斗争，又牵涉到与欧美列强的关系，实际上形成了三角外交。这种外交格局，关系极为错综复杂。但过去史学界评价国联在九一八事变中的外交作用时，多指责它实行绥靖政策，甚至说它完全袒护日本，是日木侵略中国的"帮凶"。近年来对它的评价有了改变，认为国联对日本的态度逐渐强硬，步步紧逼，不应过于强调英、法等大国左右国联的作用。[①]

在探讨此问题时，笔者提出"外交二重性"论，以此分析中、日与国联间错综复杂的三角外交关系。何谓"外交二重性"？国联是受西方列强操纵的国际组织，列强和日本都是帝国主义侵略者，在侵略中国和保持、扩大在华殖民权益方面具有共同的利益，因此它们相互协力和支持。但另一方面，列强与日本又相互争夺。日本对国联也采取二重态度，对它所做出的对日有利的决议和行动表示接受，而对牵制日本的决议和行动则抵制。这便是日本在九一八事变中对国联和欧美列强的基本外交态度。

中国与国联、列强的关系基本上是侵略和被侵略的关系，但西方列强对日本企图独霸中国不满，有时要利用中国抵抗牵制日

---

① 张劲松、马依弘：《九一八事变研究综述》，载《抗日战争研究》1991 年第 1 期，第 147～148 页。

本，故而"同情"和"支持"中国的一些要求。中国反对他们侵略中国的行径，但又利用他们与日本的矛盾开展外交斗争。这便是中国对国联、列强外交的二重态度。

日本与中国是侵略与被侵略的关系，双方针锋相对，但两国有时也调和、妥协。前者是根本的，后者是次要的，这种关系也可称作外交的二重性。

苏联从其地理位置和外交传统来讲，是当时能够牵制日本侵略的重要国家之一。苏联作为社会主义国家，同情和支持中国，反对日本的侵略，但为维护其自身的民族利益，在行动上则采取中立立场，这便是苏联对日外交的二重态度。南京政府既想得到苏联的支持，但又因其一贯的反共立场，在行动上不敢积极争取，这亦可称为外交二重性。

## （一）

国联介入九一八事变的调处过程始终贯穿着中日外交的对抗，即日本反对国联和美、苏的介入与中国希望其介入和干预。派遣李顿调查团是国联直接介入和干预九一八事变的一次重大行动。这中间经历了一番曲折的外交斗争。这一斗争是从事变爆发后的国联行政院会议上，就是否审议事变和派遣观察员问题讨论开始的。

事变爆发后的第二天即 19 日，国联行政院在日内瓦开会。日本竭力排除国联介入。日本代表芳泽谦吉在致电外相币原喜重郎时即提出："我方目前尽可能不让行政院审议此事。"①币原外相也认为：如国联行政院审议此事，势必刺激日本舆论，可以此为借口避免国联的介入和干涉。②

中国的态度与此相反，积极将事变诉诸国联。9 月 19 日，外

①《日本外交文书·满洲事变》第 1 卷第 3 册，第 155 页。
②《日本外交文书·满洲事变》第 1 卷第 3 册，第 157 页。

交部电训驻国联代表施肇基："中国政府请求国际联合会，立即并有效地依照《盟约》（即《国联盟约》——笔者注）条款，取适当之措施，使日军退出占领区域，保持东亚和平，中国政府决定服从国际联合会关于此事所为之任何决议。"①9月21日，施肇基照会国联秘书长德雷蒙，请求根据《国联盟约》第11条立即召开行政院会议，采取明敏有效之方法。②

9月22日，国联根据中方的要求召开行政院会议，讨论九一八事变问题。日本代表芳泽遵照币原外相的训电，说什么如第三者干涉则会刺激已经激昂的日本舆论，妨碍事变的和平解决，并建议中日双方直接交涉。中国代表施肇基当即拒绝，表示中国有意接受国联任命和派遣的调查团。

国联行政院虽未完全同意中国要求派调查团的请求，但准备派观察员前往东北。国联五人委员会私下向芳泽表示了此意。芳泽表示，日本不会接受此案，但可向政府请示。③国联行政院在日军迅速占领长春、吉林等地的紧急情况下，不等日方的回答，于9月23日决定，派观察员赴中国东三省，并要求日方同意。但芳泽表示坚决反对。④行政院提议观察员由7名人员组成，由中日两国政府各指派两名第三国人，由行政院任命三名第三国人，赴东北了解情况，然后向行政院提出报告。对此，施肇基则以这7人须皆为行政院调查员为条件，同意了行政院这一提案。但芳泽继续反对行政院的提案。9月25日，币原外相也电训芳泽，派遣观察员完全没有必要，希国联信赖日本政府的诚意，静观事态的变迁。⑤

国联希望美国支持派观察员并要求它也派人参加。但美国国

① 罗家伦编：《革命文献》第39辑，第2345页。
② 罗家伦编：《革命文献》第39辑，第2346、2347页。
③《日本外交文书·满洲事变》第1卷第3册，第168页。
④《日本外交文书·满洲事变》第1卷第3册，第174页。
⑤《日本外交文书·满洲事变》第1卷第3册，第185页。

务卿史汀生认为"此际主张此事不合时宜"，拒绝了国联的要求。[①]
美国此时虽未加入国联，但它凭借强大的经济和军事实力，对国
际政治产生着强烈的影响。日本借机加强对美外交。9月25日，
日本驻美大使出渊拜访美副国务卿时，陈述了日本反对的理由，
并希望得到美国的支持。对此，美副国务卿说，派观察员不会取
得实际效果，相反会刺激日本舆论[②]，表示支持日方的意见。由于
日本的反对和美国的不支持，国联派遣观察员之事未能实现。

　　国联由于日本的反对和美国的不支持，未能派遣观察员，但
国联还是发挥了其职能。事变初期人们关注的焦点就是迫使日军
迅速撤出侵占地区。9月30日，国联行政院通过决议，要求日本
"将其军队从速撤退至铁路区域以内；并希望：从速完全实行此项
意愿"[③]。这一决议对日构成了一定的外交压力。对此，日本采取
了新的对抗措施。它提出中日直接交涉并缔结《五项协定大纲》，
该大纲的实质就是妄图把日本在南满的权益扩大到全东北[④]。日方
明知中方不会接受，但却提出此种要求，其目的是以此排除国联
的干预，拒绝撤军。于是，国联行政院于10月24日又想通过日
军在下次开会之前撤回原地的决议[⑤]。因遭到日本代表的坚决反
对，未获得理事国一致同意，这一决议未能生效。但这表明国联
有介入事变的意愿。

　　日本为排斥国联和欧美列强的干涉，主张日中直接举行谈判。
中国政府为抵制日本的直接交涉主张，提出日军先撤兵后交涉的
方案，要求日军在国际监督下撤出。

　　事变爆发以后南京政府对国联的外交是积极的、有意义的。
但此种外交明显依赖国联，没有军事上的支持，不可能取得显著

①《日本外交文书·满洲事变》第1卷第3册，第9页。
②《日本外交文书·满洲事变》第1卷第3册，第157页。
③《现代国际关系史资料选辑》上册，北京大学出版社1987年版，第273页。
④《日本外交文书·满洲事变》第1卷第3册，第157页。
⑤《现代国际关系史资料选辑》上册，第274、275页。

效果。从国联来说，准备派观察员及要求日军撤出占领地区等决议，对日本构成一种外交压力，也是具有一定积极意义的。

11 月中旬，日本侵占了齐齐哈尔。此时，中日双方对国联派出观察员的态度发生了新的变化。日本主动希望国联派观察员来东北调查。11 月 15 日币原外相指示国联的日本代表："我方主动要求派遣观察员，反而对我方有利。"①过去坚决反对派观察员的日本，为什么此时主动地要求派观察员呢？这与当时形势变化有关。11 月上旬日军攻打嫩江桥，19 日侵占东北北部要地齐齐哈尔。由于日军军事行动的扩大，11 月 16 日国联行政院再次开会时，对日本撤军的要求更为强烈。这时日本政府企望以接受国联派观察员来缓和外交上的压力。此种对策是驻国联的日方事务局长泽田向币原外相建议的。②日本驻沈阳的总领事林久治郎也提出过同样的建议。他致币原外相电称，一些欧美人以个人身份来东北视察情况后，从日本和欧美列强的共同利益出发，对日军不能从速撤回表示谅解。③日本想利用自己与欧美列强在侵略中国这一问题上相互支持的一面，来缓和因侵占齐齐哈尔而更加激化了的日本与欧美列强的矛盾和对立。

而过去一直主张国联派观察员的中方，此时却表示为难：因为在日军占领齐齐哈尔的紧急情况下，接受日本主动提出的此种方案不合时宜；同时，国联的调查没有监督日军撤兵的使命，不可能解决撤兵问题。因此，中方作为接受此提案的先决条件，提出在日军先撤兵的同时，要求国联根据《盟约》制裁日本。这一主张是正当的。可是国联未接受中方的合理要求。国联虽要求日本撤兵，但不肯制裁日本。这反映了国联对日外交的二重性。

日军占领齐齐哈尔后，把侵略的矛头立即转向锦州。在此种

---

① 《日本外交文书·满洲事变》第 1 卷第 3 册，第 561 页。
② 《日本外交文书·满洲事变》第 1 卷第 3 册，第 511、512 页。
③ 《日本外交文书·满洲事变》第 1 卷第 3 册，第 427、428 页。

形势下，中国不得不同意国联派调查团。接着，中国与日本就如何派遣问题继续进行外交斗争。日本要求根据《盟约》第11条来派遣调查团，第11条没有规定任何解决争执的具体办法。中国则要求根据《盟约》第15条派遣调查团。该条规定："秘书长应采取一切措施，以便详细调查与研究"，"行政院经全体或多数之表决，应缮发行政院报告书，说明争议之事实及行政院认为公允适当之建议"，如对行政院报告书该委员会不能一致赞成，则提交国联大会，"大会之报告书除争执各方之代表外，如经联盟出席行政院委员会之代表并联盟其他会员国多数核准，应与行政院之报告书除争执之一方或一方之代表外，经该院委员会全体核准者同其效力"。[①]这一规定，实际上是对日本的一种制裁。日本做贼心虚，怕行政院或大会提出和通过谴责日本并要求日军撤出的报告，因此强烈反对。在派遣的目的、调查范围等问题上，中日两国也发生了争执。中国要求调查团只调查与事变有关的问题，调查的范围也只局限在东三省。日本则主张调查与日本和欧美列强利害共同的殖民权益问题，例如中国的"排外"、抵制洋货、保障外国人生命财产、履行中国与外国缔结的条约的执行情况等诸问题，而强调不要调查和干涉日军在东三省的军事行动和撤兵等问题[②]。

日本代表虽然同意派遣，但又提出先决条件，即如行政院同意中日两国按照日方提出的《五项协定大纲》缔结和约，日本则可考虑派遣调查团问题，妄图通过国联对中国施加压力，让中国接受其侵略条件。

针对中日双方上述的分歧和争执，国联依然采取二重性政策。12月10日，国联行政院通过了有关派遣调查团的决议。该决议用词含糊，没有说清根据《盟约》哪一条派遣调查团。决议指出：该委员会调查的目的和范围是"在实地调查有影响国际关系并搅

---

① 华尔脱斯：《国际联盟史》，商务印书馆1964年版，第60、61页。
② 《日本外交文书·满洲事变》第1卷第3册，第561页。

乱日中两国间的和平或者和平基础的良好谅解之虞的一切事情，并将调查结果报告行政院"。但又指出："如两个当事国新开始一种交涉时，该交涉不属于本[调查]委员会所规定的[调查]任务范围，同时还达成谅解，即对当事国任何一方的军事措施进行随意干涉，亦不属于本（调查）委员会之权限。"不过该决议又强调：本决议并不影响 9 月 30 日通过的行政院关于日军撤兵的决议[①]。可以说，该决议基本上折中了《国联盟约》第 11 条和第 15 条。

中国在对国联的外交斗争中，就派调查团的目的、调查范围等问题据理与日本和国联抗争，对于国联的二重性政策也采取了相应的二重性外交来抗衡。国联虽然派调查团介入事变，但对日军在东北不断扩大的侵略行径未能采取相应措施。这都是要从外交二重性方面加以分析的。

## （二）

国联决定派调查团后，中日双方在调查团的组成问题上也有斗争。12 月 10 日国联行政院决定调查团由英、美、意、德、法五国各派一名委员。中日双方各自希望对本国同情者参加，这在德国代表人选问题上突出地反映出来。日本坚决反对德国委员希尼，希望亲日的佐尔夫参加[②]。但中国则反对佐尔夫，希望希尼参加；行政院最后决定为希尼，其他四国委员是英国李顿、法国克劳特、美国麦考益、意大利马柯迪。李顿为团长。1932 年 2 月 3 日，李顿调查团离开欧洲，29 日抵达日本横滨。此时，日本已占领整个东三省，并于 3 月 1 日急忙建立了伪满傀儡政权，抢先造成既成事实，企图迫使调查团承认。于是，调查的焦点就从日军撤兵逐渐转到是否承认伪满政权问题上了。

日本为辩解其侵略行径，事前准备了 18 种有关资料，做好了

---

① 日本外务省编：《日本外交年表及主要文书》下卷，原书房 1966 年版，第 192 页。
② 《日本外交文书·满洲事变》第 1 卷第 3 册，第 661 页。

对付调查团的各种准备。调查团抵日后，芳泽外相接见时说，此次事变是因国民政府推行革命外交、单方面变更与外国缔结的条约引起的。①日本力图以维护列强在华殖民权益来诱导调查团。犬养首相和芳泽外相前后五次与调查团会谈。对此，调查团的态度如何呢？李顿团长借芳泽之意顺水推舟，提出如中国履行中日间条约规定的诸项义务，日本对此满意吗？芳泽不敢回答，因为这一质问包含着排除以伪满洲国来解决事变之意。后来，李顿问芳泽：日本能否接受以"满洲的国际管理"来解决事变？芳泽当即拒绝。李顿说，那么只有建立地方自治政府的方法，除此无他法。②李顿的这些谈话，同日本要以承认伪满洲国为前提的方针是公然对立的，这反映了日本同西方列强的关系中相互牵制的一面。对此，日本采取了对抗措施。犬养内阁于3月12日决定：坚决扶助伪满洲国，并把它装扮成似乎是自主行使主权的"独立国家"，争取调查团和国联的承认。

3月14日，李顿调查团抵达上海，南京政府早已做好各项准备，并成立以前外长顾维钧为首的由政府各部门和专家组成的委员会，陪同调查团先后在上海、南京、济南、天津、北平进行调查。中国政府希望调查团能够客观地调查，并公正地制止日本的侵略。但李顿则在中国的欢迎宴会上表示：国联"帮助某一会员国者又必以不损害其他任何会员国为条件"③。他要以中日两国的调和、妥协来解决事变，这种调和立场便是国联外交二重性的表现。

国联行政院的决议中曾规定：中日各派一名委员协助调查团调查：日本派驻土耳其大使吉田伊三郎，中国派前外长顾维钧。当李顿调查团结束关内调查准备进入东三省时，刚刚成立的伪满

①《日本外交文书·满洲事变》第1卷第3册，第661页。
②拙著《九一八事变时期中日外交史研究》，东方书店1986年版，第308、309页。
③罗家伦编：《革命文献》第40辑，第2655页。

洲国政府出面拒绝顾入境，扬言如顾经山海关入境将立即强迫他下车，甚至还在暗地里威胁顾的生命安全。其目的是想借此证明，伪满是根据自身"自由意志"行使主权的"独立"国家。这种把戏，完全是由日本在幕后导演的。满铁调查部在其《拒绝顾维钧入满洲经过调查书》中毫不掩饰地说明了这一点。①当时任伪满外交部副部长的是日人大桥忠一，他掌管伪满外交大权，而这一切背后是由关东军和日本外务省在操纵。

调查团对此坚决表示：中方委员不随同调查，调查团就不去东三省。②调查团把此意告诉了驻北平的日本参赞矢野。矢野却称："长春政府并不是服从日本政府意见，该政府已发表反对顾入满声明的情况下，阻止它是困难的"③，再次证明其"独立性"。此时，日本政府假装出面调解，芳泽外相向调查团提出，如想得到长春政府的谅解则需较长的时间，调查团的部分成员和顾乘船可从大连进入东北。李顿起初反对这一妥协方案，但最后还是被迫同意。

李顿带顾于4月21日经大连抵沈阳，其他成员乘车同时抵达。这是调查团在日本及其操纵的伪政权的压力下开始妥协的第一步。

调查团到东三省前后，一度对伪满政权不予理会，这表明了调查团对伪满的态度。伪满政权却以限制调查团在北满和顾在满铁附属地外的调查活动进行报复。调查团为展开调查，只好经关东军司令官本庄繁联络，于5月上旬先后访问了伪满外长谢介石、国务总理郑孝胥、执政溥仪。日本军部认为，这是调查团承认新国家"满洲国"的第一步。而调查团也从此不可能无视伪政权的存在，并在调查报告中强调了不可能完全恢复九一八前的原状。

针对调查团的妥协态度，顾维钧采取了种种牵制措施。顾向

---

① 《日本外交文书·满洲事变》第1卷第3册，第866、867页。
② 《日本外交文书·满洲事变》第1卷第3册，第739页。
③ 《日本外交文书·满洲事变》第1卷第3册，第743页。

李顿提交了一份备忘录，指出国联行政院决议中未提及调查团与第三者（指伪满政权——笔者注）接触之事，并表示他本人不参加与伪政权要人的接触，以此抗议调查团的不正当行为。①顾还向调查团揭露了伪政权要人如何背叛民族、投敌卖国的经过，并向调查团提供了应该调查和接触的人员名单。调查团抵达哈尔滨后，顾提议与马占山接触②，但由于伪满政权的反对和苏联的不协助，未能实现。这里也反映出调查团的二重性态度。调查团一面与伪政权接触，一面又要与反对伪政权的马占山接触；既不完全否定伪政权的存在，又承认反伪政权斗争的存在。当时陪同调查团的伪政府外交部副部长大桥"一怒"之下回到长春，以示"抗议"。

李顿调查团在调查中，虽然对日本有所让步和妥协，但对待伪满政权的态度基本上是公正的，而且调查到了伪满政权是日本一手制造的事实。中国政府和顾维钧等人也在客观条件允许的情况下尽了应有的努力。

李顿调查团于 7 月 20 日回到北平，9 月 4 日完成调查报告，9 月 20 日提交给国联行政院。10 月 2 日，国联行政院公开发表了李顿调查团报告书。报告书共分十章，三大部分，洋洋 14 万言。

综观这一报告，充满了国联和欧美列强对中国和日本的二重态度。记述九一八事变的历史背景时，报告书既承认中国在东三省的主权，又承认日本在该地的特殊权益，说"日本在满洲之权利及权益乃不容漠视之一事实，凡不承认此点或忽视日本与该地历史上关系之解决不能认为满意"；但又指出该权益与中国主权的冲突，并表示"事变前双方抗争，各有是处"等等。在九一八事变的叙述中，该报告虽然未点明日本是侵略者，但又明确地指出："日本军队未经宣战，将向来毫无疑义属于中国领土之一大部分地区，强夺占领，使其与中国分离并宣布独立，事实俱在。"对伪满

---

① 罗家伦编：《革命文献》第 40 辑，第 2730～2731、2743～2744 页。
② 罗家伦编：《革命文献》第 40 辑，第 2732、2733 页。

政权，报告书虽然肯定了伪满洲国的基础组织治安会，但对伪满洲国持否定态度，"认为'满洲国'之构成，虽有若干助成分子，但其最有力之两种分子，厥为日本军队之在场及日本文武官之活动，若五此二者，则'新国'决不能成立也"；"基此理由，现在之政权，不能认为由真正及自然之独立运动所产生"，"所谓'满洲国政府者'，在当地华人心目中一直是日人之工具而已"。

调查书关于解决事变的原则及方法，也同样采取二重性方针：既否定中国希望恢复事变前状态之要求，称"如权恢复原状，并非解决办法"；又拒绝日本承认伪满洲国的要求，表示"维持及承认满洲之现时组织，亦属同样不适当"。

在此种二重性方针下，该报告提出解决事变的十项原则，其核心就是"满洲自治"。它提出解决东北问题要"适合中日双方之利益"，又提出要"承认日本在满洲之利益"。具体做法便是"满洲自治"："满洲政府应加以变更，俾其在中国主权及行政完整之范围内获得高度之自治权以适应该三省地方情形与特性"。"满洲之内部秩序，应以有效的地方宪警维持之；至对于外来侵略之保障，则须将宪警以外之军队，悉数撤退，并须由关系各国订立互不侵犯条约。"①

从"满洲自治案"中，不难看出欧美列强借机渗透东三省的企图。这表现在：规定由外国教官协助组织特别宪警；对自治政府行政长官配相当数额的外国顾问，外国顾问指导该长官的工作；行政长官定一名外国人为东三省中央银行总顾问。②这样的自治政府是外国顾问监督下的政府。

对李顿调查团的报告，南京政府采取了既有肯定又有否定的二重性态度。蒋介石表示，该调查团报告的前八章是公正的，可以接受，但认为第九、十两章内容完全是注重日方的要求，必须

---

① 罗家伦编：《革命文献》第40辑，第2677~2695页。
② 罗家伦编：《革命文献》第40辑，第2701页。

修改。作为解决东三省问题的原则，中国坚持恢复九一八事变前的原状①。

南京政府外交委员会审议调查报告后，于10月20日对驻国联代表作了指示：对第九章中十项解决原则的第一、二、三、四、九、十等项不表示异议；对其他几项有条件地加以承认，如对第四项表示"承认日本在东三省之正当利益"；对第五项"建立中日间之新条约关系"附加了"必须在不损害中国主权及领土行政完整原则之下"。但对有关"满洲自治"的第七、八项表示反对，并提出了根本性的修改意见。对第七项则提出："中国可向国际联合会声明当积极厉行东三省行政之改善，此项计划当包含逐渐设立人民代表机关，实行中央地方均权制度，并予地方政府以宽大之自治范围 Self Government。"②可见，南京政府对"满洲自治"原则上反对，提出中国自主地实行自治的方案，力争排除外来侵略和干涉。外交委员会还提出以下两点原则："（1）日本因违约侵略，所得结果当然不能加以承认，更不能使被侵略者受其损害。（2）国际联合会行政院及大会关于日本撤兵决议案继续有效，并不因报告书而变更。故日本撤兵义务及不能在武力压迫下谈判之原则继续存在。所有日本撤兵之期限，应提前详加规定。"③

蒋介石和外交委员会对调查报告的态度，表明了他们解决九一八事变和东三省问题的基本方针，在反对侵略、日军撤兵、不承认伪政权的原则下，接受对中国有利的部分，对偏袒日本，甚至侵犯中国主权的内容则反对。这便是南京政府对国联和调查报告的二重性政策。这说明，南京政府不是盲目地依赖和听命于国联，而是采取了有分析、有分寸地接受李顿调查报告的外交方针。

日本对李顿调查团的报告取何种态度呢？日本外务省针对调

① 罗家伦编：《革命文献》第40辑，第2756页。
②《顾维钧回忆录》（2），中华书局1985年版，第716页。
③《顾维钧回忆录》（2），第718页。

查报告起草了《帝国政府对国际联盟中国调查委员会报告的意见书》，极力为日本挑起的事变和一手扶植的伪满洲国进行辩解，日本对东三省自治也表示反对，因为自治的前提是否定伪满洲国。至于对承认和保证日本在满蒙的既得权益部分则表示赞同，反对恢复东北原状。从总体上讲，日本对国联的调查报告反对的部分占主导地位。日本不准备接受这一报告书。对日本的态度，中国亦有所预料。蒋介石曾判断：列强如不对日实行经济或武力制裁，或日本国内不发生对军队不利的重大变化，日本则不会承诺该报告。目前尚无此种假设的可能性。因此，中方怎样让步对解决事变也不起作用。故不准备更多的让步。[①]蒋的这一分析是正确的。

## （三）

正当中日两国对调查团报告做出不同评价之时，国联开始了对该报告的审议。

这次由国联行政院主持审议的会议，对中日双方都极为重要，因此双方均派出了阵容强大的代表团。中国指派外交界元老颜惠庆和顾维钧、郭泰祺为全权代表，该团成员达一百二十多人。日本则派主张"满蒙是日本的生命线"的松冈洋右、驻法大使长冈春一和驻比利时大使佐藤尚武为全权代表。伪满政权也派丁士源去日内瓦活动。日本政府于 10 月 21 日将政府训令交给松冈。该训令根据《日满议定书》的精神要求国联承认在满的一切既成事实，如不承认，则与国联对抗到底。[②]

中国政府分析日本不会接受调查报告书，故要求中国代表在行政院审议调查报告时，进一步表明中国公正、合理的立场和解决事变的主张，力争澄清：（一）九一八事变不是日本的自卫行动，而是一次侵略行动；（二）伪满洲国不是独立国家，是日本一手制

---

① 罗家伦编：《革命文献》第 40 辑，第 2754 页。
②《日本外交文书·满洲事变》第 1 卷第 3 册，第 16、17 页。

造的傀儡政权；（三）根据《盟约》第 15 条 4 项裁决事变问题，对日进行经济制裁。为达到此目的，中国代表在日内瓦散发了有关九一八事变的备忘录 4 万份。他们还逐个探析了各国态度，对英、德、法、意等国不抱过高希望，但对美国寄予很大希望。这表明，南京政府既依赖于国联，但又不完全相信国联。这便是中国在国联中利用欧美列强与日本的矛盾寻求解决事变最佳方案的二重性外交态度。

11 月 21 日国联审议会议伊始，中国代表顾维钧与日本代表松冈洋右便展开了激烈的唇枪舌剑。松冈强调：满洲是日本的生命线，否认满洲是中国领土的一部分，反对报告书不承认"满洲国"，为伪满傀儡政权辩解。顾代表则全面反驳了松冈的论调，并对调查报告提出了三条补充原则："第一，不得鼓励侵略；第二，必须赔偿中国的损失；第三，日本撤军仍然是先决条件，在军事占领或既成事实的压力下不能进行谈判。"①

双方第二个争论点是李顿调查团的权限问题。松冈认为该团没有提出解决事变的建议的权限，因此，调查的任务业已结束。松冈极力贬低李顿调查团的作用，进而否定该团提出的调查报告。但行政院主席反驳了松冈，指出调查团尚未解散，有权根据各国代表所提出的意见补充和修改调查报告。

在各方如此对立的情况下，行政院无法继续审议，只好根据《盟约》第 15 条第 9 项②规定，把此问题提交国联大会。国联大会于 12 月 6 日开会，继续审议李顿报告书。中日双方争论的焦点依然如故。中国代表颜惠庆提出：大会应宣布日本违反了三个条约，即《九国公约》《非战公约》《国联盟约》；日军先撤回满铁附属地内；解散伪满政权；根据《盟约》第 15 条第 4 项的规定，尽早提

①《顾维钧回忆录》（2），第 84 页。
②《盟约》第 15 条第 9 项规定："对于本条约规定之任何案件，行政院得将争议移送大会，经争执一方之请求，大会亦应受理。"

出并公布解决争端的报告和建议。[①]松冈则全面辩解日本对满蒙的侵略行径，说什么日本出兵满蒙犹如英国出兵上海，力图争取列强的支持。

国联虽然由大国操纵，但小国也发挥了应有的作用。会上，爱尔兰、挪威等10国纷纷谴责日本，同情和支持中国，并且批判了大国的态度。大国则依然想以调和、妥协的方式解决。英国外交大臣西蒙片面强调问题的复杂性和特殊性，要双方妥协。法国代表公然说："我们的使命是先调停。"[②]大会上，中国与日本、大国与小国，意见分歧严重，无法统一。因此，大会又把此问题提交给十九国特别委员会。西班牙、瑞典、爱尔兰、捷克四国便向十九国特别委员会提交决议草案，指出：日本武力侵占东三省并一手炮制伪满洲国，不能予以承认。[③]这一提案代表了小国维护国际公道的意见。松冈要求撤回该提案，大国的代表也表示反对。因此，该提案未能成为决议。

日本对此次大会是满意的，因为四国提案流产了；中国则对此次大会不满，尤其对英国外交大臣西蒙的发言表示反感。西蒙在发言中大肆批判中国抵制洋货和抵御外来侵略的宣传，为此中国新闻媒介掀起反英、反西蒙的运动，并向驻宁英公使提出抗议。南京政府反对列强攻击中国偏袒日本的态度。

十九国特别委员会是1932年2月21日，即"一·二八"事变时根据国联大会的决定成立的。当时中国代表要求根据《盟约》第15条第9项组织此委员会，并向国联大会提出解决事变的报告，该委员会由国联大会主席和除中、日之外的理事国及大会选出的瑞士、捷克斯洛伐克、哥伦比亚、葡萄牙、匈牙利、瑞典等国组成。该委员会于12月12日召开第一次会议。会上，英、法等大

---

① 《日本外交文书·满洲事变》第3卷，第129页。《顾维钧回忆录》(2)，第89、90页。
② 《日本外交文书·满洲事变》第3卷，第157页。
③ 《日本外交文书·满洲事变》第3卷，第151页。

国与瑞典等小国之间的意见严重对立。小国委员依然同情和支持中国，而中国代表也对九一八事变和伪满洲国问题对小国委员做了种种外交努力。

十九国特别委员会的工作对九一八事变和伪满洲国问题的调处起举足轻重的作用。因此，中国政府力求在该委员会起草的报告中追究日本违反《国联盟约》《九国公约》的责任，不承认伪满洲国，保证将来也不与它缔结交流关系；明确记入日军撤兵；不责难中国抵制洋货运动。<sup>①</sup>此外，中国代表还要求根据《盟约》第16条对日实行道义和经济制裁，以迫使日军撤兵，解散伪政权。中国为此做了许多工作。外交部通过美国驻华公使争取美国的支持，日内瓦的中国代表团也纷纷对各国代表展开外交活动、寻求支持。中国代表颜惠庆还对苏联展开外交活动，争取苏联代表参加十九国特别委员会。<sup>②</sup>但自1929年中东路事件后，中苏两国的外交关系极为冷淡。事变爆发后，苏联对中国表示了同情和声援，但在行动上则保持中立。这是苏联对中国的二重性外交态度。

1933年1月16日，十九国特别委员会开会。会上中日双方的意见和主张针锋相对。日本方案的主要内容是成立小委员会，调解日中双方，调解的基础是承认伪满洲国，在这一问题上没有让步的余地。<sup>③</sup>中国代表于1月20日发表声明，坚决反对日本方案，不承认伪满洲国，并请美苏参加调停委员会，由调停委员会和中日双方共同谈判解决事变。<sup>④</sup>

中日双方对成立小委员会或调停委员会似乎意见一致，但在是否承认伪满洲国、美苏是否参加该委员会问题上依然针锋相对。日本反对美苏参加委员会，是因为自第一次世界大战以来日美矛盾加剧及日本侵占东三省引起日苏关系对立。国联和中国都想利

① 拙著《九一八事变时期中日外交史研究》，第350、351页。
② 《顾维钧回忆录》(2)，第98页。
③ 罗家伦编：《革命文献》第40辑，第2831、2832页。
④ 罗家伦编：《革命文献》第40辑，第2833～2835页。

用这一矛盾牵制日本，这自然有利于中国，而不利于日本，因此双方争执不下。

由于中日双方主张严重对立，十九国特别委员会认为，调解双方妥协是不可能的，因此决定：根据《盟约》第15条第4项，由行政院主席、英、法、德、意、西班牙、瑞典、瑞士、捷克斯洛伐克等国组成的起草委员会，开始起草裁决事变的最后报告。[①]实际上这就等于说，国联力图调解双方妥协的努力失败了。这对中国来说，从一定意义上讲是个胜利。中国代表还要求从经济和道义上制裁日本，在起草委员会上，小国代表也主张以经济制裁日本，但大国不想制裁。

在起草委员会起草最终报告书时，英国依然暗地里与日本进行妥协工作。国联秘书长德拉蒙德与日本代表杉村经过交涉，于2月24日就"满洲国"提法协调拟为："十九国特别委员会知悉日本承认在满洲成立的现制度和其他加入国联的国家没有采取同样的措施"，而且同意不邀请美苏参加小委员会或调解委员会。这显然是对日本的让步。但是，日本外相内田仍然表示这"难以满足"日本的要求，拒绝了此方案[②]。十九国特别委员会也不赞成此方案。

2月14日，十九国特别委员会通过最终报告，17日公布于世。中国于18日译出该报告，19日公布。这一报告在法律上以《国际联盟盟约》《非战公约》及国联关于九一八事变的有关决定为基础，基本采纳了李顿调查团的报告。十九国报告体现了国联和欧美列强对中国和日本的二重性态度。对此，中国代表顾维钧认真分析了该报告，并指出其对华的利弊得失：

对中国有利之处：（1）中国对东三省的主权获得了确认。（2）会员国承诺，无论在法律上或实际上都不承认"满洲国"，并继续

---

① 《日本外交文书·满洲事变》第3卷，第309页。
② 《日本外交文书·满洲事变》第3卷，第349页。

保持一致行动，避免单独采取行动。（3）日本在铁路区（指满铁）以外的一切军事行动以及扶持和承认"满洲国"等行动均遭到明确的谴责。

对中国不利的部分：（1）日军的撤军"取决于日军是否同意谈判和是否同意做撤退准备以及撤退的方法、步骤和细节"，没有采取具体措施。（2）对万一日本拒绝接受最终报告这一点，虽然言及，但未能定出对付办法。（3）在日本尚未接受报告之前，即由中国宣布东三省自治，这无异于使中国受到惩罚，因此，在日本尚未明确接受全部报告书之前，决不能作此宣告。①

中国外交部于2月18日发表讲话，对报告中有利于中国的部分表示满意，同时谴责了在起草报告过程中英国外交大臣西蒙、国联秘书长德拉蒙德袒护日本之事实，并对报告中规定东三省设立"自治"政府，未能完全恢复九一八事变前之状态表示遗憾②。这就是南京政府对该报告的二重性态度。

当国联大会开始讨论最终报告时，日本发起了对热河的进攻。这固然有侵占热河的军事目的，但从外交的角度看，这是想把国联的视线从日内瓦引到热河，进而打乱对最终报告的通过。当时，英国政府害怕其在秦皇岛和开滦煤矿的利益受到威胁，就表示应同"一·二八"事变一样，立即调停双方军事冲突。但南京政府拒绝谈判，主张以抵抗争取在国联中的有利地位。24日，中国代表把热河问题诉诸国联，要求依据《盟约》制裁日本。从外交措施来说，南京政府和中国代表的这一要求是正确及时的。但国联和列强不敢制裁日本，理由依然是中日未断交，日本的军事行动不能称为"诉诸战争"。国联和列强再次拒绝了中国的合理要求，表现出其对日二重性外交中对日软弱的一面。

2月24日，国联大会通过关于九一八事变的最终报告。在中

①《顾维钧回忆录》（2），第177、178页。
② 罗家伦编：《革命文献》第40辑，第2850～2854页。

日双方表明各自的态度后，未进行讨论，就进行表决。结果，42
票赞成，1 票反对（日本），1 票弃权，十九国特别委员会的最终
报告被通过，日本挑起九一八事变、建立伪满的侵略活动在国联
遭到了否定。日本代表立刻退出会场。3 月 27 日，日本政府正式
退出国际联盟。至此，国联对九一八事变的调处告一段落，但所
谓"满洲问题"却仍未解决，直到 1945 年 8 月日本投降。

## （四）

综观中日及列强围绕国联调处九一八事变所展开的错综复杂
的三角外交斗争，可归纳出如下几点：

在这场外交斗争的全过程中，国联和列强对交战的中日双方
采取了二重性外交，既不完全偏袒日本，又不完全支持中国，力
图调和双方，解决事变。虽然他们未直接点明日本是侵略者，但
又不承认日本的军事行动是自卫行动，并要求日军撤回原地。对
事变的产儿——伪满洲国也始终未予承认。这在客观上起到了支
持中国的作用，因此，中国基本上接受了最终报告，日本则反对
该报告，直至退出国联。

国联和列强为何采取这种二重性外交？这与列强的帝国主义
本质有关。列强和日本在侵略中国和保持帝国主义在华殖民权益
方面具有共同性，因此为了维护列强在华殖民势力的平衡，他们
维护事变前日本在东三省的既得利益。但列强与日本相互争夺在
华权益，因此，他们牵制日本在东三省的扩张，并要求日本吐出
在事变中侵占的中国东三省。这种相互矛盾的利害关系便是国联
和列强在调处中日冲突过程中二重性外交的内在本质。牵制居主
导地位，袒护居次要地位。

国联和列强解决事变方法的关键，是中日两国军队都退出东
北，在东北实行所谓的高度"自治"。"自治"名义上是维护中国
主权，实际上则是由列强控制。列强调处事变的二重性外交的实

质就在于此：即牵制日本，扩大列强在东三省的利益和势力范围。列强的此种打算，尽管遭到中国政府的反对，但在当时的三角外交斗争环境中，却造成对中国有利的外交态势。

日本始终排斥国联、列强的介入和干涉，这也反证了南京政府诉诸国联的意义。国际组织的存在某种意义上反映了第一次世界大战后各国防止战争、保障和平的意愿。既然存在此种国际组织，中国在遭受日本侵略的情况下在外交上加以利用是理所应当的，结果也给中国的外交带来了一定的好处。因此，不能责难南京政府诉诸国联的外交政策。但南京政府在九一八事变后，没有在军事上进行强有力的抵抗，而主要靠在国联的外交斗争，这是无法从根本上驱逐日本侵略势力的。

当然，南京政府也未完全依赖于国联和列强。南京政府在外交斗争中逐渐认识到国联和列强处理事变的二重性态度。于是中国也以二重性态度对待国联和列强，即一方面依赖（是主要的），一方面抗争（是次要的），这种外交斗争的方法应该说是正确的。中国通过国联和列强进行了有理有节的外交较量，在一定程度上抵抗了日本的侵略。在外交交涉中难免有让步与妥协，但对原则性问题如日军撤兵，拒绝承认伪满政权等，立场则始终如一。

因此，南京政府及其在国联的代表的外交活动是应该肯定的。

日本在国联的外交，除了其事变前在东三省的既得权益继续得到列强承认外，基本上没有新收获。虽然其在军事上取得了胜利，但在外交斗争中却是失败的。日本未能取得国联和列强对其侵占东北的行径及伪满政权的承认，遭到国联的反对和抵制，最终退出了国联。

日本退出国联表面上看是主动的，但实际上却是被迫的。它在九一八事变中的所作所为，被国际组织和国际社会排拒，这说明日本在国际上完全孤立，它不得不退出国联。从此，日本放弃历来遵循的与列强协调的外交路线，走上了与欧美列强抗衡的道

路。日本在九一八事变后，不顾外交失败而在向外侵略扩张的道路上越走越远，最终导致了它彻底失败的结局。

（本文原载《抗日战争研究》1993 年第 3 期）

下　编

# 辛亥革命期の中日外交史論

## はじめに

　辛亥革命は、中国の革命勢力が封建主義的清王朝を打倒し、共和制の民国を創建しようとした革命である。この革命は、本来中国内政問題であり、中国人民と革命勢力が自主的におこなうべきことであった。だが、この革命が国際的問題になり、日本と欧米列強は直接的に或いは間接的にこの革命に干渉しようとした。これは、中国自身が完全な独立国家でなく、日本と欧米列強の半植民地であり、中国各地には彼らの植民地的権益があったからである。辛亥革命の勃発は、日本と欧米列強の既得権益を脅かすと同時に、革命による中国国内の一時的動乱は日本と欧米列強に新権益を拡大する良機を与えた。故に、辛亥革命期に日本と欧米列強の中国における最大の関心は、この既得権益の維持と新権益の拡大にあった。これは、辛亥革命期において終始一貫したことではあったが、相対的に、革命の前期において終始一貫したことではあったが、相対的に、革命の前期においては前者が主であり、後期には後者が主であった。

　既得権益の維持と新権益の拡大は、辛亥革命をめぐる国際関係の焦点となり、清朝政府・南方の革命軍及び日本と欧米列強

もこれをめぐって外交活動を展開したのである。

　辛亥革命における中日外交は、この権益をめぐる両国間の外交でありながら、また中国と欧米列強・日本と欧米列強間の外交でもあり、多様な国際関係の中で展開された。これは、辛亥革命をめぐる中国・日本と欧米列強間の外交関係が二重的性格を持っていたからである。日本と欧米列強は、既得権益の維持では一致協同の外交政策をとりながらも、新権益の拡大をめぐっては互いに争奪し、互いに牽制する二重的関係にあった。中国と列強は侵略と被侵略の関係でありながらも、中国侵略をめぐる日本と欧米列強間の争奪による矛盾と対立により、中国はこの矛盾と対立を利用して、時には欧米列強を利用して日本を牽制し、時には日本を利用して欧米列強を牽制した。日本は逆に、時には中国と欧米列強間の対立が激化したチャンスに中国側を利用して欧米列強を牽制し、欧米列強はまた中国と日本との対立が激化したチャンスに中国側を利用して日本と対抗し、日本を牽制した。これは辛亥革命をめぐる二重的国際関係であり、中国と日本の外交もこの二重的関係の枠内で進行されたのである。故にこの二重外交論は、この時期の中日外交と国際関係を研究する基本的な理論体制になっているのである。

　このような二重的な複雑な中日外交と国際関係において、中国は一体でなく、南北に対立していた。辛亥革命の前期には、北の清朝政府と南方の革命軍及び軍政府、後期には北の袁世凱を中心とした北京政府と孫文を中心とした南の革命党勢力が対立していた。このため、中日外交と欧米列強との国際関係も対立した中国南北勢力に対する関係になり、辛亥革命をめぐる中日外交と国際関係は一層複雑化した。これは、過去の中国問題をめぐる中日外交と国際関係において見られなかった新しい現象だと言えよう。

　本稿は、辛亥革命期における中日外交と国際関係の上述のような環境と基本的論理を建前に、辛亥革命勃発・袁世凱の出馬と南北和議・南京臨時政府と北京政府期の中日外交とこの時期の日本の満蒙政策を検討することにする。

## 一、辛亥革命勃発と中日外交

　辛亥革命初期の最大な問題は、日本と欧米列強が、義和団事件のように、出兵してこの革命に対し武力的干渉をするか否かの問題であった。辛亥革命は先ず武昌・漢口・漢陽を中心に勃発・展開した。この地域は中清の貿易集散地であり、漢口には五カ国の租界と 11 カ国の領事館が設置され、数千人の外国人が居留し、日本と欧米列強の権益が集中した地域であった。故に、この革命に出兵・干渉するか否かが初めから問われたのである。日本と欧米列強は清朝から植民地的権益を受け取り、清朝はこの権益が革命から脅かされているとして列強に武力的干渉を要望し、財政的・軍事的支援を要求した。しかし、清朝と対立した革命軍と軍政府は、清朝打倒の目的を達成するため、日本と欧米列強の武力的干渉を阻止することを革命外交の最大課題の一つにし、その対策として列強の権益と居留民の保護、既成の不平等条約の承認と継承等を宣言した。対立した清朝と革命軍は日本と欧米列強の既得権益保護という共通の外交手段で、相手を消滅する目的を達成しようとした。これは、日本と欧米列強が出兵・干渉するか否かが辛亥革命の行き成りに大きな或いは決定的な影響を及ぼすからであった。

　では、日本と欧米列強は出兵・干渉にどう対応したであろうか。武昌・漢口の現地の領事らは、清朝側の武力干渉の要望に応せず、中立的態度をとった。その原因は、(1) に辛亥革命の政治的目的に対し一定の理解があり、この革命が義和団と異

　なった革命であることを知り、(2)に革命軍は列強の既得権益と居留民の生命財産を保護し、秩序整然と革命を推進したことにあった。この時革命軍は、革命に対する支援を要望したのではなく（孫文は例外）、革命に対する中立を要望したのである。日本と欧米列強の領事らは現地における判断として、干渉による既得権益の保護よりも中立による既得権益の保護が有利だと思い、中立的態度を表明したのである。しかし、漢口領事団内部における意見が初めから中立に一致したのではなく、日本とドイツの領事は干渉の意を表したこともあったが、列強の協同一致の原則に従わざるを得なかった。

　辛亥革命に対する列強の中立政策は、武昌・漢口地域における局部的なものであったが、革命が各地に波及し、独立した各地方の軍政府も湖北軍政府と同様に列強の既得権益を保護したため、列強の中立政策は辛亥革命全体に対する外交政策として拡大・発展したのである。

　しかし、日本と欧米列強は既得権益の保護を口実に、中国沿岸と長江に軍艦と軍隊を増加した。これは革命に直接干渉しようとしたものではなかったが（日本は例外）、客観的には、革命軍とその政権に大きな政治的・軍事的圧力となり、南北と袁・孫の妥協に無形の影響を与えた。これは列強に対する誤解でもあったが、過去中国大陸における辛亥革命研究においては、この所謂武力的干渉を強調し過ぎた感がする。

　辛亥革命に対する列強の中立政策は、中国に対する列強の共同侵略から発生した協同一致の行動であり、辛亥革命をめぐる列強の対中国外交の協調的一側面を反映したものであるが、対中国外交の他の側面である列強間の相互争奪も、この協同一致の中立政策の裏で暗に進行された。この争奪は、新権益の拡大をめぐり展開されたのである。

　辛亥革命において新権益を拡大しようとした主な国は日本とロシアであり、出兵・干渉に積極的であったのは先ず日本であった。日本の大陸政策決定において重要な役割を果たすのは、陸軍である。陸軍は一年前に中国に「動乱」が勃発することを予測し、これに対する軍事的対応策を検討していた。故に、辛亥革命勃発と共に、陸軍が先ず出兵・干渉を主張し、出兵に必要な事前の調査等をし始めた。外務省も陸軍と協調しながら、清朝政府に武器を提供し、清朝政府への支援に乗りだした。これは清の官軍を支援して革命軍を鎮圧し、革命に反対するとのことを意味するのである。しかし、これにはこの政治的意味よりも、この支援により清朝政府から一層の権益を獲得しようとした狙いがあった。10 月 24 日の閣議において決定した対辛亥革命の外交方針は、満洲と中国本土において新権益を拡大しようとしたこの意を明確に示したものである。

　日本の政府・外務省と軍部は、中国における権益維持・拡大の最終目的では一致していたが、この目的を達成する手段においてはかならずしも一致していたとは言えない。参謀本部は秘かに革命軍に軍需品を提供し、海軍は出兵・干渉に慎重な態度を示した。

　陸軍の出兵・干渉の主張は、日本の国策として決定されたものではなかったが、中国の革命勢力と欧米列強は終始日本の出兵・干渉を警戒し、それを牽制する姿勢を示した。

　日本陸軍を中心とした出兵・干渉の主張が実現されなかったのには幾つかの原因があった。(1) に、日本国内において海軍が慎重な態度をとり、政府・外務省も欧米列強との協調外交を重視していたこと。(2) に、日本のパートナーであったロシアも出兵・干渉の準備をし、日本もロシアと連合して行動しようとしたが、ロシアは背後にヨーロッパにおいてドイツとの対立

が激化し、その牽制を受け、若し日本が先に出兵すればロシア
も出兵する姿勢をとり、最初から日本と共同行動を取ろうとし
なかったこと。(3) に、欧米列強は辛亥革命の性格に対し一定
の理解があり、欧洲において両軍事集団の対立激化による第一
次世界大戦が近臨する情勢で中国に出兵・干渉する余裕がな
かったこと。(4) に、故に欧米列強は中国における列強の協同
一致の原則を利用して、単独出兵しようとする日本を牽制した
こと。(5) に、イギリスら欧米列強の中国における権益は主に
革命軍管轄下の南方にあり、この権益保護のため彼らは出兵に
より革命軍と対立しようとせず、この権益保護のために、日本
の出兵・干渉を牽制したこと。(6) に、南方の革命勢力が急速
に発展・拡大して清朝政府と鼎立することにより中国政局の見
通しが不透明であったことから、日本は出兵・干渉に歩み切る
決心を下すことが出来なかった。

　上述の原因により、陸軍を中心とした出兵・干渉は実現され
なかったが、その後にも山海関――奉天間の関外鉄道の占拠・
満洲への出兵等の主張が依然と存在した。これは軍国主義国家
の特色を示したものであった。

## 二、袁世凱の出馬と南北和議をめぐる中日外交

　11 月に至り、南北の各省が続々と清朝からの独立を宣言し、
革命の気焔益々強烈になり、清朝政府は未曾有の政治危機に
陥った。清朝はこの危機の打開策として北京の政治舞台から「追
放」された袁世凱を再起用し、内閣総理大臣に任命した。袁の
北京への復帰は、イギリス・アメリカらの裏における支援とも
密切な関係があった。袁は再度清朝政府の政治・軍事大権を掌
握し、中国に君臨する姿勢を示した。日本と欧米列強は、中国
における殖民地的権益を維持・拡大するため、先ずその最高支

配者を自分の手下に押えようとした。これがため、日本と欧米列強特にイギリスは北京の政治舞台に再登場した袁をめぐる外交的争いを始めた。イギリスは袁の出馬を要求し、彼が動乱の中国政局を収拾するよう期待したが、日本は袁の出馬に反対し、政治舞台への復帰を警戒していた。この時期、袁もイギリスに対してはその支持・支援を期待したが、日本に対しては日本が出兵・干渉することを恐れ、日本に疑心を抱き、日本を警戒していたのである。これは対照的であった。このような現象は偶然的なことではなく、日清・日露戦争以来日本とイギリスの対中国外交の態勢が異なることから発生したものであった。日露戦争後、日本はイギリスに交替して中国侵略の最大な国家になり、中国の最大な敵国になった。イギリスは過去の最大な侵略国家から既成権益の保護を主とする国家に転換し、その中国に対する脅威は日本より劣り始めたのである。日本とイギリスの中国におけるこの変化は、自然に中国の対外政策に影響を及ぼし、その対日・対英政策も転換をせざるを得なかった。これが袁の対日・対英態度に反映されたのである。日露戦争前袁は日本に傾斜していたが、その後はイギリス・アメリカに傾き、「交遠制近」の外交策をとり、英米と連合して最大の侵略国日本に抵抗しようとした。これによって、袁と英米・袁と日本との対照的外交関係が形成され、その連続として辛亥革命においても同様な外交関係が維持・継続されたのである。イギリスは袁と日英のこのような関係を利用して、辛亥革命をめぐる日英の争いにおいて袁を利用して日本を牽制し、中国政局に対する日本の介入と干渉を排除しようとしたのである。

　日英間のこのような争いは、南北の停戦と和議及び中国の政体選択において顕明に現出された。袁は出馬後、先ず革命軍が占領した漢口と漢陽を攻陥したが、長江を渡り武昌を占領せず、

ただ反撃による有利な政治・軍事態勢を維持し、南の革命軍と
革命政府に政治的・軍事的圧力を与え、それを牽制しながら、
またその勢力の伸張と存在を暗に認め、その気勢を利用して清
廷に政治的圧力を与え、これを皇帝退位までの窮地に追い込み、
彼自身が中国に君臨する最高支配者になろうと企んでいた。こ
のため、袁は南北の停戦から和議へ、和議から共和制政体の選
択へ踏み切り、これで清皇帝の退位を迫ったのである。政体問
題は南北対立の焦点であったが、袁はこれを巧妙に利用して、
その目的を達成したのである。故に、政体と袁の問題がからみ
あって、日本とイギリスの政体選択に対する対応がまた袁に対
する対応となり、両者交織して複雑な外交が展開されたのであ
る。

　政体の選択において、袁は表においては君主立憲制を主張し
ながら、裏においては共和制に転換した。彼は共和主義者でな
かったため、本心から共和制に賛成したのではなく、それを清
皇帝を退位にまで追い込む一政治手段として利用しただけで
あった。イギリスは初めは君主立憲制を主張したが、徐々に共
和制に転換した。イギリスは主義として共和制に賛成したと言
うより、寧ろリアリズムの立場に立って、（1）に南方の軍政府
管轄下にあるイギリスの権益を保護するため、革命派が強烈に
主張する共和制に公然と反対するまでにはいかず、（2）に中国
に堅実な統一政権を早期に建立するため中国において「強人」
だと見なしていた袁世凱を支援し、そのために袁の要望する共
和制に賛成しざるを得ないことになったのである。しかし日本
は、君主立憲を最後まで固執した。それは、（1）に君主立憲国
家であったため、主義として、元老を中心としてこれを堅持し、
実利主義的日本外交の伝統を破り、イデオロギー的外交方針を
強硬推行し、（2）に君主立憲により清廷を保持し、それによっ

て中国に君臨しようとする袁を牽制しようとした。日本とイギリスの対応は対照的であり、また対立的であった。これは中国における両国の争いを示すものであり、またその争いによってこのような対照的現象が起こったのである。これは日本とイギリスの二重的外交関係の一側面を反映したものである。

　しかし、この時期袁世凱・南北和議・政体問題等をめぐる日本とイギリスの争いは、二重的外交関係の他の一側面である協調の名義においておこなわれた。協調と争いは対立的なものであるが、イギリスはこの日英同盟による協調関係を微妙に利用して日本と争っていたのである。イギリスは、同盟国である日本が自分の対中国外交に協調するよう求め、また協調一致の同盟関係を利用して日本の単独的自由行動を牽制しようとした。日本もこの同盟的協調一致の方針に束縛され、諸問題に対しイギリスの鼻息を仰がざるを得なかった。このように、イギリスと日本は協調の名義の下で微妙に両者のバランスをとりながら、辛亥革命に対する二重外交を展開したのである。

　袁世凱は上述のような日英の二重的外交関係を巧妙に利用し、イギリスに頼り実力干渉を企む日本を牽制し、イギリスはまた袁を利用して日本の干渉と介入を排除しようとした。日本は逆に、袁が君主立憲制を堅持することを条件に、袁に支援を与える意を表明し、袁を日本に傾むかせ、彼を利用しようとした。袁は日本に対し相当警戒していながらも、日本を完全に無視することは出来なかった。これは、日本は地理的に中国の近隣であり、義和団事件のように大量の軍隊を中国に出動して武力干渉をし得る国であり、また政体選択においても日本を説得させて、その障害を排除する必要があったからであった。このように、袁と日本も政体選択等をめぐり二重的な外交を展開したのである。

　政体問題をめぐる南北和議は、1911 年末に一時決裂したが、共和制の南京臨時政府の樹立に拍車をかけた。孫文を臨時大統領とする南京臨時政府の樹立は、袁に対し一面には脅威であり、一面においてはこれを利用して清帝の退位を迫る有利なものでもあった。袁はこの有利な面を利用して先ず清帝を退位させ、またこの退位を利用して孫文の臨時大総統の地位を乗っ取り、南京臨時政府の解散を要求した。孫文も清帝の退位を条件に、袁のこの要求に応ずる態度を示した。このように、袁と孫は清帝を退位させる共同目的のため、梁士詒・唐紹儀と伍廷芳のルートを通じ、秘に交渉し、妥協し始めた。

　昨年末の南北和議は政体問題が中心であったが、今度の内部交渉は清帝退位の問題が中心になり、これによって政体問題を解決しようとした。これは、南北最大の共通点を共に追求して、政体問題の解決に迫ろうとしたものである。この過程において、袁は一石二鳥を追求し、先ず清帝を退位させ、次に自分を中心とした新政権を建てようとした。孫文は袁を利用して清帝を退位させるため、共和制の堅持を条件に、袁に臨時大総統の位を譲渡しようとした。これは袁を中心とした袁・孫と南北の妥協であった。イギリスは裏においてこの妥協を支持したが、日本はこれに反対した。それは、日本公使館付武官が言ったように、「革命軍トノ妥協成レハ天下ハ袁ノモノ」になるからであった。日本は南北妥協の最大な障害物となり、またその妥協に実力で干渉し得る最大な存在でもあった。袁は一面日本を説得し、その干渉を排除しようと努力し、一面イギリスを利用して日本の干渉を牽制しようとした。

　このように秘に進行された袁と孫の妥協に対し、中国南北双方にはそれに反対する勢力が存在していた。北方では、鉄良・良弼らを中心とした皇族の中堅層が袁打倒の活動を展開し、そ

れを通じて南北妥協に反対した。南方では、急進的な革命党員
らが南北妥協に反対し、その矛先を反袁に向けた。南方におっ
た大陸浪人らも南北妥協に反対した。この南北勢力は妥協反対
では一致し、反袁においても一致していたが、最終目的である
政体問題においては対立し、対立した勢力が目的達成の手段に
おいて一時的に一致していたのである。だが、彼らの反袁活動、
特に南方の急進的革命党員の袁に対するテロ活動は、逆に袁を
柱石としていた清廷に脅威を与え、その滅亡に拍車をかけた。

　南京臨時政府の成立による政治的圧力、袁世凱の権謀術数、
袁に対するイギリスの支持、急進的革命党員のテロ活動、孫文
らの妥協策等諸要因の綜合的力関係により、2月12日清帝は退
位の詔書を発表し、清朝の滅亡と二千年にわたる中国封建制度
の終焉を宣告した。

　袁と孫、南と北は、清帝退位の共同目的を達したが、次期新
政権の創建をめぐりまた対立し始めた。孫文は袁が南下し、南
京臨時政府を基にして新政権を建てることを強調したが、袁は
北京を中心に北京で建てることを主張した。これは新政権の首
都選定の形式で現れたが、その本質は新政権の性格と行き成り
を決定することであった。孫文は袁が南下して臨時大総統に就
任するため種々の努力をしたが、袁はその対抗策として3月初
北京・天津一帯で兵士の騒動を術策し、北方の不安定を理由に
南下を拒否し、孫文も袁の北京での臨時大総統就任に同意しざ
るを得なかった。これにより、袁は即ち清皇帝退位後に成立し
た南北統一の北京政権を完全に掌握し、辛亥革命の成果を乗っ
取ったのである。

## 三、南京臨時政府期の中日外交

　1912年1月1日、南京臨時政府が創立した。南京臨時政府と

日本との関係は、革命勃発後の孫文の対日・対欧米外交から始
まった。革命勃発後、孫文は外国に滞在する条件を利用して、
対日・対欧米外交を展開した。この外交活動は辛亥革命に対す
る日本と欧米列強の態度を分析・判断した上で進行された。孫
文は、日本・ロシア・ドイツ三国は革命に反対し、アメリカ・
フランスは同情し、イギリスは未定である、と判断していた。
彼は、アメリカ、イギリス、フランスにおいて革命に対する不
干渉と中立を訴えながら、革命軍に対する支援を要望した。し
かし、これらの国は革命に対し特別な政府的態度は示さなかっ
たが、北の袁世凱に期待を寄せ、孫文と革命軍には一顧も与え
ようとしなかった。孫文のこの三つの国に対する期待は泡影に
なった。これは、その外交的判断が誤っていたことを示す。し
かし、孫文の欧米における外交活動が無意味なものではない。
一国の革命は、孤立して進行されるものではなく、国際的支援
が必要である。この国際的支援を誰よりも先に獲得しようとし
た孫文の努力は、評価すべきである。

　日本・ロシア・ドイツに対する孫文の判断は正確であった。
上述のように、日本は一時清朝に武器を提供し、清朝を支援し
て革命を鎮圧しようとし、一時出兵或るいは実力で干渉しよう
とした。ドイツも軍事的に清朝を支援した。ロシアも政治的に
日本と同様であった。しかし、孫文が一番脅威的国として警戒
していた国は、日本であった。武昌蜂起以来の日本の対応は、
孫文のこの警戒の正確さを立証する。その故に、孫文の欧米に
おける外交活動の一つの大きな目的は、欧米諸国を利用して日
本の出兵と実力干渉を事前に牽制しようとしたことである。ア
メリカにおける日本への渡航の要望は、直接日本の出兵・干渉
を阻み、それにより革命軍の士気を鼓舞しようとしたものであ
る。日本政府が孫文の公然的渡日を認めなかったとき、彼は断

然欧洲に渡り、イギリスと日本との同盟関係を利用し日本を牽
制し、フランスではフランスとロシアの同盟関係を利用してロ
シアと日本を牽制しようとした。孫文のこのような外交戦略は、
当時の国際関係から言えば、正しいものであった。イギリス・
フランスは、主観的には孫文のこのような要望に応じ、日本を
牽制しようとした考えはまったくなかったが、東アジアにおけ
る国際関係の分析から既に自主的に日本に対する牽制政策を
執っていた。故に、孫文とは、客観的に一致していた。これに
より、欧米列強と孫文は、不同な目的でありながらも、辛亥革
命において終始日本の出兵・干渉を牽制し、日本はそれを実現
することが出来なかった。これは、辛亥革命における外交活動
の一大成功であった。

　しかし、それほど日本を警戒していた孫文が、帰国後には、
日本への期待に転換し始めた。それには、二つの原因があった。
(1) は、宮崎滔天、山田純三郎ら民間人との接触により、日本
が出兵・干渉不能である情況を知り、その対日認識と判断が転
換し、(2) に欧米においてなんらかの支援も得られなかったた
め、このような日本にも頼らざるを得なかったのである。この
二つの原因において、前者は前提であり、後者は客観的環境で
あった。

　このような転換は、国内で官軍との戦いを指揮していた黄興
の方が先であった。辛亥革命は反帝的スローガンを掲げていな
かったが、外国借款による鉄道国有化に反対する保路運動から
勃発したことから、革命初期に列強の中立・不干渉は求めてい
たが、列強に頼り、列強からの支援を要望する兆しはなかった。
それが日本の支援に期待するように転換し始めたのは 11 月末
漢陽における革命軍の敗北であった。黄興は、この敗北の原因
は、(1) は官軍に対するドイツの軍事的支援、(2) は革命軍の

武器の不良にあると思い、戦闘に参加していた大陸浪人と現役・預備役の日本軍人らを通し、日本の援助を要望したのである。黄興は帰国した孫文に対日接近を説得し、孫文の対日態度の転換を促進した。

　孫文と黄興のこのような転換は戦略的転換であり、日本に対する根本的な認識の転換ではなかった。だが、この転換が南京臨時政府の対日外交と日本の対革命政権への政策に強い影響を及ぼした。

　1911年1月1日、孫文を大総統とする南京臨時政府が成立した。この政府は対外的に、清朝政府と列強が締結した既成条約の有効性を認め、中国における列強の既得権益を承認した。これは、この政府の不平等条約撤廃の理想と矛盾するものであるが、革命成功のため、列強の干渉を排除するため、新政権に対する彼らの承認を獲得するため、承認せざるを得ないことであった。この対外政策は革命の理想と原則から言えば、批判すべきものであるが、当時の力関係から見れば、適切な措置であったと言えよう。このような政策により、革命成功に対し最大の脅威であった日本と列強の武力的干渉を排除することが出来たことは、評価すべきである。

　新成立した南京臨時政府の外交課題は、日本と欧米列強の承認を獲得することであった。この承認は、国家に対する承認ではなく、新政府に対する承認である。それは、辛亥革命により、新政権が旧政権に交替し、中国の国際法上の主体資格にはなんらかの変化がなかったからである。孫文と南京臨時政府は、日本に最大な期待を寄せ、日本の率先的承認を要望し、そのため種々の経済的優遇条件を提供することを提案したが、日本は承認しようとしなかった。それには、種々の原因があった。国際法から新政権或いは新国家を承認するには、幾つかの条件が

あった。第一は、新政権が国際法と国際条約を遵守する意識と
能力があるかのことであるが、上述のように、南京政府は既に
その意識と能力を示していたため、この条件は具備していた。
第二は、有効的な支配原則であり、その領土内で実際的支配権
を確立し、その行政権を有効に行使し、国際法が規定した国家
の権利と義務を遂行しえる能力があるか否かのことであるが、
南京政府は主に南方において上述の諸条件を遂行しえるが、北
方にはまた清朝政府が存在し、この地域までにその支配が及ば
なかった。この条件から言えば、その承認は時期尚早であった
と言えよう。第三は、政権の穏定性である。新政権はその内部
がまだ不安定であるばかりでなく、南北和議により北方と妥協
しようとし、孫の大総統の地位も袁に譲渡しようとする状態で
あり、政権そのものの継続が不安定であった。故に、この条件
も完全に具備したとは言われない。この三つの条件は、国際法
的に分析したものであるが、それよりももっと重要なのは、政
治的に欧米列強が既に北の袁世凱に期待を寄せ、彼が南北を統
一した強力な政権を建立することを希望していたため、孫文の
政権を承認しようとしなかった。日本は、袁に疑心を抱き、彼
が中国に君臨することを好まなかったが、また孫文が中国を統
一・支配する能力を持った強人だとも思わず、それに欧米列強
との協調外交による牽制により、南京臨時政府を承認しようと
しなかった。日本は終始君主立憲の政体を主張したため、共和
制の南京政府を政体的にも承認しようとしなかった。このよう
な諸条件と原因により、日本と欧米列強は南京臨時政府に承認
を与えず、南京臨時政府もその承認を獲得することが出来な
かった。これは、南京臨時政府がその後袁の北京政権に交替さ
れる外交的一原因でもあった。
　日本の民間人と世論は、南京臨時政府を支援し、その承認を

国に求めた。これは政府の方針によるものでなく、個人或いは
団体の意思によるものであった。だが、これは主流になれず、
ただ日本政府・軍部と南京臨時政府間の非公式的関係のかけ橋
の役割を果たしただけであった。

　南京臨時政府と孫文の日本に対する第二の期待は武器と借款
の提供であった。孫文は武力による北伐を挙行して清王朝を打
倒するため、数十万人の軍隊を保有していた。この軍隊と新政
権の維持及び武器の購入には、多額の資金が必要であった。こ
のため、国内において種々の方法を工夫したけれども、その大
部分は日本から借款せざるを得なかった。借款の主要の目的は、
日本からの武器の購入であった。故に、ある意味においては、
武器と借款は一つの問題の両面であった。この問題において主
動的であったのは、孫文・黄興と南京臨時政府であった。彼ら
は、この借款を獲得するため、漢冶萍公司の中日合弁・蘇省鉄
道公司と招商局の抵当・満洲の租借・中日合弁の中央銀行創設
等により、合計 6000 万円前後の借款を日本に申し入れたが、得
たのは僅か 6〜700 万円であった。その原因は多様であったが、
第一は中国側企業の株主の抵抗と反対であった。辛亥革命はブ
ルジョア民主主義革命であり、中国のこれらの近代企業の発展
のためのものであった。孫文と南京臨時政府はこの革命の最終
勝利のために日本に借款しようとしたが、逆に彼らの抵抗と反
対を受けた。これにより、両者の矛盾と対立が激化した。この
ような現象は、借款問題だけではなく、日貨ボイコット等にお
いても発生した。このことから、孫文はブルジョア民主革命を
「ブルジョアジー」と対立しながら推進したとも言えよう。この
ような異常な現象はなぜ起こり、株主らはなぜ借款に抵抗・反
対しただろうか。第一に、長期的利益と目前の短期的利益の衝
突であった。この借款は先ず武器購入等非生産性の政治的借款

であり、企業発展のための再生産に投入する借款ではなかった
ため、企業としては経済的に完全にマイナスになるだけでなく、
その経営の一部さえ日本に取られるのである。故に、企業は目
前の利益から、この借款に反対したのである。孫文と南京臨時
政府は逆に目前の緊急な問題を解決して最終的勝利を勝ち取る
ため、目前の利益を犠牲にし、国家主権の一部さえも犠牲にし
ざるを得ない覚悟で借款にとりかかった。これは所謂長期的利
益と短期的利益の衝突であった。第二に、これらの企業は近代
的企業ではあったが、そこには前近代的要素がまだ残っていた。
特に、その株主は政治的に保守的であった。故に、彼らは、一
時自分の利益を犠牲にしても革命のためにとの政治的自覚がな
かったばかりでなく、共和政治に反感し、君主立憲と袁世凱に
傾くものも少なくなかった。これは辛亥革命と孫文の革命運動
の階級的基盤の弱さを物語るものである。第三に、近代中国、
特に日清・日露戦争後の中国社会と歴史の流れは、日本の中国
に対する急進的侵略により、中国人は総体的に反日的であった。
孫文は、ある意味において、この歴史の流れに逆行していたと
言える。それは、孫文は日本の侵略による清朝と日本との矛盾
と対立を利用して、日本の力を借りて自分の政敵清朝を打倒し
ようとしたからである。故に、孫文の革命戦略と中国社会とそ
の歴史の流れとは現象的に対立していた。故に、中国社会の一
員であった株主らは日本に対する反感からもこの借款に反対し
たのである。このように国内における階級的基盤の弱さは、逆
に孫文の対外依存を強化した。それに第四に、日本側のこれら
の借款契約に対する条件が刻苛であり、平等互恵でなかった。
故に、株主らはそれに抵抗したのである。株主らの子のような
行動は、反日の点からは肯定すべきであり、企業の経済的運営
からは合理的であったが、この借款が得られなかったことが、

孫文と袁世凱が妥協する一原因になったのには、遺憾だと言わざるを得ない。

　日本は、南京臨時政府と孫文・黄興の武器・借款提供の要望に積極的に対応しようとした。日本は日本の民間人をかけ橋に、政府・外務省・軍部・民間企業が一体になって、この借款に応ずる姿勢を示し、その大部分の契約に署名した。日本は企業者だけがこの契約に署名し、軍部は武器を提供し、政府・外務省は政治・外交的にそれを指導・保障した。しかし、南京側は、孫文・黄興が直接中国企業者と共に署名し、その契約の執行を政治的に保障した。この相違は、日本は欧米列強の反対と牽制を避けるために署名せず、中国はこの借款の大部分が南京臨時政府の軍資金に提供され、また南方地方が政治的に不安定であったため、その保障と契約の承認を日本に表する署名をしなければならなかった。

　日本の南京臨時政府に対する借款は、中国に対する資本輸出であった。資本輸出は、独占資本の一特徴である。日本は日露戦争後から徐々にその重要を認識し、対中国資本輸出を重視した。それは、この時期中国における列強の争いは既に資本を手段として中国における経済的権益を拡大し、政治的発言力を強化する時代になっていたからであった。同時に、日本の中国に対する借款の強化は、日露戦争後日本資本主義が独占資本に転換し始めていたことを反映したものであった。

　日本のこの借款は、実利を目指すリアリズム的なものであったが、政体問題に対する日本の外交はイデオロギ的であった。この矛盾したものが同時に日本の対中国外交に混雑・共存したことは、この時期の日本外交政策の一特徴であった。これには、南方の共和制に主義的に反対しながらも、また南方の革命の勢力を借款によって扶植して、北方の袁と対立する或いはそれを

牽制しえる自分の勢力を養成しようとした狙いもあった。

　日本と中国のこの借款交渉は、国際的に欧米列強の猛烈な反対と牽制を受けた。これは、日本と欧米列強の中国における権益の争奪戦でもあった。このような相互争奪は辛亥革命期に暗に存在していたが、このように公然と暴発したのは、彼らの帝国主義的本質によるものではあるが、12月下旬政体問題においてイギリスが先ず日本との協調一致の外交を変え、単独に共和政体への賛成に転換し始めたため、政体問題において受動的であった日本は、借款問題においてイギリスとの協調を避け、単独行動をとってその外交的主導権を確立し、イギリス勢力圏内において日本の権益を拡大しようとした。しかし、イギリスは、中国側企業の借款に対する抵抗と保守勢力を利用し、蘇省鉄道借款以外の借款を取り消すことに成功し、この争いにおいて、総体的には、イギリスが優勢的であったと言えよう。これにより、日本の中国南方に対する資本輸出も順調に進まなかった。

## 四、日本の満蒙政策の形成

　満蒙政策は、近代日本の対中国侵略において重要な地位を占めている。この「満」と「蒙」が結合して満蒙政策に形成されたのが、この辛亥革命期である。辛亥革命勃発初期の10月24日閣議において決定した対中国外交方針は、満洲における日本帝国の地位を確定し、満洲問題の根本的解決をなすと規定し、蒙古に関しては言及していなかったが、対蒙古政策が展開し始めたのは12月下旬と翌年の1月のことであった。この時点において「対満」と「対蒙」政策が結合し始め、対満蒙政策に発展していったのである。

　日本の対満政策が、対満蒙政策に発展するのは、中国侵略の欲望の必然的な結果であるが、この時期に形成されたのには、

国際的環境と条件があった。第一に、辛亥革命勃発後南方の各
省が清朝から独立する機にロシアの支持・支援の下で外蒙古の
王公らが叛乱を起こし、所謂外蒙古の独立を宣言し、ロシアは
その独立を承認し、外蒙を自分の保護国にした。ロシア勢力の
外蒙古への拡大とそれに伴う内蒙への伸張は、日本の内蒙古に
対する浸透に拍車をかけた。(2) に、中国南北と袁世凱・孫文
の妥協により、清帝が退位し清朝が崩壊したことは、日本とロ
シアに満蒙における利権と勢力圏を拡大するチャンスを与えた。
この客観的環境と日本の主観的欲望とが結合して、この満蒙政
策が形成されたのである。この形成がその後の満洲事変と内蒙
古を含む華北侵略に発展し、日中戦へと拡大されたのである。
この意味から、辛亥革命期の満蒙政策は日本の対中国侵略史に
おいて画期的な出来事であったと言える。

　この満蒙両政策を具体的に結合させたのは、第 1 回満蒙独立
運動と第 3 回日露協約である。第 1 回満蒙独立運動は、川島浪
波速ら大陸浪人と参謀本部派遣の高山公通大佐らが現地で清の
皇族粛親王と蒙古王公喀喇沁王貢桑諾尔布と巴林王らを利用し
て、満蒙に満族と蒙古族を中心とした所謂満蒙王朝を建てよう
としたものであり、裏では参謀本部と外務省が直接彼らを指揮
した。この運動の特徴は、大陸浪人・陸軍・外務省三者が一体
になっておこなったことであり、若しこの政権が建立されたと
したならば、これは満洲事変の生子である傀儡満洲国と同様な
ものであったと言える。この意味から、偽満洲国建国の原点は、
この独立運動にあったと言えよう。

　1912 年 7 月 8 日に締結された第 3 回日露協約は 1907 年と 1910
年の第 1 回と第 2 回日露協約の延長・拡大であり、東経 122 度
の西側即ち西満洲と北京を通ずる東経 116 度 27 分を分界織とし
て西満洲と内蒙古における日露両国の勢力範囲を分割したもの

である。これにより、西満洲と内蒙古東部が連結され、満蒙州として日本の勢力圏に統合されたのである。故に、この協約が満蒙政策の形成に重要な意義があるのである。

この協約は、日露両国が中国侵略における協力と争奪の二重外交の産物である。日露は満蒙侵略と言う共同目的のために互に協力し、また内蒙古の分割のために互に争奪した。協力と争奪は侵略と言う本質から出てくる二つの現象であり、その目的も共通であるが、内蒙古の東西分割線を画するに当り、双方は自分の勢力圏を拡大するために争奪し、またロシアの中国西北部における勢力圏を承認するか否かの問題において日本はロシアを強硬に牽制した。この牽制は争奪の一手段であり、争奪するためにまた相手を牽制するのであった。しかし、日露両国は争奪しながらまた分界問題においては互に譲歩・妥協した。この結果、東西内蒙古の分界線を日本側が主張した庫倫・張家口の街道から東の北京の経度線に移した。このような譲歩と妥協は協同侵略目的達成のため不可欠のものであり、これによって第3回日露協約が締結されたのである。

上述のように、満蒙政策は形成されたが、この時期日本の中心は依然満洲にあり、日露戦争後行き詰まった関東州と満鉄租借期間の延長並に南満における鉄道敷設権獲得等の諸問題を解決しようとした。内蒙古に対しては、勢力範囲を画したことにとどまり、具体的新権益を拡大するまでには至らなかった。それは、日本の国力に余裕がなかったからである。

この時期の日本の満洲政策において特異的なことは、孫文が日本に1000万円の借款を要望する機を利用して、日本は広大な満洲を租借或いは割譲しようとしたことである。この計画は最後に至り実現されなかったが、日本の満洲に対する欲望の大きさを示したものである。

　満鉄と関東州都督府は、満鉄所属地で活動する革命党員と南方から北上して来た北伐軍を利用して、満洲における日本の権益を拡大しようとしたが、日本内部の意見相違により、これも実現されなかった。

　1912 年 1 月、山県有朋を中心とする陸軍は、二個師団の兵力を満洲に派遣して、南満洲を占領しようとしたが、これも内外の反対により実現されなかった。

　辛亥革命期日本は、上述のように満蒙独立運動・西満蒙と内蒙古の勢力圏の分割・満洲租借・満洲出兵等多様な手段と方法をとって満蒙政策を実現しようとした。この多様さは、当時の日本の対満政策には統一した綿密な計画がなく、何が出来そうであれば何をするとの実利的なものであったことを示す。これは、日露戦争後の新満蒙政策模索過程に起こる現象であり、過渡期の政策であったことを示す。

　日本のこの満蒙政策も、日本と欧米列強間の二重的外交関係の中で展開された。欧米列強は中国に対する侵略と言う共同目的のため、日露の満蒙勢力圏の分割に支持と同情を示した。それは満蒙は日露両国の元の勢力圏の延長と拡大であり、それが直接他の列強の中国における既成権益を脅かすものでなかった。また、この時イギリスはチベットにフランスは雲南・広西方面に勢力圏を拡大していたため、互に同様なことをやり、互に協調しえたのである。だが、満洲出兵問題においては、ロシアを含む欧米列強は猛烈に反対した。日本は軍国主義国家として、出兵或いは実力による干渉を主張していた故に、欧米列強は終始日本のこの行動に警戒心を抱き、日本を監視した。日本の満洲への出兵説が外部に洩れた時、軍事的に財政的に清朝を支援したドイツさえも他の列強と共に反対した。欧米列強の反対は日本の出兵説に対する牽制の形式で現れたが、その本質は中国

における互の争奪であった。それは、この出兵・干渉が満洲に限るものでなく、中国政局に対する日本の軍事的・政治的発言権を強化することになるからである。列強のこの反対は日本陸軍が満洲に出兵出来なかった対外的原因であった。

## 五、北京政府期の中日外交

　清皇帝退位と清朝崩壊後、南北と孫袁の妥協により、袁世凱が臨時大総統に就任し、北京政府が新政権として成立した。この政府は南京臨時政府の継続として成立し、共和制の伝統を継承すべきであったが、実際には袁を中心とした北洋軍閥の政権になった。

　北京政府をめぐる中日外交は、南京臨時政府と対称的であった。それは、北京政府も南京臨時政府と同様に、承認と借款問題がその外交の焦点になっていたからである。

　北京政府の承認は、南京臨時政府と同様に、国際法的に新国家承認の問題でなく、新政府承認の問題であった。北京政府は形式的に南京臨時政府の継続として発足したが、この政権が南北を統一したことと、袁が清朝の内閣総理大臣から臨時大総統に転じたこと等により、自然的に中国の国家主体の資格を継承することになった。故に、この政権の成立と共に、日本と列強の承認問題が中日外交の主な課題になった。しかし、この承認問題には、南京の場合と異なる幾つかの特徴があった。(1) は、南京の場合には、孫文と外交総長が主動的に、積極的に、日本と列強に承認を求めていたが、北京政府の場合は、政府の交替による外交機関と外交使節の名称等の変更に関する手続だけを取り、承認の問題を提出しなかった。(2) に、それにもかかわらず、日本と欧米列強が主動的に北京政府承認問題を取り上げた。(3) に、南京臨時政府と孫文は、日本の率先的承認を要望

したのに対し、日本は逆に率先的に北京政府の承認を取りあげた。この三つの点は、北京と南京が対照的であった。

しかし、北京と南京の承認問題において共通点もあった。それは、日本と列強が中国と締結した不平等条約とこれに基づく列強の中国における既得権益の承認問題であった。この承認は政府承認の前提であり、条件でもあった。この問題において、相対的に、南京と孫文が主動的であり、鮮明であり、また孫文は承認獲得のため新権益をも提供することを提案したが、北京と袁の場合は既に締結した不平等条約の承認を表明したことにとどまり、新権益の提供は表明しなかった。

北京政府承認問題において目立つのは、日本がこの問題のイニシアチブを掌握したことである。日本は袁に対する疑心と袁の警戒及び君主立憲制の堅持等により、元の袁内閣との関係が大変不調であり、その外交も非常に受動的であり、ある意味においては、孤立化されたとも言える。日本はこのような外交態勢から脱出するため、またこの承認問題を通じ袁と北京政府との関係を改善するために、率先的に北京政府承認問題を欧米列強に提案したのである。欧米列強はこれに賛成し、日本は北京政府に提出すべき前提条件即ち不平等条約と既成権益の全面的承認等の条件を制定した。これは、この問題における日本と欧米列強の対中国侵略の共同目的と利益から協同的外交行動をとったことを示す。しかし、日本と欧米列強はまた中国において互に競争・争奪するライバルであったため、承認問題をめぐり特にロシアと対立するようになった。ロシアは外蒙と内蒙における新権益をも承認の条件に付け加えるよう要求した。日本はこの時ロシアと第3回日露協の外交交渉を開始し、ロシアと内蒙古を争奪していたが、このような新要求により、他の列強も中国に対する新権益承認を提出する恐れがあったため、日本

はこれに反対した。

　しかし、一時急ピッチに進行した北京政府承認問題が、今の年の夏棚上げされた。それは、この時期列強の北京政府に提供する借款使用に関する列強側の直接的督監とこれによる中国政治・経済・軍事等内政に対する直接的干渉に対し、北京政府と袁世凱が対抗し、その要求を拒否しようとしたからである。これは、中国における日本と欧米列強の特権を拒否しようとしたものである。故に、日本と欧米列強は承認問題を棚上げすることによって、北京政府に外交的圧力を加えたのである。

　北京政府も南京臨時政府と同様にその財政破綻に瀕していた。それに、辛亥革命期に膨張した100万の軍隊中50万人を復員するには、また巨額の金が必要であった。このため、北京政府も南京政府と同様に、イギリスから4カ国銀行団に6,000万ポンドの借款を要求した。イギリスは袁出馬した時から袁内閣支持のため借款を提供しようとしたが、その権益所在の南方が革命軍の管轄にあったため、革命軍と対立している袁内閣に借款を提供するのを自制していた。しかし、南北統一の北京政権が成立した後,イギリスら4カ国銀行団は、袁の北京政府を支援するため所謂改革借款＝善後借款を提供することを決定した。この借款を南京臨時政府の借款と比較した場合、幾つかの特徴があった。（1）は、南京は実業の名義で借款したのに対し、この借款は公然とその政治性を表し、政治的・軍事的・財政的監督権を提供の条件として付け加えたこと、（2）に南京は日本だけに借款したが、この借款は6カ国に及ぶ多数国の借款であった。このような相違は、北京と南京政府が中国国内と列強の対中国政策における地位と重要性の相違から発生する現象である。

　この借款の提供にあたり、6カ国銀行団は北京政府に借款使用に対する直接的監督権を要求し、これにより北京政府の政

治・経済及び軍事を監督し、その内政に干渉しようとした。こ
れは欧米列強が袁と北京政権を支持したその目的が、中国に君
臨するこの人物とこの政権を自分の手下に押え、中国における
権益と発言権を強化しようとしたことを示す。これにより、辛
亥革命勃発以来イギリスら欧米列強が袁を支持したその目的と
本質が明らかになり、袁と北京政府もこれに抵抗し始めた。こ
の監督問題は、国家主権に関する重大な大問題であったため、
袁と北京政府も出来得る限りの外交努力をし、それに抵抗した。
この支持と抵抗は、袁とイギリスら欧米列強との外交関係も二
重的であったことを示す。しかし、両者は譲歩と妥協によりこ
の二重関係のバランスをとった。その結果、1913 年 4 月 2,500
万ポンドの借款契約が成立し、この借款の使用に関しては、北
京政府が形式上その主権を確保しながら、実際的には銀行団が
それに監督・干渉する権利を獲得したのである。これには、第
二革命の勃発を目前にした両者の政治的妥協の必要性もあった
が、根本的には強者と弱者間の力関係、即ち半植民地国家中国
と宗主国日本と欧米列強の力関係から出てくる必然的現象で
あった。

　北京政府に対するこの借款をめぐり、日露と欧米列強は中国
侵略という共同目的のため互に協力しながら、また中国におけ
る権益の争奪のため互に争いあった。これも列強間の二重的外
交関係である。1910 年銀行団成立の時、日露がこれに参加しな
かったのも満洲における日露の特殊権益を認めるか否かの争い
により、日露はその参加を拒否したが、この時期に善後借款と
銀行団に参加するか否かの問題においても依然とこの問題がま
た問われ、これにまた内蒙の問題が付け加えられた。日本は南
京臨時政府に対する借款に重点をおいていたため、北京政府に
対する借款に立後れていた。しかし、北京政府に対する発言権

を強化し、袁との関係を改善し、北京政府に対する受動的外交
態勢を転換させるために、この政治借款に対し積極的な態度を
とり、3月中旬先ず借款に参加し、6月にロシアと共に銀行団
に参加した。ロシアはこの参加問題において日本より消極的で
あった。それは、北京政府に借款を提供するのはこの政府を承
認することだと見なし、政府承認前に満蒙における日露の特殊
権益を承認させるべきであり、また借款と銀行団に参加する条
件としてこれに対する欧米列強の承認を得べきだと主張してい
たからであった。これは、日露共同の要求であったが、ロシア
が日本より一層強力にこれを主張し、参加に消極的であったの
は、ロシアが蒙古において日本の三倍に当る地域をその勢力範
囲におき、その権益が日本より大きかったからである。だが、
日露は共に欧米4カ国にこの特殊権益の承認を認め、欧米4カ
国も最後にこれを認めざるを得なかった。これにより4カ国銀
行団が6カ国銀行団に発展したが、その内部の争いは絶え間な
かった。金融帝国であったフランスは監督のポストの分割に不
満をもちドイツと連合してイギリス・アメリカに対抗し、アメ
リカは監督条件に異議を唱え 1913 年3月銀行団から脱退し、
6ヶ国銀行団はまた5カ国になった。アメリカは中国において
他の列強よりも権益が少ない国であったため、監督と既得権益
の保障などをそれほど強調しなかった。脱退したアメリカは、
逆に北京政府承認問題においてイニシアチブを執り、1913 年4
月率先して承認を与えた。

　この借款交渉において、日本は特異的な二重的役割を果たし
た。二重とは、銀行団の一員として交渉に参加しながらも、ま
た北京政府と銀行団の交渉において居中調停の役割を果したこ
とを指す。日本は、上述のように、中国に対する共同目的達成
のため他の列強と協同一致の行動をとりながらも、また銀行団

に後に参加し、それに銀行団の主役がイギリス・フランスであったため、監督権をめぐる北京政府との対抗においてイギリス・フランスと北京政府の矛盾と対立が激化し、日本と北京政府との対立は、相対的に、緩和されていた。故に、日本は居中に立って北京政府に対する支持と監督この矛盾した両面のバランスを取りながら、双方が譲歩・妥協するように斡旋したのである。これは、日本と欧米列強及び北京政府との関係が二重的であったから起こる現象で、日本と北京政府と袁との関係を一時的に改善するのに役立ったと思う。

　1912 年 11 月、ロシアは中国から分裂した所謂大蒙古国と露蒙協約を締結し、この協約をめぐり北京政府とロシアが 1 年間の交渉を経て、1913 年 11 月に中露共同宣言書を発表した。協約は、外蒙を所謂独立国家の名目でロシアの保護国にしたが、北京政府はそれを認めず、共同宣言においてロシアは名義上北京政府の外蒙における主権を認めたものの、北京政府はその代価として外蒙古におけるロシアの特殊利益を認め、ロシアはこの特殊権益を内蒙古まで拡大しようとした。しかし、北京政府とロシアとのこの外交交渉は日本にまで波及し、日・露・中三国がこの問題をめぐり二重的外交を展開した。日露両国は、内蒙古に対する浸透の共同的目的から協力して北京政府に対応しながら、また内蒙古をめぐり互いに争い、それにより矛盾と対立が発生した。北京政府はこの対立を利用してロシアを牽制しようとし、日本はロシアと北京政府の矛盾を利用してロシアの南下を牽制しようとした。日本は北京政府を支援してロシアと対抗すべきか、それともロシアと協調すべきかの二つの選択に迫られたが、伊集院公使は前者を強調し、内田外相は後者の方を強調し、外務省と出先機関の意見が一致しなかった。しかし、日本の対満蒙政策の重点が満洲にあり、蒙古において日本はロ

シアと争奪しながらも、ロシアと決裂するまでには至らなかっ
たため、中国と連合してロシアに対抗しようとしなかった。

# むすび

　辛亥革命における中日外交と欧米列強の外交は、自己の政治
的・経済的・軍事的目的達成のために活発に展開された。対立
する中国南北の勢力は、中国国内における自己の目的遂行のた
めに、日本と欧米列強は中国における政治的・経済的・軍事的
権益の維持と拡大のために、互に二重的な複雑な外交活動を展
開した。この外交において、中国国内においては北の袁世凱が
一時的に成功し、列強においては主にイギリスが予期の目的を
達し、日本と孫文はかなりの外交的努力をしたが、それほど成
果を収めることが出来なかった。これは日本と孫文が中国国内
或いは国際関係における地位と力が欧米列強と袁世凱より低く、
また弱かったからである。

　辛亥革命は、日本の明治維新と同様に、前近代社会から近代
社会に転換する変革である。日本は、絶対王政或いは立憲君主
制でこの転換を遂行したが、中国は形式的に共和制で遂行しよ
うとした。この両変革をめぐる国際環境には共通した点があり
ながらも、辛亥革命は明治維新よりより一層複雑な国際関係の
中で遂行され、またこの国際関係の直接的・間接的干渉と影響
を受けたのである。これには、両変革に40余年という時代の差
もあるが、日本と中国がアジアにおける地位と欧米列強の対ア
ジア外交における位置付けが異なっていたからである。

（日本愛知大学国際問題研究所≪紀要≫第 97 号 1992 年 9 月）

# 第二革命と護国戦争期の中日外交史論

　1912 年 4 月、南北と袁・孫の妥協により袁世凱が大総統に就任し、北京政府が成立した。

　中國社会は一時的安定の時期を迎え、孫文も政治のことは袁に委ね、中国の産業振興と鉄道建設のための資金調達と外国の技術導入のため、1913 年 2、3 月貴賓として日本を訪問したが、袁は 3 月から南方革命勢力の鎮圧に乗り出し、7 月第二革命が勃発し、南北と袁・孫がまた分裂し対立する時期が始まった。これに、1914 年 8 月の第一次大戦の勃発により、日本は中国の膠州湾と山東鉄道を占拠し、中国に 21 箇条の要求を提出、中国における日本の覇権的地位を確立しようとした。このような中華民族の危機の時に、袁世凱は辛亥革命が建てた共和制の国家体制を破壊し、所謂洪憲帝制を復回し、自分が皇帝になった。この帝制と帝制を復回させた袁世凱に反対し、孫文の革命党は第三革命を、西南諸省と進歩党の梁啓超らは護国戦争を発動し、帝制を打破し共和制を回復し、袁を中国政治舞台から排除した。このようにこの 3 年間は分裂・対立・復辟が連続した時期であり、この時期は辛亥革命における帝制と共和制の闘争が延長し、連続して袁の帝制と反帝制・反袁の共和制が再度対立して共和制を確保した時期であった。それに、日本が第一次大戦を機に中国に対する侵略を積極的に推進した時期でもあった。

　　本稿は、この時期の諸歴史事件をめぐる中日外交を考究する
と共に、この外交をめぐる欧米列強との国際関係を中国·日本·
欧米列強の三角二重の外交論で検討することにする。

## 一、孫文の訪日と中日外交

　　袁世凱と北京政府が善後大借款と蒙露協定等政治·外交問題
に対する対応に没頭している時、孫文は袁とは対照的に、産業
振興·鉄道建設等経済問題を取り上げ、これによって中国の政
治·外交·軍事等諸問題を根本的に解決しようとした。これを
遂行するには、外国の資本と技術及び経営法を導入するが必要
であった。このため孫文は、対外開放政策を打ち出し、外国の
資本と技術を積極的に取り入れようとして、中国において外国
人との合併企業或いは外国人の単独企業等を建設することを訴
えた。孫文はこの対外開放政策の必要性を各界に説明し納得さ
せるため、近隣である日本が明治維新後門戸を開放し、外債を
導入して産業を発達させた経験を紹介し、日本に学ぶことを主
張した。このため、孫文は6月から訪日の意を表し、10月には、
11月に2、3週間日本を訪問したい要望を明確に提出した。

　　孫文の訪日の要望は、日本に新しい対孫政策の選択を迫った。
孫文の訪日は単なる孫文個人に対する問題では、日本の対中国、
対袁政策と対欧米外交に係わることであった。それは、孫文自
身が中国と国際的政治舞台において孤立的な存在でなく、北の
袁世凱及びその背後のイギリスと対照的な存在であり、蒙古問
題をめぐる袁·露·日三者の関係にも影響を及ぼす政治的人物
であったからである。故に、外務省とその出先機関は慎重にこ
の問題に対応した。しかし外務省と出先機関の意見は一致しな
かった。上海総領事有吉明は、孫文を鉄道視察の名義で招き、
相当の待遇を与えるよう建言した。これは、孫文の鉄道建設計

画なるものは空想であるが、彼が日本に依頼しようとする時、中国政治舞台における一勢力である彼と日本の将来のために一定の連絡を持続しておくことは、日本にとって好ましいことだと思っていたからであった。しかし有吉は首相・外相・陸海相ら国家要人に面会させるのは避けた方がよいと上申した。７月中国駐在公使に就任する予定であった山座円次郎も有吉に同感し、それに来春孫が欧米諸国に赴かんとすることに対する対応策とし、孫文の訪日を受け入れ、民間人をして孫文に相当の待遇を与え、首相ら要人は非公式に面会すれば如何がと建白した。これに対し、牧野外相は矛盾した二重的対策をとった。牧野は、一面南部中国における日本の鉄道敷設権獲得のため，孫文が来日して鉄道敷設を視察することに応ずる意を持ちながらも、また一面においては孫文の来日による袁とイギリス・ロシアとの協調関係を考慮し、来日後首相ら国家要人との面会を避ける方針を決定した。これは一石二鳥の政策であったが、孫文に対しては冷淡なものであった。この冷淡な接待が、逆に孫文にショックを与え、孫日関係に悪影響を及ぼす可能性があった。日本政府・外務省は，この逆効果を考慮し、孫文の訪日を阻止或いは延期させようとした。外務省は山座を上海に派遣し、民間人としては秋山定輔を派遣して、孫文に訪日延期の理由を説明し、孫訪日の要望は一次挫折した。この挫折は，孫文の訪日目的と西園寺内閣の対袁・対列強の協調外交の矛盾の産物であった。

　しかし，孫文は翌年の２月14日から３月23日まで貴賓として日本を訪問した。訪日中、孫文は日本朝野の熱烈な歓迎を受け、日本の元老・内閣総理大臣・閣僚・軍部の要人・財界の代表人物らと面会し、軍事施設・企業等を視察した。孫文はまた過去彼の革命を支援してくれた友人らと旧交を温めた。この訪問を通じ孫日関係は、最高潮に達した。孫文はその30年の革命

生涯において 15 年間に居留していたが、貴賓として外国を正式に訪問したのは、この 38 日間だけであり、その国がまた日本であった。それに外国の国家要人と会見・会談したのも、今回が初めてのことであった。この意義から、，孫文の訪日は、その革命生涯において画期的な出来ごとであった。

　このよな孫文の訪日を決定したのは 1912 年 12 月西園寺内閣に交替した第三次桂太郎内閣であった。これは、桂太郎の政治的決断によって実現されたのである。桂は鋭い洞察力と臨機応変の才覚をもった軍人政治家であった。桂は、日露戦争後東アジアにおいては日英同盟が変容し始めたことと、欧洲においてはドイツの勃興によりドイツとイギリスの対立が激化しつつあること等を敏感に洞察し、中国と東アジアにおける日本の単独行動を牽制する日英同盟を新しい日独同盟に切り替え、日独連合してイギリスに対抗しようとした。これは、日本の外交が従来の日英協調から日英対立に転換しつつあることを意味した。同時に桂は、過去の日本の対袁・対孫政策を連孫反袁の政策に転換させようとした。桂は中国において孫一派を支援し、将来袁を排除しようとした。当時袁を裏で支援していたのはイギリスであり、イギリスが袁の牛耳を執っていた。桂の反英は、ある意味においては、反袁のためでもあるから、反英と反袁には内在的関係があった。桂は中国において孫と連合してこの 2 つの課題を成し遂げようとした。これは、目前に成し遂げる外交課題と言うよりも、長期的な課題として提出したものであった。

　桂は、この外交課題遂行のため、孫文を招請し、孫文を貴賓として迎えようとした。桂のこの決断により、西園寺内閣時代に孫文訪日の要望が一次挫折させられた原因が一掃され、その訪日が実現されたのである。この実現は、孫文の訪日目的と桂内閣の対袁・対英政策が協調から対抗へと転換し始めた産物で

あった。

　桂の孫文招請のこのような目的は、彼と孫文との会談で具現された。この政治会談は孫文訪日の第一の成果である。孫・桂は2回或いは3回15～16時間の会談をした。この会談において両人は、(1) 日英同盟を日独同盟に切り換え、将来イギリスと戦い、その覇権を打破する、(2) 日独同盟を中心としてロ・中・独・墺の同盟を結成し、印度問題を解決して、有色人種の蘇生を図る、(3) 袁は孫の敵である、だが、今直ちに事を構えるのは百害あって一利なし、(4) 目前孫は全力をあげて鉄道幹線を建設し、それを完成すれば再起して政権を取るべきであり、桂は全力をあげて孫を支援する、等を話し合い、またこれを約束した。この会談に対して、当事者であった戴季陶・宮崎滔天・胡漢民・長島隆二（桂の婿）らは、皆高い評価を与え、その実現に期待を寄せていた。

　国際政治において、最終目的が異なり対する両国或いは両集団が、一時的に共通目的のために連合することがある。孫・桂会談も正にこのようなものであった。一人は日本帝国の軍閥の首領、一人は民国を開いた革命の領袖、一方は日本軍国主義の権化、他方は三民主義の指導者、この対極的な両人がこれほど腹蔵なく意見を交換した一致点は何であったか。それは、孫文＝中国と桂＝日本が連合してイギリスと袁世凱に対抗することであった。

　しかし、この時の桂は既に大正政変の嵐により首相の座を去ったところであり、同年10月逝去した。これにより両人の約束は日本の対孫政策に直接的影響を及ぼすことが出来ず、歴史の遺跡になった。しかし、その後の日本の対袁政策及び孫文の対日認識と連独の国際観に影響を及ぼした。

　孫文訪日の第二の成果は中日合弁の金融機関である中日興業

株式会社の成立であった。孫文は中国における産業振興と鉄道建設のためこの会社を建てようとしたが、日本は投資と借款により中国における政治的発言力と経済的権益を拡大しようとした。この会社の設立交渉で最大の焦点になったのは、どの国の法律に基づいて設立し運営するかということであった。孫文は、中国の法律に基づいて設立することを主張したが、中国側が出資すべき半分の資金を日本から借款する形式で解決したため、日本の資本が絶対的になり、最後に取り敢えず日本の法律に基づいて設立することに賛成せざるを得なかった。この会社は、宋教仁暗殺事件による袁・孫の対立と第二革命が勃発した8月に成立した。孫はこの会社から討袁の資金を調達しようとしたが、日本はこれに応じようとしなかった。日本側は、逆に第二革命に失敗して日本に亡命した孫文ら一派をこの会社から排斥し、袁一派を引き入れ、1914年4月袁と合弁した中国実業株式会社にその名称を換えた。これにより中国側は孫から袁へと交替したが、日本側にはいささかの変更もなかった。中日興業株式会社から中国実業株式会社への変更において、日本の中国における政治的発言権と経済的権益を拡大しようとしたその目的は終始変化しなかった。これは、日本の所謂対孫・対袁政策の根本が日本の国益にあったことを物語る。同時に、中国における合弁会社が日本の法律に基づいて成立したことは、この会社の植民地的不平等性を示すものであった。

　訪日中の孫文の対日言論と意識は大きく「変化」した。訪日前の孫文の対日意識は、二元的であった。孫文は各地で中国の産業振興と鉄道建設を訴える時に、明治維新以来日本の対外開放政策と産業の近代化を賞揚すると共に、日本の中国と朝鮮に対する侵略を暴いた。これは、対内的には近代国家を建設し、対外的には帝国主義国家として近隣諸国を侵略した日本の二重

的国家構造を正確に認識したものであった。しかし、訪日中の孫文の対日意識と言論は、日本が中国を侵略するか否かの問題をめぐり「変化」があった。孫文は、日本は中国を絶対に侵略しない、過去に侵略したのは已むを得ざるものであると述べながら、日本は東アジアにおいて平和を維持し得る力を有している唯一の国であるとして、その国際的地位を高く評価し、また日本が中国革命運動に与えた影響をも高く評価した。同時に、感情的にも日本に対する親近感を表した。

　対日意識の「変化」は、対日期待とも密接な関係があった。対日期待は対日意識を変化させ、対日意識の変化は対日期待を一層大きく膨らませた。孫文は、日本に中国の不平等条約の撤廃に対する協力を希望し、日本との政治的・外交的連合と経済的提携を要望した。帰国後の孫文は、袁世凱と北京政府にこのような連合と提携を呼びかけた。しかし、日本を警戒していた袁とその政府は、これに応じようとしなかった。

　では、このような「変化」はなぜ起こったのであろうか。第一は、日本帝国の貴賓として正式に訪日したという特定の歴史的条件である。外交場面における言論は、外交の儀礼と外交の要求に沿って発することが多く、それが皆その国に対する本音の認識を表したものとは言えない。これは国際外交の儀礼として、常識的なことである。孫文も貴賓として訪問した日本を外交上の礼儀によって賛美するのは、この外交儀礼に適したものだと言えよう。第二に、孫文は中国の産業振興と鉄道建設及びイギリス・ロシアに対応するため、日本との政治的連合と経済的提携を要望した。孫文の対日言論は、日本に対する期待が大きければ大きいほど、比例的に賛美的であり、失望すればするほど対日批判が厳しいのである。貴賓として訪日した孫文の対日期待は、孫日関係において最高点に達し、日本に対する賛美

も頂点に達していたのである。政治家は理想と原則・倫理と哲学の持主でありながら、また政局と政治環境の変化に伴い臨時応変の政策を執る。このためその政策がその理想・倫理と矛盾することもあるのである。故に、訪日中の孫文の対日言論を分析する時は、それを絶対化するのではなく、その時期・場所・条件・環境等を念頭におきながら、なすべきである。

　しかし、孫文は訪日中においても日本の対中国侵略を忘れていたのではない。日本と欧米列強の対中国侵略の産物である不平等条約撤廃にする日本への協力要求と、帰国の途に就いて長崎における最後の演説で述べた「中国の将来において、中国の死命を制することの出来るのは必ず日本であり、私はこれを完全に確信する」と言った言葉は、これを立証する。これは、将来中国に対する最大の脅威国が日本であることを指摘したものである。孫文は、このような強敵日本と対抗するには、実力と軍事的対抗によるのではなく、外交的手段による政治的連合と経済的携帯でその侵略を阻止しようとしたようである。訪日中の対日言論もこの目的達成のための一術策であったと言えよう。

　上述の諸原因により、孫文の対日言論と意識は「変化」したが、1917年特に19年からは、また日本を過去以上に激烈に批判し、その侵略主義を暴いている。これは、訪日中の言論と意識は一時的なものであったことを示し、貴賓としての訪日の特定環境の下での「変化」であったことを物語り、それが孫文の対日意識の本音ではなかったことを説明している。変化の中で不変のものは、事物の本質である。訪日前後の不変の孫文の対日意識は、その対日意識の本質的なものであり、一時的「変化」は、外交的策術であったと言えよう。

## 二、第二革命期の中日外交

　孫文帰国後の中国情勢は、袁らの宋教仁暗殺により急激に変化し、袁・孫の妥協による一時的統一は破壊され、南北分裂と袁・孫対立の時期に突入した。これにより、日本は統一した中国への対応から公然と分裂し南北に対立した袁・孫への新しい対応に迫られた。日本の対孫政策は大きく変化し始め、孫文が訪日中に約束した日本との政治的連合と経済的提携も泡沫のように消え去った。孫文は自分の政敵袁を北京政府の大総統の座から排除するため、時局の変化に伴い、種々の期待を日本に提出し、日本の支援を要望した。この要望と期待は、自分一派に対する信用と袁を排除する方法の変化に伴って変化した。袁は、これとは逆に、日本の対孫支援を阻止しようとしながら、5ヵ国銀行団が提供した善後借款を政治的・財政的バックとし、軍事的手段により孫文の革命勢力を制圧しようとした。これに対し日本は、欧米列強と共に、南北の軍事的衝突を避け、中国の現状を維持する政策を執った。現状維持は、中国南北に対する袁の支配を確保しようとしたものであり、客観的には、袁に有利なものであったが、これにより南北の孫ら革命勢力を弾圧しようとしたものではなかった。日本は現状維持のため、南北と袁・孫に対し中立不偏の方針を執り、袁・孫に融和・妥協と軍事的衝突を避けるよう再三勧告した。それは、南北の軍事衝突が辛亥革命のように日本の国益である対中国貿易に巨大な損害を与えるからであった。このような勧告は、客観的には日本が好感を抱いていなかった袁政権の擁護につながり、日本と袁との関係改善に有用なものではあったが、孫文ら革命勢力に対する悪意的なものではなかったし、ある意味においては、南方の革命勢力を維持・保存するのにも有利な点があったと言えよう。

　それは、南北の軍事力の比較から、南方の革命勢力が北方の袁
軍と戦って勝利する可能性が少なかったからである。

　この時期日本は、財政的に、5ヵ国銀行団の一員として、袁の
北京政府に2500ポンドの善後借款を提供したが、孫文らとは中
国興業株式会社の成立に踏み切った。これは観客的に、孫らに
も有利なものであった。孫文も善後借款に対抗する一措置とし
て、この会社の成立に積極的であった。この時期、日本の民間
世論は、政府の善後借款提供による援袁政策を非難し、孫文ら
南方革命派を支援することを訴えた。

　袁は南方革命勢力を制圧するため、6月9日孫一派に属する
江西省都督李烈鈞を罷免し、14日に広東省都督胡漢民を罷免し
た。これにより南北対立は一触即発の状態になった。この時、
江西の李烈鈞軍には、十数名の日本の予備役・現役軍人が個人
の意志により加担して活躍し、李烈鈞の行動に便宜を提供した。
李自身も日本側に、一時渡日しようとする意を申し入れた。こ
れは、袁と欧米列強に、日本が李と革命勢力を「支援」して事件
を挑発する印象を与えた。彼らはその牽制策に乗り出した。日
本政府・外務省は、この誤解を解除するため懸命であったが、
袁と欧米列強はこれを信じなかった。

　孫文は、議会による袁の弾劾から軍事的討袁へ、軍事的討袁
からまた議会による袁の弾劾へと、その対袁政策を数回揺れ動
かせていたが、7月12日李烈鈞が江西省の独立を宣言したこと
を契機に、軍事的討袁に踏み切った。これにより、第二革命が
勃発した。日本政府はこの革命に対して初期は従来の所謂中立
不偏の方針をとり、在中国の出先機関と軍将校に事件に干与し
ないことを指示した。しかし、孫文らは日本に期待を寄せ、日
本が率先して袁に退譲の勧誘をすることを要請し、独立を宣言
した湖南省は軍資金調達のため日本側に借款の提供を要望し、

広東省は軍隊の北方への輸送に日本商船の提供を要望した。し
かし、日本はこれらの要望を皆拒否した。だが、袁と欧米列強
は依然として日本が南方革命勢力を使嗾して革命を挑発し、そ
の勢力を支援しているとして、日本に対し牽制策を講じた。こ
れは誤解によるものであった。

　国際関係において絶対的中立不偏はありえない。それは相対
的なものであり、戦況の変化に伴って変化するのである。7月
下旬、南北戦況は逆転し、南方の革命勢力に不利になり、最後
の勝負が目の前に見えるようになった。ここに至り、日本の中
立不偏方針も明確に袁に傾き始め、日本は袁軍の武器輸送に便
宜を提供し、8、9月には大砲等武器を袁軍に売り渡した。これ
は、第二革命の勝利者袁を支持して、中国における日本の利権
の拡大を図ろうとしたためであった。

　7月末、戦況は一層悪化し、革命勢力の失敗は決定的になっ
た。孫文・黄興らは南京・上海から撤退し、広東で再蹶起する
計画で南下したが、広東情勢も急変し、その計画も実現されな
かった。在南京・上海の外務省出先機関と駐在の将校特に海軍
将校らは孫・黄の脱出に協力的であり便宜を提供したが、外務
省はそれに反対し、孫・黄の渡日を事前に阻止しようとした。
しかし、広東での蹶起が実現されなかった孫・黄は福建・香港
と台湾基隆港及び神戸・下関を経由し、孫文は8月17日、黄興
は27日東京に入居した。外務省と牧野外相は、彼らが経由する
各地の総領事と地方官憲に彼らがシンガポール或いはアメリカ
に赴くよう勧誘することを指示し、日本への渡来を阻止しよう
とした。

　外務省はなぜ孫・黄の来日を阻止しようとしたのか。牧野外
相は「内外諸般ノ関係上我利益ニ非ズ」と、その原因を説明し
た。これは、第一に対内的には、日本国内情勢にふさわしくな

かった。孫・黄は共和主義を主張する革命家であり、辛亥革命そのものが既に大正政変に拍車をかけ、その余波がまた響いているこの時期に孫・黄ら革命党領袖とその党員が来日するのは、日本の政局から言って当然好ましいことではなかった。第二に、対外的に、孫・黄らを受け入れることは、無言で袁と対立することであった。日本は、7月末から既に中立不偏から袁に傾き始め、袁を支援し、袁も日本に孫・黄の渡日を拒否するよう要請していたため、日本はその来日を拒否することによって袁に媚態を示そうとしたのである。第三は、イギリス等欧米列強との協調であった。欧米列強は日本が裏で革命勢力を使嗾して第二革命を挑発したと思っていた。若し、日本が彼らの渡日を許可したら、日本が彼らを「支持」したことを証明することになるので、これを否定するためにもその渡日を拒否し、欧米列強との協調を図らなければならなかった。これらは、日本が孫・黄の渡日を拒否することによって日本に有利をもたらすことではあったが、またそれを拒否することが日本に大変不利を及ぼす面も同時に存在した。日本政府・外務省はこのプラスとマイナスの画面を衡量した結果、8月中旬その政策を変更し、孫・黄の来日と在日居留を許可したのである。

では、許可したその理由はなんであったか。第一に、日本は将来孫・黄の勢力を利用して中国南方における日本の権益を拡大しようとした。彼らは第二革命において敗北したが、完全に破滅するまでには至らず、将来中国の政治舞台において軽視できぬ一政治勢力として依然と存在していた。故に、日本は彼らを完全に放棄することが出来なかった。第二に、彼らは中国における反袁勢力であった。日本は、今は実利のため、袁を支持しそれとの関係を改善しようとしたが、本音においては袁を好ましい人物だとは思っていなかった。それに、孫・黄らは今後

袁との外交交渉において反袁勢力として利用する価値があった。第三に、若し日本が孫・黄の来日を拒否したら、彼らは欧米に行かざるを得なくなるからである。列強の中国に対する争奪は、中国の首領に対する争奪と密接な関係があったため、日本は欧米と彼らを争奪しようとした。特に、彼らの上陸と居留に協力した頭山満ら民間人はそうであった。

　上述の拒否と許可の第二・三の原因は対照的であり、互に矛盾するようであるが、日本は袁と孫、日本と列強間の協調と争奪と言う二者択一の外交選択において絶対的な選択を避け、両者のバランスをとりながら両者の対立と争奪を統一させる方法をとった。この方法は牧野外相が言った所謂孫・黄に対する「保護」と監視・取締であった。日本は所謂「保護」により彼らの渡日・居留を許可した3つの目的を達することが出来るし、また日本における彼らの反袁活動を監視・取締ることにより、拒否した2つの原因を緩和し、袁と欧米列強との関係を調和させることが出来るのであった。これは、一石二鳥の伎倆であり、その後の日本の対袁・対中国及び対欧米列強外交に役立った

　孫・黄の来日と共に、多数の革命党員らが続々と来日した。孫文は東京を中心に彼らを組織して反袁の第三革命を準備し始めた。それには、先ず資金が必要であった。このため、孫文は中国興業株式会社を絆として、その関係者である渋択栄一、山本条太郎、大倉喜八郎と数回交渉したが、彼らはこれに応じようとしなかった。この時、第二革命における孫文らの失敗により、中国興業株式会社も変容し、日本側は袁らと共にこの会社を中日実業会社に変更し、孫ら革命派の株主はこの会社から追いだされた。

　孫文は、武器獲得のため、軍部に接近しようとした。1913年9月21日、孫文は陸軍省の経理局長辻村楠造と会見し、彼に軍

部の支援を説得したが、軍部はこれに応じようとしなかった。

　孫文・黄興は、軍事将校の養成のため浩然盧を、また革命幹部養成のため政法学校を建立した。これには民間人と予備役の軍人らが協力した。これは、民間人の個人の意思によるものであり、政府の命令によるものではなかった。

　孫文ら革命党人の日本における活動は、日本官憲の厳重な監視下で行われた。日本警察は 24 時間体制で孫・黄の一挙一動を監視し、その結果を毎日外務省に「孫文ノ動静」、「黄興ノ動静」として報告している。しかし、日本政府は彼らの反袁活動を黙認し、それを弾圧しようとはしなかった。同時に、袁らが派遣した刺客から彼らを保護した。これは、不即不離の微妙な政策であり、これが孫ら革命党に対する支援へと転換するのは、1915 年の末からであった。

　対孫政策と対照的であったのは、対袁政策であった。1913 年 7 月末から、日本は孫・黄の来日を阻止しながら、袁の方に傾き始めたが、意外にも 8 月山東省で兗州事件、湖北省で漢口事件が発生し、9 月には江蘇省で南京事件が発生した。この 3 つの事件は、第二革命中に発生した第二革命の副産物だと言える。兗州・漢口事件はその責任が日本側にあり、南京事件は袁軍と北京政府側にあったが、日本の強硬な要求により、その是非を問わず北京政府は 9 月 15 日 3 つの事件に対する日本の要求条件を受諾し、袁軍の当事者とその上司の将校らが厳重に処罰或いは刑を受け、その最高指導者が直接日本の関係総領事館と支那駐屯司令部に行って陳謝の意を表することによって決着した。これにより兗州・漢口事件を挑発した日本将校らが法的処罰を免れ，正当的措置を執った袁軍将校らが逆に刑を受け、南京事件では袁の将校らが事件そのものに相応しくない重刑と厳しい処罰を受けた。これは、列強の半植民地である中国において見

られる不公平な現象であり、袁と北京政府の無能・無力を表明すると共に、日本外務省の強権外交を生々しく表現したものであった。この3つの事件の交渉において、日本政府・外務省・軍部と民間が一体になって行動した。これは、政治・外交的反袁運動であった。外務省はこの3つの事件に対する要求条件を北京政府に受諾させるに当り、北京政府承認問題を最大限に利用し，外交的圧力を加えた。

　北京政府承認問題は、1912年の春に一時棚上げされたが、1913年5月アメリカに単独承認により、再度対中国外交の課題として提議された。承認問題は、袁と北京政府の国際法上における合法的地位を承認するこであったが、その本質は逆に、袁と北京政府が中国における日本と欧米列強の植民地的権益を承認・保障することになった。中国における権益を維持・拡大することをめぐり、日本と欧米列強は一面においては互に協力しながら、一面においては互に争奪しあっていた。この争奪が承認問題において意見の相違、行動の分裂として再現され、承認するか否かの簡単な国際法的行為が複雑・多様化された。それにまた、第二革命の勃発による中国国内の動乱も一要因となり、一時膠着状態に陥った。しかし、日本と欧米列強は、中国における植民地的権益の維持・拡大とそれに対する袁と北京政府の保障を得る共通の目的のため、互に協力しあい、共同一致の承認方法を採用し、10月6日に北京政府を合法的政府として承認すると共に、袁の大総統の地位も承認したのである。これは日本と列強の二重外交の協力的一側面を反映したものであった。

　この承認過程において、日本は終始そのイニシアチブを掌握するために懸命であった。日本は、これにより対袁・対中国外交のイニシアチブを掌握し、従来受動的であった状況を脱出し、袁の牛耳を執ろうとした。これに対し、イギリス・フランスは

主動的に承認問題に関する交渉を日本に委ね、日本が袁政権から植民地的権益に対する保障と承認を得るようにし、この苦い行為を日本にやらせた。それにまた、日本は軍事強国であり、承認問題において直接袁政権に軍事的圧力を加えられる国であったからでもあった。しかし、アメリカは日本のイニシアチブに挑戦し、単独承認に踏み切り、ドイツも単独行動を執る意気込みを見せた。これは、この両国が中国における植民地的権益がイギリス・フランスより少なかったため、承認の時に権益保障問題をそれほど重視しなかったからである。このような相違は、中国における利害関係の差により生ずる現象であった。

　権益の承認と保障において、袁と北京政府も出来得る限りの抵抗をした。日本と欧米列強は袁の大総統就任教書の中で彼らの中国における凡ての植民地的権益を承認することを要求し、公文に明記されていないものまでも承認・保障するよう要請した。これは、列強の中国における権益を我が侭に解釈してその権益を拡大しようとしたものである。しかし、袁の北京政府は on record の文字を教書の中に記入し、公文の根拠のあるものだけを承認することを主張しながら抵抗した。双方はこの on record を大総統教書に記入するか否かをめぐり争ったが、最後に双方が「成案成例に依り」とすることで妥協した。これは、折中的な文句であり、今後権益をめぐる紛糾発生の場合は、各自が自分なりの解釈をすることが出来る余地を残したのである。

　日本は、終始北京政府承認に対する主導権を掌握し、この時期の対中国外交のイニシアチブを掌握しようとしたが、日本がこれにより得たのは他の欧米列強が得たのと同様なものであり、これにより辛亥革命以来受動的であった対中国外交を転換することは出来なかった。しかし、北京政府と袁世凱は、承認条件の受諾により、国際的にその政権と大総統の合法的地位を確保

した。

## 三、第一次大戦と中日外交

1914年8月初、第一次世界大戦が勃発した。この大戦は、列強が世界を再分割する戦争であり、欧洲が主要戦場であった。しかし、ドイツが中国に租借地を持っていたため、戦争は中国にまで波及して来た。日本は、この機にドイツの租借地膠州湾と山東鉄道を占拠し、辛亥革命以来停滞していた対中国政策を積極的に推進しようとして、この大戦に参加し、ドイツに宣戦を布告しようとした。このため、日本は参戦と対独開戦外交を展開した。

日本の参戦と開戦外交は、ドイツとイギリスの抵抗と牽制を受けた。日本の参戦を阻止しようとしたのは、先ずドイツであった。ドイツは、中国と太平洋におけるその植民地権益を保持するため、日本を戦争から中立化させようとしたが、これに失敗し、日本は第一難関を乗り越えた。

しかし、日本の参戦を阻止し、その戦地を最大限に制限しようとしたのは、イギリスであった。故に、日本の参戦と対独開戦外交の主な相手はイギリスになった。参戦と開戦に対するイギリスと日本との外交は二重的関係にあった。イギリスは中国において軍事的にドイツと対戦する余裕がないため、一面においては中国におけるイギリスの権益を保護するために、日本が中国沿岸においてイギリスに協力してドイツの軍事力を牽制するよう希望したが、また一面においては日本の対独開戦を好ましく思わず、時にはその協力さえも拒否しようとした。それは、日本が対独開戦の結果としてイギリスが対独戦の勝利により、中国において獲得すべてのドイツの植民地的権益を独占し、また日本がイギリスなど欧米列強が欧洲戦場に没頭して中国のこ

とを顧みる暇がない機に中国における権益を拡大することを恐れたからである。これは、イギリスと日本の中国における権益を拡大することを恐れたからである。これは、イギリスと日本の中国における協力と争奪の二重的外交関係を具現したものであった。しかし、大戦初期、イギリスは軍事的に受動的であり、中国における問題は日本に頼らざるを得なくなり、最後には日本の強硬な対独開戦要求に同意せざるを得なかった。

　日本は一主権国家として宣戦を布告する国際的権利があったが、この時期本来中国領土である膠州湾の占拠のためにドイツに開戦する理屈はなかった。故に、日本は既に変容しつつあった日英同盟を口実に、イギリスの要望と同意の下で参戦せざるを得なかった。これは、この時期の日本がまた二流の帝国であったことを物語る。

　イギリスは日本の参戦には同意したものの、日本の軍事行動を海上におけるドイツの巡洋艦撃破に限定し、陸上における軍事行動を阻止しようとした。このため、イギリスは日本の宣戦布告にこのような限定条件を明記するよう要望したが、日本はこれに応じようとしなかった。日本に頼らざるを得なかったイギリスは、最後に日本の陸上における軍事行動までも承認した。これは、日英両国の二重的外交関係において協力的名目の下で互に抗争しあっていたことを示す。

　この抗争の焦点は、先ず膠州湾の戦後の処理であった。日本はこれを占拠し、日本のものにしようとした。イギリスも戦後戦勝国としてこの租借地を継承することを希望していた。両者抗争の結果、膠州湾租借地を中国に還付することにした。これは双方の折中でありながら、またイギリスの日本の軍事行動に対する牽制でもあり、日本の参戦条件でもあった。

　参戦を切望した日本は、この目的達成のため、この条件を承

諾し、先ず軍事的占拠により既成事実を造成するのが先決だと
考え、8月15日ドイツにこの条件を記した最後通牒を発した。

　日本の対独開戦が切迫すると、イギリスは依然として日本の
軍事行動の範囲を制限しようとして、その行動圏を膠州湾の50
キロ内に制限しようとしたが、日本の強硬な反対により失敗し
た。次にイギリスはロシア・フランスがイギリスと共に対膠州
湾攻撃に参加することにより日本の独占的軍事行動を制限しよ
うとしたが、これも日本の反対により実現されず、少数のイギ
リス軍が参加することになった。イギリスは膠州湾問題で日本
と抗争し、日本を制限しようとしたが、軍事的に日本を制限す
る余裕がなかったため、一歩一歩日本に譲歩し、日本は逆にイ
ギリスの制限を排除し、膠州湾と山東において無制限に行動す
る権利を得たのである。9月2日、日本軍は山東半島の北側の
龍口から上陸し、先ず北からの膠州湾に攻撃を開始した。

　膠州湾は中国領土であり、ドイツが不平等条約により租借地
にしたものであったから、北京政府はこの機にこれを回収すべ
きであり、日本は対膠州湾攻撃について先ず北京政府と外交交
渉をすべきであったが、中国は半植民地であったため、この交
渉から排除されていた。北京政府は日露戦争の時と同様に、8
月6日大戦に対する中立を宣言し、所謂中立政策で膠州湾をめ
ぐる日独戦争の波及を阻止しようとしたが、これは逆に膠州湾
をめぐる列強の交渉から排斥される結果になり、日本が中国と
交渉せずに膠州湾を占拠する条件を造成した。北京政府の中立
政策にはそれを国際的に、軍事的に保障するバックがなかった
から、このような逆効果が出て来たのである。

　しかし、北京政府も出来得るだけの努力はした。第一に、イ
ギリスと共に対独戦に参加することを要望し、一時山東方面に
増兵した。しかし、この行動は日本とイギリス・フランスの反対

により、実現出来なかった。大戦は列強が中国における植民地権益を再分割する戦争であったから、当然中国の参戦を許す筈がなかった。第二に、北京政府はイギリスに依頼することが不能な情況で、アメリカに依頼し、日露戦争以来の中国東北における日米の対立を利用して日本の対膠州湾軍事行動を牽制しようとしたが、日本とイギリスの反対により、これも実現されなかった。第三に、ドイツと直接に膠州湾回収の交渉をした。これはドイツが日本との戦争を避けるため、外交的一手段として北京政府に先に提出したことである。イギリスはこれにより日本の膠州湾占拠を阻止し得ると考えて支持したが、日本とフランスが反対し、中国において日本に依拠しようとしたイギリスも日本の意に最後まで背くことは出来なかった。北京政府も若しこの交渉により回収したとしても、そのため中日関係が悪化し、日本が中国にどのような報復処置をとるかを恐れ、日本にこの交渉に応じない意を表した。

　９月２日日本軍の竜口上陸とその軍事行動は、中立を宣言した中国に対する国際法的違反であった。北京政府はこの中立侵害に対し抗議する権利があり、また一主権国家として抗議すべきであった。北京政府も最初は抗議しようとしたが、これを政府声明に代え、その草案を日本側に手交した。しかし、イギリスの勧告と日本の反対により、声明さえも発表せず、法的に日本の軍事行動を黙認した。これには、日本とイギリスの外交的圧力もあったが、日本の孫文と革命党政策とも関係があった。この時日本は袁に、在日の孫文と革命党及びこれを支援する大陸浪人らを取り締まる意を示した。袁はこれを条件に抗議・声明を放棄した。これは、孫文と革命党が日本の対袁外交の切札として利用されたことを示す。

　日本の膠州湾と山東半島における軍事行動は、既に中立を宣

言した中国に中立に対する侵害であり、これは国際法違反になるのであった。北京政府は、中立除外設定の方法で日本のこの中立侵害の軍事行動を黙認或いは容認しようとして、9月3日竜口・菜州・膠州湾地域を中立除外地にする声明を発表した。これにより、北京政府と日本は中立除外地の範囲をめぐる交渉をし始めた。日本は山東における軍事行動を拡大して山東における権益を拡大するため、中立除外地を黄河以南まで拡大しようとし、北京政府はなるべくその範囲を制限しようとし、最後に折中して潍県と諸県以東の地域を中立除外地にした。しかし、山東半島の要衝である潍県がこの範囲に入るか否かは明確にしなかった。

　竜口から上陸した日本軍は南下しながら、青島－済南の山東鉄道を占拠しようとして、先ず潍県以東の中国鉄道守備隊の撤退を要求し、次に袁軍一個旅団が駐屯する軍事要衝潍県を占領し、つづいてその西に侵攻し、済南停留場まで占拠した。これは、対独開戦の目的が膠州湾だけでなく、この鉄道を中心とした山東省の要衝を占拠し、日本の権益を拡大しようとしたことを示す。この占拠を率先して提出したのは参謀本部であった。外務省は欧米列強の反対と中国側の抵抗を考慮し慎重な態度をとったが、軍が既成事実を次々とつくる情況のもとで、北京政府とこの鉄道占拠をめぐる外交交渉をした。北京政府は外交的には抵抗したものの、実際には次々と既成事実を黙認或いは容認した。日本軍は10月6日済南停留場を占拠し、目的を達した。

　日本は対独開戦外交において、外交と軍事的行動のバランスがよくとられ、外交は軍事的開戦のための国際的条件と環境をつくり、軍事はこの外交を実力て補った。故に、外交的にも軍事的にも膠州湾と山東鉄道占拠の所期の目的を達成し、21箇条要求を提出する軍事的地均しをした。北京政府は外交的には一

定の努力をしたが、この外交は軍事的バックがなかったため、その抵抗は或意味においては外交辞令であり、裏においては日本の要求と日本が軍事力で造成した既成事実を黙認或いは容認せざるを得ないものであった。それに、大戦前は、中国における日本とイギリスなど欧米列強との対立を利用して日本に抵抗し或いは牽制することができたが、大戦後にはイギリスなどの対日妥協と譲歩により、逆にイギリスからも外交的圧力を受けるようになった。

　北京政府が、日本に対しこのような態度をとったもう一つの原因は、このような黙認と容認を以て、日本が在日の孫文ら革命党の反袁活動を取り締まるようにしようとしたことにあった。袁は日本に譲歩するたびに孫文ら革命党に対する取り締まりを強化するよう求めた。しかし、大戦の勃発と日本の対独開戦は、中国をめぐる国際情勢を大きく変化させた。孫文ら革命党は、変化したこの情勢が反袁の第三革命に絶好のチャンスを造成したと判断していた。それは、第一に袁を国際的に支えて来たイギリスなど欧米列強が大戦に巻き込まれ、袁を支援する余裕がない、第二に日本の対独開戦と膠州湾・山東鉄道の占拠により日本と袁の矛盾が激化し、日本は袁に対する政治的圧力を強化するため、孫文ら革命党に対する冷淡な政策を改め、孫文らの反袁闘争を積極的に支援すると判断したからである。故に、孫文は犬養毅、頭山満らを通じ日本政府と軍部に支援を要求した。一部の民間人と大陸浪人は孫文ら革命党を支援し、この機に袁を排除しようとした。

　袁と孫のこのような対立と双方の対日要望をめぐり、日本も袁・孫二者択一の選択に迫られた。日本の対袁と対孫政策の根本は日本の国益にあった。この時期の日本の国益は先ず膠州湾と山東鉄道にあり、袁がこれに対し続々と譲歩し、日本の要求

を満足させたために、孫文ら革命党を支援して袁に裏から政治的圧力を加える必要がなかった。若し袁が抵抗したら、日本は孫文らを支援したであろうが、袁は自己防衛のため、このような政策を執らず、日本に譲歩し、日本との対立を緩和しようとした。故に、日本も反袁政策を執らず、逆に孫ら革命党の反袁活動に対する監視を強化し、また東北における反袁蜂起を鎮圧した。これは袁に有利なことであり、彼の要望に相応しいことであった。しかし、日本も孫文ら革命党に対し極端な政策を執らず、袁の孫文らを日本から追放する要望にも応じず、孫文ら革命党員の活動と民間及び予備役軍人の彼らに対する支援を黙認しながら、微妙な態度をとった。このような政策は、袁の要望に合致しながらも、また完全にその要望を満足させるものではなかった。

　この時、日本が対袁・対孫にこのような政策を執ったことには、イギリスとの内部的妥協と交渉があった。イギリスはこの時期袁を支持する余裕がなかったため、日本が孫文ら革命党を支援して袁を打倒するのを恐れ、日本の参戦に同意するの一条件として中国に革命騒乱が起こればこれを責任をもって鎮圧することを日本と約束したのである。

　列強の中国侵略においてなによりも重用なのは、その最高実力者を自分の手に押さえることであった。この時期日本の一部には、日本がイギリスに交って袁と日中協定を締結し、彼を手に押さえ、中国の侵略に利用すべきだとする主張もあった。しかし、日本と袁との従来の対立関係と袁がこの時期に自分に対する最大な脅威は日本であると思っていたため、双方が関係を改善して協定を締結するまでには至らなかった。

　この時期袁・孫の対立の激化は、日本の対中国侵略に有利なものであり、日本もこれを最大に利用した。特に21箇条交渉に

おいてはそうであった。この時期袁・孫は共に、上述のように、日本の侵略に積極的に抵抗せず、21箇条の由来をめぐり相手を攻撃した。孫文らは、袁が皇帝承認の報酬として日本にこの要求を提出するよう誘ったとして、反日よりもこの袁を打倒するのが根本的なことだと強調した。袁は逆に、在日の革命党が日本と密約を結び、革命党を支援することを条件にこのような21箇条要求を提出したと非難した。中国国内では孫文と日本が締結したと言う所謂密約も新聞に流布していた。これらは史料的に立証しえる事実ではない。これらは、袁と孫が21箇条による日本の侵略に反対する民衆の力を借りて、自分の政敵反対に利用しようとしたものであった。このような現象は、袁・孫共に日本の21箇条による侵略よりも自分の政敵の打倒を最優先させた戦略を執っていたからである。このことは、この時期の孫文ら革命党の反袁計画から窺うことが出来る。

　孫文ら革命党は、反袁を最優先し、袁が21箇条を承諾或いは拒絶してもいずれにせよ反袁運動を展開する計画をたて、国内において闘争を展開した。しかし革命勢力の一派である黄興を中心とした欧事研究会は孫文とは逆に、国難ここに至った時期には反袁闘争を一時停止し、袁と連合して対日外交に応じるよう呼びかけた。袁らはこの機に革命党に懐柔政策を執り、一部の人が帰国した。これは、ある意味においては、双方が連合して反日しようとしたものであったため、日本はこれに対し大いに警戒・監視した。このことは、対立する両勢力が連合して日本に当ることは日本に対し一脅威であったことを示し、袁・孫共に日本の21箇条反対を最大の政治任務として、連合して日本に対処すべきことを示していた。しかし、この時期には両者が連合して日本に抵抗する条件が整っていなかった。

　日本外交史研究において一番困難でありまた不明であること

は、外交政策の形成と決定過程である。21 箇条の形成と決定過
程も、過去種々の研究がなされているが、不明な点が多く残っ
ている。21 箇条は、日本の参戦と膠州湾・山東鉄道占拠と並行
して同時に形成されたと言える。日本は表においては対独開戦
と膠州湾・山東鉄道占拠、裏においては 21 箇条の形成を促進し
ていた。この両者の関係は、前者は局部的目的でありながらも、
またこの時期の日本の対中国政策から言えば全般的な 21 箇条
の達成のための手段であり、後者は前者の目的であったと言え
る。

　日本では、8 月上旬から陸軍・外務省出先機関・元老・民間
人らが関係当局に積極的に対中国政策案を建白した。これらの
諸案は共通点がありながらもまた相違点があり、これらが総合
されたものが所謂 21 箇条である。故に、21 箇条はこの時期の
日本の各方面の対中国政策案の集大成である。外務省と陸軍は
対中国政策決定において重要な役割を果す部門であるが、この
時期の両者の関係は大変協調的であり、21 箇条形成において共
に核心的な役割を果した。外務大臣加藤高明は、この時期に外
務省による外交の一元化を強調し、政務局長小池張造を重用し
て 21 箇条の原案を作成した。この原案は 6 号 22 ヵ条であった
が、各方面との調整を経って、最後に 5 号 21 ヵ条になった。第
1 号から第 4 号までは要求条項であり、第 5 号は希望条項だと
外務省は言っているが、4 月 26 日の日本側の最終案においても
強烈に第 5 号の受諾を迫ったことは、この第 5 号も要求条項と
同様なものであったことを物語る。これらの諸要求を類型化す
れば、3 つに分類することが出来る。第一は既得権益の確保と
拡大、第二は新権益の要求、第三は日本の独占的利権と地位を
確報しようとしたものである。この中、特に第三が重用な地位
を占めことは、日本が欧米列強を排除し、中国における日本の

覇権を確立しようとしたことを示す。

　日本には、21箇要求達成の方法として威圧的な強硬手段と懐柔的な柔軟手段の両方法があったが、最終的には軍事的威圧を含む強硬な手段でその目的を達成した。しかし、この目的達成の手段をめぐり、特に袁世凱に対する政策をめぐり、山県ら元老は袁との関係を改善し、袁をして日本を信頼させることを主眼とすべきだと主張したが、陸軍は反袁的威圧的手段によって達成すべきことを強調した。加藤外相は陸軍の主張に賛同した。しかし、21箇条交渉において威圧的な手段が主であったが、公然とした反袁までには至らなかった。公然的反袁が国策として採択されたのは1916年の春であった。これは21箇条交渉期の陸軍の反袁主張の延長であった。

　21箇条要求は、1915年1月18日に袁世凱と北京政府に提出され、4月26日まで25回交渉した。交渉を始めるに当たり、中日双方は先ず交渉の進め方をめぐり対立した。第一に、日本は早急に目的を達成するため連日交渉を主張したのに対し、北京側は遷延策を取り、週1回の交渉を主張し、第二に日本は総括的な方式で交渉するよう要求したのに対し、北京側は逐条協商を主張し、第三に日本は極秘に交渉することを要望したのに対し、北京側は裏において欧米列強と新聞に21箇条の内容を洩らした。その結果、双方は妥協・折中しながらも、基本的には北京側の主張が採用された。交渉において、日本は攻撃的姿勢をとり、北京側は防衛的受動的状態に追い込まれた。これは両者の力関係によるものであった。北京側は一面抵抗しながら、また一面においては譲歩せざるを得なかった。日本はこの譲歩に満足せず、4月26日最終案18ヵ条を提出し、北京側に受諾を迫った。これは、日本の強迫を示すと共に、北京側も出来得る限りの抵抗をしたことを示す。5月1日、北京側は日本の最

終案に対する対案を提出した。この案は 19 ヵ条であり、北京側の譲歩と抵抗の両面を表したものである。その中、完全に受諾したものは 9 ヵ条、基本的受諾したものは 3 ヵ条、反対したのは 6 ヵ条であった。これを具体的に分析すると、完全受諾したのは北京側が将来外国と何かのことを起こす場合、日本に優先的にそれに関する利権を与える条項であり、若しそういうことを起こさない場合には、問題にならない条項であった。基本的に受諾した条項は、同意しながらも、またそれに前提条件を付けるとか、或いは北京側の主導的形式で同意することにした条項があった。反対したのは、実際に実施するものであり、また国家主権が侵害される条項であった。このような事実は、北京側が譲歩しながらも、また抵抗したことを示す。故に、日本はこの対案から得られる利権は少なく、双方の案には相当の隔懸があった。

　このような情況で、大隈内閣は北京政府に最後通牒を発し、これによって日本側の 4 月 26 日の最終案の受諾を迫ろうとした。最後通牒を発したことは、若し北京政府が日本の要求を受諾しなければ、両国は断交し戦争に訴えることを意味した。しかし、山県元老はこのような方法をとることに釈然とした諒解を示さなかった。元老らは、この時期に第 5 号を提出するか否かにも異義を唱えた。これは、元老らが欧米列強との協調を重視していたからである。政府・軍部と元老の意見の分岐により最後通牒を直ちに発するまでには至らなかった。北京政府は、最後通牒を受諾するか、それとも断交と戦争に訴えるか、二者択を迫られた。北京政府は絶対的選択を避け、5 日先ず 5 月 1 日の対案を取消し、4 月 26 日の日本の最終案を再考慮する意があることを表しながら、交渉を継続するよう日本に要望した。これは、日本の最後通牒の提出を阻止しようとした遷延策であり、福建

省問題を除く第 5 号と第 2 号の満蒙における土地租借・治外法権・課税等の諸問題に対し譲歩する意がないことを表明した。

　日本政府は北京側のこの要望に応じず、7 日北京政府に最後通牒を発し、9 日午後 6 時までに満足な回答をするよう要求した。しかし、この最後通牒には福建問題を除く第 5 号の条項が削除されていた。北京政府は同日これとは逆に、今迄堅持して来た第 5 号に関し譲歩する意を表したが、日本は依然として第 5 号（福建問題除外）を消除することにした。北京政府は、同日深夜これを受諾した。これは第一に、この時期日本が北京側に強大な軍事的圧力を仕掛け、通牒を発すると共に陸海軍が「開戦」の準備をしたこと、第二に欧米列強の受諾の勧告によるものであった。北京政府がこれまで日本の要求に抵抗したのは、彼ら自身の立場による利害と裏におけるイギリス・アメリカの支持があったからであるが、この時この 2 ヵ国が一方においては日本に第 5 号の消除を要求し、また一方においては北京側に第 1 号から 4 号までの受諾を勧告したため、双方共にイギリス・アメリカのこの要求と勧告に応じたのである。最後通牒において日本が第 5 号を消除したのは、欧米特にイギリスの反対と勧告によるものであるが、欧米列強との協調を主張した山県ら元老の意見も一原因であり、この原因はまた欧米列強の反対と同様なものであった。このことは、21 箇条交渉過程においてイギリスとアメリカが北京政府と日本に少なからぬ影響を与えていたことを示す。しかし、帝制をめぐる外交においては彼らの影響は明確に衰えた。

　このように 21 箇条をめぐる中日交渉は、単なる両国間の交渉でなく、イギリス・アメリカが日本の予想以上に介入していた。当時欧米列強は欧洲の戦争に汲々として東顧の余裕がなかったが、中国は日本と欧米列強の共同半植民地であったため、彼ら

の相互利害は中国において互いにからみあっていた。故に、日本と欧米列強はこの半植民地中国侵略のために、21箇条交渉においいて互いに支持・協力しながら、また互いに争奪・牽制しあっていた。これは所謂二重的外交関係である。それに、日本はまた欧米列強と肩を並べる帝国になっておらず、中国侵略において欧米列強の鼻息を仰ぐ二流の帝国であったため、欧米列強が大戦に忙殺されて中国を顧みる余裕が少ないとしても、その存在と戦後処理における彼らの発言権を無視することは出来なかった。故に日本は21箇条交渉において、一方では欧米列強の支持と協力乃至賛成を獲得しようとしながらも、また一方においては彼らの介入と干渉を排除しようとした。これは、21箇条交渉における日本と欧米列強との二重的外交関係の具現であった。

　1月18日、日本は北京政府に21箇条を提出した後、第1号から4号までの内容を大ざっぱに欧米諸国に内告し、彼らの支持・協力を獲得しようとした。しかし、内告の時期と内容及び内告の方式も日本と各国との関係に照らし、不同一な方法を採用した。これに対し欧米列強は基本的に支持或いは黙認の態度を示した。しかし、第4号に対しては異義を唱える国もあった。これは、第1号から第3号は、欧米列強が既に承認した日本の勢力圏内での既成事実或いは既成事実の拡大であり、中国における欧米列強の既成権益を侵害或いは排除しようとしたものでなかったが、第4号は欧米列強の中国沿岸における権益拡大を阻止しようとした狙いがあったからである。

　しかし、日本は第5号の内容を秘匿し、欧米列強に内告しなかった。それは、日本が中国において政治・軍事面で欧米列強の勢力を排除し、日本の独占的覇権を確立しようとしたものであり、経済面においては、中部中国のイギリスの勢力圏に侵入し、

福建におけるアメリカの侵入を排除し、日本の独占的地位を確立しようとしたからであった。これは当然欧米列強の反発を招くものであった。北京政府はこの点をキャッチし、第5号の内容をも欧米列強と国内新聞に漏洩し、欧米列強はその存在と内容を日本に問い合わせた。日本は始めは率直に認めようとしなかったが、2月20日前後に欧米列強にその存在を認め，内容を通報した。イギリスは、日本のこのような仕方に不満を抱き、日本が初めからイギリスに通告する義務があることを強調したが、日本はこれを否定し、強硬に抵抗する姿勢を表した。しかし、イギリスも譲歩せず、2月22日グレー外相の覚書を日本に伝えた。この覚書においてイギリスは、中国におけるイギリスの既得権益を守り、中国の独立と保全を擁護する名目で日本の第5号における覇権的要求に反対し、それを牽制する警告をした。3月13日、アメリカ政府も第5号を含む21箇条に対する意見を日本側に伝えた。アメリカは依然として第4号に反対し、さらに第5号の1・3・4・6項に関し反対する態度を示した。アメリカとイギリスの第5号に対する態度は共通する一面がありながら、また相違があり、特に自国の利害と直接的関係のある5・6項に対する態度は異なっていた。アメリカは6項の福建問題を取り上げ、5項の南支鉄道問題に異議を唱えなかったのに対し、イギリスはこれとは反対に5項の南支鉄道問題を取り上げ、6項の福建問題を取り上げなかった。これは、両国共に先ず自国の権益を優先し、それを維持或いは拡大しようとしたことを示す。

　第5号をめぐる日本と欧米列強のこの対立と争奪は、3月下旬一層激化した。それは、日本が3月10日前後から中国に増兵し、27日の第15回会談から中日双方が第5号の交渉を始めたからである。日本は北京側と交渉しながら、また上述のイギリ

ス・アメリカの意見と態度に対し対抗策を講じ、北京側も表においては日本と交渉しながら、裏においては欧米列強の外交的支持と世論的支援を要望した。これは北京政府と欧米列強の関係も二重的であったからである。北京政府と欧米列強も一面においては侵略と被侵略の関係であり、日本の第1号から4号までの要求を支持したのはこの側面を反映したものであったが、また一面においては中国における日本との争奪により、一時的に北京政府の日本に対する抵抗、特に第5号に対する抵抗を支持することによって、日本の中国における覇権確立を牽制し、自国の権益を守ろうとした。北京政府はこの時期にこの両者の対立を利用して日本に抵抗し、また欧米列強が一番関心を示した第5号に対する抵抗によって欧米列強の支援を獲得し、日本の独占的覇権を阻止しようとした。このような二重的関係により、アメリカは4月15日北京政府に直接に中国におけるアメリカの権益と中国の政治・経済・福祉等に対し依然として関心を持っていることを通告し、北京側を支援する意向を示した。

　これは、北京側を鼓舞し、21箇条交渉に直接的影響を与えた。北京側は、4月17日の第24回交渉において、交渉の焦点であった第2、5号問題において日本側の要求を断固と拒否した。これにより双方の対立は一層激化し、日本は26日の第25回交渉において日本の最終案を提出し、その受諾を北京側に迫った。これに対しアメリカは、4月29、30日に第2号第5条、第3号、第5号1項に関する意見を日本側に示した。北京側はアメリカの支援の下で5月1日日本の最終案に対する対案を提出し抵抗した。このような情況で5月4日日本政府は北京側に最終通牒を発し、最終案の要求を達成しようとした。この通牒を発するに当たり、第5号（福建問題除外）を提出するか否かをめぐり内閣と元老の意見の対立があったが、恰もこの時に5月3日付

グレー外相の第 5 号に関する通告が届き、日本が最後通牒から第 5 号を削除するのに決定的影響を及ぼした。 7 日、日本は第 5 号（福建問題除外）を消除した最後通牒を北京政府に発し、北京政府は欧米列強の承諾の勧告の下で 9 日これを受諾した。北京政府が受諾したのは第 1 号から 4 号であり、最後まで拒否したのは第 5 号である。これは、国際的に、欧米列強の日本と中国に対する二重的外交の産物であると言えよう。

　故に、欧米列強は 21 箇条交渉のこのような終結に対し満悦の意を表し、連合国側の外交の勝利だと祝った。欧米列強は、第 5 号の削除により中国における日本との争奪において日本の覇権的欲望を阻止して勝利し、また第 1 号から 4 号までの要求を北京側に受諾させることにより日本を支持し、中国を犠牲にして欧洲戦に不利な影響を与える所謂中日戦争の勃発を避けさせ、これにより日本が中国においてその利権を一層拡大する欲望を阻止した。欧米列強は、日本に対する二重的外交の目的を全面的に達し、一石二鳥の利を得たのである。

　しかし、中国の国民と世論は悲憤慷慨し、今後臥薪嘗胆し、発憤して自強の道を講じ、他日この恥辱をそそぐべき意を表した。これは単に日本に対する敵愾心を表したものでなく、中国を犠牲にした欧米列強に対する憤慨でもあった。しかし、第 5 号の削除については、欧米列強の目的は別として、その客観的効果は無視出来ないであろう。

　21 箇条の交渉は、一時決着したが、中国における日本と欧米列強及び中国と欧米列強との二重外交は終焉せず、その後も継続された。21 箇条は、第一次大戦と言う特殊な歴史条件の下で提出された特異な要求であった。故に、第一次大戦の終結は、またこの 21 箇条の要求に関する中日間の条約と公換公文を大きく変容させた。これにより、大戦中膨張した日本の大陸政策

もその低潮期を迎えたのである。

## 四、洪憲帝政と中日外交

　国の政体は、その国の性格を規定する根本的な問題である。人類の歴史は、ある意味においては、政体の選択とその変遷の連続だとも言えよう。中国も例外ではない。孫文の革命運動は中国の政体の変革を目指す運動であり、辛亥革命は封建的君主制を排除し共和制の政体を確立するものであった。これは中国の歴史において空前の出来事であり、中国社会の一大進歩であった。しかし、歴史の流れには一歩前進し、二歩後退することがある。1915、16 年の袁世凱の帝制復活運動は、正にこの辛亥革命に対する後退であり、反動でもあった。

　1915 年の中日関係は、21 箇条の一時的決着により「平静」に戻ったようであったが、8 月からの袁の帝制復活運動により、また波乱を引き起こした。これにより、北京の袁政権と日本及び欧米列強はこの帝制問題をめぐり 11 ヵ月間の三角二重の外交を展開した。

　この外交の 1 つの特徴は、日本が終始主導的であり、対帝制と対袁外交のイニシアチブを執り、欧米列強（独墺除外）は日本に追随する形式で進行したことである。欧米列強は帝制問題と袁に対し自分なりの意見を持ち、時には自分なりの政策を打ち出しているが、終局的には日本の政策に同調し、21 箇条交渉の最終期に発揮したような決定的影響力を及ぼすことは出来なかった。これは、15、16 年の欧洲戦況が依然として連合国側に有利に展開されず、21 箇条の時よりも一層中国問題を顧みる余裕がなかったことが、1 つの原因であった。欧米列強は、モリソンが言ったように、中国におけるイニシアチブを日本に譲度し、その対帝制政策は日本に左右されていた。イギリスのジョ

ルダン公使はこのような関係を「日本の糸でひかれた沢山のあやつり人形」のようなものであったと形容した。故に、欧米列強の対帝制外交は、その表と裏が異なる側面があった。

帝制問題は、上述のように、単なる権益維持の問題だけではなく、袁世凱が皇帝になることから、袁に対する見解と態度が帝制に対する外交政策決定に大きな影響を及ぼすことになるのである。欧米列強も同様であったが、日本は終局的には対袁の見解と態度から帝制に対する外交政策を決定したのである。

対帝制外交の主戦者は日本であった。ここで先ずこれに対する日本の外交政策の変遷過程を考究することにする。1915年8月、袁の腹心楊度らが帝制復活の輿論を造成した時、日本は行動的には帝制運動の動向を見守りながら観望の態度を取っていたが、大隈首相は思想的に帝制と袁を賛美し、袁が当然皇帝になるものだとの談話を発表し、中国が君主制或いは共和制を選択することに対し日本は干渉しない態度を示した。この談話と態度が日本と中国の新聞に報道された。袁政権は帝制復活において一番懸念したのは日本の干渉であったが、大隈首相のこの談話は袁とその腹心らに勇気を与えた。彼らは帝制復活運動を輿論の造成から法的決定段階に推し進めた。しかし、この段階に至り、日本の帝制に対する政策は転換し始め、イギリス・ロシア両国の賛成を経て、10月28日この2ヵ国と共に袁政権に帝制一時中止の勧告をした。しかし、袁政権はこの勧告を受け入れず、主義的には帝制を実施することを決定し、その実行は短期内に行わない折中的方法で対応して来た。これに対し日本は満足せず、大戦終結まで帝制を承認しない方法により、袁政権の帝制実施を牽制しようとしたが、袁政権は依然として帝制運動を推進12月11日参政院は袁を皇帝に推戴し、12日袁もこれを受け入れた。これにより、辛亥革命4年目に帝制が復活し

た。これに対し、日本・イギリスなど4ヵ国は再度帝制延期の勧告を袁政権に申し入れたが、袁政権は翌年の2月上旬に袁の皇帝即位式を挙行し、帝制を宣布しようとした。このような情況の下で、日本は妥協的方法を取り、16日3、4ヵ月以後に帝制を承認する意を表した。恰もこの時期に反帝・反袁の護国戦争が勃発し、雲南省が袁政権からの独立を宣言した。護国戦争の勃発は日本に新しい対帝制、対袁政策の選択を迫った。1月19日、日本は帝制中止の勧告をイギリスなど4ヵ国と発することを決定し、この政策はまた承認から中止へと逆転換した。日本のこのような強硬な政策転換により、袁は1月22日皇帝即位式挙行の計画を取消し、2月23日には帝制の無期延期を宣布した。日本はこれに満足せず、3月7日袁打倒の方針を決定し、帝制中止から袁打倒の政策へと転換した。このため、日本は、東北においては第二次満蒙独立運動を、山東においては孫文ら革命党の蜂起を、西南諸省においては護国軍を裏から支援し、南北から袁とその政権を攻撃した。この時期中国国内の護国戦争は一層拡大し、貴州・広西・広東・四川・湖南諸省が続々と袁政権からの独立を宣布した。袁は内外と南北から挟撃され、板挟みになり、6月6日神経性疲労と尿毒症により急死した。これにより、11ヵ月間の帝制復活運動は終焉した。

　日本の対帝制と対袁政策は、上述のように、5回転換した。しかし、その転換の口実は、終始変化しなかった。日本は中国の帝制復活による動乱を避け安定を保つために帝制の延期・中止を勧告したが、最後には中国において所謂動乱を挑発して袁打倒の目的を達成した。これは、日本自身がその口実を否定し、またその口実そのものが反帝制と反袁運動の発生を促進したのである。日本と欧洲列強の帝制延期・中止の勧告は、国際的に帝制運動を孤立化させたが、これはまた逆に反帝制運動に有利

な国際情勢を造成し、反帝制・反袁派を鼓舞した。彼らの帝制承認の行動もこれと同様に帝制復活を阻止する護国戦争の勃発を一層促進した。

　では、中国の安定を図るという口実はなんであったのか。そこには実像と虚像が混合していた。帝制復活による中国内部の対立により内戦が勃発し動乱が起こった場合、中国における日本と欧米列強の既得権益特に対中国貿易が巨大な影響を受け、彼らは大損害を蒙るのである。これは実際的な問題であり、実像であった。欧米列強は特にそうであり、終始この安定を強調し、西南諸省における反帝制・反袁の護国戦争の勃発後は速やかに帝制を承認して袁の権威を強化して西南地域を鎮静しようとした。しかし、日本はこの実利的な一面もあったが、どちらかと言えば、それは袁を牽制し、袁を孤立化し、最後に動乱を挑発して袁を窮地に追い込み、打倒する一口実でもあった。故にこの安定は虚像である。若し日本が真に中国の安定を図ろうとしたならば、袁と帝制派を支援してその反対勢力を制圧すべきであった。しかし日本は反帝制・反袁派を支援した。これは日本の口実が虚像であったことを自己証明したものである。この口実において、日本と欧米列強の真意はこのように異なっていたのである。

　日本と欧米列強とのこの相違は、日本と欧米列強の袁に対する見解と態度が異なっていたからである。大隈首相は、袁は「毒策に罹った人物だ」と非難した。袁の政策顧問であったモリソンは、日本と袁は毒蛇と青蛙の関係のように敵対的であると形容した。北京の政界と袁政府の閣僚も表現の仕方は異なるが、日本と袁との悪関係は改善されるものではないと異口同音に言った。このような関係は日露戦争或いは辛亥革命以来長期にわたって形成されたものであり、日本と袁個人の関係でなく、

中国と日本との国家関係を具現したものであった。この時期中日両国の関係は日本の膠州湾と山東鉄道の占拠及び 21 箇条の強要により一層悪化した。袁は一国家の大統領として日本の中国侵略に対し譲歩・妥協しながらもまた抵抗し、日本の要求をスムーズに完全に満足させなかった。故に、袁は日本の対中国侵略の障害物になり、日本の攻撃の標的になった。日本はこれを排除・打倒しようとした。袁の帝制復活の行動は、日本に袁を牽制し孤立化する口実を与え、袁打倒のチャンスを造成した。これがこの時期の日本の対帝制と対袁政策の根底にあり、終始変化せず、客観情勢の変化に伴い、その対帝制政策がこの袁打倒の目的達成のため、一手段として 5 回転換したのである。

　欧米列強は、辛亥革命以来袁を支持し、袁に頼って中国における権益を維持・拡大しようとした。故に、彼らが袁に帝制延期の勧告をしたのは、日本と同様な現象ではあったが、それは動乱を避け袁の支配を安定させようとしたものであった。彼らが日本と共に帝制を承認しようとしたのも、袁権威と地位を確保しようとしたものであり、1916 年の 1 月 19 日日本が帝制中止を勧告しようとした時、イギリス・フランスはそれに賛成しなかった理由もここにあった。それは帝制の確立により、袁の支配を維持しようとしたからであった。しかし、3 月に至り反帝制・反袁の護国戦争が一層拡大した時には、また袁の大統領の地位を維持するために、袁に帝制放棄の勧告し、日本の袁打倒の政策と異なった方針を執った。このように、欧洲列強の対帝制政策も数回変化するが、その根底には彼らと袁との良好な関係があり、中国において袁の支配体制を擁護しようとした目的があった。この点は、日本と根本に異なるものであった。

　日本と欧米列強の上述のような相違には、また両者共通のものがあった。それは、中国における各自の権益の維持或いは拡

大であった。これは所謂帝国主義の国益であった。日本は日本
の国益のために帝制問題を通じて袁を打倒しようとし、欧米列
強も自分の国益のために帝制問題において袁を擁護しようとし
た。しかし、この共通の国益がその目的達成の政策＝手段にお
いて異なることがあり、これは中国における日本と欧洲列強の
二重的外交関係を具現したものであった。彼らは共通の国益の
ために帝制に対する共同勧告したが、彼らはまた中国における
権益争奪のために異なる対袁政策を執ったのである。このため
に、欧米列強は共同勧告に参加しながらも、その態度は消極的
であり、時には対立的政策を取り、時には保留条件を取り付け
た。特にフランスはドイツとオーストリアの袁の帝制に対する
優先的承認を気にし，欧洲戦場の現状からこの両国と同時期に
承認することを主張した。しかし、日本は直接欧洲戦場に介入
していなかったため、この問題を気にしなかった。これも各自
の国益から問題が重要であるか否かを判断したからである。
　政体問題は、中国としては最大の問題であり、根本的な問題
であった。辛亥革命・第二革命・護国戦争（日本では第三革命
とも称する）は皆政体をめぐる革命と戦争であった。しかし、
中国を半植民地にした日本と欧米列強は、政体問題に関心があ
りながらも、それを根本的な重要問題とはせず、その変化が中
国における自国を利益にどのような影響を与えるかを重視し、
この視角から中国の政体問題を取り扱った。故に、中国の政体
選択は日本と欧米列強の対中国政策に一定の影響を与えてはい
くが、それは決定的なものではなかった。日本の場合、自国が
君主立憲国であったため、辛亥革命において最後までこの政体
を固執したが、袁を帝制復活においては逆に最後まで君主立憲
に反対し、当時元清の宣統皇帝の復活を主張した張勲、張作霖
らの君主説にも興味を持たず、張勲が 1917 年 7 月 12 日間の宣

統皇帝復辟をした時にもそれを支持しなかった。逆に日本は今
回の帝制運動において自国の政体と対立する共和制の方を多少
ながらも支援・支持したのである。欧米列強は共和制国家（イ
ギリスは君主立憲制であるが、実態は共和政治を行っている）
でありながらも、その思想的傾向としては、袁の帝制復活にそ
れほど反対せず、黙認或いは承認しようとし、日本と帝制延期
の共同勧をしながらも、裏において別行動を取り、徹底的な共
和国であったアメリカは根本的に干渉しようともせず、そのな
りゆきを黙認していた。このように、列強の自国の政体と中国
における政体問題が正反対になっていた現象は、常識的にはお
かしことであるが、それを規定する要因は、上述のように、各
国の国体よりも皇帝或いは大統領になる袁世凱に対する各国の
態度であった。故に、日本と欧米列強の中国における国益が，
中国の共和制或いは帝制に対する各列強の政策決定の立案の主
要な、決定的な要因であったと言える。この意味から、中国の
政体は日本と欧米列強に対しては、彼らの対中国政策の根本問
題ではなかったと言っても過言でない。

　日本と欧洲列強の対帝制・対袁政策は、その結果から見た場
合、日本は所期の目的を達成し、欧米列強は逆にその目的を達
することが出来ず、彼らが擁立・支持した袁世凱が急死するこ
とによって中国における最大の依拠する人物を失った。日本は
これとは逆に、その後親日的な段祺瑞を擁立し、中国の政局を
左右する独占的な地位を一時的ながらも確立したのである。

　帝制問題をめぐる北京政府の外交は、日本が対帝制外交のイ
ニシアチブを掌握していることを明確に認識し、日本の出方と
対日外交を第一位にし、帝制をめぐる日本と欧米列強の態度の
相違と矛盾を利用し、またジョルダンの裏における支持の下で
日本に対しては正面から対する方針を執らず、譲歩・妥協の形

式で曖昧な仕方で帝制の実施を挙行しようとしたが成功せず、その外交は失敗したのである。

　では、日本と欧米列強の対帝制外交は、中国の歴史の流れにどのような影響を与えたのであろうか。人類の歴史においては、動機と目的が一致する場合も多いが、それが逆になる場合も多い。それは、その時期の客観条件によって異なるのである。日本と欧米列強は中国における自国の権益の維持或いは拡大のために上述のような対帝制外交を執ったが、これは最終的には逆に袁の皇帝の夢を打ち砕き、客観的に、中国歴史の後退を阻み、中国は形式的ながらも共和制の国家体制を維持することが出来た。このように、中国を侵害しようとしたその目的が、客観的には、逆に中国に有利な結果をもたらしたのである。これは歴史の流れにありうる異例な現象であると言えよう。

　しかし、日本と欧米列強の役割は、決定的なものではなかった。決定的なものは、西南諸省の反帝制・反袁の護国戦争と山東における孫文の革命党の蜂起であり、東北における所謂満蒙独立運動もこれに一定の影響を及ぼした。これらの戦争・蜂起と運動に、欧米列強は干与せず、袁を支持する彼らとしては好ましいものであるとは考えなかった。しかし日本は逆に、袁に政治的・軍事的圧力を加えるために、裏においてこの護国戦争・山東蜂起・満蒙独立運動を支援し、袁打倒のためにこの反袁勢力を利用した。これは、日本と欧米列強の帝制延期・中止の目的が異なっていたため、同様な行動を取りながらも、反袁勢力に対する対策が異なっていたのである。

　日本がこれらの反帝・反袁の諸勢力を利用したのは、帝制を取り消すためだと言うよりも、反袁のためであり、このために政体問題を抜きにして彼らを利用したのである。例えば、粛親王の宗社党と巴布扎布の蒙古軍は清の宣統皇帝復辟のために挙

軍したが、日本は帝制延期を勧告しながらも宣統の帝制復活を
目指すこの勢力を支援し利用した。奉天省の実権を掌握した張
作霖に対しても、彼は一時宣統皇帝を主張したのにも拘わらず、
彼を誘致して反袁に利用しようと企らんだ。これは、日本の表
と裏の行動が矛盾していることを示し、この矛盾が日本の帝制
延期勧告の根本的目的は反袁にあったことを物語る。

　しかし、この表の勧告が国内的に反帝制と反袁の戦争と蜂起
の勃発に拍車をかけ、裏における政治的・財政的・軍事的支援
がまたこの戦争と蜂起の進展を促進し、最後に帝制取消と袁打
倒の目的を達したのである。

　この目的達成において、西南諸省の護国軍も、山東の革命家
も、宗社党と蒙古軍も、強敵袁を打倒するために皆日本の支援
を懇請した。彼らは各自の目的達成のために、異質な日本の援
助に頼ろうとしたのであるが、日本は彼らに充分な援助を与え
ず、彼らを利用しうる限度内にその援助を限定したのである。
例えば、東北において日本は先ず宗社党と蒙古軍を支援したが、
張作霖が袁の腹心段芝貴に交替して奉天省の実権を掌握した時
には、宗社党と蒙古軍に対する支援を厳しく制限し、4月には
彼らの行動を厳重に取り締まるようにした。これは、日本の政
策が宗社党と蒙古軍の支援から張作霖誘致に転換したかである。
宗社党と蒙古軍は、所謂満蒙独立において張作霖を含む東北の
現政権を打破してその上に宣統皇帝を中心とした王国を建立し
ようとしたため、その独立運動は張作霖と対立し、彼に脅威を
与えていたのである。故に、日本は対張誘致工作を開始すると
共に、宗社党と蒙古軍の活動を制限し取り締まろうとしたので
ある。それは、宗社党・蒙古軍より張が袁と決裂して独立を宣
言するのが、日本の反袁策にもっと得になるからであった。し
かし、狡猾な張は、南北情勢の推移を静観しながら、袁と決裂

せず、独立も宣言しようとしなかった。日本も従来張に対し不信感をもっていたため、この誘致工作は成功しなかった。

　6月、袁の急死により、日本は袁打倒の目的を達し、日本の中国侵略におけるこの障害物を排除することが出来た。これにより、西南諸省の護国軍・山東の革命軍と宗社党・蒙古軍に対する日本の政策は、また転換し始めた。日本は袁打倒の最大目的を達成したため、この反袁の勢力を再度利用する必要がなかった。そればかりでなく、これらの勢力の存在は、日本の北京政権に対する新政策に妨害を与える可能性もあった。袁死後、日本の対中国政策は東北・山東・西南諸省から北京に移り、黎元洪を大統領に擁立し、段祺瑞内閣を改造し、この政権を中心に反袁闘争において分裂した中国南北を再統一しようとした。このため、日本は西南諸省の軍務院と護国軍を北京政権に融合するようにし、山東の革命軍は北京政権の軍隊に編入するようにし、宗社党の勤皇軍は解散し、巴布札布の蒙古軍は蒙古の方に撤退するようにした。このようにして日本は、過去に反対した北京政権を支持し、逆に袁の北京政権打倒のために支援した勢力を押さえた。このような転換において終始変化しなかったものは、日本の北京政権とその実力者を自分の手に押さえ、中国における日本の支配権を確立しようとした根本目的であった。この根本目的は、その後の援段政策において端的に具現されたのである。

　この時期日本が南北における反袁勢力を利用して袁を打倒し、その後日本の意志通りに黎と段を中心とした北京政権を建立し得たのは、欧洲戦況とも直接的関係があった。この時期イギリス・フランスなど連合国はこの年6月から始まる反撃の準備とその反撃戦の開始により、21箇条交渉期よりも一層中国問題を顧みる余裕がなく、それ故に日本の対中国政策を牽制する力も

なくなり、中国の問題を日本に委ねざるを得なかった。欧米列強の唯一の希望は、中国における既得権益を保持することであったため、これを保障するものはこの時期においては日本だけであった。故に、欧米列強は中国において日本との対立を避けようとし、日本の挙動を黙認或いは了承し中国における主導的地位を日本に譲渡せざるを得なかった。さらに、袁の死によりイギリスなど欧米列強は中国においてその実力的人物を失い、北京政権の争奪をめぐる日本との争いにおいて欧米列強は一時的ながらも敗北し、北京と中国における彼らの発言力は極度に弱くなった。これらは、一時的ながらも日本に北京政権の征覇するチャンスを与えた。

　最後に、南北の反帝制・反袁勢力に対する日本の支援に対する評価の問題である。日本がこれらの諸勢力を支援した根本的目的は袁世凱を打倒し、中国における政治的・経済的・軍事的諸権益を拡大するためであり、中国における共和制擁護のためのものではなかった。しかし、袁打倒の共通の目的により異質的な日本と反袁の諸勢力が結合するようになったのである。この結合は、異なる政治目的を持ったものだが、この統一的目的のために一時的に統合したものである。この結合により日本と中国の反袁の諸勢力は共に共通の目的を達したのである。その結果、西南諸省の勢力と孫文の革命党は形式的には帝制復活を阻止し、旧約法と旧国会回復の目的を達したが、この代価として日本に北京の中央政権とその実力者を日本が掌握するチャンスを与えたのである。前者は中国に対しプラスになったが、後者は中国にとってマイナスになり、援段政策に見られるように日本の中国侵略を加速した。これは、歴史の変化において肯定すべきプラスにもマイナス面が結びつき、否定すべきマイナスのところにもプラスになるものが結びついている現象であると

言えよう。

## む　す　び

　この 3 年間の中日外交において、特に大戦勃発後 2 年間、日本の外交姿勢は攻撃的であり、中国側は防衛的であり、受動的であった。日本はこの時期終始三者二重外交のイニシアチブを掌握し、一時的ながらも、中国における諸権益を最大限に拡大し、中国侵略の障害的人物であった袁世凱を大総領の座から排除し、北京の中央政権を手中に押さえ、所期の目的を達した。イギリスなど欧米列強は大戦に巻き込まれ、東顧の余裕がなく、袁を支えることが出来ず、最後に中国で依拠したこの大人物を失った。これにより、中国は、国際的には日本の天下になった。この時期中国は、外交的には日本の侵略に対し抵抗したが、その外交は軍事的力の支えがなかったため、それにイギリスなど欧米列強の支持がほぼなかったため、日本に譲歩し、日本の侵略的要求を受諾し、半植民地的民族危機は一層深まった。しかし、中国は帝制に対する日本の公然とした干渉と国内の反帝と反袁勢力の闘争により、復活した帝制を打破し、辛亥革命の賜物であった共和制を形式的ながらまた一時保持した。しかし、これは北京の袁政権の対日外交がもたらしたものではなかった。袁政権の外交は、帝制の取り消しと袁の死により徹底的に敗北した。しかしその外交は、この後の段祺瑞政権の外交のように親日的外交なものではなかったのである。

（日本愛知大学国際問題研究所≪紀要≫第 98 号 1993 年 2 月）

# 日中関係の過去と将来

　1932年9月22日、中国古林省汪清県新興村生まれ。1959年7月天津市南開大学歴史学部卒業後、同年9月より南開大学教員。1988年7月には早稲田大学法学博士号を取得。現在、南開大学日本研究センー所長・教授。中国日本史学会副会長。

　著書に『満洲事変期の中日外交史研究』（1986年）、『孫文の革命運動と日本』（1989年）等がある。

## 記録的に前進した日中関係

　日中両国が、国交を回復して、今年20周年を迎える。この20年は、奈良・平安時代以来の悠久な両国関係の歴史から言えば、ほんの一瞬に過ぎないが、この一瞬が過去1000余年より一層素晴らしいものであり、また記録的なものであった。

　例えば、昨年の両国の貿易総額は228億ドルに達し、史上最高の記録をマークした。これは、両国国交回復の1972年の11億ドルに比べ20倍である。この事実は、この20年間の両国間の歴史の流れは、絶え間なく前に前にと前進していたことを物語っている。

　20年前、日本はオイルショックによる空前の不況、中国は文化大革命による大動乱と鎖国政策から国交回復のスタートを切ったが、この20年間に日本は世界の経済大国になり、国際社

会における地位が向上し、中国は社会が相対的に安定し、門戸を対外的に開放し、改革・革新を遂行する新時代を迎えた。このような日中両国の社会的・国際的地位の変化は、今後の日中関係に大きなインパクトを与え、それに日中関係を牽制してきた冷戦の終焉は、両国関係に新しい生気を吹き込み、その一層の発展に拍車をかけるであろう。

## 歴史の流れの中にある今日

　中国の諺に「温故知新」という言葉がある。これは、過去の歴史を温めることにより、今日の新しいことを知ることができるということである。それは、今日は過去の歴史の連続であり、明日は今日の継続であるからである。

　日中両国関係も、断絶と波乱があったとしても、今日の日中関係は、過去の両国関係の連続であり、将来の両国関係は現在の関係の継続であると言えよう。日中両国の関係は、過去も現在も将来も、一つの歴史の流れとして絶え間なく連続しながら、悠久な交流の歴史を築きあげるであろう。

　1000 余年にわたる日中両国関係には、友好と不幸の時代があったが、不幸な時代は悠久な歴史の一瞬であり、この一瞬が両国の国民の心に残した傷は大きいものであったとはいえ、両国は共に相手の先進的文明と文化を学びながら、それを自国の発展に役立てたのである。

## 学びあい刷新しあって切り拓いた新時代

　明治維新前は、日本が中国古代・中世・近世の先進的文明・文化を学び、それが日本の社会発展に与えた影響は大なるものであった。それ以後は、日本が維新と西洋文明の吸収により、アジアにおける唯一の近代国家を建て、アジアの人々が仰ぐ近

代文明を創造し、中国は日本のこの近代文明を学んだ。

　日清戦争以来の不幸な時代にも、中国の愛国的な政治家と青年らは懸命に日本に学び、中国社会発展に対する日本の支援を期待した。中国の民主主義政治家孫文は、その政治生涯 30 年の3 分の 1 を日本で過ごし、日本を民主運動の根拠地とし、彼の政治運動に対する支持・支援を日本に訴えた。清末民国初には、中国の愛国的青年らが、近代文明を求め日本に留学し、そのピークの時には 8、000 人を上回った。彼らは日本で、維新によって日本が吸収した欧米文明と文化を学び、それによって思想が啓発され、孫文の民主運動に参加し、その中核となった。孫文と留日学生らは、1911 年の辛亥革命において専制の清王朝を倒し、共和制の民国を創建した。これは中国 2000 年の歴史の一大転換であった。この転換において近隣である日本が与えた客観的影響は大なるものであった。日中両国は過去の歴史において、互いに相手の先進的な文明・文化を学ぶことにより、自国の歴史を刷新し、新時代を切り拓いたのである。これは過去の歴史のことでありながらも、現在と将来の両国関係もこうであるべきことを示したものである。

## 留日学生の増大こそが日中関係発展の道

　歴史における日中交流は、遣唐使あるいは留日学生らを通じて行われた。しかし、このような留日学生は、不幸なその時代に半世紀間の断絶があった。この時期、中国はアメリカに、その後は旧ソ連に大量の留学生を派遣し、彼らが新中国成立以後の中国社会において重要な役割を果たしたが、留日学生はその影さえ見ることが難しかった。この数年、中国の留日学生が激増しているが、留米学生に比べれば、その数はわずかなものである。このような現象は、過去の不幸な歴史とも直接的な関係

がある。

　留学生が本国社会において重要な役割を果たすのは、彼らが50歳代になるころである。これより推測すれば、20年あるいは30年後に中国社会において重要な役割を担うのは主に留米学生であろう。これは現在のことでありながらも、また将来のことであり、国交回復20周年を迎え今後の20年を展望する時、なによりも重要なのは、中国の留日学生を大量に吸収し、彼らを通じ将来の日中交流を促進することである。

　日中関係は、単純な両国関係でなく、複雑な国際関係の下での相互関係である。ゆえに、日中両国は、時には国際政治の強い牽制を受け、時にはそのインパクトを受けながら、両国の関係を調整したのである。

## 中米関係の改善が鍵

　戦後40余年間、中国・日本共に両陣営の対立による冷戦の牽制を強く受け、異常な敵対的関係にあった。ポスト冷戦の今日、その過去を振り返って見れば、人類はそこから得たものは何もないばかりでなく、逆にそれにより巨大な犠牲を強いられた。これも苦い歴史の体験であったが、米ソ冷戦によって起きた中米関係の変化は、日中関係の改善を促進し、両国の長期にわたる敵対関係を終息させ、国交回復に踏み切らせたのである。これには、両国の自主的政策決定もあったが、実は中米関係の変化が大きなインパクトを与えていたのである。

　ゆえに、今後においても、中米関係の如何が、日中関係に影を落とすのは確実であろう。同時に、日本の対中国政策は安保体制による日米関係によって規定されたことから、日米関係の如何がまた日中関係にも影響を及ぼすであろう。過去のこの歴史事実から、アメリカとの関係をどう処理するかが、今後の日

中関係において重要なことであると言えよう。

## 日中関係の独立性堅持が重要

しかし、国際政治あるいは国際関係の中での両国の独自的外交政策決定は重要なことである。例えば、天安門事件後の日中関係は、一時的に異常があったが、日本は欧米諸国に比べれば、相対的に独自性があり、これが中国と欧米諸国との関係改善に良好な影響を及ぼし、中国をめぐる国際環境の改善に寄与したのである。中国もこれに好意を示し、これを最大に利用したと思う。このことは、今後国際政治の中においての日中関係を処理するに対し、貴重な体験を提供した。ポスト冷戦後における各国の独自性がますます向上する今日、日中両国の自主的な対中国あるいは対日本政策が一層重要な意義をもち、その威力を発揮するであろう。

## 台湾との対立緩和縛の影響

戦後の日中関係において重要な問題の一つは、中国の大陸と台湾が分裂・対立していたことである。これにより日本は、そのどちらを選択するかを迫られてきた。しかし、近年に至り、台湾海峡両側の対立が緩和し、対立から交流へと前向きに変化する兆しが見えつつある。

これに対し日本は、今後どう対応し、何をすべきかが問われるであろう。これは過去のようにどちらかを選択することではなく、両側をどう融合させ統一させるかが新しい問題であろう。

## 政治・経済・文化のバランスのとれた交流を促進

日中関係は総合的な関係であり、政治的でありながら、また経済的であり、文化的である。この三者の総合バランスをよく

とることは、日中関係において大切なことである。だが、過去
においては政治が決定的であり、経済・文化とのバランスはよ
くとれていなかったと言えよう。政治問題は両国関係において
避けて通ることのできないことではあるが、それが決定的であ
つたのは、その行き過ぎであったと思う。今後は、日中共にそ
の衝撃を最小限度に押さえ、経済・文化交流を最大に促進しな
がら、日中交流の新しい形態を模索すべきである。

## 長期的視野に立ったビジネスを期待

　日中関係は国と国との関係であり、国の関係はまず利害関係
であり、利害関係の核心は経済・ビジネス関係であるとも言え
よう。経済・ビジネス関係には、短期的と長期的利益があるが、
過去の関係はあまりにも短期的であったと言えよう。

　これは、ビジネスとしては現実問題ではあるが、日中両国の
悠久な歴史的関係と、将来中国の発展が日本に巨大なマーケッ
トを提供しうる展望から、短期的利害関係を乗り越え、長期的
視野から両国の経済・ビジネス関係を処理すべきではなかろう
か。これには、双方共に精神・勇気と決断が必要であろう。

## 相互尊重につながる文化理解

　文化は、目に見えるものでありながら、また肌で感じられな
いものでもあり、心の奥深くにあるものである。ゆえに、日中
両国国民が共に相手の文化を理解するのは大変困難である。し
かし、相手の文化に対する理解がなければ、双方の交流におい
て誤解が発生し、トラブルが起こりやすく、相手を尊重するこ
とができない。ゆえに互いに相手の文化を理解するのは大変重
要なことであり、また大変困難なことでもある。

　私は長期・短期と数回日本に滞在し、また日本の歴史を勉強

しているが、勉強すればするほど分からないのは、日本の文化
であり、日本人の心と精神である。一外国人が外国の文化を理
解するのはもとより困難なことではあるが、互いに交流するに
は先ず相手の文化と心と精神など目に見えない、肌で感じられ
ない奥深いところを理解し、それを尊重することによって信頼
を深め、交流を促進すべきである。これは、今後の日本交流に
おいて絶対に無視されてはならないことであろう。

## 新世界秩序の一環としての日中関係

過去の日中関係は冷戦という国際環境の制約の中で展開され
たが、今後の両国関係はポスト冷戦という新しい環境の促進の
下で進行されるであろう。冷戦構造が崩壊した世界は、今新し
い世界秩序を模索している。今後の日中関係も模索する世界秩
序の一環として新しいモデルを考究し、この新しいモデルが世
界新秩序の形成にヒントとインパクトを与えることを期待する。
これは、日中両国政府と国民の絶え間ない努力と情熱によって
成し遂げられると思う。

（ゆしんじゅん）

（原文載月刊　Keidanren 1992.9　特集）

# 中国における近代中外関係史研究の動向

　近代中国の歴史には二つの流れがある。すなわち独立的国家が植民地・半植民地的国家に、封建的社会が半封建的社会に転換する流れである、この二つの流れは列強の侵略と直接的つながりがあり、このつながりを中国では中外関係と呼び、中国近代史の重要な研究課題として盛んに研究している、以下にその概要を述べよう。

## I　組　織

　中外関係史を研究する学会には総合的な組織と他域的な研究会がある。1981 年 5 月成立した中外関係史研究会は中国と列強の関係を総合的に研究する学会で、中国社会科学院近代史研究所を中心とし、この領域の研究でリーダー的役割をはたすと思う。地域的研究会には東北地区中日関係史研究会と北京地区中日関係史研究会、華北地区中露関係史研究会と西北地区中露関係史研究会がある。この四つの研究会は特定地区の研究者が特定国との関係を研究する組織である。東北地区中日関係史研究会は東北地区の研究者達が古代から現代までの中日関係を研究する学会で、他の地区の人達は通信会員としてその研究会に出席することができる。北京地区中日関係史研究会は 55 歳以下の研究者で構成され、おもに北京を訪問する日本の学者を招いて

報告・講演会などを催す。華北地区中露関係史研究会は主にロシヤの蒙古地区に対する侵略史を研究し、西北地区中露関係史研究会はロシヤの新疆地区に対する侵略史を研究する。

　以上の研究会に参加しているメンバーは主に中国近現代史の研究者が多く、日本史・ロシヤ史・世界史を研究する人もいる。

## Ⅱ　研究内容

　列強と近代中国との関係は侵略と反侵略の歴史てある、新中国建国以来、中国の中外関係史研究は主に列強の侵華史と中国人民の反侵略の歴史を三つの方面から研究している。

　(1) 総合的研究

　総合的とは三つの意味がある、①はイギリス・アメリカ・フランス・日本等各列強の中国侵略に関する総合的研究、②は軍事・政治・経済・文化・宗教等各方面からの侵略に関する総合的研究、③は中国人民の各列強に対する反侵略闘争に関する総合的研究である。中国で出版された 17〜18 種類の「中国近代史」は以上の三つの方面に対する総合的研究に属するもので、侵略と反侵略の歴史を各方面から書き述べている。丁名楠等共同執筆の『帝国主義侵華史』(第一巻)、胡演『十九世紀末葉帝国主義争奪中国権益史』等もこの種類に属する研究成果である、丁名楠等の『帝国主義侵華史』(第一巻) は、1840 年から 1895 年まで各列強はどのように中国を侵略したか、その侵略の規模・範囲、および清朝支配階級と中国民衆に対してどのような政策をとったかなどを述べ、中国侵略過程における各列強の地位と役割および列強の相互矛盾と一致協力する二面性を分析している。19 世紀末期は、資本主義が帝国主義段階に入る時期である。胡濱の『十九世紀末葉帝国主義争奪中国権益史』はこの歴史的画期から出発し、列強の中国侵略が従来の商品輸出から資本輸

出に転換する過程を述べ、その両段階における侵略方式の区別
と特徴を分析している。

(2) 個別的列強の侵華史研究

この方面の研究は中国の対外政策と密接な関係があり、1950
年代には朝鮮戦争と関連して主にアメリカの侵華史を研究し、
劉大年の『美国侵華史』をはじめ卿汝楫『美国侵華史』、『美国
侵略台湾史』、張雁深『美国侵略台湾史』、欽本立『美帝経済侵
華史』、紹渓『十九世紀美国対華鴉片侵略』、汪敏之『美国侵華
小史』、郭士杰『美日勾結侵華史』、朱士嘉『十九世紀美国侵華
档案史料選輯』、世界知識出版社『中美関係資料彙編』等が出版
されている。

次は、イギリスの侵華史の研究である。イギリスは第1次大
戦まで中国侵略の主導権を握った重要な侵略国であつた。だが
イギリスに対する研究はそれにふさわしくなく、余素『清季英
国侵略西蔵史』、蒋孟引『第二次鴉片戦争』、列島編『鴉片戦争
史論文専集』、上海歴史研究所編『鴉片戦争末期英軍在長江下游
的侵華罪行』および中国史学会編集の『鴉片戦争』、『第二次鴉
片戦争』等の資料が出版されただけである。

日本の中国に対する侵略史は、1950年代には朝鮮戦争と関連
して日清戦争を中心として研究が進められ、陳偉芳『朝鮮問題
興甲午戦争』、賈逸君『甲午中日戦争』、鄭昌淦『中日甲午戦争』
および歴史教学社編『中日甲午戦争論集』等が出版された。史
料としては、中国史学会編集の『中日戦争』が出版された。1970
年代初期には林宇『絶不允許日本軍国主義重演九一八事変』、上
海師範大学歴史系編『日本帝国主義侵略中国大事記』が出版さ
れた。1980年代には姜念東等共同執筆の『偽満洲国史』、易顕
石等執筆の『九一八事変史』が出版された。『九一八事変史』は
日本現代史と中国現代史を研究する人達が共同研究したもので、

その特徴は、当時の中国人民と軍隊の反侵略闘争を詳しく述べ、九一八事変の歴史は単に日本軍の侵略の歴史でなく、中国人民と軍隊の反侵略の歴史でもあることを示したことにある。『偽満洲国史』は、満洲事変から偽政権の建立、満洲における政治・経済・教育・文化・軍事にわたる植民地支配体制、東北人民の抗日闘争および偽政権の滅亡までの歴史的過程を系統的に述べている。

　ロシヤの侵華史研究は、1960 年代後半期から 1970 年代前半期にブームになり、中国科学院近代史研究所『沙俄侵華吏』(2巻)、復旦大学歴史系『沙俄侵華史』、史達編『沙俄侵華簡史』、戎彊編『沙皇俄国是怎様侵略中国的』、吉林師範大学歴史系『沙俄侵華史簡編』、故宮博物院明清档案部編『清代中俄関係档案史料選編』、張蓉初訳『紅档雑誌有関中国交渉史料選訳』、商務印書館編『中俄辺界条約集』等の本が出版された。近代史研究所の『沙俄侵華史』(2 巻) は、17 世紀から 19 世紀半ば頃までロシヤが中国に侵略する過程を系統的に述べ、その侵略の特徴は農奴主階級の対外侵略伝統と資本主義の原始的蓄積過程における植民地掠奪の両面性を持ち、軍事的侵略で中国の広大な領土を占拠・掠奪するのがその侵略の主な目標であったと分析している。

　他の列強に対しては、凌大珽『法帝侵華史』、張雁深『中法外交関係史考』、介子編編『葡萄牙侵占澳門史料』、孫瑞芹訳『徳国外交文件有関中国交渉史料選訳』等が出版された。

　(3) 専門的分野の研究

　この分野の研究には、列強と中国政治体制との関係を研究する胡縄『帝国主義與中国政治』があり、列強と中国政治体制との関係を系統的に研究した最初の著作として、かなりの影響を及ぼした。従来において、中国の研究者達は大体胡縄の見解を

中心として両者の政治的関係を説明している。

　経済的分野の専門的研究としては、まず税関関係の研究があげられる、税関は国の関門であり、国家の主権を守る機関である。列強特にイギリスは中国税関に対する支配権を掌握し、列強侵略の扉を開いた。だから列強と中国の経済関係を研究する時には、まず税関問題にふれるのである。中国近代経済史資料叢刊編集委員会編の『帝国主義與中国海関』は中仏戦争から中日戦争までの列強と中国税関関係の資料を蒐集したもので、この領域の研究において役立つ第一級の史料である。この資料集はこの時期の主な問題別に編纂され、例えば第四巻は「中国海関與中法戦争」、第五巻は「中国海関與緬蔵問題」、第七巻は「中国海関與中日戦争」、第八巻は「中国海関與英徳統借款」、第九巻は「中国海関與義和団運動」、第十巻は「中国海関興庚子賠款」、第十三巻は「中国海関與辛亥革命」、第十五巻は「一九三八年英日関于中国海関的非法協定」であり、過去において発表されていなし、貴重な史料が目立っている、金融・鉄道関係には、徐義生編集の『中国近代外債史統計資料』、宓汝成編集『中国近代鉄路史資料』、献可『近百年来帝国主義在華銀行発行紙幣概況』等の史料と著書が出版されている。

　中国近代史の研究において経済史の研究は非常に重要である、劉大年は「中国近代史研究従何処突破」の論文で経済史研究を突破口として中国近代史研究を新しい段階におし進めることを力説した。中国近代経済史を研究するにおいて列強との経済的関係を研究するのは不可欠なことであり、今後この関係の研究が大いに進められることと予想される。

## Ⅲ　新しい研究傾向

　近来、中国の中外関係史研究には次のような新しい研究傾向

がみられると思う。

（1）研究領域の拡大

近来中国では侵略と反侵略の歴史を研究すると同時に四つの方面に研究分野をひろめ、中国と列強との各方面の関係を研究する傾向がみられる。

①友好関係史の研究。列強は帝国主義として中国を侵略したけれども、その国の自覚的な人々は中国に対し友好的な援助と影響をあたえた。それは微力で、人数もごく少ないが、侵略国民衆の本質的一面を浮き彫りにしたものとして、人物を中心とした友好史の研究が近来進んでおり、趙軍「試論宮崎滔天與『支那革命主義』」、楊考臣「幸徳秋水與中国革命」、劉天純「片山潜與中国革命」、俞辛焞「吉野作造與五四運動」等の論文が出ている。

②反戦史の研究。十五年戦争の時代、日本労働組合評議会・全協・日本農民組合等進歩的労農団体と日本共産党は軍国主義の侵略戦争に反対し、中国人民の反侵略闘争を支援した。これは帝国主義に反対する国際主義で、中国人民には大変貴重な援助でもあり、励ましでもあった。朱守仁「九一八事変與日本人民反戦和支持中国的斗争」、俞辛焞「三十年代日本的沙文主義工会與全協反戦・反沙文主義的斗争」、李永璞「日本士兵在中国解放区的反戦活動」等の論文はこの反戦運動を高く評価している。

③中国留学生運動の研究。外国特に日本で近代文明を学んだ中国留学生は、近代的文明と思想を中国に伝える啓蒙的な役割を果した。彼らの中には、中国近代革命運動において中心的な役割を果した革命家もかなり多い。だから中国近代の歴史は彼らと密接な関係があり、また彼らを通じて中国近代革命と列強との関係がむすばれたのである。近来、李喜所「辛亥革命前的留日学生運動」、姜華昌「秋瑾在日本」周叔峨「同盟会前後留日

学生的革命活動」、董守義「清末留日運動的興起和発展原因初探」
等の論文が続々発表されている、最近では、1920年代初期周恩
来・鄧小平らのヨーロッパ勤工倹学運動史の研究もすすみ、こ
の運動と中国新民主主義革命とのつながりが解明され、その影
響と役割が評価されている。

　④列強と中国近代企業との関係の研究、列強と近代中国との
関係は資本主義的な生産方式と封建的な生産方式の対立と闘争
でもある、この対立と闘争は経済関係の領域でどのように展開
され、中国の封建的な社会が半封建的な社会に転換するのにど
のような影響をあたえ、また列強の経済的侵略は中国近代企業
の発生とはどんな関係があるかといった問題について興味深し、
研究が進められている。汪敬虞「試論中国資産階級的産生」は、
中国封建社会内部で自生的に生まれた資本主義的萌芽が、封建
的社会から半封建的社会に転換する過程において、マニュファ
クチアに発展して近代的な企業になったものはなく、列強の経
済的侵略の下で中国の近代的企業が生まれたと論ずる。すなわ
ち、列強の経済的侵略は中国封建社会がその内部的運動によっ
て自生的に近代社会に転換する過程をはばみ、外来的圧力に
よって列強とつながりのある近代的生産方式を中国にもたらし
たと述べている。この見解は、従来の通説とはかなり異なった
見方である。

　(2)　具体的な比較的研究
　歴史研究は具体的な歴史事実にもとづき、事物の相互的比較
を通じて、その歴史発展の法則を解明するのである。従来は、
列強の対華政策を検討する時、列強の本質的一致性にもとづき
その対華政策の共通性を強調してきた。だが、最近では列強の
帝国主義的本質を強調しながらも、具体的歴史事実の検討を経
て、同時期、同事件に対する各列強の対華政策に対し比較研究

をして、その政策の共通点と相違点を見出す新しい研究がはじめられている。例えば、辛亥革命に対する列強の対応について、以前は列強は一致協同して袁世凱を支持して辛亥革命を弾圧したとみていた。だが、俞辛焞・李彩畛の「辛亥革命時期日本的対華政策」は、日本は英米と異なり、孫文の革命派に武器と資金を提供し、いわゆる「援助」を与えたことを明らかにしている。日本は英米が支持する袁世凱に反対し大陸浪人は袁を殺そうとまでした、だから、英米は袁を利用して辛亥革命を弾圧したというならば、日本は孫文の革命派を「援助」して袁に反対したということができる。列強の政策がこの様に相違したのは、各列強が中国における自分の植民地的権益を維持拡大しようとするその帝国主義的本質から出発して、自分の利益にふさわしい政策をとったからである。このような見解は辛亥革命と列強との関係に関する研究における新しい見方である。

　北伐に対する列強の対応もそうである。北伐初期イギリスは武漢政府に対し「好意」的態度を取り、日本は南昌にいた蒋介石に対し期待を持ち、武漢政府にはかなりの警戒心を抱だいていた。だが四・一二政変後、イギリスは蒋介石に接近し、日本は蒋の「北伐」に対し山東出兵をした。この事実は北伐時代の列強の対華政策の相違を示している、この相違もやはり各列強が中国における各自の植民地的権益を維持・拡大するという一致した目的を達成するためにそれぞれにふさわしい対策をとったからである。

　列強の支配層内部においては、対華政策をめぐってしばしば相違と論争があり、時には非常に激烈である。従来の中国の研究では、支配層の階級的本質からその内部の一致性を強調してきたが、最近ではその一致性を強調しながらも、支配層内部の意見分岐および論争にもかなりの注意をはらい、具体的歴史事

実の分析と分岐・論争の原因の解明をおこなった上で支配層の本質的一致性を説明する研究がなされている。姜東念等執筆の『偽満洲国史』の満洲事変の部分および兪辛焞の「第二次直奉戦争與日本的二重外交」はこのような見解を述べた著書・論文である。

　世界の主な列強は皆中国に侵略してきたが、中国侵略過程における各列強の地位と役割は異なり、時期ごとに変化がある、例えば、阿片戦争から第一次世界大戦まではイギリスが中国侵略の主導的地位に立って凶悪な役割を果したが、第1次大戦後にはアメリカがイギリスにかわって主導的地位に立ち、日本が最大の侵略国として歴史の舞台に登場する。この事実は中国侵略における各列強の地位と役割が時期ごとに異なることを明らかにしている。1980年、汪煕の論文「略論中米関係的幾個問題」をめぐる論争で、列強の侵略過程におけるアメリカの地位・役割を新しく規定しようとする動きがでている。

## Ⅳ　理論的問題

　中外関係史研究は理論にもとづいて進めることも重要であるが、実際的な具体的研究からその理論を新しい生命力のある理論へ発展させることも必要である。列強と近代中国との関係を理論的に総括し、その相互関係における法則性を発見するのも中外関係史研究における新しし、課題だと思う。

　列強と近代中国のブルジョア革命・改良には一体どういう理論的関係があるだろうか。従来の理論的見方は、列強が封建的な清朝支配層からその植民地的権益を受取ったから、列強はその権益を守るために封建的清朝に反対するブルジョア革命・改良にはまっこうから反対して弾圧し、中国が資本主義的な発展を遂げることをはばんだと規定している。これは道理のある理

論的規定で、列強の主観的考え方としては正しいと思う、だが列強がこれ以上清朝の支配を維持することができない場合にはどうなるか。歴史的事実をみると、辛亥革命が勃発した数日間、日本政府は清朝を援助し、革命を弾圧しようとした。だがすぐ革命派にいわゆる「援助」をあたえ、革命派に一番重要な武器と資金を提供した。1898 年の戊戌変法の時にも日本政府は改良派に期待を持ち、変法が失敗した後日本の船で改良派の指導者達を日本に亡命させた。1916 年袁世凱が皇帝になろうとした時、日本政府は袁が封建的皇帝になるからといって積極的に支持したのではなく、急がないように勧告した。この歴史的事実は、日本政府は封建的なものよりもブルジョア的革命・改良に接近し、いわゆる「援助」をあたえたことを示している。英米は袁世凱に親近感を持ち、彼を支持し革命派に反対した、これは袁が日露戦争後親日的傾向から親英米的態度に変化したからであった。英米は孫文の革命派に接近せず、孫文が資金の提供を要望した時拒否した。孫文は米英的ブルジョア思想の影響を受けているが、同盟会成立以来日本を根拠地として中国のブルジョア革命運動を指導し、また大陸浪人を通じて日本政府・財界・軍部と関係を持っていた。だからイギリスは孫文の革命派を「親日的」だとみなし、孫に対し警戒心を持っていたのである、辛亥革命では北の袁と南の孫が対立し、その闘争の勝敗が革命後のリーダーシップを決定する、列強としては、自分の植民地的権益を維持・拡大するために、革命後の新しいリーダーを自分の手下に入れることがなによりも重要であった。だから、封建的であろうが、資本主義的であろうが自分に「好意」的な人物を支持して、彼に革命後の指導権を掌握させるのが最大の問題になるのであった。これは列強の帝国主義的本質から発する当然の現象であり、中外関係史研究においての新しい理論的

見方が必要であることを示している。

　次は、列強と中国ブルジョア革命・改良の思想的つながりを理論的にどう説明するかという問題である。1898 年の戊戌変法は中国最初のブルジョア改良運動で、日本の明治維新を手本とした、1980 年故宮博物館で発見された康有為の『日本変政考』（二函十二巻）は、変法と明治維新との思想的つながりを明らかに説明してしいる。辛亥革命の思想的基盤は欧米的民主主義であるが、黄興、宋教仁ら中心的指導者達は日本の思想的影響をも受けている。『民報』の中には日本の自由民権の思想的影響を受けたことが生々しく残っている。また 20 世紀初期の日本社会主義思想と幸徳秋水のサソジカリズムの影響もかなり受けている。列強はブルジョア的国家であるがために中国を侵略したが、そのブルジョア思想が中国社会発展の新しい指導的思想になったのであり、またブルジョア社会に反対する社会主義思想とサンジカリズムがブルジョア社会をめざす革命につながったのである。このように矛盾した現象を理論的にどう説明するのか、これは今後とも研究すべき課題である。

　近代中国人民の民族解放闘争は反帝・反封建的な闘争であり、反帝闘争の時には反封建闘争をしなければならない。もし反封建的闘争の時に反帝闘争をしなければ、帝国主義的列強は封建的支配階級を支援して革命的反帝闘争を弾圧し、反帝闘争の時に反封建的闘争をしなければ、封建的支配階級は列強の圧力に屈服し、列強と一体になって反帝闘争を鎮圧する。では、中国近代の歴史において反帝と反封建闘争の関係はどのように処理されてしいただろうか。太平天国は主に反封建的であり、義和団は主に反帝的であり、辛亥革命は主に反封建的で、反帝と反封建闘争の関係を良く調整していなかったのである。これは、この両者の関係に対する当時の民衆と運動の指導層の認識不足、

また当時の列強・封建的支配階級と民衆との力関係に起因する
が、この歴史的限界が太平天国・義和団・辛亥革命失敗の原因
でもあった。こうした実際に起きた闘争の実践にもとづいて、
反帝・反封建闘争の関係をどのようにとらえ、その関係を理論
的にどう総括するかという問題がでてくると思う。

　列強と近代中国の関係を解明するに際しては、目的・動機と
結果・効果の区別にも注意しなければならない。列強の侵略的
目的が侵略的結果を生みだし、侵略的動機が侵略的効果を発揮
するのは、当然なことであり確実な結論である、だが中国近代
社会の発展・変化にはこの両者が一致しない場合もある。例え
ば、列強の帝国主義的侵略は中国の封建社会を解体するのが目
的でないが、その侵略が中国封建社会の解体を促し、封建的中
国社会を半封建的な社会に転換させたのも事実である。これは
動機と結果が一致しない現象であるといえよう。洋務運動は太
平天国を弾圧するために発足した運動であるが、その中からも
近代的な企業が生まれ、中国民族資本の発生・発展にも影響を
あたえている。こういう事実は、中国近代社会には動機・目的
と結果・効果が一致しないことがあることを証明し、近代中国
社会には人間の主観的意志にかかわりなく発展する社会的法則
があることを説明している。この社会発展の法則を研究するに
は、動機・目的と結果・効果の一致性と不一致性の両側面を総
合的に研究する必要があり、特にその不一致性が近代中国社会
の歴史の流れで果した客観的役割に対し具体的研究を進める必
要があると思う。

## V　中日研究者の相違点

　中国と日本の史学界では、列強と近代中国特に中国と日本の
関係の研究において、共通の見解も多いが、相違点もみのがす

ことはできない。これは両国の環境の相違から来ることだと思う。

　近代日中関係において、日本は侵略した国であり、中国は侵略された国である。だから日本の史学界では戦争は支配層の誰によってどのように起されたかを詳しく研究し、その戦争責任を追及する、こういう研究は二度と戦争をしないために有益な研究だと思う、だが中国史学界では日本支配層を一体と見る傾向が強く、その内部における分岐・論争は日本政府の両面的対外政策であり、その本質は同様であるとみる。例えば、1920年代の幣原外交と田中外交は、その対外政策の形式には差別があるけれども、それは1920年代政党内閣の両面的外交政策で、その中身は同様であると強調する。

　次は、侵略と反侵略の相互関係の見方である。侵略と反侵略は矛盾的な対立物であり、まず侵略があって反侵略がある。長期的過程からみれば、侵略→反侵略→又侵略→最後には侵略者が敗北することになる、この原則にもとづき、中国の研究者達はまず日本軍国主義の侵略的事実をあげ、次に中国人民の反侵略闘争を述べる、だが日本の一部の研究者達は、まず中国人民の排日行動と近代的ナショナリズムの高揚を強調し、これが日本の満蒙および中国本土における権益を犯したから日本の行動がエスカレートしたと述べる傾向がある。

　最後に、戦争と民衆との関係である。日本の研究者は多数の民衆が対外侵略戦争を支持し、軍国主義の方向に統合された事実を書き、民衆がナショナリズムに巻きこまれた原因を分析し、戦争を阻止・反対しなかった過去を反省する。これは日本国民が歴史的教訓を得る視角からみて大変有益な研究であると思う、だが中国では、軍国主義的な日本支配層と日本国民を区別し、戦争責任は当時の支配者達にあって、日本国民はその責任を負

う必要もなく、中国人民と同様に戦争の被害者であるといっている。このような話を不幸な戦争時代に中国にいた体験を持つ人達が訪中して聞く時、それに感激して涙を流す人もある。これは中国人民が当時の日本国民の心持を了解してくれたことに感激したのだと思う。戦争と民衆に対する中日両国研究者達のこのような相違した研究は共同の目的すなわち不再戦のためであり、こういう研究が両国国民の友好とアジアの和平のために役立つと思う。

（原文載　歴史学研究　歴史学研究会編集　1983.7 NO.518）

# 附录：书评

# 躬耕无止境，硕果满枝头

## ——读俞辛焞教授著《躬耕集》

胡德坤　李少军

俞辛焞教授是我国史学界研究近代中日关系和日本近代史的名家，成就斐然，早有数种高水平专著在中日两国出版。2003 年 6 月，俞教授的《躬耕集》又作为"南开史学家论丛"第二辑中的一种，由中华书局推出。书中收进他自改革开放以来先后发表过的有关近代中日关系史、日本近代外交的代表性论文（含中日两种文字）18 篇，向读者展现出俞教授辛勤耕耘的历程和丰硕成果中的精粹。真可谓：天道酬勤奋，宏文重探究。躬耕无止境，硕果满枝头。

民国初年，正值日本在列强支配中国的地位中同益上升、开始暴露出独霸中国的狂妄野心之时，其对华政策不仅服务于侵华目标，也对当时中国社会矛盾产生了巨大影响。这成为俞教授研究近代中日关系史的重点，相关主要成果体现在文集所收的《辛亥革命时期日本的对华政策》《南京临时政府时期的中日外交》《二次革命时期孙中山的反袁策略与日本的关系》《1913 年至 1916 年孙中山在日革命活动与日本的对策》等长篇论文之中。

这些系统论文清晰地揭示出历史真相，即：日本在辛亥革命爆发后试图出兵干涉却因受制于英美等因素而未遂，对依附于英美的袁世凯由竭力反对其上台到借外交承认迫使其出卖新的权益，利用革命派的财政困难和与日本的人脉关系，以贷款诱其在满蒙、汉冶萍公司等问题上出让利权，纠集清朝余孽策动所谓

"满蒙独立运动"，与沙俄密谋瓜分满蒙，在二次革命前后不愿开罪于英美支持的袁世凯而拒绝支持孙中山等革命派。对二次革命失败后流亡日本的孙中山等既不公开支持，又为之提供一定的活动空间，1916 年 3 月以后支持中国反袁各派实现倒袁等等。作者强调，尽管日本在不同情况下，对华政策的具体内容和手段有这样那样的变化，但维护和扩大侵华权益的目标却是一以贯之、从未改变的。

了解日本近代外交研究状况的人都知道，由于当时同本对外决策的复杂性和相关资料的散佚，复原其对华决策过程有相当的难度。而俞教授却通过在同本外务省外交史料馆、国会图书馆、日本防卫研究所、三井文库等处辛勤搜集、发掘资料，将影响对华决策的同本政府当局、元老、军部、驻华官员、大陆浪人都纳入研究视野，并且透视日本与其他侵华列强的矛盾与争夺、力量对比，多侧面而非单线条地揭示出民国初年日本对华政策的成因及其展开过程。此外，俞教授还指明从南京临时政府成立到护国战争时期同本对孙中山等的政治决策的多种影响，在一些重要环节上弥补了国内现有资料的缺漏，有助于对当时中国政治进程作更为真切的阐释。应该说，在同类研究中，俞先生上述论文在学术上打造高水平精品显得十分突出，因此最初多发表于《历史研究》《世界历史》等权威刊物，或提交重要的国际学术讨论会，在中日两国学界都颇受好评和重视。

20 世纪 20 年代以后，日本操纵皖、奉军阀，控制北京政府，抵制和破坏中国革命运动，直至挑起九一八事变，侵占东三省，愈来愈成为中华民族最直接、最危险、最残暴的侵略者。但日本学界有的著作，却很强调这期间曾在四届日本内阁中担任外相的币原喜重郎注重与英美协调、不干涉中国内政。俞教授有针对性地写了《日本对直奉战争的双重外交》《满洲事变与币原外交》，根据大量史料，着重剖析币原外交，有力地证明：币原在第二次

直奉战争中之所以推行表面不干涉政策，是预见到冯玉祥将会在张作霖和吴佩孚争斗的关键时刻倒戈，从背后给吴一击，因而判断日本即使不直接干涉也能达到维护满蒙权益的目的，而冯在日本军部促动下果然倒戈，使币原的意图得以实现；在关东军策动九一八事变之后，币原与外务省的举措，是竭力为日军侵占中国东北的行径辩护、排除国联和第三国的干预，同时图谋使日军扶植的傀儡政权得到国际承认。俞教授通过实证研究揭示出币原外交的本质，那就是：争取实现日俄战争、特别是"二十一条"提出以来同本的侵华目标、扩大日本帝国主义在满蒙的殖民地权益。这些真知灼见，颇有助于廓清日本近代外交史上的一些迷雾，《满洲事变与币原外交》得以在日本的重要学术刊物《日本史研究》上发表，便是证明。

　　忠于事实，不虚美、不掩恶，勇于突破有违历史真实的陈说、成见，是史家的可贵品质。而《躬耕集》中有关孙中山与日本关系、张学良在九一八事变中行为的文章，在这方面给人留下了深刻印象。

　　众所周知，孙中山在其革命生涯中与日本关系之深，远远超过了与其他国家的关系。孙中山既对日本侵略中国、破坏中国革命运动做过多次严厉抨击，又有过一些违反历史事实的不当言论和不切实际的期待，甚至还与日本做过一些有损中国权益的交易。而在以往有关孙中山的研究当中，有一种很有影响力的看法，完全从孙中山思想认识局限的角度来解释上述现象，并断言五四运动以后孙中山对日认识发生了重大转变。俞教授打破这种固定的研究模式，在《孙日关系研究方法论》《孙中山对同态度再认识》等论文中，从历史实际出发，运用思想认识论、国际关系论、纵向和横向比较、实证性研究等方法，系统而深入地考察了孙中山从开始反清革命一直到"第三次广东政府"成立三十来年中其对日态度和言行，得出新的看法：孙中山在整个革命生涯中，对同

态度始终有批判和期待两个方面。五四运动以前，他并非没有认识到日本侵略中国的本性，以后在认识上虽有新的提高，但也没有放弃对于日本的期待。之所以如此，是由于孙中山不仅是一个爱国者，同时也是领导革命运动的政治家。鉴于革命力量弱小，他期望得到包括日本在内的外援；而从客观上说，日本为其在华利益的需要，也是时而站在孙中山等革命者的对立面，时而又做出愿意接近、提供"支持"的姿态。在尖锐对立时，孙的对日态度主要是抨击批判；而在孙的革命活动直接受制于日本，或认为有可能得到日本援助时，对日期待之情就溢于言表（即使在 1923 年以后也是这样），甚至违背历史事实强调中日"友好"。

俞教授并不讳言孙中山与同本所做的一些有损中国权益的交易，如南京临时政府成立后，为取得日本贷款而同意日本关于"合办"汉冶萍公司等要求；"二次革命"失败后为得到日本提供的军械而保证"在政治上或经济上不得已与他国提携时"，应在征得同方同意后实行等。认为"孙中山为实现其共和制理想，力求变革中国社会，不惜牺牲国家利益的一部分，与日本展开了关系"（《躬耕集》第 14 页），同时又指出，"因甲午战争以来日本侵略中国，其社会潮流之主流是反日的。孙中山的对日态度和政策，从某种程度上来说，是逆潮流而动的"。（同书第 39 页）

在很长时间里，因为张学良发动西安事变促使蒋介石转变"攘外必先安内"方针，而认为张在九一八事变中完全是奉蒋介石之命才被迫不抵抗的观点，几乎成为学界内外的定见。而俞教授则是国内学界较早通过实证研究来纠正这种误断的学者之一。《躬耕集》中的《九一八事变时期的张学良和蒋介石》一文，最初发表于 1991 年《抗同战争研究》创刊号上。该文依据新发现、出版的中日双方档案史料，充分吸收相关研究成果，细致地考察了张学良在事变爆发后的行动，指出：从现存史料看，他从未请求抵抗，也从未反对不抵抗；蒋虽也不想抵抗、保卫东北，但在给

张的电文中并没有说过"不抵抗"。1931年12月下旬，张学良不顾蒋介石和国民政府一再发出的固守锦州之命，撤出东北军主力，使日军兵不血刃地占领了锦州和绥中一带。俞教授认为张学良不抵抗有其内在原因，即：他当时还不能摆脱军阀"保存实力就是一切"的思想和战略，且有"恐日病"。

只要通篇阅读，就会看到，俞教授关于孙中山对日态度的两个侧面、九一八事变中张学良不抵抗的上述论点，都建立在十分详实的史料分析基础上，有凭有据，绝非故作惊人论、刻意追求"轰动"，因此有很强的说服力，不唯发表时新人耳目，而且经得起时间检验，在学术研究史上留下鲜明的印记。

俞教授治学是勇于提出创见的，但在对复杂问题作出判断时，又十分慎重，坚持有一分材料说一分话的原则。我们从他对田中奏折的研究和对孙中山的"满洲借款"的考释中，即可感受到这一点。

阳中奏折因其与同本实际侵华、扩张的轨迹十分吻合，在我国史学界基本上是作为一个无可置疑的侵略纲领来看待的，但一直缺乏正规的学术研究。俞教授根据藏于美国国会图书馆的《日本外务省档案>和日本原书房出版的《田中义一传》，对被视为阳中奏折之策划过程、1927年6月27日至7月7日举行、由日本首相兼外相田中义一主持的东方会议作了详细考察，具体分析了会议的日程、议题，指出它主要是讨论包括满蒙问题在内的对华政策问题，是事务性会议而不是决策性会议，作为会议结果的是阳中提出的《对华政策纲领》，内容涉及对中国在长城以内区域的对策和对满蒙的政策，而没有涉及到田中奏折勾画的侵吞中国、征服亚洲、称霸世界等全球性战略问题。但俞教授同时认为，仅就已知的东方会议内容，还不能对田中奏折的有无做出判断，因为东方会议期间有几天缺乏记载，这几天是否丌过会还有待考释。

所谓"满洲借款"，即孙中山同意以"满洲割让"为条件换

取日本提供武器装备和两千万同元现款一事，是辛亥革命时期孙中山与同本关系中的一大悬案，国内外学者对此有不同程度的研究。俞教授为弄清这一悬案，专程到日本的三井文库、国会图书馆宪政资料室等处，查阅了代表日方与孙交涉的森恪留下的原始材料，参以其他史料，证实同本在 1912 年 2 月上旬确曾通过森恪向孙中山等提出了租借或割让满洲的要求。尽管前人的研究都认为孙中山同意了日方要求，俞教授也并不排除这种可能性，但他还是认为证据不足，因为只有森恪单方面的材料而尚未发现孙中山的有关直证材料，即使在森恪留下的材料中，孙的态度也是前后矛盾、含糊不清的。

综上所述，《躬耕集》具有很高的学术品位，也体现了求真精神和严谨学风，无愧为我国史学界在近代中同关系、日本近代外交研究方面第一流的著作，读者可以从中得到多方面的启迪和裨益。

略感不足的是，文集在编辑上不无可议之处：归入第二部分"三十年代中国与日本外交"中的 6 篇论文，其中有 4 篇即《巴黎和会与五四运动》《吉野作造与五四运动》《日本对直奉战争的双重外交》《东方会议真相与〈田中奏折〉问题》，时间范围分别是在五四运动前后和二十年代，而确属三十年代的只有 2 篇。再者，可能是电脑排印中的差错，书中一些地方出现文字错讹，甚至有无法识别的乱码。当然，这些微瑕并非作者的疏漏，相信该文集有再版机会时能够消除。